海纳百川 取则行远

中国海洋大学史

成果卷

主　编　张栋华

副主编　黄鲁粤　赵瑞红　张雯雯

中国海洋大学出版社

·青岛·

图书在版编目（CIP）数据

中国海洋大学史. 成果卷 / 张栋华主编. —青岛：中国
海洋大学出版社，2024.8

ISBN 978-7-5670-3858-5

Ⅰ. ①中… Ⅱ. ①张… Ⅲ. ①中国海洋大学 – 校史
Ⅳ. ①G649.285.23

中国国家版本馆CIP数据核字（2024）第096035号

ZHONGGUO HAIYANG DAXUE SHI　　CHENGGUO JUAN

中国海洋大学史　成果卷

出版发行	中国海洋大学出版社
社　　址	青岛市香港东路 23 号　　邮政编码　266071
网　　址	http://pub.ouc.edu.cn
出 版 人	刘文菁
责任编辑	丁玉霞　　　　　　　　电　　话　0532-85901040
电子信箱	qdjndingyuxia@163.com
印　　制	青岛海蓝印刷有限责任公司
版　　次	2024年8月第1版
印　　次	2024年8月第1次印刷
成品尺寸	185 mm × 260 mm
印　　张	26
字　　数	641千
印　　数	1～1400
定　　价	168.00元
订购电话	0532-82032573（传真）

发现印装质量问题，请致电 0532-88786655，由印刷厂负责调换。

《中国海洋大学史》编委会

（2024年6月）

总　序

世纪海大　谋海济国

中国海洋大学是一所具有鲜明红色基因、优良革命传统、执着蓝色梦想的国家重点建设的综合性研究型大学，是国家"世界一流大学建设高校"（A类）。民国时期，学校筚路蓝缕，于艰难之中图存图兴；新中国成立后，学校坚持把党的全面领导作为根本保证，坚持把服务国家作为最高追求，坚持把改革创新作为强大动力，坚持把特色一流作为必由之路，奋力建设特色显著的世界一流大学，在科教兴国、海洋强国建设中勇立潮头、走在前列，引领推动着我国海洋高等教育创新发展，为国家海洋事业作出了应有的历史贡献，谱写了一曲不懈奋斗、向海图强的蓝色华章。

为了铭本记源，资政育人，让大家更好地了解中国海大，也让明天的中国海大人能够立足百年基业，持续树人立新、谋海济国，我们编修了这部校史。

一、坚持把党的全面领导作为根本保证

红色基因贯通了世纪海大。新中国成立后，坚持和加强党的全面领导，始终给学校以正确的方向和强大的精神与组织力量。

1. 红色基因与生俱来

从首届学生中走出的中华人民共和国元帅罗荣桓、革命英烈彭明晶（罗荣桓的入党介绍人）、中共第一本无线电通信密码编制者张沈川等中国共产党早期优秀分子，到1932年成立的山东省最早红色学生社团"海鸥剧社"，到1937年在此成立、由在校学生李欣任书记的中共青岛特别支部，到抗战期间由中共青岛特别支部改组成立、由学生陈振麓任书记的中共青岛市委，到解放战争时期爆发的师生反对美国士兵暴行和"六二"反

饥饿、反内战、反迫害运动。旧中国暗夜中，红色基因不断激发师生团结奋进，救亡图存，追寻光明。

2.党的领导把握方向

新中国成立后，学校坚持党的领导，全面贯彻党的教育方针，把牢社会主义办学方向，坚持马克思主义指导地位，落实立德树人根本任务。靠党的领导强化制度建设，建立健全党委领导下的校长负责制、民主集中制等各项制度，确保党管办学方向、党管干部、党管人才，全面落实党的教育方针；靠党的领导擘画事业蓝图，坚持将党建与事业发展深度融合，凝聚师生智慧，始终把服务国家作为最高追求，做好战略规划；靠党的领导汇聚发展动能，坚持党的宗旨和群众路线，始终把广大师生作为坚强依靠，汇聚团结奋斗的强大合力，推进科学发展。

3.党建领航争创一流

进入新时代，学校第十一次党代会深入贯彻落实习近平新时代中国特色社会主义思想，提出实施新时代党建领航工程、新时代奋进海大工程、新时代卓越海大工程、新时代创新海大工程、新时代幸福海大工程，着力发展提速、着力改革突破、着力建设攻坚、着力防范风险，全面开创特色显著的世界一流大学建设新局面，为以中国式现代化全面推进强国建设、民族复兴伟业作出新的历史贡献。

二、坚持把服务国家作为最高追求

坚持把服务国家作为最高追求，是世纪海大始终坚守的价值取向。

1.救国之需，应时而生

1924年10月，私立青岛大学在今中国海洋大学鱼山校区创立，是国人在齐鲁大地上创立的第一所本科起点的现代高等学府。校纲办学宗旨对接《大学令》："教授高深学术，养成硕学宏材，应国家需要。"开办当年就开设了工科和商科，次年增设铁路管理科，学科设置和培养要求与当时经济社会发展需求高度契合。齐鲁大地、黄海之滨，一所大学以现代高等教育之光和革命星火点亮了神州一隅，与19世纪末20世纪初应教育救国之需而诞生的一批中国现代大学遥相辉映，联袂担当起教育救国的责任。

2.兴国之需,与时偕行

新中国成立后,1951年学校与华东大学合并,定名为山东大学,实施"文史见长,加强理科,发展生物,开拓海洋"的办学方针,既保持了一定的综合实力,也孕育了鲜明的特色优势。以'中国克隆之父"童第周为代表的一大批理工科名家巨匠带动学校理科水平处于国内前列;1951年《文史哲》创刊,学校呈现人文兴盛之势。1952年全国高校进行院系调整,厦门大学海洋系理化组部分师生北迁青岛,与学校海洋物理研究所一起组建成立了海洋;1953年9月,河北水产专科学校部分师生和仪器并入学校水产系,水产学科力量进一步增强,成为学校重点发展系科,为最终发展成为一所综合性海洋大学夯实了基础。

1958年秋,遵山东省委指令,山东大学大部迁至济南,时称山东大学(济南)。海洋系、水产系、地质系以及生物系的海洋生物专业、物理系和化学系的部分教研室及直属教研室部分人员留在青岛,时称山东大学(青岛)。1959年3月,经中共中央批准,以山东大学(青岛)为基础成立了山东海洋学院,中国第一所海洋高等学府由此诞生。

3.强国之需,谋海济国

学校不断应国家经济社会发展,特别是海洋事业和高等教育发展之需,强化特色,加快发展,成为海洋强国建设的中流砥柱。学校师生作为主力参与新中国首次大规模海洋综合调查,制定我国海洋调查规范,摸清我国近海资源家底;赫崇本教授牵头联合海洋界同仁倡建国家海洋局,完善国家海洋治理体系;文圣常院士提出"普遍风浪谱"理论(文氏风浪谱),新型海浪计算方法被纳入我国《海港水文规范》,结束了我国建港规范长期依赖国外海浪谱的历史;管华诗院士及其团队研制上市我国第一个现代海洋药物藻酸双酯钠(PSS),获得了我国海洋和水产领域迄今为止唯一的国家技术发明一等奖,开辟了我国海洋药物研究新领域;海大人引领和推动了藻、虾、贝、鱼、海珍品海水养殖业的"五次浪潮",为推进深远海立体养殖新领域、推动我国成为世界第一水产大国、推进国家海洋经济繁荣,作出了不可替代的贡献;自20世纪80年代初期中国极地科学考察起步开始,中国海大人作为主力积极参与,为我国成为南北极科考大国作出了积极贡献;进入新时代,学校先后提出"透明海洋""蓝色药库""蓝色粮仓"等重大科技计划，成为我国海洋领域重大科技项目的重要发起和承担单位，为我国挺进深蓝，引领国际海洋科技进步展开了新的时代画卷。

建校百年来，学校先后为国家培养了36万余栋梁之材。他们遍及神州，远及海外，成为各行各业特别是我国海洋、水产行业的骨干和中坚。其中16人成长为中国科学院或中国工程院院士、4人先后担任国家海洋局局长，我国海洋领域、水产领域1/3以上的博士从这里毕业。"神舟"飞天、"嫦娥"奔月、"蛟龙"探海、极地科考、巡洋护航、守礁戍边、观风测云、海浪预报、架桥通隧、乡村振兴、探究"透明海洋"、建设"蓝色粮仓"……无不有中国海大人的身影。

三、坚持把改革创新作为强大动力

坚持把改革创新作为强大动力，是世纪海大不断前进的制胜法宝。

1. 不断推进立德树人

学校始终遵循党的教育方针，以培养德智体美劳全面发展、具有民族精神和社会责任感、具有国际视野和合作竞争意识、具有科学精神和人文素养、具有创新意识和实践能力的高素质创新型人才为目标，以造就国家海洋事业的领军人才和骨干力量为特殊使命，形成了"五育并举"的人才培养格局。德育方面，坚持以立德树人为根本，以社会主义核心价值观为指导，突出"海味"特色，充分发挥课堂主渠道、社会实践和校园文化等的综合育人功能，构建思政工作体系。长期坚持学生思政工作考核评估，实施"时代新人铸魂工程"和"海之子成长计划"，深化"三全育人"综合改革，培育学生对党忠实、为人诚实、学识扎实、干事踏实、作风朴实、进取求实的"六实"特质，教育引导学生厚植家国情怀、矢志谋海济国。智育方面，学校提出"通识为体，专业为用"的本科教育理念，建立"有限条件下的自主选课制"和"学业与毕业专业识别确认制"为核心的本科教育运行体系，帮助学生形成通专结合的知识构架和自我培养、自主学习的能力，促进学生适应经济社会的快速发展。学校实施以"3+1+1+4"本硕博贯通培养为核心的研究生教育综合改革，实现了博士生思政课实践教学的全覆盖，构建了以一级学科硕博贯通培养方案为统领、以高水平科学研究为支撑、以提升科研创新和实践创新能力为重点的研究生分类培养体系，打造以培养海洋特色拔尖创新人才为导向的人才培养的海大模式。体育、美育、劳育方面，学校均出台了专门的工作方案，着力提升学生的综合素质，赢得了学习在海大、创新在海大、成才在海大的美誉。

2. 不断完善治理体系

新中国成立初期，党的坚强领导和以华岗校长的政治大课为代表的马克思主义教育，较好地促进了红与专的统一，学校很快步入社会主义大学正轨。改革开放之后，学校以改革为动力，以发展为目的，以稳定为前提，很好地处理了三者之间的关系，确保学校行稳致远。世纪之交，学校坚持"重特色、求质量，先做强、再做大"的发展策略，稳慎扩展办学规模，率先举起高水平特色大学旗帜，较好地处理了内涵与外延的关系。学校始终重视教学，通过质量保障机制、职称评审制度、改革分配制度等多方面引导促进教学工作，积极推动科研与教学相结合，让科研最新成果进课堂，较好地处理了教学与科研的关系，促进了研究型大学的建设。在世纪之交中国高等教育大改革、大发展的背景下，学校科学研判国家经济社会发展战略需求和自身特点，提出并实施"强化发展特色、协调发展综合，以特色带动综合、以综合强化特色"的学科发展思路，科学处理了特色与综合的辩证关系。积极推进以《中国海洋大学章程》为代表的管理制度体系建设，探索以分配制度改革为核心的人事制度改革，探索适应时代要求的教育教学改革、破除"五唯"的教育评价改革、科研体制改革，探索大部制改革、校院两级管理体制改革，因地制宜地推进综合改革、优化多校区运行管理机制，不断完善中国特色的现代大学制度。

3. 不断弘扬崇尚学术

创校之始，《私立青岛大学暂行大纲》开宗明义，教授高深学术。此后，国立青岛大学筹委会确定学校的定位与目标时强调"大学是造成最高学术的机构"。1963年9月，山东海洋学院成立学术委员会并制定了工作条例。新世纪，学校明确提出了"崇尚学术，谋海济国"的价值追求，"治学严谨、执教严明、要求严格"的教风，"求是、求博、求精、求新"的学风。学校的"大先生"们以崇高的境界、丰厚的学识、执着的精神，引领着一代代海大人孜孜以求。弘扬崇尚学术的治学执教之道，成就严谨而又活泼的学术风气，日久而弥坚。

4.不断拓展开放合作

学校始终与青岛市、山东省和国家海洋局系统密切合作。特别是世纪之交，学校积极推进办学体制改革，在全国高校中率先开启省部共建，开启教育部、山东省人民政府、国家海洋局和青岛市人民政府四家共建。新世纪，学校积极开展行业合作，牵头集成青岛海洋科教力量建设青岛海洋科学与技术试点国家实验室（现崂山实验室），推进学校与实验室融合发展。积极开展校地合作，与海南、云南、黑龙江、广西等省（自治区）和山东沿海各市签署合作协议，在海南三亚、广东深圳等地共建海洋研究院。积极开展校企合作，与华为、海尔、海信、山东港口集团、58同城等大型企业签署战略合作协议，开展深度科研和人才培养合作。实施国际化战略，发起成立国际涉海大学联盟、中国-挪威海洋大学联盟，开展中美、中澳、中英、中德、中法等务实合作，与来自50多个国家和地区的300余个合作伙伴共建全球海洋科教合作协同创新平台与网络，积极助力国家对外开放战略实施和"一带一路"及海洋命运共同体建设。

四、坚持把特色一流作为必由之路

坚持把特色一流作为必由之路，是世纪海大追求卓越的战略选择。

1.建成综合性海洋学科体系

学校的海洋学科体系，以海洋为线索，贯通了理、工、农、医、文、经、管、法、历史、教育等学科，涵盖了物理海洋、海洋化学、海洋地质、海洋生物、水产、海洋食品、海洋医药、海洋工程、海洋技术、海洋环境、海洋管理、海洋法学、海洋经济、海洋文化等方面，对复合型海洋人才培养和大跨度重大海洋科研与社会服务，都能提供强力支撑。

2.打造高水平人才队伍

学校目前有全职两院院士8人，国家杰青等国家级人才164人，泰山学者等省部级人才446人，学校"筑峰""繁荣""名师""英才"等高层次人才和优秀青年人才436人。正是这一大批涉海高层次人才的强力支撑，学校海洋、水产两个学科在国家历次学科评估中始终位列第一，迈进世界一流学科前列，若干研究方向处于世界领跑地位。

3. 建成高层次人才培养体系

学校以培养国家海洋事业的领军人才和骨干力量为特殊使命，建成了覆盖我国所有涉海本科专业、硕博士点和博士后流动站，发挥海洋科技优势，加强科教融汇、产教融合，系统性、整体性、协调性地建设有组织人才培养的海洋人才培养体系。有涉海本科专业24个，国家基础学科拔尖学生培养计划2.0基地2个，国家基础科学研究和教学人才培养基地2个，国家生命科学与技术人才培养基地1个，国家级人才培养模式创新试验区2个，国家级特色专业12个，国家级一流专业38个。制定了海洋科学类专业教学质量国家标准（2016）、海洋科学类专业实践教学标准（2017），成为50多所高校近百个海洋科学类专业办学的重要依据。

4. 建成一系列高水平科技平台和新型研发机构

学校建立起自近岸、近海至深远海的海洋调查船队平台。其中5000吨级"东方红3"是世界上同类科考船中最先进、科考功能最完备的静音科考船。构建了国际上规模最大的区域海洋观测系统——"南海−西太潜标观测网"、全球首个西北太平洋黑潮延伸体定点观测系统和马里亚纳海沟万米深渊综合观测阵列。建有青岛海洋生物医药研究院、三亚海洋研究院和深圳研究院等高水平新型研发机构。

5. 建成服务海洋强国建设的高端"蓝色智库"

学校充分发挥海洋综合学科优势，成立海洋发展研究院，中国海洋发展研究中心落户学校，积极服务海洋强国和"一带一路"建设，为我国制定海洋战略、立法、规划、标准及参与全球治理提供全方位智力支持。

2022年4月10日，习近平总书记在视察学校三亚海洋研究院时强调："建设海洋强国是实现中华民族伟大复兴的重大战略任务。"党的二十大报告强调要加快建设教育强国、科技强国、人才强国、文化强国和海洋强国。习近平总书记的重要讲话和党的二十大赋予海洋强国建设新的更高的历史地位，赋予科教事业新的更重的时代责任，赋予中国海大新的更大的光荣使命。站在历史新起点，面向百年新跨越，学校正面临着前所未有的发展期待、前所未有的发展机遇和前所未有的发展挑战。我们必须深入学习贯彻习近平新时代中国特色社会主义思想，勇担使命，踔厉奋发，以前所未有的责任担当精神、干事创业精神、改革创新精神、勇于斗争精神和自我革命精神，着力打造人才培养的海大模式、科学研究的海大学派、服务社会的海大经验、文化传承的海大精神、开放合作的海大格局，奋力谱写高质量发展新篇章，确保实现到2030年建成世界一流的综合性海洋大学、到本世纪中叶建成特色显著的世界一流大学的"两步走"战略，为强国建设和民族复兴伟业作出中国海大新的历史贡献。

　　世纪海大，谋海济国。

　　世纪海大，再创辉煌。

2024年6月

前　言

2024年10月，中国海洋大学将迎来百年华诞。

近百年来，中国海洋大学与中华民族兴衰相伴，与祖国命运休戚与共。民国时期，艰难图存，尽其在我；新中国成立后，图兴图强，谋海济国。其间，从海大园走出了各行各业的栋梁之才，特别是培养了一大批国家海洋事业的领军人才和骨干力量，奉献了一批一流的学术成果，建立起较为完备的治校理学制度体系，形成了独特的精神文化，在中华民族追求复兴、建设海洋强国的伟大征程上留下了深刻的印迹，也为研究中国现代高等教育史提供了一个有着鲜明特征的典型案例。

为了总结学校百年办学经验，弘扬优良办学传统，鉴往知来，启迪后人，学校于2018年正式启动《中国海洋大学史》编撰工作。全书共六卷，本书为《成果卷》。

20世纪30年代初，学校创立海边生物学，海洋科学学科由此发端。1946年创建我国第一个水产系和国内高校首个海洋研究所、首个水产研究所。曾省带领同仁率先开展海边生物学教学与研究，发现"杨振声蟹""曾省鱼"等；秦素美较早开展海水鱼类寄生虫研究；童第周利用脊索动物（如文昌鱼等）开展胚胎学和发育生物学研究，并在国际上首次实现了文昌鱼的人工饲养和人工授精；林绍文的《中国十字形水母之研究》填补了中国海洋生物研究领域的空白，引起学界关注；曾呈奎的《海南岛海产绿藻之研究》所研究的海藻共38种，其中有新种和新变种各1种，在此专业领域论文中，占有重要地位。这些在国内外领先的研究成果确立了学校生物学在国内的学术地位和海洋生物学特色。

新中国成立以来，学校引领并支撑了我国海洋科技创新及产业高质量发展。学校师生是全国首次大规模海洋普查的主力军。学校教师创立文氏普遍风浪谱、近海环流及物质输运、超浅海风暴潮等基础理论体系并实现业务化，推动了我国海洋环境数值预报的长足发展。建成了国际上组网规模最大、运行时间最长的区域性深海潜标观测网，形成了从近岸、近海到深远海并辐射到极地的海洋综合观测能力。构建了我国海洋大型藻类、贝类等育种技术体系，经全国水产原种和良种审定委员会审定通过的水产新品种有20余个，约占全国海水养殖新品种的1/6，占全国高校培育海水养殖新品种的42%；引领、助推或主要参与了海水养殖业的"五次浪潮"，推动我国发展成为世界第一水产大国；研制以藻酸双酯钠（PSS）为代表的海洋糖类药物，开辟了我国海洋药物研究新领域，获得了我国海洋和水产领域至目前唯一的国家技术发明一等奖。学校是我国海洋领域重大科技项目的重要发起和承担单位，提出的"透明海洋"和"蓝色粮仓"建设方案等相关建议被国家重大科技计划采纳。

学校发挥了推动国家海洋事业发展的咨政作用。20世纪60年代初，学校教师牵头全国著名海洋专家倡议成立国家海洋局，建议在日照石臼所和黄河三角洲建设大港等，为推动国家海洋事业发展做出了历史性贡献。学校教师撰写的多份关于海洋发展战略研究的报告获国家领导人批示，为维护国家海洋权益和实施海洋综合管理做出了独特贡献。

学校建成了国家海洋文化传承创新的学术高地，在全国高校中最早开展海洋文化研究、学科建设、人才培养和传播交流，对国内外的海洋文化教育与传播产生了示范引领和辐射带动作用。

这些熠熠生辉的标志性成果，犹如一串串璀璨珍珠，是海大人百年奋斗的结晶，也是学校科技发展史、教育教学史、文化传承创新史的生动体现。每个成果的背后，都凝聚着领军科学家及其团队成员的智慧甚至是毕生心血，是无数海大人艰苦创业、创新探索、拼搏奋斗、知识报国的历史缩影与真实写照。

本卷收录了学校百年中自然科学与工程技术、人文社会科学、教育教学、文化传承创新领域的标志性成果。编写组对每项成果从其研究背景、主要内容、创新点及主要成效、主要完成人及获奖情况等方面做了较为全面、客观的介绍，力争既还原成果在当时历史背景下的价值，也适当体现成果的发展状态及其意义。

在成果的选取上，编写组充分考虑其影响力、社会公认度等因素，广泛听取学校各方面的意见和建议，经过多轮梳理、遴选，共选取238项成果入卷。其中，自然科学与工程技术类成果133项，包括获得国家科学技术奖、省部级一等奖、社会力量设奖，以及历史上未报奖，但影响力大、社会公认度高的代表性成果等；人文社会科学类成果42项，包括教育部高等学校科学研究优秀成果、山东省社科优秀成果、代表性著作类成果及服务海洋强国建设的蓝色智库成果等；教育教学类成果45项，包括获得国家级教学成果奖的成果、国家级教学团队成果，以及国家级精品课程、一流课程、优秀教材等；文化传承创新类成果18项，包括社会主义先进文化、中华优秀传统文化、大学文化及海洋文化等方面的代表性成果。在上述分类的基础上，编写组综合考虑了成果所属学科、形成时间等因素，对成果进行了排序。

需要说明的是，受限于档案资料积累、历史变迁等方面的因素，本卷主要收录了1959年山东海洋学院成立以来的成果，鉴于篇幅所限，这些成果仅是学校百年历史中标志性成果的一部分。

谨以此书献给中国海洋大学建校100周年。

目　录 | CONTENTS

第二篇　人文社科类成果

第三篇　教育教学类成果

第四篇　文化传承创新类成果

第一篇
自然科学与工程技术类成果

中国海洋大学以海洋和水产学科为特色，理学、工学、农学、医（药）学等自然科学和工程技术学科门类较为齐全。学校秉承"教授高深学术，养成硕学宏材，应国家需要"的创校宗旨和"海纳百川，取则行远"的校训，崇尚学术、谋海济国，成为我国海洋科教事业发源地。特别是进入新世纪以来，学校坚持创新驱动发展，紧扣"四个面向"，在自然科学与工程技术领域着力增强基础研究的原创性、技术创新的突破性、成果转化的驱动力、科技服务的支撑力，初步形成理论创新、技术突破和产业转化一体化新格局，积极服务海洋强国战略，为我国海洋科教事业的创新发展做出了卓越贡献。

在此过程中，学校在海洋科学、海洋生命科学与技术、海洋工程技术等领域取得了一批具有标志性及重大影响力的成果，原始创新能力大幅跃升，核心装备和技术研发取得重要突破，全链条创新成效显著，学校实现了"多学科交叉、大项目汇聚、大平台支撑、大成果集成"的高质量提升，成为我国海洋、水产领域重要思想策源地和技术辐射源。

本篇收录的自然科学与工程技术类成果主要包括学校主持的国家科学技术奖、省部级一等奖、部分代表性社会力量设奖、部分 *Nature* 及 *Science* 主刊文章及相关全国十大科技进展等，同时还认真梳理了大量档案史料，收录了历史上虽未报奖、但影响力大且社会公认度高的代表性成果。

第一章

海洋科学

全国海洋普查

一、海洋普查背景

海洋科学是研究海洋的自然现象、性质及其变化规律,以及开发利用海洋相关内容的知识体系。海洋调查是海洋科学的基础和先导,是通向海洋科学殿堂的必由之路,海洋科学中里程碑式的重大发现都是与前期的海洋调查密切相关的。

20世纪50年代之前,中国的海洋调查只开展了一些以海洋生物学为主的调查和海岛测量。新中国成立后,党和国家非常重视海洋科学事业的发展,中国海洋科学进入了全面、迅速发展时期。1956年10月,在周恩来总理亲自主持下,国务院科学规划委员会制定了《1956年至1967年国家重点科学技术任务规划及基础科学规划》,将"中国海洋的综合调查及其开发方案"列为第七项。

1957—1958年,在国务院科学规划委员会海洋组的领导下,中国科学院海洋生物研究所、海军、水产部和山东大学海洋学系对渤海、渤海海峡和黄海西部海区的水文、生物、化学和地质特征等进行了较系统的调查,掌握了多种海洋要素的相互影响和一些变化规律。这次调查标志着中国海洋调查由单一学科调查向多学科综合性调查转化,是全国海洋普查的预演。1958年4月,国务院科学规划委员会海洋组决定采取大协作的方式开展中国近海海洋综合调查(简称全国海洋普查),并成立了由海军、中国科学院、水产部、交通部、中央气象局、山东大学等单位专家学者组成的全国海洋普查领导小组,负责调查工作。领导小组由时任海军司令部航海保证部部长律巍任组长,山东大学海洋学系主任赫崇本等任副组长。1958年9月至1960年12月,我国进行了第一次大规模的全国性海洋综合调查,当时在世界海洋考察史上也是罕见的。

此次全国海洋普查的主要目的是通过对中国近海进行系统全面的综合调查,编绘海洋物理、海洋化学、海洋生物和海洋地质地貌等图集、图志;撰写调查报告及学术论文;制定海洋资源开发方案;建立海洋水文气象预报、渔情预报系统;为加强国防和海上交通建设等提供必要的基础资料。

二、普查内容及过程

1958年9月15日,黄海、渤海调查队和东海调查队分别从青岛和上海出发,全国海洋普查正式开始。参加全国海洋普查的调查队员先后有600多人,主要来自海军、中央气象局、中国科学院、水产部、山东大学、厦门大学、华东师范大学等单位,还包括一大批即将毕业的大学生、中学生。

山东大学海洋学系师生作为中国教育系统的主要参加者，出色完成了海洋水文、海洋化学、海洋地质、海洋生物等项目的调查工作，发挥了极为重要的作用。赫崇本教授既是海洋学系系主任，又担任此次海洋综合调查的主要领导者和组织者，动员了几乎全系师生，近200人参加调查。

此次海洋普查的范围包括我国大部分近海区域。在28°N以北的渤海、黄海、东海海区布设了47条调查断面、333个大面观测站和270个连续观测站；在南海海区布设了36条调查断面、237个大面观测站和57个连续观测站。其中，在浙江、福建的2个沿海区内布设了8条调查断面和54个大面观测站，进行了8个月的探索性大面调查。由于受当时条件限制，未能对东海海区台湾省附近海域和南海海区大片海域进行调查。

1960年1月，全国海洋普查工作的重点转入内业，即整理调查资料阶段，至是年年底，工作结束。此次调查共获得各种资料报表和原始记录9.2万余份，图表（各种海洋要素平面分布图、垂直分布图、断面图、周日变化图、温盐曲线图、温深记录图等）7万余幅，样品（沉积物底质表层样品、地底垂直样品、悬浮样品及其他地质分析样品）和标本（浮游生物标本、底栖生物标本）1万余份。国务院科学规划委员会海洋组办公室对这些资料进行整编，于1964年出版了《全国海洋综合调查报告》（10册）、《全国海洋综合调查资料》（10册）和《全国海洋综合调查图集》（14册），这是我国首次系统地整理、编绘和出版海洋调查资料汇编和海洋环境图集。

学校教师积极参与海洋调查资料的编纂与审订工作，并做出重要贡献。1960年，赫崇本教授在全国海洋综合调查研究基础上，主编了《中国近海水系》，并将其作为第四分册编入《全国海洋综合调查报告》。《中国近海水系》是我国首次全面论述中国水团结构及其季节变化的重要文献，为我国随后开展的水团研究提供了充实资料。

三、全国海洋普查的重要意义和作用

1. 我国海洋科学从此步入世界海洋科学之林

全国海洋普查是当时我国划时代的、规模最大的一次海洋调查，在辽阔的中国近海海域取得了一年以上系统而全面的海洋水文、化学、生物、地质资料，了解海洋资源基本分布特征和变化规律，结束了此前我国海洋资料空白的局面，为进一步开发利用海洋打下了坚实基础。此次调查显著提高了我国海洋科学研究水平，缩短了我国在海洋科学上与世界的距离，使我国尽快步入世界海洋科学之林，在之后出现的国际协作，几乎可以遍及海洋科学的各个领域。

2. 促成众多重要海洋机构的建立

1959年1月，中国科学院海洋生物研究所扩建为中国科学院海洋研究所，中国科学院南海洋研究所成立。同年3月，我国第一所海洋综合性理工大学——山东海洋学院成立。当全国海洋研究机构和生产部门对海洋呈现出极大关心与浓厚兴趣时，为了使全国有限的财力、人力、物力发挥最大效益，1963年，赫崇本、曾呈奎等29位海洋科学家从当时国情出发，联合地学界专家向中央建议成立国家海洋局。1964年2月，中共中央正式批准在国务院下设立国家海洋局，使得此后我国海洋调查有了统一规划，并从此转为常规性工作。

3. 催生众多海洋分支学科的成长

随着海洋科学的发展，揭示的海洋现象越来越多，因此学科的划分也就越来越细，研究领域也越来越广。在海洋科学中相对独立的四个基础分支学科（海洋物理学、海洋化学、海洋地质学和海洋生物学）基础上，不断萌生出许多新的分支学科，如海洋生物化学、海洋生物地理学、古海洋学等。随着海洋开发与服务的发展，在海洋科学研究中又分化出一系列技术性很强的应用学科，如海洋工程学、海洋水文气象预报、航海海洋学、渔场海洋学、军事海洋学等。因此，海洋普查工作的开展促进了我国海洋科学学科体系的发展。

4. 统一海洋调查方法

作为全国海洋普查的领导成员之一，赫崇本教授为确保调查资料的可靠性和权威性，在调查前后做了充分的准备和实验，对我国浅海海域海洋调查方法进行了系统研究，推动了我国制定统一的调查规范。1961年，《海洋调查暂行规范》公布，在之后40多年的时间里，海洋调查方法和资料分析方法基本遵循这一规范。

5. 催生国产海洋仪器的诞生

通过此次普查，人们充分认识到设计、研制先进海洋调查仪器与装备的重要性。为了加速我国海洋研究手段的发展，使海洋调查仪器、技术与装备尽快实现系列化、标准化、自动化和现代化，赫崇本教授带领学校师生积极投入此项工作。在他的倡议、支持和推动下，国家海洋局于1965年和20世纪70年代初组织两次大规模海洋仪器会战，一批专业性的海洋仪器研究所和工厂由此诞生并获得发展。

6. 培养一批从事海洋科学研究的优秀人才

全国海洋普查培养了一大批肯吃苦、能调查、善分析、懂管理的海洋科研和海洋管理人才，他们被补充到全国各类涉海单位，形成了一支庞大的海洋科研队伍。例如，山东海洋学院的主要教师和研究人员，大都是经过此次普查锻炼的骨干力量；参加1981—1985年全国海岸带和海涂资源综合调查、1990—1994年全国海岛调查的骨干力量依然是经过此次普查洗礼的人员。

四、研究团队基本情况

以赫崇本教授为带头人的团队中，有山东大学海洋学系教师雷宗友、徐斯、王化桐、汪园祥、沈育疆、伍伯瑜、孙秉一等。

赫崇本教授是全国海洋普查领导小组副组长，是学校参加海洋普查队伍的领导者和组织者。学校师生作为中国教育系统的主要参加者，在此次海洋普查中是骨干和重要的技术力量。

成果主要完成人简介：赫崇本（1908—1985），奉天凤凰（今辽宁凤城）人。海洋学家、教育家、中国海洋事业的奠基人之一。毕生致力于海洋科学研究与教学，为我国海洋科技人才培养做出了重要贡献。主编的《中国近海水系》是重要的海洋科学文献。2009年7月，入选新中国成立60年十大海洋人物。

（资料收集与组稿：赵瑞红；审稿人：侍茂崇；校稿人：张雯雯）

山东省海岸带和海涂资源综合调查

一、调查背景

海岸带是海岸线两侧一定宽度范围的廊道，是海洋和大陆之间具有特殊生态环境意义的自然地理过渡区域，是物质与能量交换的重要通道。通常海岸带以古海岸线和风暴潮作用上限或盐水、半咸水入侵上限为陆侧边界，而以破波、浅水或河口羽状流输移扩散外界为海侧边界。中国是一个海洋大国，拥有漫长的海岸线和丰富的海岸带资源，海岸带经济在中国经济总量中占有十分重要的地位。

山东省海岸线全长3121千米，居全国第二。根据1979年国务院批准的全国海岸带和海涂资源综合调查计划及山东省实际情况，划定本次调查范围：20米水深以内的浅海面积29031平方千米、潮间带滩涂面积3223平方千米和沿岸陆域部分。共分三个调查区：第一调查区是从苏鲁交界的绣针河口至即墨的丁字湾口；第二调查区是从即墨的丁字湾口向东北，绕过山东半岛向西至掖县（今山东莱州市）的胶莱河口；第三调查区是从掖县的胶莱河口至冀鲁分界的漳卫新河河口。1981年2月开始调查，1985年结束野外作业，然后开始资料分析、绘图和整理，1990年出版全部调查报告。

二、调查内容及成果

山东海洋学院负责第一调查区海岸带调查任务，1981年2月5日（大年初一）出海调查。在历时九年的过程中，完成了气候、水文、海水化学、地貌与第四纪地质、生物、土壤植被、林业、环境质量、土地利用、社会经济和测绘等方面的调查。

调查按四个季度（月）进行：冬季（2月）、春季（5月）、夏季（8月）、秋季（10月）。

（一）调查内容

1. 海岸带水文调查

水文调查主要包括水温、盐度、水色、透明度、海冰、海流、潮汐、海浪、泥沙调查。

2. 海岸带地质地貌调查

海岸带地质：海岸带地层、地质构造、岩性基本特征。

海岸带地貌：特征及分布规律。

岸滩地貌与冲淤动态调查：潮间带类型、面积及分布，岸滩地貌类型及分布特征，典型岸滩剖面综合观测，典型岸滩动态及人类活动影响。

海岸带底质调查：海岸带底质类型、特征及分布。

3. 海岸带化学调查

海水化学调查：盐度、pH、溶解氧、硝酸盐、亚硝酸盐、活性磷酸盐、活性硅酸盐、氨氮。

沉积物化学调查：汞、镉、铅、铜、锌、铬、砷、油类、有机碳、有机氯农药、有机质硫化物、多氯联苯等。

4. 海岸带生物调查

生物调查主要包括叶绿素、浮游生物、大型底栖生物、潮间带生物、微生物、游泳生物调查。

（二）调查成果

1. 水文方面

第一次给出山东省近海20米水深以内温度、盐度分布特征，系统地给出山东省近海潮汐特征（潮汐类型、潮差、海平面变化、无潮点）及分布，山东省近海潮流特征（潮流类型、流速、运动形式）及空间分布，以及山东省近海海浪的统计特征（波高、周期），形成基本水文资料汇编、水文图、水文调查报告。

2. 地质地貌方面

通过地貌观测、底质取样、滩面重复水准测量、沉积分析（粒度、矿物、地球化学）等手段，了解胶州湾以南、海州湾以北鲁南沿海地区海岸地貌及其变化规律，第四纪成因类型和分布，海底沉积物的主要成分和分布规律及其与水动力条件的关系；沿岸泥沙运动的规律和特点；海岸类型、滩涂冲淤变化的规律。

编绘了1：20万青岛港附近海底底质类型图、1：20万灵山湾至岚山头海底底质类型图、1：20万灵山岛至岚山头海岸地貌图，第四纪地质图及其他有关图表；编写了地貌调查报告，报告从地貌、水动力条件、底质分布等方面，系统地阐述了鲁南沿海泥沙运动的规律和特点以及建港条件等。

3. 水化学方面

第一次给出山东近海第一调查区20米水深以内盐度、pH、溶解氧、硝酸盐、亚硝酸盐、活性磷酸盐、活性硅酸盐、氨氮的分布特征，指出这些分布特征与海岸及河口径流的内在关系；编写水化学资料汇编、水化学分布图及调查报告。

4. 生物方面

第一次给出山东近海第一调查区20米水深以内叶绿素、浮游生物、大型底栖生物、潮间带生物、微生物、游泳生物的分布特征，指出这些分布特征与海岛、海湾及入海径流的内在关系；编写生物资料汇编、生物分布图及生物调查报告。

三、调查的影响及意义

山东省海岸带和海涂资源综合调查第一次查明山东近海的水文、地质地貌、水化学和生物的分布特征与导致这些特征的内在规律。海洋学家的视野从关注外海，回到近岸与近海中，将如何开发保护近海海洋资源提到一个新的高度，对以下几方面具有重要的影响：

1. 促成黄河海港的建成

受海岸带调查成果启发，即使像黄河口这样多泥沙海域也有建大港的可能。为给日益发展的胜利油田开辟海上运输通道，以侯国本教授为代表的研究团队从1983年开始在北部黄河口附近反复论证并探寻大港港址。经过五年的努力，黄河海港（后改名"东营大港"）终于建成。

2. 为黄河流路稳定研究提供资料

20世纪80年代以前，由于黄河每年携带大量泥沙，河床淤积抬升，流路不稳，每过几年就要改道一次。人们不敢在此定居，在广阔的黄河三角洲上，到处都是荒原。因此，稳定流路就成为当务之急。经过海岸带调查和以侯国本为代表的学校水文专家的不断努力，黄河口自1975年入清水沟，近50年尚未改道，创历史最高纪录。

3. 风暴潮灾害研究

莱州湾是我国历史上风暴潮最严重的海域。在北向大风的作用下，海水在莱州湾底部登陆，摧毁村庄、淹没农田。学校冯士筰院士等根据海岸带调查结果，指导对防潮的各种警戒水位做科学计算，由此东营市率先在沿海建立防潮大堤，抑制住风暴潮连年为害的百年祸患。

4. 为核（火）电厂选址勘探提供依据

海阳、乳山、石岛、莱州核电厂的选址，东营、莱州、蓬莱、威海、青岛等常规火力发电厂的选址勘探，以及继之而来的海域使用论证和环境影响评价，都得力于海岸带的调查与资料积累。

四、研究团队基本情况

学校承担的此次调查项目总负责人为刁传芳（时任科研处处长）与侍茂崇。分项目负责人有刘安国、史致丽、钱树本、沈渭铨。

水文调查由侍茂崇、刘安国负责，1985年8月由侍茂崇及其他承担单位专家完成三个调查区水文调查报告统稿工作。

地貌及沉积物化学调查由高航、沈渭铨、庄振业、陆念祖、林振宏、王琦、赵其渊、吕亚男、张利丰等完成。

化学调查由史致丽、祝陈坚、王永辰、孙秉一等完成。

生物调查由钱树本、陈大刚、徐文武等完成。

参加调查的还有王凤钦、郝恩良、于圣睿、王喜瑞、李显烈、曾晓起、于子山、杨荣民等。共投入总人力540余人，其中，高级职称科技人员58人、中级职称科技人员82人、初级职称科技人员114人，其余为研究生与本科生。

（资料收集与组稿：赵瑞红；审稿人：侍茂崇；校稿人：张雯雯）

黄河口及渤海中南部沉积动力学调查

一、研究背景

黄河是世界级大河，入海沉积物量历史上居世界第二，沉积物的浓度居世界第一。巨量沉积物以高浓度形式入海，在理论上应发生的大规模非牛顿流体的沉积物异重流和重力流（曾在低海面时的大陆坡上广泛发生过）在地球科学、海洋工程防灾和油气开发方面有着重要意义，受到国际海洋学家高度关注。但这一现象在现代海洋中非常罕见，20世纪80年代国际上对其在海洋实际环境中的特征、过程、机制和效应的认知基本上还是空白。巨量高浓度沉积物经河口入海，既造就了世界上增长最快的黄河三角洲，也导致河口快速淤积和改道，对三角洲和胜利油田开发构成严重威胁，而了解其独特的沉积动力学，是解决这一问题的重要科学基础。

二、研究内容及成果

为深入开展上述研究，山东海洋学院与美国俄勒冈州立大学、路易斯安那州立大学、弗吉尼亚海洋研究所及加拿大地质调查局于1985—1987年进行了大型综合性海洋科学合作项目的研究。山东海洋学院有五系两所参加，中方首席科学家兼考察队长是学校杨作升教授，美方首席科学家兼考察队长是俄勒冈州立大学副校长凯勒（G. Keller）教授。该项目是继中国原国家海洋局与美国国家海洋大气局在"长江口及东海沉积动力学"大型中美合作海洋调查（1980—1983）之后，首次由教育部直属高校独立牵头进行的中美合作大型综合性海洋调查。

项目使用学校"东方红"海洋实习调查船及一艘浅水考察船，于1985—1987年分别在春、夏、秋季对黄河口及渤海中南部进行了调查，内容涵盖海洋地质、水文、生物、化学和物理等多个学科，在该区使用了多种先进的调查设备和观测系统进行综合调查，获得了丰富的现场资料和样品。

研究结果系统地揭示了世界罕见的黄河巨量高浓度泥沙在研究区的沉积动力过程和海底复杂的动态演化及机制，主要成果：发现了世界上独特的河口高浓度沉积物异重流和沉积物重力流；发现黄河水下三角洲存在大规模水下滑塌、滑坡等海底不稳定性现象；发现水下三角洲形貌被切割得支离破碎，完全不是想象中的平坦；发现风暴过程诱发海床失稳，原有的滑坡体也可再次复活；发现以高浓度泥沙为界面、波高3～4米的河口浅水内波对岸坡产生侵蚀；界定了黄河水下三角洲范围、厚度和结构，黄河沉积物大部分沉积在距河口20千米范围内；各沉积单元存在分带性，三角洲前缘裙是新的地貌单元；提出黄河水下三角洲演化的新模式；阐明了三角洲前缘斜坡和南渤海陆架海床破坏过程及其海洋动力制约机制。

本研究成果系统阐释了国际上高度关注的巨量高浓度沉积物在海洋环境下的特征、沉积过程、机制和效应等，多项成果在国际上均为首次发现和报道。

项目成果：在国内外主流刊物上发表论文30余篇，包括中国海洋科学成果首次出现在 *Nature* 上（共两篇）；1986年美国《海洋地质快报》（*Geo-marine Letters*）为此出版了专集。美国科学基金会（NSF）和美国国家海洋和大气管理局（NOAA）将本项目评为1986年双边合作中"最富成果的项目"。1988年美国海洋科学年会举办了"黄河口沉积动力学"专题分会。

三、成果推广及影响

20世纪80年代初，胜利油田在黄河三角洲埕岛浅海发现大型储油构造，1984年以来多次钻井探油，因海上钻井平台地基失稳而无一成功，损失巨大。根据中美合作调查结果，学校研究团队提出这是海底不稳定性造成的，并用工程物探技术优选了井场位置，使1988年四个平台钻井一次成功，通过试油发现了我国当时极浅海第一大油田。胜利油田曾因此获中石油总公司特等奖，研究团队制定的海上平台井场优选技术列入海上平台调查规范，避免了以后类似问题的再次发生，产生了持续的重大效益。

学校依托此成果申报的"浅海工程环境和海底不稳定性"获1990年国家教委科技进步二等奖；相关成果成为黄河三角洲流路稳定的重要科学依据，自1976年以来该流路已稳定40余年，对黄河三角洲的稳定发展具有重要贡献。此成果奠定了学校黄河口研究处于领先地位的科学基础。

通过后续的国际访学交流，培养了大量人才。例如，当时参加调查的研究生张经已成为院士，徐景平已成为知名教授。美方副首席科学家D. Prior教授在2006年担任美国得克萨斯农工大学（Texas A&M University）常务副校长期间，大大促成了与中国海洋大学联合培养博士研究生和中美教育部门共认学位计划，已先后培养了若干名博士生。

四、研究团队基本情况

中方主要成员有杨作升、范元炳、陆念祖、苏志清、张志南等。

主要完成人简介：杨作升（1938—　），主要从事海洋沉积学教学与科学研究。

（撰稿人：杨作升；审稿人：郭志刚；校稿人：张雯雯）

全国海岛资源综合调查

一、调查背景

海岛作为海上的陆地，既是对外开放的窗口和国防的前沿，也是开发海洋的重要基地。长期以来，由于人们缺乏对岛屿资源、环境和社会经济状况等的深入了解和认识，海岛遭受到不同程度的污染和破坏。全国海岛资源调查就是为科学开发和利用海岛资源、保护海岛、保卫海疆、全面建设海岛获取基础资料。

1988年1月，国务院正式批准国家科学技术委员会、国家计划委员会、国家海洋局、农牧渔业部、解放军总参谋部《关于对全国海岛资源进行综合调查和开发试验的请示》，于1988年12月1日起在全国范围内展开海岛资源综合调查。1991年10月，经国家科委批准，海岛资源综合调查列入国家"八五"科技攻关项目（85-24-01），于1994年结束调查工作，至1995年完成全部成果整编。

二、调查过程

青岛海洋大学受山东省科学技术委员会、青岛市科学技术委员会的委托，由钱树本老师与王凤钦老师具体负责承担山东省威海市辖区的海岛、青岛市大管岛群及沐官岛的资源调查两项子课题。在科研经费有限、科技人员不足的情况下，学校高度重视，积极组织领导并保障两项子课题的顺利实施，共计动用船只64艘次，航程4400余海里，调用交通车辆近90车次，调查海岛总数111个。

调查开展过程中，严格按照《全国海岛资源综合调查简明规程》和委托单位有关技术文件要求，采用合理的技术路线并投入了大量人力物力，使用了国内较先进的测试仪器与测试手段，对岛陆周围1～5海里（1海里=1852米）的水域进行了水文、气象、生物、化学、海底沉积等海洋环境调查。通过实地踏勘与调查统计，在岛陆资源、地质地貌、土壤植被、淡水资源、气象状况、环境质量、珍稀动植物以及人文资源、社会经济、教育卫生、通信交通等方面取得了系统可靠的资料。

学校承担的调查工作从1990年3月开始至1993年3月结束，历时三年。其间，为确切摸清海底资源，学校留日青年博士王成海亲自潜水作业，为调查工作做出了很大贡献；青年教师叶立勋带病坚持潜水作业，因体力不支处于危险之中，王成海奋不顾身入水营救，不幸双双遇难。他们为海岛资源综合调查及我国的海洋科学研究献出了宝贵的生命，被山东省政府追认为烈士。

三、调查成果

本次海岛资源综合调查进一步摸清了我国海岛资源情况。据资料统计，我国拥有500平方米以上的岛屿（不包括海南岛和台湾、香港、澳门等所属岛屿）共计5961个，其中有常住居民的岛屿433个，共计人口453万人，岛岸线长12710千米，岛屿总面积6691平方千米。在对调查数据分析研究基础上，项目组于1992年形成《中国海岛资源综合调查和开发试验——山东省海岛资源调查威海片海岛资源综合调查报告》以及"海岛志""海岛图集""资料汇编"四项成果，资料系统齐全，内容全面丰富，为相关决策部门持续开发利用和保护海岛资源提供了重要科学依据。项目组成员从海岛功能区划出发，提出若干计划建议及总体设想，包括海珍品增养殖、开辟海岛旅游线、建立珍稀动植物自然保护区等，具有较强的可行性。这些计划建议及总体设想引起有关部门的高度重视，部分意见建议被地方政府采纳并取得较为显著的社会效益与经济效益。

本次调查相关成果获1995年山东省科技进步二等奖。钱树本、王凤钦荣获由国家计委、科委、海洋局、农业部和解放军总参谋部联合授予的"全国海岛调查先进工作者"荣誉称号，并在1996年5月参加在北京京西宾馆举行的全国表彰大会。

四、研究团队基本情况

学校承担的海岛资源调查项目总负责人为侍茂崇，具体主要由钱树本和王凤钦负责，参加调查的还有沈渭铨、郝恩良、于圣睿、陈大刚、曾晓起、于子山、徐文武、王成海、叶立勋、杨荣民、王永辰等。

（资料收集与组稿：赵瑞红；审稿人：钱树本、侍茂崇；校稿人：张雯雯）

21世纪系列海洋综合调查

一、调查概况

海洋调查是探索海洋、认识海洋、利用海洋的基本手段，学校长期以来持续深入开展海洋综合调查，积极参与国家海洋调查专项，积累了大量基础科学资料和宝贵调查数据，取得了一系列代表性成果，为学校相关学科发展提供了强有力支撑。2004年之前，学校通过主持和参与各种专项调查项目，获得了部分海域调查数据，锻炼了调查队伍；2004—2012年，学校在我国近海海洋综合调查与评价专项（908专项）、科技部基础性工作专项、国家自然科学基金委海洋科学考察船共享航次等项目中共获资助19个航次，经费1.2亿余元，获得了黄渤海、南海大量基础调查数据；2011—2023年，学校承担"全球变化与海气相互作用"专项、南北极海洋环境综合调查与评价专项、中国地质调查局调查专项和国家自然科学基金委共享航次等项目，共获资助30余个航次，经费6亿余元，获得了大量深远海和极地科考数据。

调查海区由起初的渤海、黄海、东海拓展到南海、西太平洋、东印度洋海区，实现了由我国近海到"两洋一海"直至深海大洋和极地地区的最大跨越；调查学科由综合水体调查、地形地貌与地球物理调查拓展到海洋底质与底栖生物、海洋遥感与声学调查，实现了海洋调查学科全覆盖；调查人才由"自由个体"逐步形成稳定的海洋调查团队——近海海洋综合水体调查、深远海海洋综合水体调查、海洋地质综合调查和极地科考四大调查团队，并为我国海洋调查输送了大批高水平专业化人才。

二、调查成果

（1）开展北黄海水体综合调查，摸清了夏、冬季北黄海水体环境的基本状况，确定北黄海冷水团的空间结构，明晰北黄海海气界面热量、动量和部分物质的通量及其空间分布，摸清北黄海生物分布、渔业资源及生态状况。特别是通过实地调查和数值同化技术，进一步细化了北黄海冷水团和环流的时空结构及季节变化的特征，初步确定南、北黄海水体和热量交换量，提出北黄海渔业资源可持续利用与保护措施，为区域海洋经济健康快速发展、海洋环境综合评价、海洋资源开发利用、海洋防灾减灾、海洋综合管理、环境保护和维护海洋权益等提供重要依据，为开展黄海冷水团养殖三文鱼示范应用奠定重要基础。

（2）开展海洋药用生物资源调查、研究和评价，积累形成我国海洋药物资源数据库，编纂的《中华海洋本草》全面系统地反映了海洋药物应用、研究的历史和现状，客观反映了海洋药用资源的现状，是海洋药物领域首部具有系统性、科学性、先进性和实用性等特色的大型工具书，在海洋药物研究与开发、海洋生物资源的高值化利用、海洋环境的保护和优化等方面发挥出重要的促进作用。

（3）开展北部湾海域水体环境调查和研究，获得了宝贵的南海水体环境基础数据，这项调查是学校首次大规模系统性在南海开展海洋调查。在"908专项"和全球变化与海气相互作用专项等项目的接续支持下，学校聚焦南海海域海洋环境安全保障，历时10余年，在南海组织航次30次，总航时1000余天，开展潜标作业累计13000余人天，成功布放潜标430套次，构建国际上规模最大的区域海洋观测系统"南海立体观测网"，为南海环境安全保障、资源开发利用、生态环境保护、气候变化应对提供了重要的平台和数据支撑。

（4）开展山东省近岸海域生物生态和化学调查，参与编写《山东省近海海洋综合调查与评价总报告》和《山东省海洋环境资源基本现状》，为山东省近海海洋调查和综合评价做出重要贡献。

三、研究团队基本情况

调查团队：中国海洋大学相关学科团队。

（资料收集与组稿：綦宝健；审稿人：崔福君；校稿人：张雯雯）

普遍风浪谱（文氏风浪谱）等海浪谱研究

一、海浪谱研究背景

谱在海浪理论和应用中占有重要地位，20世纪四五十年代国内外已提出的谱基本上是通过拟合观测结果而得到的，国际上比较盛行的两种海浪研究方法——"能量平衡法"和"谱法"都存在明显不足，即研究者主观经验推测和假设的成分较多。国际上还有诺依曼谱、达比希尔谱和菲利普斯的平衡域理论，有的仅适用于某一种海浪成长状态，有的在谱形式上不便于应用。

二、普遍风浪谱（文氏风浪谱）

以文圣常为学术带头人的研究人员于20世纪50年代末开始海浪谱的研究，把当时国际上主流的两种海浪计算方法结合起来，从能量平衡的观点出发，导出了可用以描述风浪随风时或风区成长得更一般、更普遍的普遍风浪谱，撰写了《普遍风浪谱及其应用》一文，于1960年发表在《山东海洋学院学报》上。在涌浪研究中，文圣常基于涡动和绕射的作用提出了一种实为充分成长的涌浪谱，并根据台风区的圆形特点，给出了对应的计算方法，于1960年撰写了《涌浪谱》一文。这两篇论文经赵九章和赫崇本两位教授联名推荐，在《中国科学》上以英文发表。其中，普遍风浪谱的成果还被翻译为俄文，在苏联著名海洋学家累洛夫编著的《风浪》论文集中全文刊出。他的这一创新成果在世界海洋学研究领域产生了重要影响，曾在1960年有关国际海洋科学进展评论中被评为重要研究成果。为铭记文圣常的卓越贡献，业内将普遍风浪谱称为"文氏风浪谱"。1962年和1984年分别出版的专著《海浪研究》和《海浪理论与计算原理》赢得了"世界五大海浪专著，中国有其二"的美誉，被海浪学界奉为经典之作。

三、风浪频谱和方向谱

截至20世纪80年代，国际海浪学界在风浪谱理论研究中，依然是通过观测和科学家的个人经验得出有关数据和成果，这种主要依靠经验的做法具有一定的主观性和不确定性，不足以有效地反映谱的结构。为了弥补这一缺憾，文圣常在20世纪50年代末、60年代初研究的基础上，采用解析方法导出了风浪频谱和方向谱。在20世纪80年代后期，主要取得以下成果：

在具有普遍适用性且易于实现的假定下，从理论上论明：通过对谱的参量零次矩和峰频率无因次化处理后的风浪频谱可表示为处于两个不同成长阶段的谱迭加。构造出深水充分成长和非常年青的风浪谱，并将它们线性迭加后用于深水风浪成长全过程的谱。于谱中引入参量"尖度因子"，它既是谱的几何宽度的量度，又反映风浪成长的阶段，以上三参量分别给出谱曲线下侧总面积、谱峰位置和峰的高度。由于谱的能量集中于峰的附近，若已知此三参量，谱的显著成分被有效地描述，从而得到谱形。"尖度因子"是一个能有效确定谱形的参量，它的引入使这项研究得到的谱和观测资料符合良好。

在上述的迭加原理中，对水域深度未加限制，故有可能利用此原理导出用于有限水深的谱。为此，引入比值$\mu = H/d$作为参量，此处H与d分别代表平均波高和水深，$\mu = 0$对应于深水，$\mu = 1/2$标志波浪因水深减小而发生破碎。"尖度因子"亦随深度变化。包含参量μ的谱适用于不同水深，为此，得到了同时适用于不同深度和不同成长阶段的谱。风浪频谱是当时国内外已提出的适用范围最广的谱。

和频谱密切相联系的方向谱的研究难度更大，研究尝试以解析方法导出方向谱并取得成绩。仍采用风浪频谱零次矩和峰频率无因次化，则所得方向谱仅包含以频谱"尖度因子"为参量的谱，从而使方向谱的结构随风浪成长状态变化。利用这种方向谱可解释谱中能量集中于峰频率附近这一重要特征，特别是如同观测所表明的，能量集中处并非峰频率处，而为略小于峰频率之处。和观测资料以及已提出的主要方向谱相比，此谱是合理的，但谱的形式复杂。为便于应用，研究以此谱的方向分布为基础，通过拟合手续得到所谓方向函数，其中亦包含"尖度因子"（作为参量）。将此函数和风浪频谱相乘，即得风浪方向谱。最初以解析方法得出的方向谱和其后拟合出的方向函数都含相同参量，从而使风浪频谱和方向谱相互协调。

四、海浪谱研究的影响及价值

文圣常提出的风浪频谱不但与中国各海区的观测结果十分吻合，而且与1973年Hasselmann等人提出的适用于成长状态的风浪谱——JONSWAP谱相当接近。此谱得到可描述海浪成长全过程的深浅水风浪频谱，以常规可观测的有效波高、有效周期为参量，因适用性强，被收录进交通部1998年《海港水文规范》中，曾多次应用于海上油气开发的环境评估和海上武器试验分析，也很快在我国海浪预报业务中得到应用。

方向谱则能更细致地描述海浪的内部结构。1991年，在奥地利维也纳召开的第20届国际大地测量和地球物理学联合会国际海洋物理科学协会学术会议上，本研究成果被会议主持人、日本海洋学会会长鸟羽良明推荐至日本。

以严格的动力学方法在全部频率范围内得到海浪谱是很难实现的。文圣常从能量平衡的观点出发，导出可用以描述风浪随风时或风区成长得更一般、更普遍的普遍风浪谱（文氏风浪谱），根据谱的特性以解析方法导出谱；引入"尖度因子"以保证谱形和观测符合；使谱适用于不同成长阶段和水深；使风浪频谱和方向谱相协调。

上述有关谱的研究成果达到国际先进水平，曾获国家自然科学奖和国家教委科技进步奖。

五、研究团队基本情况

主要完成人简介：文圣常（1921—2022），物理海洋学家，中国海浪学科的开拓者，长期从事海浪理论和应用研究，1993年当选中国科学院院士。

（资料收集与组稿：赵瑞红；审校人：管长龙、张雯雯）

海浪业务化数值预报研究

一、研究背景

海浪数值预报是海洋环境预报业务走向现代化、提高准确率的重要途径和发展方向。伴随着改革开放的推进和经济建设的加快，资源开采、航运贸易活动与海洋的联系更加紧密，提供准确、及时的海洋环境预报，以保证海上作业的安全和效益，显得十分迫切。

二、研究内容及成果

项目团队在国家"七五"科技攻关项目第76项中主持了核心课题——"海浪数值预报研究"，其中提出了一种精确、简便且具有中国特色的新型混合型海浪数值预报模式。它的构思新颖，精度有保证；建立的预报系统使用方便、运行稳定、节约计算机时。经鉴定认为，该成果在当时达到国内先进水平，于1990年获国家有关部委联合颁发的国家"七五"科技攻关重大成果奖，还被国家科委列为国家重大科技成果（编号：912559）。

在国家"八五"科技攻关中，相关团队又主持了85-903项目中的核心课题"灾害性海洋环境数值预报模式及业务化"，所承担的专题之一为"灾害性海浪客观分析、四维同化和数值预报产品的研制"。取得的主要研究成果：① 建立从海浪资料同化、初值化到数值预报产品图像自动显示的可供业务化使用的海浪数值预报系统，并对该系统进行广泛的性能检验；② 完成常规及卫星遥感海浪资料同化方法的研究，为国内首创，并接近国际水平；③ 研究出新的海浪预报全谱模型。该模型中风浪、涌浪计算均依谱分量进行，其主要是根据该专题组的研究成果，所得模型可克服国际上有代表性的WAM（第三代）模式的主要困难，而且能保证有较高的预报精度。该研究完成了物理模型和部分理想风场情况下的数值实验。

三、成果推广及影响

研究所获得的国家"七五"科技攻关重大成果曾被国家海洋环境预报中心使用于海浪业务

化预报系统中，并被推广应用于国家海洋局北海、东海、南海三个分局的预报区台及海南省海洋局预报台的准业务化预报中。应用结果证明，该模式稳定性好、适用性强、精度高且易于普及推广。此项成果在当时还被我国国家港口工程设计规范采用，为许多航运及港口工程设计部门所使用，产生了显著的社会效益和经济效益。此外，风浪计算及风浪与涌浪的转换等内容还用于同日本、俄罗斯、韩国等进行交流，受到好评，被誉为"东方思想体系的结晶"。

国家"八五"科技攻关项目考核结果表明：所研制的灾害性海浪数值预报系统适用性强、运行稳定，预报精度不低于WAM模式，而所用的计算机CPU时间远少于WAM模式，且可在微机上进行实时预报。试预报检验的结果说明，该预报系统的预报精度平均比"七五"产品的精度高4%以上。该系统在当时已被国家海洋环境预报中心用于灾害性海浪业务化试预报。该专题通过国家鉴定和验收，全面完成攻关任务，其主要成果在当时达到国际先进水平。验收结论认为"该专题极为重视将研究产品转化为生产力的工作，努力加强同业务预报及有关科研部门的合作，促使科研成果为经济建设及国防服务。研制的产品适用性强，用途广泛，受到使用单位的好评"。

四、研究团队基本情况

研发团队成员主要有文圣常、张大错、吴增茂等。

主要完成人：文圣常。

（资料搜集人：张雯雯；审稿人：管长龙）

浅海风暴潮动力机制及其预报方法

一、研究背景

风暴潮是最严重的海洋灾害，它的发生会给沿海人民的生命财产带来巨大损失，因此研究风暴潮动力学，认识其发生发展规律，并对其进行预报是防灾减灾的重要手段，而我国是受风暴潮侵害严重的国家之一，对其开展研究更有现实意义。国际上对风暴潮预报的研究从20世纪二三十年代开始，50年代末开始数值预报的研究。我国对风暴潮的研究开始于20世纪70年代，面临着动力机制、预报理论、数值方法等方面的空白。该研究就是在艰难情况下，开启了中国风暴潮理论和预报应用研究，为中国风暴潮的防灾减灾奠定了良好基础。

二、研究内容及成果

通过研究，系统发展了风暴潮的基础动力学理论和相应的数值计算方法，同时开发了数值预报的模式。研究工作细致地分析了风暴潮动量平衡的各个因素，建立了超浅海风暴潮理论；在对风暴潮动力学深刻认识的基础上，提出了具有明确物理意义又快捷简便的新数值方法——流速分解法；建立了符合流体运动学原理的变边界条件，发展基于坐标变换方法的漫滩数值计算模型，提高模拟精度。这些成果使得我国风暴潮研究及预报在当时达到了国际水平。

研究将风暴潮动力学和预报方法系统化。超浅海风暴潮理论的相关文章在《中国科学》发表，是我国第一篇风暴潮动力学研究论文，与之配套的数值计算方法相关文章在《海洋学报》发表，是我国首篇海洋数值计算论文。《风暴潮导论》（1982）是世界上第一部系统论述风暴潮机制和预报的专著，获全国优秀科技图书一等奖。相关成果"浅海风暴潮动力机制和预报方法的研究"获1982年度国家自然科学三等奖。

研究团队将这些成果应用到国家"七五""八五"重点科技攻关专题中，构建了我国第一代、第二代风暴潮数值预报模型。在验收时专家认为部分工作已达到国际领先水平，并作为"七五"攻关专题的成果之一，获得1991年度"国家七五科技攻关重大成果奖"。

三、重要科学发现及影响

（1）建立超浅海风暴潮理论。对国际上将浅海风暴潮完全作为长重力波的机制提出了质疑，在深入、细致地研究浅海风暴潮的动力学机制之后，以惯性项为突破点，依据浅水非线性和对流非线性的相对重要性，将浅海风暴潮划分为普通浅海和超浅海风暴潮，并给出超浅海风暴潮动力学模型，该理论使得像渤海这样海域的风暴潮预报模型大大简化，得以在有限的计算条件下实现了数值预报。

（2）提出求解浅海动力学方程的新数值方法——流速分解法。针对用三维浅海流体动力学谱方法研究海面风强迫问题时，其谱展式在海面处收敛性不佳的问题，提出将长、短过程分别计算的解决方案，进而根据动量方程将流速分解为数个不同物理意义的剖面，替代以往数十项的数学谱展式，从而提高计算效率。

（3）基于坐标变换，实现符合流体运动学原理的风暴潮漫滩数值模拟。研究指出变边界数值计算时采用的法向流速为零的变边界条件不合理，并提出符合流体运动学原理的边界条件，推导出自适应坐标变换下的动力学方程组，并将其应用到渤海风暴潮漫滩数值模拟中，提高了预报精度。

四、研究团队基本情况

研究团队主要有教师冯士筰、孙文心、秦曾灏、汪景庸4人，以及他们所指导的研究生。

主要完成人简介：冯士筰（1937—　），物理海洋和环境海洋学家，长期从事浅海环流和长期物质输运方面的研究，1997年当选中国科学院院士。

（撰稿人：江文胜；审稿人：冯士筰；校稿人：张雯雯）

近海拉格朗日时均环流及其长期输运理论体系

一、研究背景

浅海是人类重要的活动空间，浅海环境对人类影响直接且巨大，而浅海环流是认识浅海环境问题的基础。在浅海，潮流往往是主要的运动，但其时间尺度较短，且与环境问题变化的时间尺度不匹配，因此需要滤掉天文潮得到潮际尺度的余流。但滤掉潮波运动的方法存在着定点欧拉时均和随水微团运动的拉格朗日时均两种不同方式，何种方式能正确反映物质长期输运是存在着争议的问题，这一方面制约了对浅海环流机制的科学认识，另一方面阻碍了对浅海环境问题长期变化的预测研究。

二、研究内容及成果

系统阐述了在潮流占优势的浅海，以拉格朗日时均为基础得到的环流动力学及其长期输运理论体系。该理论揭示了拉格朗日余流依赖于潮位相的规律，证明了拉格朗日余流的连续性质，建立了以物质输运速度——拉格朗日余流的一阶近似来体现浅海环流速度场，建立了一种新型的长期输运方程式。同时，将弱非线性问题向一般非线性问题扩展，对拉格朗日余流速度给出了严格的定义，证明了该余流速度满足流体物质面守恒律，并导出了作为对流输运速度的拉格朗日余流速度所满足的潮际输运方程。

主要成果发表在*Chinese Science Bulletin*、*Chinese Journal of Oceanology and Limnology*、*Water Resources Research*、*Journal of Marine Systems*、*Ocean Dynamics*等国内外著名期刊。由于该成果物理意义清晰、计算效率高，受到国内外同行的关注，已被应用于美国Chesapeake湾的时均盐度场以及富营养化问题和渤海问题等的模拟和预测；建立的斜压浅海环流方程组已应用于渤海、黄海、东海的环流、营养盐、初级生产和泥沙输运的数值模拟和机制研究。同时，围绕狭长海域开展的求解析解、实验室工作、现场观测及数值模拟工作对该理论进行了丰富和完善。该理论相关成果"拉格朗日余流和长期输运过程的研究—— 一种三维空间弱非线性理论"获1988年度国家教委科技进步一等奖和1989年度国家自然科学三等奖。成果促进了浅海动力学、环境海洋学和海洋生态动力学的进步。

三、重要科学发现及影响

（1）揭示拉格朗日余流依赖于潮位相的规律，提出拉格朗日漂移概念，在弱非线性下导出其解析表达式。这不但在理论上解析地表明了拉格朗日余流的重要特性，从而发展了拉格朗日余流的概念，而且在实际应用上（如对海洋排污选址和定时排放）具有指导意义。

（2）建立一种新型的长期物质输运方程式，以最低阶的拉格朗日余流——物质输运速度为对流输运速度，因此称之为拉格朗日余流输运方程，这在理论上是对于经典长期输运方程式的一种扬弃，而且该方程是一种高效能的长期输运预测方程。故它对近海物理海洋学，特别对跨学科的环境海洋学的问题，具有重要理论和实际应用价值。

（3）推导得出控制浅海热力–动力耦合斜压系统的潮生–风生–热盐环流基本方程组，建立以拉格朗日时均速度的最低阶近似——物质输运速度来体现浅海环流速度基本场的新理论框架。

（4）在一般非线性下严格定义了拉格朗日余流速度，给出时均海水物质面守恒方程，提出拉格朗日潮平均浓度场的新概念，这一概念仅在弱非线性下才与传统的欧拉时均浓度一致，这样就丰富了环流场的概念，因为海水的温度、盐度都是环流不可分割的一部分，所以在进行潮平均时也需要进行相应的平均。

四、研究团队基本情况

研究团队主要有教师冯士筰、奚盘根、孙文心3人，以及他们所指导的研究生，合作者 Ralph Cheng（美国地质勘探局）也做出了很大贡献。

主要完成人：冯士筰。

（撰稿人：江文胜；审稿人：冯士筰；校稿人：张雯雯）

中国沿岸现代海平面变化及其应用研究

一、研究背景

海平面是人类生存环境变迁的重要标志。从全球看，海平面是地球理想的表面；从区域看，海平面是本初起算面（零面）；从一个地点看，潮波、海浪、风暴潮等正是以海平面为基底进行传播并侵蚀或破坏海岸地带。从历史上看，海平面曾上升正负60米左右，海平面上升期为海侵，海平面下降期为海退。近百年来处于海侵期，1980—1995年特别明显。由于潮位数据是以固定在陆地上的水尺零点为基准的，而这些水尺零点随陆地的运动而变，且与海平面长期变化具有相同的量阶。所以海平面变化有相对海平面变化和绝对海平面变化之分，验潮站海平面序列相对于各自水尺零点的升降运动称为相对海平面变化，而绝对海平面是指相对于理想的地球椭球体而言的海平面。相对海平面变化在区域性开发建设规划中有重要指导意义，而绝对海平面变化研究作为全人类的生存环境问题，不仅具有重要理论意义，还具有重要现实意义。

海平面变化研究在工程中也有重要应用。一个国家或地区必须确定一个统一的高程基准。它对生产建设和国防建设，以及涉及测绘、制图、河川整治、防洪、防潮（沿海风暴潮）、海岸带开发利用、地震监测、地壳升降以及监测海面长期变化等方面的科学研究和工程建设是必要的。新中国成立初期曾采用青岛验潮站1950—1956年的验潮资料，确定了"黄海平均海水面"；1957年起被采用作为统一全国高程的基准面。在当时，统一混乱的旧高程系统，对于满足经济、国防建设的需要起到了重要作用。1976年全国一等水准布测会议提出重新确定中国高程基准的研究任务。

二、研究内容及过程

相对海平面的变化改变着陆海相对面积，影响着沿海生态环境。海平面作为一个相对稳定的平面，一直是国际上大地测量的基准面。研究团队首先采用五种低通滤波公式由验潮站每小时潮位资料求出日均海面、月均海面以及18.61年的海平面，并用所提出的jv潮汐滤波模型和19年资料潮汐分析方法求取平均海面和海平面，讨论各分潮在平均海面中的影响。平均海面的变化研究是以月均海面为基础数据，采用随机动态非线性模型和最大熵谱，本征分析和随机动态联合模型，以及灰色系统分析和经验模态分解方法研究各验潮站的相对海平面的年变率和加速度，探讨它们的变化机制，研究其低频振荡及其与厄尔尼诺的关系。既给出各验潮站的相对海面，又建立了中国沿海一种均衡基准，将相对海面按均衡基准作订正，求得中国沿海"绝对"海面的变化。再对收集到的中国沿海46个验潮站每小时资料进行核定、鉴别、校对、审核，弄清水尺零点与水准点的变动情况，通过各种滤波计算、分析比较，得出中国沿岸海平面的空间分布，确定将青岛大港验潮站的多年平均海平面作为"1985国家高程基准"零面。

三、成果推广及影响

研究成果填补了国内海平面研究领域的不足，系统地阐述了海平面变化规律、原因，确立了中国沿海海平面变化均衡基准，建立了相应的分析预报模型和公式。成果被应用到确立全国统一高程基准，1987年5月26日，国家测绘局以国测发〔1987〕198号发出关于启用"1985国家高程基准"及国家一等水准网成果的通告。相关研究使中国海平面变化研究与国际海平面变化研究保持同步。在《中国科学》《海洋与湖沼》《海洋学报》等刊物上发表论文50余篇，部分成果编入《潮汐学》《中国气候与海面变化及其趋势和影响·第二卷　中国海面变化》《中国东部沿海地区海平面与陆地垂直运动》《地球系统科学》和《前沿百科》五本著作，为中国这一领域研究发展并跻身国际前列做出了贡献。山东省在制订海洋综合开发规划和山东省可持续发展规划中应用该研究成果。在《中国海平面公报》《中国海洋环境年报》中也引用了该研究成果。中国海洋环境预报中心进行风暴潮灾的预报、中国人民解放军海军航保部潮汐预报、核电站潮汐特征值的计算均采用该研究成果的有关模型和方法，产生了巨大的社会和经济效益。潮汐与海平面的相关科研成果获1987年度国家教委科技进步一等奖、1994年度国家教委科技进步二等奖、1999年度教育部科技进步一等奖、2000年度国家科技进步二等奖。

四、研究团队基本情况

研究团队主要有陈宗镛、郑文振（国家海洋信息中心）、左军成、于宜法、黄祖珂和汤恩祥（中国人民解放军测绘信息技术总站）等。

主要完成人简介：陈宗镛（1928—2012），我国著名的潮汐学专家，毕生致力于潮汐学和海平面变化研究，所著《潮汐学》出版于1980年，是我国第一部潮汐学理论和应用的经典著作。

（撰稿人：李磊；审稿人：左军成；校稿人：张雯雯）

我国渤海和10个海湾水质预测及物理自净能力研究

一、研究背景

不合理地开发和利用海洋资源会造成浪费资源、污染环境、破坏生态平衡、经济损失难以估算的恶果，且要再进行治理需花费更多的人力物力，付出更大的代价。该项目作为"2000年中国近海环境污染预测与对策"研究的子项目，是为合理利用海洋自净能力，最大限度地减少环保治理和污水治理投资，以保证经济、科技、社会和生态环境协调发展而进行的研究和探索。

二、研究内容及成果

采用浅海流体动力学方法，在调查、分析和研究沿岸海域流场特征的基础上，构造了研究海域的基础环境数值模型，采用数值模拟方法，重现了海域流场、污染物浓度场和拉格朗日余流场，经过现场观测资料验证，该模型输出各参数与现场实测数据基本一致。应用该模型可为海域环境质量预测及环境规划、管理、控制和保护提供科学依据。相关研究成果获1988年度国家科技进步三等奖。

三、成果推广及影响

建立了和沿海开放城市——秦皇岛、天津、烟台、青岛、上海、厦门、湛江、北海、深圳等相邻的辽东湾、渤海湾、莱州湾、芝罘湾、胶州湾、杭州湾、厦门湾、广州湾（湛江）、北海湾和深圳湾10个海湾的环境基础数值模型共30个，基本摸清了10个海湾流体运动和污染物的输运规律、运动轨迹、迁移方向、输送速度和浓度分布，为科学、合理地利用海洋自净能力、区划海洋功能区，制定水质规划，合理调整工业布局，以及科学地选择排污口和排放方式、排放量等提供重要科学依据。

对于潮差大、潮间带面积广阔的北海湾，建立了变边界流体动力学模型和平流扩散输运模型，重现了边界变动的特征，在国内首先建立了水陆边界随潮位涨落而变动的二维变边界数值模型，取得良好效果。

提出的解决三维非线性潮波边值问题的方法得到了国际学术界的重视和好评。建立了渤海三维流体动力学模型和三维拉格朗日余流模型，并与已有模型得到的结果互相验证，结论基本一致。

为改善深圳湾的水质，对污染物的最大允许排放量进行了计算，得出了要使深圳湾外湾和内湾西部能达到养殖区域的功能，其湾顶部、深圳河和元朗河（香港）COD的最大允许排放量为145.53克/秒。

将预测研究和对策研究紧密结合，提出了一系列比较切合实际的保护海洋环境的对策建议，有些建议被有关部门采纳应用，其中的主要成果被"2000年我国近海环境预测和对策研究"总课题，以及上海、深圳、青岛和烟台等市的排海工程所采用。

四、研究团队基本情况

主要完成人有5人：陈时俊、俞光耀、孙文心、孙英兰、王化桐。

主要完成人简介：陈时俊（1933—　　），研究领域为海洋与海岸工程，研究方向为环境海洋/海洋环境。

（资料搜集人：张雯雯；审稿人：江文胜）

风浪破碎研究

一、研究背景

本项目研究内容属于物理海洋学科边缘领域。风浪破碎与海气交换、上层海洋动力学、海洋遥感、海洋声学和海洋工程等海洋科学重要领域有密切关系，是这些研究领域一直关注的重要课题。风浪破碎的随机性、复杂性和间歇性给其理论和观测研究带来严重的困难。尽管从20世纪60年代起人们对风浪破碎特征进行了大量海上观测研究，而且许多国际著名海洋学家曾先后致力于此研究，但研究结果大不一致，难以从中找到规律，不能建立起可供应用的模式。

二、研究内容及成果

研究始于1985年，历时十余年，大体可分为三个阶段。

第一阶段（实验室研究）：1985年研究团队负责人赴美国特拉华大学海气相互作用实验室进行风浪破碎的合作研究，提出了一种行之有效的实验室风浪破碎测量方法，首次在实验室测得风浪破碎率与风的关系，并测得新定义的破碎高度、历时和长度等破碎特征量与风的关系。这些新颖结果部分地揭示了风浪破碎的机制和定性规律，以两篇论文分别发表于国际著名刊物 *Journal of Physical Oceanography*（物理海洋学杂志）和 *Journal of Fluid Mechanics*（流体力学杂志）后，在国际上得到较广泛的引用。

第二阶段（海上观测研究）：改进和发展实验室测量方法，利用我国渤中8号采油平台的独特地理位置以及良好条件，测量风浪破碎概率和白浪覆盖率与风速、风区两个环境变量的关系，为风浪破碎概率和白浪覆盖率应用模式的建立提供了事实根据和数据基础。

第三阶段（理论与模式研究）：围绕风浪破碎这个中心，取得一些有特点的理论和相关理论研究成果（在国内外重要刊物上发表论文15篇，其中10篇被收入SCI），将理论研究成果（包括他人的成果）与观测结果有机结合，首次建立了以风速和风区两者为环境变量的二率应用模式，并于2000年将研究成果发表于美国地球物理学报（*JGR*）。

本研究共发表论文30篇，其中15篇被收入SCI。相关成果获得2001年度中国高等学校科学技术奖自然科学一等奖。

三、重要科学发现

（1）提出一种以波面斜率临界值为破碎判据，由波面记录检别实验室风浪破碎的行之有效的方法，以此首次在风浪槽中测得风浪破碎概率与风的关系等。这些创新结果部分地揭示了风浪破碎机制和定性规律。

（2）改进和发展实验室测量方法，利用我国渤中8号采油平台的独特地理位置及优越的观测条件，首次测得海上风浪破碎概率和白浪覆盖率（以下简称二率）与风速和风区两环境变量关系的宝贵数据，并从中得出重要发现：二率不仅依赖于风速，还敏感地依赖于风区，但受水温、气温以及两者之差的影响很小，为建立二率的应用模式提供了事实根据和数据基础。

（3）在线性理论下首次导出分别以水波运动学和几何学极限条件为判据的二率理论表示式，导出以风速和风区为参量的波陡和条件周期的分布函数，由破碎波面分形模型给出破碎波面自相似维数的解析表达式。

（4）将理论研究结果与海上观测数据有机结合，首次建立以风速和风区为环境变量的海上二率应用模式。

四、研究团队基本情况

研究团队有教师3人：徐德伦、于定勇、郑桂珍。

主要完成人简介：徐德伦（1939—　），长期从事海浪和小尺度海气相互作用的教学和研究工作。

（撰稿人：于定勇；审稿人：徐德伦；校稿人：张雯雯）

"透明海洋"计划

一、重要意义

建设海洋强国是我国在21世纪的宏伟战略目标，而挺进深远海是我国从海洋大国走向海洋强国的必由之路。西太平洋—南海—印度洋这一关键海区不仅关乎国家安全、资源、环境、气候等方面的核心利益，还涵盖"一带一路"倡议中的"21世纪海上丝绸之路"。通过建立集卫星遥感平台、水下机动平台和固定观测平台为一体、覆盖西太平洋—南海—印度洋的海洋观测系统，实时或准实时地获取这一海区不同空间尺度的海洋环境综合信息，研究其能量物质输运过程多尺度变化的机制，并在此基础上建立海洋环境和气候变化的预报和预测系统，从而实现海洋的状态、过程、变化和目标透明（即"透明海洋"），是我们国家当前实施海洋强国战略所面临的迫切任务。

"透明海洋"计划的重要性体现在以下三方面：首先，构建深远海水下环境安全保障体系、维护海防安全与海洋权益都需要实时、准确地获取和评估海洋多学科环境信息并建立可验证的四维海洋数值模型，实现海洋的状态、过程、变化和目标"透明化"；其次，该海区蕴藏着丰富的油气和重要的经济鱼类资源，了解这些资源的形成机制及对其开发均需要对海洋动力过程和海底构造有全面了解；再次，该海区是影响东亚天气和气候变化的关键海区，也是灾害多发地带，建设"透明海洋"可以提高对台风、季风、厄尔尼诺，以及地震、海啸等海洋地质灾害的预测能力，从而为应对气候变化、气候谈判和防御海洋、气象及地质灾害提供重要的决策依据。

二、主要内容

"透明海洋"是一个大科学计划，该计划应国家海洋强国战略需求提出，是可持续发展的必由之路。"透明海洋"计划分步骤、有序进行推进，而努力推进"透明西太平洋—南海—印度洋"即"透明两洋一海"是"透明海洋"计划全面实施的近期和中期的重点任务。为实现"透明两洋一海"这一重大建设任务，从四个方面进行了战略性的规划。

一是技术突破。在当时观测技术难以支撑国家海洋发展要求的情况下，着重加强深海观测系统关键设备与技术（特别是水下浮力平台观测技术）研发，形成核心自主产品，提升观测能力，突破国外封锁。二是观测网拓展。着力提高观测网的时空分辨率，从单一观测拓展为多要素综合观测，形成立体、实时、多学科的观测网。三是理论突破。深入开展西太平洋—南海—印度洋环境、气候、资源的协同研究，力争在海洋环境多尺度变化机制及气候资源效应等方面取得重大原始创新。四是预测构建。逐步有序构建起西太平洋—南海—印度洋气候预测系统以及针对国家具体要求的区域预测系统，即多层次、多学科、多目标的预测体系。

三、阶段性进展

在国家建设海洋强国战略的有力支持下，不断地与国际接轨、与海洋科学前沿接轨，"透明海洋"计划的实施取得了一系列的阶段性进展。

针对我国"水下国门洞开"困境及"海上丝绸之路"安全需求，自主发展了6000米级深海自持式剖面浮标、6000米级深海锚系潜标和浮标系统、波浪滑翔器、水下滑翔机、智能浮标、敏感海区水下观测系统无人布放技术、水下目标声学探测技术等一批"透明海洋"水下关键观测技术与装备，构建起"两洋一海"综合立体观测网；发展海洋环境精细化预报系统，初步建立"透明海洋"和"两洋一海"预测系统，以实现重点海区环境信息透明化，提高海洋环境灾害及突发事件的预报预警水平和应急处置能力，提升我国海洋环境安全保障能力，实现核心海区环境信息透明化；在小尺度混合与能量传递、中尺度涡、大洋西边界流、全球变暖减缓特征及机制等方面取得一批具有国际引领性的认知海洋研究成果，在*Science*和*Nature*系列顶级学术期刊发表。为加快推进透明海洋、智慧海洋、安全海洋建设，"透明海洋"计划取得了以下成效。

1. 初步建成南海—西太平洋大规模定点观测系统

完成对世界上最大规模的区域海洋潜标观测网——南海潜标观测网的维护及扩充，并在国际上首次实现了对蕴含丰富多尺度动力过程的南海深海盆的全面覆盖及完整监测；初步建成西北太平洋黑潮延伸体定点观测系统，奠定了我国在全世界对该海域观测研究的核心地位；"万米深海行动计划"取得突破性进展，在马里亚纳海沟成功完成万米深海研究科考任务；通过自主研发的海洋仪器装备，获得了诸多珍贵海洋观测资料，在当时填补了多项海洋科研领域空白。

2. 开发国际领先的深海智能浮标、潜标等综合观测设备与系统组网技术

研发面向全球深海大洋的智能浮标是海洋科学领域获批的第一个国家重大科研仪器研制项目。该系列深海浮标的研发及国产化将为实现我国深海大洋观测研究跨越式发展，为防灾减灾、深海生物资源开发、关键海区的水下环境安全保障提供重要支撑。深海资源探测技术手段获得新突破，研制的海底电磁采集站在我国南部海域成功完成4000米水深海底大地电磁数据采集试验，填补当时我国在这一方面的空白，使我国成为美国、德国、日本之后第四个有能力在水深超过3000米海域进行海洋电磁场测量和研究的国家。

3. 构建覆盖近海、深远海及两极的精细化数值模拟系统，逐步建成立体化、综合化、智能化、实时化、精细化的海洋观测、预测和实时预报体系

突破高效并行算法和全要素高效数据同化等核心技术难题，在国际上率先建立全球高分辨率海浪–潮流–环流耦合模式，为提高海洋环境预报保障以及气候系统的预测奠定了坚实的科学基础；在极端气候事件演变与预测方面取得重要进展，自主研发中等复杂程度海气耦合模式并成功进行了预测预报，该模式也成为我国首个入选国际极端气候事件实时预报系统的模式，凸显了我国极端气候事件研究已经走进国际最前沿。

四、研究团队基本情况

研究团队骨干有20余人，包括学校的吴立新、田纪伟、赵玮、陈朝晖、孙秀军、李予国、马昕、周春等。

主要完成人简介：吴立新（1966—　），长期从事大洋环流与气候研究，2013年当选中国科学院院士。

（撰稿人：张力；审稿人：甘波澜、陈朝晖；校稿人：张雯雯）

大洋能量传递过程、机制及其气候效应

一、研究背景

深海大洋不同尺度运动过程之间的能量传递不仅为海洋热量输送提供重要通道，也对地球系统中的生物地球化学循环和水循环有重要调控作用。虽然在海洋能量传递的某些具体过程方面取得了一些研究进展，但是缺乏对整个深海能量传递及输运机制的系统研究，从而制约着对深海环流变异及其气候效应的认识。

二、研究内容及成果

系统阐述了能量向深层海洋传递的通道以及驱动大尺度环流的过程与机制，揭示了深海大洋热量变异关键海区对大气环流及区域气候的重要调节作用，阐明海洋环流变异影响全球气候的海洋和大气通道，为正确预测未来海洋环境与气候变化提供了理论基础。成果初步回答了全球气候变化下海洋能量及热量输运机制及造成的海温异常对大气的反馈作用，为海气能量循环交换提出了一个清晰的物理过程。

主要成果发表在*Science*、*Nature Climate Change*、*Nature Geoscience*等国际顶级学术期刊上，其中，8篇代表性论文被*Science*和*Nature*等国际权威期刊他引762次，相关成果入选2014年度高校十大科技进展和海洋十大科技进展，获国家自然科学二等奖、教育部自然科学一等奖。基于上述成果和主要完成人的推动，中国科学家在联合国教科文组织政府间海洋学委员会西太分委会发起领导"黑潮及延伸体海气相互作用及气候效应"（AIKEC）国际计划，在CLIVAR太平洋科学委员会发起了"北太平洋环流实验"（NPOCE）计划，以上均是中国科学家首次在西太平洋海区领导的国际研究计划，凸显了我国科学家在该领域的国际地位。

三、重要科学发现

（1）首次揭示热带气旋通过海面波浪和表面海流等过程输入海洋中的机械能总量及其年际变率和年代际变率，并指出了海洋Rossby波对风场强迫的响应选择性，显示上述中小尺度过程对大尺度运动的重要影响，为海气多尺度相互作用研究开辟了新方向。

（2）首次发现风的能量可以穿透海洋主温跃层在1000米以下的深海激发混合，被中尺度涡旋捕获的亚中尺度近惯性运动是能量下传到深海的主要物理过程，解决了风能进入上层海洋后如何传递到深海这一重要科学问题。

（3）发现近百年来风场变异导致全球副热带西边界流加强并引起西边界流区的"热斑"效应，揭示近15年来北大西洋翻转流向深海输入更多热量促进全球"变暖停滞"的形成，从环流热量输运角度将海洋温度及热含量变化与气候变化联系起来。

（4）揭示全球气候变化下北太平洋西边界流区和北大西洋翻转流区温度及热含量变异对大气环流和气候变化的调节反馈作用及机制，为研究海洋环流变异对气候系统影响提供了新思路。

四、研究团队基本情况

研究团队有教师7人：吴立新、林霄沛、陈朝晖、陈显尧、王伟、甘波澜、荆钊。

主要完成人：吴立新。

（撰稿人：甘波澜；审稿人：陈朝晖；校稿人：张雯雯）

面向全球深海大洋的智能浮标

一、研究背景

深海大洋是地球气候系统的重要调节器，但也是目前认识极为有限的气候系统组分。开展对深海大洋长期连续、具有高时空覆盖率的多学科综合观测，对于揭示深海大洋物理、生物地球化学及生态环境变化以及对气候的影响过程与机制，提高对其预测能力，实现"透明"深海大洋具有重要的科学意义。

国际上酝酿第二轮全球海洋观测网（Argo）计划，向2000米以深的深海大洋延拓。美国、日本、法国等大力研发新型深海浮标技术，以抢占新一轮深海竞争的制高点。我国是一个负责任、有担当的大国，新一轮深海大洋观测计划对我国不仅是巨大的挑战、一次难得的机遇，还是我国深海大洋研究实现跨越式发展，抢占深海竞争制高点的契机。把深海大洋，尤其是关系到我国核心利益的西太平洋—南海—印度洋变"透明"，有利于我们对深海环境、深部生物圈及深海资源等有更好的认知和把握。

二、研究内容

紧紧围绕"深海大洋变化及其在全球气候系统中的作用"这一关键科学问题，研制一种面向全球深海大洋的智能浮标（Smart Float），针对目前浮标观测存在的问题和制约，发展出了一种新型智能浮动观测平台技术，突破海洋观测技术局限性，采用快速定位与可持续海洋能供电技术，发展出了自适应的区域三维高分辨率的观测技术以及基于机动平台的多学科（物理、声学、生物地球化学）传感器同步观测技术，使海洋综合观测延拓至2000米以深的深层海洋，形成对全球深层大洋的观测能力，拓展海洋观测的时空覆盖范围及监测尺度，实现我国深海大洋观测研究跨越式发展，为防灾减灾、深海生物资源开发、关键海区的水下环境安全保障提供支撑。

相关研究得到国家自然科学基金委重大科研仪器研制项目支持，这是我国海洋科学领域获批的第一个国家重大科研仪器研制项目（部门推荐），学校首次获批此类项目。

三、研究成果

研制出了面向全球深海大洋的智能浮标。智能浮标可搭载不同传感器形成"标准型""生物型""氧量型""碳库型""创新型"及"扩展型"6型样机,以不同工作模式实现不同的观测需求。本成果在样机的Argo、Glider二者结构和功能融合、基于深海智能观测平台的小型化高效海洋能源俘获技术、面向多模通信及双向交互的智能浮标通信与岸基系统、构建阵列观测拓扑结构的智能浮标组网策略研究与仿真等关键指标上,处于国际领先地位。针对样机搭载需求研发的系列共型传感器模块指标,也与国内外相近产品处于同一技术水平。本研究共发表论文196篇,申请专利48项,获得科研奖励11项,培养了国家杰出青年基金获得者1名、优秀青年基金获得者2名,先后培养研究生55人。

四、研究团队基本情况

研究团队骨干有18人,包括学校的吴立新、陈朝晖、马昕、任国庆、魏兆强、吕婷婷、马纯永、宋大雷、程凯、郭金家等。

主要完成人:吴立新。

（撰稿人:陈朝晖;审稿人:甘波澜;校稿人:张雯雯）

全球变暖背景下太平洋西边界流及其气候效应

一、研究背景

太平洋西边界流和与之相连的赤道太平洋环流系统在厄尔尼诺–南方涛动（ENSO）、太平洋年代际振荡和印度尼西亚贯穿流等过程中的重要性被广泛接受,但其难以被量化,这引起了海洋学家们的兴趣。以赤道太平洋为研究对象,针对热量和质量平衡,以及与温室气体导致的气候变暖有关的变化,海洋学家们一直在努力实现突破。

大气中二氧化碳和其他温室气体的增加是20世纪地球表面变暖的主要原因,这种变暖将持续下去。海洋吸收了大量的热量和二氧化碳,缓冲了这种变暖现象。全球海洋中,温带的西边界流辐合带是海气热通量、水分和二氧化碳交换的重要区域。在全球变暖背景下,具有巨大能量的西边界流发生变化的可能性大大提高。但由于观测数据有限,检测出这样的变化是具有挑战性的。

二、研究成果与影响

相关成果*Pacific western boundary currents and their roles in climate*发表在*Nature*上。该成果指出近60年来南赤道流和北赤道流分叉点出现南移现象,这种南移现象对整个太平洋气候的影响巨大,引发黑潮加强的同时,向北的热量输送也在加强,对我国气候产生重要影响。同时,随着全球变暖,太平洋西边界流的变化会直接影响到印度尼西亚贯穿流,进而影响全球热盐环流传输带和全球气候变化。此外，着重归纳通过现场观测实验在西太平洋的一些重要科学发现，提出一系列亟待解决的重大科学问题，并呼吁进一步加强观测、过程研究和数值模拟，联合组织观测与模拟大型合作计划以解决尚存的科学问题。这是*Nature*首次发表有关太平洋环流与气候研究的评述性文章，也是我国在该期刊发表的首篇海洋领域综述文章。

相关成果*Enhanced warming over the global subtropical western boundary currents*发表在*Nature Climate Change*上。该成果指出20世纪沿着西边界流区域增暖的速率是全球平均的2～3倍，这种"热斑"效应的产生是由于全球变暖导致副热带西边界流加速，增强的西边界流将更多的低纬度暖水向高纬度输送，进而导致相应海区的快速增暖。该文章首次在国际上揭示全球增暖下的海洋"热斑"现象，并提出温室气体增加驱动全球副热带西边界流向极地扩展或加速是导致"热斑"形成的理论机制，对于认识海洋在全球变暖中的作用、预测海洋环流变化具有重要意义，推动了传统西边界流研究向物理、生态等交叉方向发展。该文章发表后，该期刊邀请国际著名的大洋环流学家、英国利物浦大学Williams教授在该期刊同期发表专门评论，题为"Lixin Wu and colleagues present a new view of ocean warming"（吴立新及其研究团队阐明了海洋增暖的一个新观点）。同时，全球多家媒体纷纷报道。*Nature*认为此项发现意味着全球海底天然气水合物正变得不稳定。

三、研究团队基本情况

研究团队包括吴立新、林霄沛、陈朝晖、蔡文炬、裴波（夏威夷大学）、胡敦欣（中国科学院海洋研究所），以及来自澳大利亚联邦科学与工业研究组织（CSIRO）、美国伍兹霍尔海洋研究所、美国国家海洋和大气管理局（NOAA）太平洋海洋环境实验室、美国国家海洋和大气管理局地球系统实验室、美国夏威夷大学太平洋研究中心、美国得克萨斯农工大学、德国莱布尼兹海洋研究所、日本东京大学等单位的国际知名学者。

主要完成人：吴立新。

（撰稿人：杨海源；审稿人：甘波澜；校稿人：张雯雯）

热带多尺度跨海盆海气相互作用

一、研究背景

多尺度海洋物质能量循环过程及其气候效应是全球海洋与地球系统研究的重大前沿科学问题。尤其是在热带海域，强烈的多尺度海气相互作用以及热带太平洋—印度洋—大西洋之间的跨海盆相互作用，对准确预测和预估厄尔尼诺-南方涛动（ENSO）形成重要挑战。对全球变暖背景下热带多尺度跨海盆海气相互作用过程的认知和理解是提升ENSO预测和预估能力的关键，也是推动地球系统科学发展的引擎。

ENSO是地球气候系统最强的年际变化事件，温室气体增暖是否影响以及怎样影响ENSO困扰海洋与气候变化领域几十年。另外，过去研究已充分证实ENSO会显著影响热带大西洋和印度洋区域气候系统，并对热带气旋有重要的调制作用，然而热带气旋是否对ENSO有反馈作用以及热带大西洋和印度洋内部的海气相互作用及动力过程变化如何影响热带太平洋ENSO和区域气候存在较大争议。解决这些问题不仅是ENSO理论的重大发展，也为提高对极端海洋气候变化事件的预测能力提供基础。

二、重要科学发现及影响

综合全球多种气候系统模式并结合观测，发现温室气体增暖会显著增加东太平洋厄尔尼诺的振幅和发生频率，指出全球变暖背景下赤道太平洋上层海洋层结加强是其根本原因。成果发表在*Nature*上。*Nature*发表专评，认为该研究是"气候研究领域具有里程碑意义的重大发现"，解决了全球变暖是否改变ENSO强度及其发生频率这一困扰全球科学家几十年的重大科学难题。

发现全球变暖背景下热带大西洋厄尔尼诺与太平洋的遥相关减弱，揭示了ENSO跨海盆相互作用的未来变化。利用多模式试验数据，发现全球变暖会导致大西洋厄尔尼诺对ENSO的影响减弱并阐明其物理机制。研究成果预示着赤道大西洋海温对ENSO预测的贡献将显著下降，表明有关极端ENSO的预测将更具有挑战性。

从跨时间尺度角度，首次揭示西太平洋热带气旋累积效应对ENSO事件强度的重要影响过程及机制，建立ENSO发展的新机制。基于此机制建立的预测模型有助于相关部门提高对ENSO强度的预测能力，同时，有助于拓展对跨尺度相互作用与能量逆级串的理论认识，为改进气候预测模式提供新的途径。

领衔全球众多知名海洋和气候学家在*Science*上撰文全面总结关于热带太平洋—印度洋—大西洋气候系统之间相互作用的最新研究进展，系统地提出热带三大洋海气系统相互作用的动力学框架以及之后研究的重点方向，引领这一前沿领域的发展。指出热带太平洋气候系统变化主要由快速的海温-风场正反馈过程和延迟的风场-海洋温跃层-海温负反馈过程共同决定，热带印度洋和大西洋海温变化可通过引起太平洋风场异常来调制上述反馈过程进而影响太平洋。深入认识和理解热带跨海盆海气相互作用的动力机制是提升季节至年代际气候预测能力的一条重要途径，将有助于提高对气候变化预估的准确性。

三、研究团队基本情况

研究团队主要有吴立新、蔡文炬、李建平、甘波澜。

主要完成人：吴立新。

（撰稿人：甘波澜；审稿人：陈朝晖；校稿人：张雯雯）

我国东部海区海洋动力环境关键过程的机制研究与工程应用

一、研究背景

我国东部海区是支撑中华民族伟大复兴的战略性海域，把该海域变为"透明海洋"是海洋强国建设的一项重大战略任务。而认知海洋动力环境变化机制，研发精细化数值模拟与预测技术，则是实现"透明海洋"的重要途径。海洋动力环境是所有海洋工程建设项目首要考虑的因素，也是工程建设成败的关键。虽然大量的海洋工程建设项目（如石油平台和港口等）支撑了沿海经济的快速发展，但是在针对海洋工程建设相关的海洋动力环境变化及其机制、海洋动力环境变化分析与预测方法等方面尚缺乏专门和系统性研究。

二、研究内容及成果

围绕我国东部海区海温和盐度，在不同时空尺度上的变化特征及相应的环流调整过程、黑潮和局地强迫的动力学控制作用、高频观测数据同化和水团鉴别技术等方面开展了系统的创新性工作，提出了该海区海洋动力环境关键过程的物理机制与工程应用中的若干基础理论和方法，发展了若干精细化数值模拟关键技术。在 *Journal of Geophysical Research* 和 *Geophysical Research Letter* 等国内外重要学术期刊发表论文百余篇，出版专著1部，获发明专利2项、软件著作权5项。以胡敦欣院士为鉴定委员会主任的教育部科技成果鉴定认为：该成果原创性强，总体达到国际同类研究先进水平，部分成果达到国际领先水平。成果先后荣获教育部自然科学一等奖等多项科技奖励。

三、重要科学发现

（1）首次揭示我国东部陆架海盐度和温度存在长期升高及显著的年际和年代际变化等新现象；提出冬季高频北风暴发调控黄海暖流主轴位置的动力学机制，将大气强迫、入海径流及环流变异与上述海洋环境变化的耦合关系从季节和年际拓展到年代际和更长时间尺度，为交叉学科研究提供了物理海洋学基础。

（2）首次建立多海盆−岛屿联通海域黑潮绕岛效应驱动南海—东海—日本海间暖流系统的理论框架，改变了以局地强迫为主诱发陆架暖流的传统认知，发展了陆架/边缘海海洋动力学变异理论，为预测我国东部陆架海海洋环境变化提供了新的理论指导。

（3）基于拉格朗日运动坐标系，建立了新的太阳和月球引力驱动海水运动动力学理论模型，揭示了太阳和月球引力产生的海洋运动基本特征、空间结构、多时间尺度记忆周期和动量积累机制；揭示了海洋中显著季节内振荡存在随纬度变化的"彩虹现象"并控制黑潮和东中国海环流变异，首次提出Rossby波共振和能量传递是上述现象的形成机制。以上成果丰富和发展了日月系统引力、随机风场驱动海洋波动和调制海洋运动的理论体系，为海洋动力环境精细化数值模拟与预测技术设计提供了动力学理论基础。

（4）研发全球有限体积可变三角网格构建方法，构建了无人为边界干预下海洋环流和潮汐潮流一体化数值模拟和预测技术；发展了海洋泥沙输运数值模式，优化水体与悬浮泥沙输运中的动力学耦合问题，为实现海洋局部海域精细化数值模拟和预测提供了工具和准确的初边值条件。

（5）创新海洋动力环境变化预测及数据分析方法，突破高频观测数据实时同化的技术瓶颈，研发了渤海、黄海、东海海域海洋环流预报系统及区域海气耦合流浪潮数值预报及演示系统，研发了海洋大数据谱混合分析方法和海水交换分析系统，为海洋动力环境精细化数值模拟和预测提供了重要技术支持。

本研究成果在国内规模最大的单体围垦项目"瓯飞工程"等多项涉海重大工程中应用，利用精细化数值模拟技术完成了海堤建置方案优选、养殖布局方案设计等系列规划论证，被誉为国家海洋局审批围填海工程的技术标杆和示范；在国家海洋环境预报中心和国家海洋信息中心等权威海洋部门实现了业务化应用，服务"雪龙"号救援和亚丁湾护航保障等国家重要海上活动，为海洋防灾减灾、海上开发和军事活动提供关键性科技支撑，推动了海洋科技成果的应用转化，促进了海洋资源的合理开发和海洋环境的有效保护。

四、研究团队基本情况

研究团队有12人：吴德星、陈学恩、鲍献文、林霄沛、万修全、宋军（大连海洋大学）、马超、韩雪双、于华明、乔璐璐、郑沛楠（中国人民解放军61741部队）、王国松。

主要完成人简介：吴德星（1952—　　），国际欧亚科学院院士，致力于海洋环流研究，在海洋环流动力学理论、数值模式和观测技术等方面取得系列创新性成果。

（撰稿人：陈学恩；审稿人：吴德星；校稿人：张雯雯）

海洋仪器海上试验与作业基础平台若干关键技术及应用

一、研究背景

占地球表面积71%的海洋是人类赖以生存和发展的空间之一。以美国为首的海洋强国都把优先研发海洋仪器、获取海洋调查与观测数据作为重要战略任务，并实施海上霸权和相关核心技术封锁。我国拥有300多万平方千米的蓝色国土，蕴藏着丰富的资源，具有重要的战略地位。科学地开发利用海洋和维护海洋权益，亟须提升研发海洋仪器和获取与处理海洋变化信息的能力。长期以来，因缺乏海上试验平台及其关键技术，我国自主研发的海洋仪器难以实现国产化。为打破国际海洋仪器研制技术垄断、突破海洋仪器研制核心技术，亟待创建支撑海洋仪器研制的海上试验与海上作业的基础平台及其关键技术。

二、研究内容及成果

自1998年起，创建了我国首个支撑海洋仪器研制的海上试验与海上作业基础平台，攻克了其关键技术。研究成果获授权国家专利11项（发明2项），制定海洋行业标准8部（其中，《海洋仪器海上试验规范》是海洋行业急需的基础性标准），部分成果纳入国家标准（报批），获软件著作权2项。发表论文100余篇，其中40篇被SCI收录，23篇被EI收录，出版著作6部。成果在11个单位32种海洋仪器（约占同期研发海洋仪器数量的80%）的海试中应用，加快了海洋仪器的研发和产业化进程；在沿海7省40余项涉海重大工程前期论证中应用，为建设单位提供了科学决策依据；在2000多天的海上调查与观测中应用，发现了新的海洋现象，揭示了若干海洋物理环境变化的新特征；部分成果已应用于国家海洋环境预报。成果先后获2009年度教育部科学技术进步一等奖、2011年度国家科技进步二等奖。

三、重要成果点及影响

（1）自主研发支撑海洋仪器精确观测与比测的基础平台技术。首创分段三角支撑定位、渐变式滑轨定向及软体减震结构为一体的船载仪器固定架装与吊放升降控制技术，实现了同步或准同步比测；发明投放式声学多普勒流速剖面仪姿态平衡自控装置，在吊放倾角高达40°时仪器的纵摇和横摇可控制在10°以内，有效数据量提高了70%。大幅度提高了获取高质量观测和比测数据的能力。

（2）首次建立海洋仪器海上试验的规范和行业标准体系。与依靠仪器操作程序、要素观测方法及数据记录与资料处理程序等为基点的常规规范制定不同，该规范和行业标准体系从与相同或高一等级准确度的同类仪器可比性入手，基于技术归零原则，建立了海洋仪器海上试验的规范和标准体系，解决了海洋仪器海上准重复性试验和技术归零两大技术难点，从根本上促进了我国自主研发高技术海洋仪器的标准化、产业化进程。

（3）创新研发海洋环流及泥沙输运数值模型。与现行普遍采用的海洋环流数值模型不同，研发包含天体引潮力和负荷潮的海洋环流数值模型，结合无结构三角网格构建方法，克服了现行海洋环流数值模型刻画物理过程不完备和刚性引入边界条件的严重缺陷；首次提出了"内潮粘性项"概念，构建水与泥沙联合密度函数，解决抑制数值计算中的伪现象和水体与泥沙动力耦合作用的技术难题。该数值模型为提升数值模拟和深度应用调查与观测数据能力奠定了基础。

四、研究团队基本情况

研究团队有教师5人：吴德星、陈学恩、郭心顺、鲍献文、赵忠生。

主要完成人：吴德星。

（撰稿人：陈学恩；审稿人：吴德星；校稿人：张雯雯）

季风驱动的南海海盆环流及其气候效应

一、研究背景

南海是位于热带的世界面积最大的半封闭深水海盆之一，具有丰富的自然资源，也是重要的海上运输通道。在卫星资料出现之前，由于缺乏观测资料和理论指导，人们对南海海洋环流的认识出现争议，对南海环流的气候效应知之甚少，严重制约了人们对南海海洋环境变化的认识和预测。

二、研究内容及成果

依据具有较高时空分辨率的卫星观测资料与部分船测资料，结合数值模式验证，抓住"南海海盆纬向尺度远小于太平洋和印度洋"这一特征，揭示了季风驱动下季节平均南海环流的基本形成机制，建立了南海上层海洋环流的理论框架。在该理论框架的基础上，发现了冬季南海冷舌和春季南海高温暖水这些与气候变化相关的新现象；成功建立了热带太平洋与南海之间的联系和相互作用机制，揭示了南海年际变化的物理本质，统一了人们对季节平均南海环流的认识，为南海海气相互作用提出了一个清晰的理论框架。主要成果以数十篇论文的形式发表在物理海洋和气候领域国际一流学术期刊上。截至2020年，最主要的两篇代表性论文分别被SCI引用117次和109次，曾作为主要成果获2006年度高等学校科学技术奖自然科学一等奖。本研究成果还作为2013年出版的专著《热带海洋−大气相互作用》一书的主要章节。

三、重要科学发现

（1）首次发现由于南海海盆纬向尺度远小于太平洋和印度洋，在南海风驱动海洋罗斯贝波调整海洋环流所需时间小于3个月，远小于同纬度太平洋的调整时间。因此，年周期变化的季风导致18°N以南的南海季节平均海盆尺度环流基本上满足Sverdrup关系，即时间超过3个月的上层海洋平均环流基本上取决于南海局地的风应力旋度。该科学发现统一了人们对南海环流季节反转机制的认识，为预测南海环流提供了理论依据，为研究南海上层海洋环流演变、沉积过程与古气候提供依据和参考。

（2）首次发现北半球冬季南海比其西侧的印度洋和东侧的太平洋冷2 ℃左右，大部分区域海表温度低于28 ℃，因此，在北半球冬季，南海就成为印度洋—太平洋暖池的一个明显的"豁口"；揭示了冬季南海西边界流的冷平流输送是导致南海南部（105°E～110°E）冷舌形成的重要机制；发现了此冷舌对大气有很强的影响，形成了印度洋—太平洋暖池区10°N以南的大气对流抑制区，该现象的发现为海洋西边界流影响气候又增添了一个有力证据。

（3）首次发现南海冬季的冷舌指数与热带太平洋海表温度的年际变化之间存在很好的关系，揭示在厄尔尼诺的盛期（冬季），热带太平洋海温异常导致的反气旋式大气环流异常出现在西北太平洋海域，使南海东北季风减弱；在拉尼娜盛期，相反的现象发生。冬季南海局地海面风的年际变化又导致了南海西边界流和冷舌及整个南海海表温度的年际变化。该发现为南海环流和海表温度的气候预测提供了理论依据。

（4）首次发现春季位于吕宋岛西南海域的南海30 ℃以上高温暖水，揭示了冬季吕宋岛的背风效应和春季较强的短波辐射是该高温暖水形成的机制。发现该高温暖水可以作为南海夏季风暴发的一个先兆，因而为东亚夏季风暴发的预测提供了依据。

四、研究团队基本情况

研究团队有学校教师2人：刘秦玉、王启；海外合作专家2人：刘征宇、谢尚平；学校博士研究生3人：杨海军、姜霞、孙成学。

主要完成人简介：刘秦玉（1946—　），为我国海气相互作用研究方向的主要学术带头人之一。

（撰稿人：刘秦玉；审稿人：黄菲；校稿人：张雯雯）

热带印度洋海气耦合模态对东亚气候的影响

一、研究背景

热带印度洋的气候受到海–陆–气相互作用的影响，呈现出显著的季风气候特征。自从1999年国际学术界首次发现热带印度洋存在两个海气耦合模态以来，人们的注意力集中在北半球夏季出现并于秋季达到峰值的热带印度洋偶极子模态，并认为该模态对东亚夏季风有重要影响。

二、研究内容及成果

本研究抓住热带印度洋两个主要海气耦合模态（即"海盆一致模态"和"偶极子模态"）分别在北半球春季和秋季达到峰值的特征，依据具有较高时空分辨率的卫星观测资料与部分船测资料，结合数值模式的数值实验，回答了这两个海气耦合模态如何影响东亚季风年际变化的科学问题。在这一新的学术思路指导下，成功地发现了热带太平洋与热带印度洋相互作用之间的联系，统一了学术界关于"热带印度洋两个海气耦合模态分别对季风的反馈作用"的认识，为东亚季风的预测提出了一个明确思路，给出了新的预测指标。

主要成果以数十篇论文的形式发表在国际气候学一流学术期刊上，截至2020年5月，最主要的代表性论文被SCI引用399次。本成果已经在中国气象局国家气候中心和日本气象厅的短期气候预测中得到应用，并揭示了古气候研究中降水异常的机制；部分成果曾作为2013年出版的专著《热带海洋–大气相互作用》一书的主要章节；相关结论曾被联合国政府间气候变化专门委员会（Intergovernmental Panel on Climate Change，IPCC）第五次评估报告引用，是IPCC报告首次对于该问题的描述和总结。

三、重要科学发现

（1）首次发现被热带太平洋厄尔尼诺–南方涛动（ENSO）现象诱发的热带印度洋海盆一致模态在北半球春季达到峰值后能持续到夏季，并影响ENSO次年夏季西北太平洋副热带高压和诱发北半球中纬度夏季的绕极波列，该现象称为热带印度洋的"电容器"效应。该科学发现纠正了前人认为只有印度洋偶极子模态能影响东亚夏季风的观点，统一了人们对热带印度洋反馈东亚夏季风的认识，为预测东亚夏季风建立了新的理论，为研究海盆之间的相互作用提供依据和参考。

（2）首次发现在秋季达到峰值的热带印度洋偶极子模态会与热带太平洋ENSO共同影响印度洋—西太平洋暖池海域的冬季降水，进而激发从暖池海域到东亚地区的高空大气经向波列；揭示了该现象常常发生于春季出现并发展的厄尔尼诺事件。该科学发现不仅阐明了热带印度洋偶极子模态影响东亚冬季风的途径，也为冬季风的预报提供了新的依据和参考。

（3）首次依据热带印度洋海气耦合模态与ENSO的对应关系将热带印度洋两个海气耦合模态分类，发现了热带印度洋两个海气耦合模态通过与季风的相互作用可以发生转换。该科学发现为热带印度洋两个海气耦合模态的预测提供新的依据。

（4）首次发现全球变暖背景下热带印度洋偶极子模态强度基本保持不变，并阐明其原因是全球变暖背景下热带印度洋偶极子模态形成过程中海洋反馈作用加强和大气反馈作用减弱；提出了在全球变暖背景下热带印度洋局地海气耦合过程的加强将导致印度洋海盆模态的加强，并使其更加显著地影响东亚气候。这些新的发现和观点为研究全球变暖背景下东亚季风的预测提供了有效的依据。

四、研究团队基本情况

研究团队有当时参与研发的本校教师3人：刘秦玉、郑小童、范磊；海外合作专家2人：刘征宇、谢尚平；校博士研究生3人：杨建玲、郑建、郭飞燕。

主要完成人：刘秦玉。

（撰稿人：刘秦玉；审稿人：黄菲；校稿人：张雯雯）

全球变暖下的海气耦合动力学

一、研究背景

全球变暖是人类社会面临的重大问题。海洋增温空间非均匀性及其海气耦合动力学是国际前沿科学问题之一，其中热带海气耦合主模态如何变化是气候预测面临的新挑战；黑潮—黑潮延伸体—副热带逆流对我国气候有重要影响，急需建立其对全球变暖响应的理论。因此，从全球视野出发，立足对海洋动力、热力过程和海气耦合过程在现代气候变化中作用的理解，利用气候模式模拟，预估海洋对全球变暖的响应和对东亚气候的影响，对海洋动力学和气候动力学的发展、提高预测东亚气候的能力都有重要的科学意义。

二、研究内容及成果

系统阐述了决定黑潮—黑潮延伸体—副热带逆流海洋环流及其热输送变异的关键物理过程，揭示了全球变暖背景下决定太平洋—印度洋海洋增温空间非均匀性的关键海气相互作用过程及其对海气耦合系统的调节作用，阐明了太平洋—印度洋海洋增温空间非均匀性对东亚气候变化的调节和控制作用，为正确预测未来海洋环境与气候变化提供了理论基础。研究成果揭示了全球变暖背景下太平洋—印度洋海区的响应机制，初步建立了全球变暖海气耦合动力学理论框架。主要成果发表在*Nature*、*Nature Geoscience*、*Nature Communications*等国际学术期刊，其中代表性论文被国际学术期刊引用2000余次，收录于政府间气候变化委员会（IPCC）第五次及第六次评估报告，在国际舞台上发出了海大的声音。相关工作作为主要成果的国家重大科学研究计划项目"太平洋印度洋对全球变暖的响应及其气候效应"在科技部验收中获得优秀。

三、重要科学发现

（1）在日本以东的西北太平洋海域圆满实施海气联合观测实验［为"东方红2"海洋综合科学考察实习船（以下简称"东方红2"船）至该海域的首次远航］，在国际上首次通过投放多个Argo浮标对海洋涡旋进行长期的追踪调查，重建其三维结构，捕捉到北太平洋副热带模态水潜沉过程中的海洋涡旋平流效应，发现了副热带模态水普遍存在的多核结构，根据现场观测揭示黑潮锋面区海气相互作用过程的特征，分析了北太平洋副热带模态水和副热带逆流对全球变暖的响应。

（2）发展了全球变暖海气耦合动力学，揭示热带海洋增温空间非均匀性对ENSO、印度洋偶极子（IOD）等气候模态及其相关未来变化的重要影响。发现全球变暖下ENSO未来预估不确定性的主要来源，以及ENSO引起的太平洋-北美（PNA）型大气响应的东移和加强效应。

（3）研究了造成气候变化的其他重要影响因素，发现热带太平洋年代际变化是导致最近15年全球变暖停滞现象的主要原因。揭示气溶胶辐射强迫对热带海洋大气场以及东亚季风的重要作用。

四、研究团队基本情况

研究团队有教师7人：谢尚平、刘秦玉、张苏平、郑小童、李培良、许丽晓、王海；博士研究生4人：龙上敏、周震强、刘聪、王传阳。

主要完成人简介：谢尚平（1963—　），本科毕业于中国海洋大学，现为加州大学圣地亚哥分校斯克里普斯海洋研究所气候科学Roger Revelle讲席教授。主要研究方向是海气耦合动力学。

（撰稿人：郑小童；校稿人：张雯雯）

海洋中尺度涡的三维结构与水体输送

一、研究背景

遍布于各个大洋的中尺度涡的动能占据了海洋动能的90%，中尺度涡可观的输送深刻影响着全球气候系统的状态与变异，长期以来是物理海洋学着重研究的热点问题。已有研究虽然在涡旋输送方面取得了一些进展，但受限于观测困难以及中尺度涡基本三维结构的缺失，无法对涡旋全球输送尤其是质量输送进行定量估计，限制着对中尺度涡在全球气候系统中所扮演角色的认识。

二、研究内容及成果

提出并利用观测资料证实了全球中尺度涡具有统一的三维结构，阐明了中尺度涡携带水体产生质量通量的物理机制，定量估计了涡旋在全球的水体输送量，发现中尺度涡能够在全球造成与大尺度环流可比拟的水体输送，凸显了中尺度涡在海洋输送过程中与大尺度环流同等重要的地位，为定量理解中尺度涡在气候系统中扮演的角色提供了观测基础。

主要成果发表在*Science*与*GRL*等国际顶级学术期刊，其中，两篇代表性论文被*Nature*与*Nature Climate Change*等国际顶级学术期刊引用；发表在*Science*的文章被引用次数进入地球科学领域同年前1%，被*Web of Science*列为高被引论文。

三、重要科学发现

（1）在理论上提出中尺度涡应具有统一的三维结构，首次利用观测资料证实并得到全球中尺度涡具有统一三维结构，在此基础上建立重构涡旋全水深三维结构的反演方法，为一系列涡旋关键问题的解决铺平了道路。

（2）在理论上明确了中尺度涡携带水体产生质量通量的物理机制后，首次基于观测资料定量估计中尺度涡在全球的水体输送，发现全球中尺度涡造成了约4×10^7米³/秒的水体输送,其强度可比拟大尺度风生与热盐环流,且中尺度涡输送的空间分布与背景平均流呈现出了互补之势。

四、研究团队基本情况

本项目由中国海洋大学的王伟、张钰和张正光团队,以及合作者美国夏威夷大学的裴波和美国伍兹霍尔海洋研究所的黄瑞新共同完成。

主要完成人简介:王伟(1963—),主要从事海洋能量学和热盐环流研究。

（撰稿人:张正光;审稿人:王伟;校稿人:张雯雯）

台风影响海洋环流的过程、机制及其气候效应研究

一、研究背景

台风对气候变化的反馈是气候研究的难点,而海洋对台风的响应是该问题的关键。以往研究多考虑平静的上层海洋对台风的短时响应,包括强混合导致的温度降低和后续的恢复,以及强风引起的近惯性能量的暴发和传播。由于对海洋中普遍存在的中尺度涡旋这一低频运动缺乏全面认识,台风与海洋涡旋这两大剧烈运动形式之间的相互作用问题一直未被充分探讨,这种局面严重制约了对台风中长期气候效应的研究。

二、研究内容及成果

构建了以海洋中尺度涡旋为中心的多尺度海气相互作用的理论体系,揭示"台风-涡旋-环流"相互作用的正反馈机制:受全球变暖影响而渐强的台风通过中尺度涡旋向海洋输入正位势涡度异常导致黑潮加速从而增强海洋向中高纬度的热量输送。本研究的核心是建立了涡旋-环流相互作用的理论框架,证明海洋涡旋场的正位势涡度异常西移将导致西边界流向北加速。近20年的多源观测资料表明,强台风的显著增强所引发的涡旋场的变化主导了黑潮的长期变化趋势（−3%）,大大超越了同期海盆内区大尺度风场的作用（−30%）。这意味着一个不能分辨涡旋的气候模式在黑潮流量预测方面或存在超过90%的误差。主要成果于2020年5月以研究长文的形式发表于 *Science*。

三、重要科学发现及影响

（1）在前期揭示的中尺度涡旋的三维结构具有统一分布规律的基础上,提出并由观测证明涡旋失稳后经历的Rossby地转调整是导致其能量衰减的普遍过程。

（2）通过考察涡旋与台风相遇后其三维能量的演变,发现台风扰动引起涡旋能量的大幅

衰减,造成涡旋能量的显著季节振荡。

(3)通过分别考察冷涡和暖涡对台风的响应,发现台风对海洋的涡度输入导致冷涡的加强和暖涡的削弱;两者的力量对比随着台风在最近20年的增强而增大。

(4)从理论上提出并经观测证实由台风造成的两类涡旋的不一致变化使涡旋场产生正位势涡度异常,导致黑潮在台湾岛附近海域显著向北加速,完全扭转了同期大尺度风场变化引起的黑潮流量显著减小,从而进一步加剧了中高纬度气候变暖。

四、研究团队基本情况

本项目由中国海洋大学的王伟、张钰和张正光团队,以及合作者美国夏威夷大学的裴波和美国伍兹霍尔海洋研究所的黄瑞新共同完成。

主要完成人:王伟。

(撰稿人:张正光;审稿人:王伟;校稿人:张雯雯)

海洋热输送调控全球变暖的加速和减缓

一、研究背景

1998—2012年,尽管人为温室气体排放及其所导致的热辐射强迫仍然持续加强,全球气候系统一直在吸收热量,但是全球平均表面温度却呈现上升速度减缓甚至停滞(即全球变暖减缓)。这一现象不仅对温室效应导致全球变暖的理论提出了挑战,也对国际社会制定二氧化碳排放路径和减排政策产生了深远的影响。"为什么人为温室气体加速排放背景下会出现全球变暖减缓?气候系统所吸收的热量到了何处?未来气候是否会再次出现变暖减缓现象?"等问题成为深入了解人类活动和气候系统自然变率对气候影响作用的关键问题,一直是全球气候变化研究的重点之一。

二、主要内容及成果

海洋吸收了气候系统中90%以上的热量,是维持气候系统热量收支平衡的主要组成部分。研究表明,1998—2012年大西洋和南大洋上层海洋持续变暖,所吸收的热量占全球上层海洋总吸收热量的一半以上,维持了全球平均表面温度上升速度减缓期间全球气候系统的热量收支平衡。而且,类似的过程也发生在20世纪50—70年代,是全球海洋与气候年代际变异的主要特征之一。在北大西洋经向翻转环流(Atlantic Meridional Overturning Circulation,AMOC)强度变化的调制下,当上层海洋的温度-盐度处于负距平时,全球平均表面温度加速上升;与之相反,当上层海洋温度-盐度显示为正距平时,全球平均表面温度上升速度则减缓。这一发现解释了1998—2012年气候系统所吸收的热量到了何处，给出了预测全球气候变暖减缓可能持续时间的新依据，揭示了海洋热输送的年代际变异在全球气候变化中的重要作用，为改进气候模式模拟海洋年代际变异的能力提供了理论基础。主要研究成果发表在*Science*，截至目前已被SCI引用超过350次，并入选2014年中国高校十大科技进展和2014年中国海洋十大科技进展。

三、重要科学发现

揭示海洋深层热输送促进全球气候变暖减缓的形成，从气候系统能量平衡的角度，提出海洋热含量调制全球气候变化的动力学过程。

四、研究团队基本情况

本项目由学校教师陈显尧和美国华盛顿大学Ka-Kit Tung教授合作完成。

主要完成人简介：陈显尧（1973—　　），主要从事物理海洋与全球气候变化研究。

（撰稿人：陈显尧；审稿人：周天军、杨海军；校稿人：张雯雯）

北大西洋经向翻转环流减弱加强全球气候变暖研究

一、研究背景

北大西洋经向翻转环流（AMOC）可以将低纬度的高温、高盐水向北输送至高纬度地区，在此海水向大气释放热量变冷而下沉形成北大西洋深层水，并在中深层海洋向南运动，形成大洋热盐环流的重要组成部分。传统研究指出，如果AMOC减弱，海洋向北的热输送减少，将导致北半球甚至全球气候变冷。当前全球气候变暖导致海冰、陆地冰川和冰盖融化，大量淡水注入北大西洋，有可能削弱AMOC，进而影响全球气候变化。因此，深入了解气候变暖背景下AMOC变异对全球气候产生的长远影响是全球气候变化研究的关键科学问题之一，也与各国制定长期气候变化政策息息相关。

二、研究内容及成果

系统阐述在温室效应持续增强的背景下，AMOC减弱加剧全球气候变暖的物理过程。这一发现与以往研究所提出的古气候背景下AMOC减弱导致全球气候变冷的经典观点不同，揭示了人类活动对气候系统自然变率的影响，强调了海洋年代际变异在全球气候变化中的重要作用。相关研究成果不仅有助于了解热盐环流变异影响气候变化的物理机制，更为提升全球气候变化的预测能力提供了观测依据。相关研究成果发表在*Nature*上，并入选2018年中国海洋十大科技进展。

三、重要科学发现及影响

现代气候背景下，AMOC减弱虽然会减少低纬度向高纬度的热量输送，但同时，也减少了向中深层海洋的热量输送，使得温室效应聚集的热量驻留在海洋表面，加热大气，加剧全球气候变暖。这与古气候背景下AMOC减弱导致全球气候变冷的作用恰好相反。说明人类活动导致的温室效应增强可能会调制气候系统的自然变率。本研究对理解现代气候变化机制以及人类活动如何影响全球气候变化有重要贡献。

四、研究团队基本情况

本项目由学校教师陈显尧和美国华盛顿大学Ka-Kit Tung教授合作完成。

主要完成人：陈显尧。

（撰稿人：陈显尧；审稿人：周天军、杨海军；校稿人：张雯雯）

"两洋一海"潜标观测体系构建及系列原创性成果

一、研究背景

西太平洋—南海—东印度洋（"两洋一海"）不仅是厄尔尼诺-南方涛动（ENSO）和太平洋年代际振荡（pacific decadal oscillation，PDO）等年际和年代际海洋气候尺度变化的核心海区，还有全球最强的内波和最丰富的中尺度涡等，是海洋天气尺度变化的独特海区，因此该海区具有非常复杂的多尺度运动特点。作为我国"21世纪海上丝绸之路"的重要海区，该海区在我国海洋环境安全保障、资源开发利用、海上航运贸易、气候气象防灾减灾中具有重要战略地位。虽然我国针对该海区开展了大量的科考航次调查，但缺少长期连续观测资料，限制了对该海区多尺度动力过程时空特征等方面的深入研究，这难以满足我国建设海洋强国的战略需要。

二、研究内容及成果

为解决国家对"两洋一海"海洋环境系统长期观测数据的迫切需求，田纪伟教授团队自2009年起，在"两洋一海"组织航次40余次，布放潜标530余套次，构建了国际上涉及西太平洋、南海、东印度洋海域规模最大的潜标观测体系，形成了该海域多尺度动力环境系统长期连续观测能力，取得了系列原创性发现及研究成果。相关成果先后入选2015年度、2016年度、2017年度、2018年度中国海洋与湖沼十大科技进展，主要成果发表在*Nature*

*Communication*和*Journal of Physical Oceanography*等国际顶级学术期刊。

三、重要科学发现及影响

（1）构建横跨西太平洋赤道及副热带流系的西太平洋潜标观测阵，实现了西太平洋中低纬度海洋动力环境长期系统观测。热带—副热带西太平洋涵盖我国重要战略物资运输的咽喉海峡和岛链以及涉及海洋领土争端的关键海区，该海域动力环境和气候研究是目前国际关注的前沿科学问题。针对该海域的重要战略意义，团队在西太平洋第二岛链周边构建了由22套全水深潜标构成、横跨0°N～23°N的国际上纬度跨越范围最广的潜标观测阵，实现了第二岛链周边海洋水文动力环境的长期连续监测，支撑了北太平洋热带—副热带流系时空特征的系统刻画，大幅提升了我国大洋和深渊海域长期连续观测水平。

（2）发起"马拉松"观测计划，构建我国首个马里亚纳海沟万米深渊综合观测阵。海沟深渊研究作为深海发展战略的重要内容，已经成为一个国家海洋综合能力的象征。马里亚纳海沟位于西太平洋马里亚纳群岛东南侧，深达11000米，是地球上最深的海沟。团队发起实施了马里亚纳海沟"马拉松"观测计划，在马里亚纳海沟"挑战者深渊"开展了6个综合航次调查，组建了我国首个深渊环境综合观测阵，包括成功布放并回收国际上首套万米动力沉积综合观测潜标，构建由11套锚系潜标组成的海沟水动力及沉积物观测阵列，自主研发了船载声控大体积采水器和万米全水深海洋温盐深仪（CTD），进行断面观测，围绕深渊环境海底边界层动力过程与地质沉积过程、生物地球化学过程及海沟动力学演化过程等研究热点开展系统观测，支撑了系列重大科学发现。

（3）执行学校首个印度洋综合调查航次，在东印度洋构建了立体观测阵，实现了海气相互作用、季风环流、内波等过程的长期连续观测。2016年，团队搭载"东方红2"船执行学校首个印度洋多学科综合调查航次，航次期间构建了由5套潜标、2套浮标、10套Argo浮标组成的东印度洋立体观测阵，实现了印度洋台风、季风共同作用下的强海气相互作用，以及季风调控下的大尺度环流、中尺度涡等多尺度过程的长期连续观测，并获取安达曼海内波的宝贵长期连续观测资料，促进了对东印度洋动力环境认知水平的提升。

（4）在南海组织开展潜标布放与回收航次30余次，总航时1000余天，潜标作业累计达13000人天，累计布放各类潜标430套次，作业成功率100%，历时10余年，构建国际上规模最大的区域海洋观测网——南海潜标观测网，实现南海深海盆潜标观测的全覆盖，形成南海多尺度动力环境系统长期连续观测能力。南海潜标观测网以42套在位潜标为主体，观测海域横跨吕宋海峡、南海北部陆坡陆架区及南海深海盆，规模远超国际上其他区域海洋潜标观测网。

四、研究团队基本情况

研究团队有教师6人：田纪伟、赵玮、周春、杨庆轩、黄晓冬、张志伟。

主要完成人简介：田纪伟（1955—　），研究领域：海洋多尺度动力过程研究、深海潜标观测技术。

（撰稿人：张志伟、周春；审稿人：赵玮；校稿人：张雯雯）

海洋混合的经向分布与驱动机制研究

一、研究背景

海洋湍流混合是维系全球大洋环流能量平衡的关键因子，在调控海洋上层热量与物质的垂向分布、海洋生物地球化学过程乃至全球气候变化等方面起到十分重要的作用。海洋内区的混合主要由内波破碎所导致，包括海面风场产生的近惯性内波和海底复杂地形生成的内潮，除此之外，背景流的强剪切、中尺度涡与近惯性内波相互作用以及中尺度涡与地形相互作用产生背风波等，也都是驱动海洋混合的重要机制。由于地球自转、浮力强迫、风场等动力学因素在全球海洋不同纬度具有显著差异，湍流混合的分布及其驱动机制在全球大洋中可能具有很强的纬度依赖性。然而，由于缺乏大范围、长期连续性的现场观测资料，定量地理解湍流混合的这种纬度依赖性及其驱动机制是一个极具挑战性的难题，对其理解的不足极大限制了海洋模式参数化方案的改进和模拟能力的提升。

二、研究内容及成果

该研究利用沿北太平洋143°E断面构建的潜标观测网（由17套潜标组成）所获取长达一年的连续观测资料，首次发现了西太平洋上层混合率在0～22°N范围内呈现"W"形的经向分布，其中混合率的三个峰值分别出现在0°N～2°N、12°N～14°N和20°N～22°N。研究进一步指出驱动这三个强混合带的动力学机制分别为赤道区域背景流系的强剪切、全日内潮在临界纬度的亚谐波不稳定（PSI）和副热带逆流区中尺度暖涡的"惯性烟囱"效应。由于这些多尺度动力过程在其他大洋也具有相似的纬度分布，本研究结果在全球热带—亚热带大洋可能具有普适性。本成果不仅极大地丰富了海洋混合驱动机制的理论框架，也为改进海洋模式的垂向混合参数化方案奠定了基础。本成果于2018年发表在*Nature Communications*，并入选2018年度中国海洋与湖沼十大科技进展。

三、重要科学发现

（1）指出赤道区域存在强混合，而南赤道流、赤道潜流和赤道中层流的剪切不稳定是驱动该区域强混合的主要机制。该发现改变了前人关于低纬度海区由于内波破碎较弱而呈现低混合的传统认识。

（2）首次在开阔大洋证实全日内潮PSI的存在，并指出PSI产生的强混合可为低纬度海区物质和热量的垂向交换提供一条重要途径。

（3）证实中尺度反气旋涡的"惯性烟囱"效应特别是其临界层的存在，指出反气旋涡和气旋涡对近惯性剪切的影响具有非对称性，最终使副热带逆流这一涡旋活跃区混合率极大地增强。

四、研究团队基本情况

研究团队有教师5人：田纪伟、张志伟、赵玮、裘波（美国夏威夷大学）、黄晓冬。

主要完成人：田纪伟。

（撰稿人：周春；审稿人：赵玮；校稿人：张雯雯）

南海立体观测网

一、研究背景

南海是我国建设海洋强国的核心战略海区。南海作为西太平洋最大的边缘海，蕴含着海盆尺度环流、中尺度（亚中尺度）涡、中小尺度内波及微尺度混合等复杂的多尺度海洋动力过程。然而，南海长期连续观测资料极为匮乏，极大地制约了对南海海洋动力过程空间结构与演变规律等方面的深入研究，难以满足当前南海环境安全保障、资源开发利用、生态环境保护、气候变化应对等方面的迫切需求。

二、研究内容及成果

为满足国家对南海海洋环境系统长期观测数据的迫切需求，中国海洋大学团队自2009年起，在国家重点研发计划、国家"863计划"等项目接力支持下，历时十余年，自主研发了系列高可靠性深海潜标，在南海组织航次30余次，总航时1000余天，开展潜标作业累计13000余人天，成功布放潜标430余套次，作业成功率100%，构建了以42套在位潜标为主体的南海潜标观测网，实现了南海深海盆的全面覆盖、重点海域数据实时化传输，规模远超国际上其他区域海洋潜标观测网，形成了南海环境长期组网观测能力。新华社、《中国科学报》等权威媒体报道该成果为"世界上规模最大的区域海洋潜标观测网"，多位中国科学院院士评价其"为南海环境安全保障、资源开发利用、生态环境保护、气候变化应对提供了重要的平台和数据支撑"。该成果入选2017年度中国海洋与湖沼十大科技进展。

随着海洋强国战略的加速推进，团队立足南海，以南海潜标观测网为主体，基于研发的高可靠性自主可控实时潜标、多学科综合观测潜标、高可靠性锚系浮标等进行实时化、综合化升级，并有机整合海洋卫星遥感、无人机、水下滑翔机、海底在线观测、岸基遥感观测等固定和移动观测平台，构建了空-天-海-地四位一体的南海多平台协同立体实时观测体系——南海立体观测网，进一步形成南海海洋立体、实时、综合观测与保障能力。上述成果在国家"十三五"科技创新成就展中展出。

南海立体观测网的构建及获取的长期连续观测数据有力支撑了南海海洋科学研究、海洋环境安全保障、资源开发利用、海洋预测预报等，相关成果在国际主流海洋学术刊物上发表，被SCI收录的论文有百余篇，获4项国际发明专利、11项国内发明专利授权。

三、成果推广及影响

（1）在海洋科学研究方面，实现南海环流、中尺度涡、内波、混合等多尺度动力过程研究的系列重要科学突破，显著提升了对南海多尺度动力过程及其相互作用的认知水平。

（2）在国家海洋数据库建设方面，将南海立体观测网获取的潜标数据分批次向国家海洋信息中心汇交，已汇交数据占国家海洋信息中心南海潜标观测数据的80%，有力支撑了我国南海观测数据库的构建。

（3）在海洋环境预报模式发展方面，将获取的潜标数据应用到国家海洋环境预报中心"南中国海业务化数值预报系统"的验证和评估工作中，在预报系统的模式检验与优化过程中发挥了关键作用，有效提升了该中心对南中国海温度、盐度、海流等关键海洋动力环境要素的预报准确度。

（4）在海洋环境安全保障方面，观测网的建设和获取的数据为南海海洋环境安全保障提供了宝贵的实时和自容观测信息支撑，为海上舰艇航行、武器装备使用发挥了重要支撑作用。

此外，南海立体观测网为我国自主研发的声学多普勒流速剖面仪、温盐深仪、湍流仪等系列自主海洋观测仪器的研发提供了可靠的长期海上试验平台，有力推动了相关仪器设备的产品化进程。

四、研究团队基本情况

研究团队有教师7人：赵玮、田纪伟、杨庆轩、周春、黄晓冬、管守德、张志伟。

主要完成人简介：赵玮（1976—　），长期从事南海内波等多尺度动力过程观测、研究及应用工作。

（撰稿人：周春；审稿人：赵玮；校稿人：张雯雯）

南海内波预测预警系统

一、研究背景

南海是我国核心战略海区，蕴含着丰富的内波、中尺度涡、亚中尺度涡等关键动力过程，这些过程相互耦合，构成南海极其复杂的动力环境，对水下平台安全等存在显著影响。内波作为其中最为极端的动力过程，对海洋水下航行安全保障构成极大威胁。然而，南海长期连续观测资料极为匮乏，致使对内波等南海关键动力过程的认知较浅，难以满足当前南海海洋安全保障等方面的迫切需求。

二、研究内容及成果

立足国家战略需求,团队突破水下实时通讯、沿缆往复剖面测量、多尺度同步观测等若干关键技术,自主研发了"全水深内波精细化观测潜标""海洋内波实时通讯潜标"等适合深海内波长期连续观测的系列潜标,实现了内波等极端海洋动力过程长期连续观测,有效提高了潜标观测数据的时效性。成功布放系列潜标430余套次,构建国际上规模最大的区域海洋观测系统——南海潜标观测网,实现南海内波生成—演变—消亡全过程长期连续观测,形成南海内波等关键动力过程长期连续组网监测能力;基于南海潜标网观测数据,系统开展南海内波激发生成、传播演变和耗散消亡机理研究,深化对南海内波等关键动力过程的认知水平;创新研发"南海内波预测预警系统",在海军指挥部等一线部门实现业务化运行,获2019年度军队科学技术进步一等奖。

三、重要科学发现和成果推广及应用

(一)重要科学发现

在内波激发生成方面,指出背风波不是产生内波的主要机制,南海内波生成由半日潮决定;在国际上首次将生命周期为几天的小尺度内波过程与气候变化大背景相联系,揭示ENSO对极端内波生成的重要调制作用。

在内波传播演变方面,捕捉到全球有记录以来最大振幅内波(240米),首次刻画了南海内波全水深结构分布,发现内波对3000米深海环境依然存在显著影响;基于观测探明了中尺度涡对内波振幅的影响可达30%~60%,对内波传播速度的影响可达30%。

在内波耗散消亡方面,揭示陆架区内波演变规律和破碎耗散过程,发现受层结变化影响,内波极性转换过程存在显著的季节差异;首次提出内潮对内波极性转换过程有重要调制作用。

(二)成果推广应用

基于南海内波长期观测数据及系列创新研究成果,发展南海北部内波激发生成、传播演变、振幅分布及极性转化等预测技术,在国际上首次实现了对内波发生时间、传播速度、全深度振幅和极性的预测,目前可提前7天预测内波,准确率达到70%。为满足南海内波下海洋环境保障需求,团队创新研发了"南海内波预测预警系统"。2014年开始,该系统在一线实现业务化运行,填补了我国南海北部海洋内波业务化保障领域的空白。

四、研究团队基本情况

研究团队有教师7人:赵玮、田纪伟、杨庆轩、周春、黄晓冬、管守德、张志伟。

主要完成人:赵玮。

(撰稿人:周春;审稿人:赵玮;校稿人:张雯雯)

海雾的观测与数值模拟研究

一、研究背景

海雾是由于受海洋影响发生在海洋或沿海地区上空且大气水平能见度小于1000米的一种天气现象。大量研究表明,全世界近80%的海难与海雾有关。据不完全统计,在我国近海发生的船舶碰撞事故约70%与海雾有关。海雾造成的经济损失与其他灾害性天气(如龙卷风、台风)造成的经济损失不相上下。国内外的已有研究虽然在海雾发生过程的某些具体方面取得了一些进展,但海雾外场观测严重不足,导致对海雾生消演变中关键物理过程缺乏深入认识,制约了对海雾数值模式中相关参数化方案的改进,使得目前海雾预报与预警技术的能力和水平无法满足海洋气象服务的迫切需求。

二、研究内容及成果

系统研究了中国近海海雾的地理分布特征和生消演变过程的物理机制,为实时预报中国近海海雾的变化提供了理论基础,并建立了海雾数值预报系统。该预报系统是国内第一个具有业务化能力的海雾实时数值预报系统,在很大程度上解决了长期困扰气象、海洋、军队、民航等部门不能进行客观定量预报海雾的难题。

研究成果在*Advances in Atmospheric Science*、*Journal of Meteorological Research*、*Journal of Geophysical Research-Atmospheres*、*Monthly Weather Review*、*Journal of Climate*、*Atmospheric Research*、*Weather and Forecasting*等国内外一流学术刊物上发表近百篇论文。海雾数值预报结果为2008年青岛奥运会帆船比赛和2019年庆祝人民海军成立70周年海上阅兵等重大活动的顺利开展发挥了重要作用。相关成果曾获得中国人民解放军总装备部军队科技进步二等奖一次(2009年)和天津市科学技术进步二等奖两次(2017年度与2022年度)。有关海雾的研究成果汇集到英文专著*Understanding of Sea Fog over the China Seas*中。至2020年,海雾研究团队已培养出7名博士研究生和43名硕士研究生,他们成长为沿海十几个省、市气象和海洋部门的业务骨干。海雾研究团队有关海雾的研究工作及研究成果先后被中国气象报、山东画报、青岛电视台等中央和地方媒体广泛报道。

三、重要科学发现及影响

(1)在王彬华和周发琇研究成果的基础上,首次于2002年在我国开展黄海海雾的三维数值模拟,为认识海雾的演变过程和发生机制提供了新思路。2007年,揭示黄海平流海雾的形成机制,经过十几年的攻关,2020年,进一步丰富完善该机制。关于海雾形成机制的部分研究成果被美国圣地亚哥超级计算机中心、加州大学圣地亚哥分校新闻中心等多家国外机构与媒体报道。

(2)在国内建立第一个业务化运行的海雾实时数值预报系统,被黄渤海沿岸气象部门预报员称为"海大模式"。先后推广到青岛市气象台、山东省气象台、海军北海舰队海洋水文气象中心、天津市气象台、河北省气象台、中国气象局台风与海洋气象预报中心等业务单位,海雾数值预报结果日常被沿海十余家海洋与气象业务预报部门参考。

（3）在王彬华1985年出版第一部研究海雾的英文专著*Sea Fog*后，研究团队成员与国际学者合作，在2017年出版了第二部研究海雾的英文专著*Marine Fog：Challenges and Advancements in Observations，Modeling，and Forecasting*。

（4）考虑海温对海雾的影响，提出利用卫星数据动态阈值检测海雾的新方法，可适用于中国近海和北极海雾的识别。目前以该方法为核心的海雾检测技术已经在中国气象局国家气象中心进行业务化应用，也用于国家卫星气象中心、国家气候中心、福建省气象台、青岛市气象台等气象业务部门。

（5）研究发现黄海海雾个例与低空急流有密切的联系，急流产生的风切变是湍流动能的主要贡献因子，湍流有利于海雾的发展和垂直扩散，并发现华南山地地形有利于水汽向黄海辐合，可增强黄海上空逆温层，进而有利于海雾的维持和发展。

（6）针对海上常规观测数据匮乏的状况，2014年提出了一个基于静止卫星数据反演海雾湿度信息并加以吸收的数据同化方案（循环3DVAR同化相对湿度），后报与预报结果表明了此方案的可靠性与有效性，研究成果被《气象科技进展》（2016年第2期）中高被引论文选编"雾预报"主题第一位介绍，2022年该方案被进一步更新后已具备业务化运行能力。

（7）揭示春、夏季黄海海雾的不同特征和形成原因，建立海雾发生发展的概念模型，揭示西北太平洋锋面雾的形成机制以及P-J波列对夏季西北太平洋海雾频率年际变化的重要影响，阐明冬季东北太平洋海雾较多的原因。

四、研究团队基本情况

研究团队有教师6人：傅刚、高山红、张苏平、衣立、刘敬武、李鹏远。

主要完成人简介：傅刚（1963—　　），主要研究海雾、海上暴发性气旋等灾害性天气系统。

（撰稿人：傅刚；审稿人：高山红、张苏平、衣立、李鹏远、刘敬武；校稿人：张雯雯）

中纬度中小尺度海气相互作用对海洋和大气环流的调控

一、研究背景

中纬度西边界流区是中纬度海气相互作用最强烈的区域，是海洋热量存储和全球碳汇的关键海区，对中纬度乃至全球的气候系统有至关重要的作用。中纬度西边界流区的海气耦合呈现多尺度相互作用的复杂特征和高度的非线性，该区域的海气耦合机理是气候动力学一直没有解决的前沿科学问题。以往的中纬度海气相互作用研究关注的是大尺度，目前对于中小尺度海气相互作用尤其是中小尺度海气耦合是否影响以及如何影响大尺度海洋和大气环流，如何与大尺度联系在一起影响气候变化，认知非常有限，制约了中纬度海气相互作用理论发展和对气候变异的预测。

二、研究内容及成果

系统阐明中纬度西边界流区海洋涡旋和锋面等中小尺度海洋过程与大气的相互作用对大尺度海洋和大气环流的影响及其机理，揭示中小尺度海气相互作用对中纬度海洋和大气系统的重要性。初步回答了中小尺度海洋过程如何影响中纬度西边界流和远程天气系统，为未来发展高分辨率数值模式以提高天气和气候系统的预测水平提供了理论依据。主要成果发表在 *Nature*、*Nature Communications* 等国际顶级学术期刊，相关成果入选2016年度中国海洋十大科技进展和ESI地球科学领域高被引论文。

三、重要科学发现及影响

（1）揭示海洋涡旋与大气的相互作用是海洋涡势能耗散的主要途径，丰富了对涡旋能量耗散机理的认识，阐明了中小尺度海气相互作用通过调整涡旋—平均流之间的能量收支平衡调控大尺度西边界流的机理，修正了对西边界流动力机理的传统认知，是对经典风生环流理论的重要补充。

（2）阐明中小尺度海气相互作用影响天气系统和大气环流并产生远程效应的过程和机理，发现海洋涡旋和海洋锋面对降雨、大气风暴轴和大尺度大气环流的远程影响，揭示中小尺度海洋过程通过调节水汽和潜热释放改变水汽输送通道和大气风暴轴，进而影响远程大气的机理，为认识中纬度大气季节和季节内变率的可预测信号源提供了新途径。

四、研究团队基本情况

研究团队有中国海洋大学的教师马晓慧、荆钊、吴立新、林霄沛，美国得克萨斯农工大学的教师张平、刘雪。

主要完成人简介：马晓慧（1986—　　），主要研究方向为中纬度海气相互作用和气候变化。

（撰稿人：马晓慧；校稿人：张雯雯）

海洋涡旋在模态水形成与输运中的作用

一、研究背景

模态水源自冬季深混合层，是垂直方向上温度和密度近乎均匀的低位涡水团。随着海洋上混合层的水通过潜沉进入密跃层中形成模态水，表层水温变异信号、海气之间的物质交换信号就可以随着混合层水体进入次表层海洋。因此，模态水不仅通过改变海洋层结影响海表流动，还是气候变化研究中海洋对热量输送和温室气体输送的主要载体之一。此外，北太平洋副热带模态水的输运过程也是日本核污染物进入中国管辖海域的主要渠道。模态水形成于中尺度涡现象非常活跃的大洋西边界流或南极绕极流海域，中尺度涡旋和模态水之间有没有联系？由于缺乏海洋次表层的高分辨率观测，对空间尺度为百公里的海洋中尺度涡旋如何影响空间尺度大于千公里的模态水的认识仍然欠缺。

二、研究内容及成果

基于创新性设计的时空加密的Argo观测阵列，在国际上首次捕捉到了黑潮延伸体海域海洋中尺度涡旋导致的副热带模态水潜沉过程，揭示了涡旋导致模态水潜沉的新机制；发现中尺度涡可以有效携带北太平洋副热带模态水跨越第二岛链的地形障碍快速向西输运，提出了模态水输运的新路径，并系统阐明了其演化机制。相关成果改变了前人对模态水的传统认识，开创了海洋中尺度涡旋与模态水相互作用研究的新领域，具有重要的气候效应和生化效应，所提出的涡旋平流效应影响模态水潜沉的机制已被应用到碳循环的相关研究中。主要成果发表在*Nature Communications*、*Geophysical Research Letters*、*Journal of Geophysical Research*等国际顶级学术期刊，其中，部分成果入选2016年度中国海洋与湖沼十大科技进展，发表在*Geophysical Research Letters*上的文章被编辑列为亮点（highlight）文章进行了重点推介。

三、重要科学发现及影响

（1）揭示海洋中尺度涡旋影响模态水潜沉的新机制。基于创新性设计的加密Argo观测阵列，在国际上首次捕捉到了黑潮延伸体海域海洋中尺度涡旋导致的副热带模态水潜沉过程，并揭示了该过程的形成机制。所提出的涡旋平流效应影响模态水潜沉的新机制，对混合层低位涡水潜沉率贡献度可以占到其总潜沉率的一半以上。该成果目前已被应用到碳循环的相关研究当中，同时也将为改进全球气候模式提供重要的观测依据。该富有创新性的Argo阵列设计为未来针对涡旋的海上观测提供了新思路，具有广泛的应用价值。

（2）提出了海洋中尺度涡旋携带模态水输运的新路径。发现中尺度涡可以有效携带北太平洋副热带模态水跨越第二岛链的地形障碍快速向西运动，从160°E到130°E仅需要1～2年的时间，并揭示海洋涡旋通过伊豆海脊时，其垂直结构、扩散系数以及耗散率的具体演化过程。研究结果表明中尺度涡可以有效携带模态水跨越第二岛链的地形障碍更快速地到达西太平洋，该结果具有重要的气候效应和生化效应。

四、研究团队基本情况

研究团队主要有教师4人：许丽晓、谢尚平（美国斯克里普斯海洋研究所）、刘秦玉、李培良。

主要完成人简介：许丽晓（1985—　　），主要从事海洋多尺度动力过程在气候变化中作用的研究工作。

（撰稿人：许丽晓；校稿人：张雯雯）

海水中无机离子交换分级平衡理论

一、研究背景

从20世纪60年代开始，伴随着国家海洋提铀战略的制定，提出了多种从海水中提铀的新方法，其中吸附法是重要的方法之一。液-固界面分配理论和方法被引用到海水中微量元素的开发研究中来，但是缺乏对微量成分在液-固界面的系统研究，制约了包括提铀在内的海洋化学资源的开发和综合利用。

二、研究内容及成果

筛选出钛系提铀剂，并对之作物理-化学性质测定，进行中试提取"铀饼"。通过200多个体系的海水提铀实验发现了几百条"台阶型"等温线、"台阶型"交换率（E, %）-pH关系曲线和"台阶型"化学动力学曲线，并用红外光谱进行了验证。提出了国内外最普遍的海水体系中液-固界面作用等温线分类图——5类23种等温线分类图，即"张正斌-刘莲生等温线分类图"。在理论上提出了提取海水中微量成分的"交换-吸附法"，完善了微量成分在液-固界面分配的理论，为海洋化学资源的开发和利用提供了理论基础。主要成果在《科学通报》上连续发表了11篇论文。成果获1978年全国科学大会奖。

三、重要科学发现及影响

（1）在传统的S型、H型、C型和L-F型等温线基础上，提出L型等温线——海水中微量元素/痕量元素特有的吸附等温线，这是海洋化学的特殊现象。

（2）发现微量元素在水合氧化物、黏土矿物上交换-吸附的"台阶型"等温线，由2个或3个S型曲线（或1个L型曲线）所组成。

（3）发现"台阶型"E（%）-pH关系曲线，海水中Cu、Zn、Pb、Mn、Cr（Ⅲ）、U（Ⅵ）、Bi、Hg等在水合氧化钛上E（%）-pH关系曲线为S型，属于阳离子交换；而Sn、As、Mo、V等在水合氧化钛上E（%）-pH关系曲线为反S型，属于阴离子交换。

（4）发现和首次报道海水中液–固界面的"台阶型"化学动力学曲线，完善了微量元素在液–固界面分配的理论和方法。

四、成果主要完成人简介

张正斌（1935—2007），海洋物理化学家，中国海洋化学学科带头人，海洋物理化学学科奠基人，主要从事海洋化学和海洋物理化学研究。

（撰稿人：刘春颖；审稿人：王江涛；校稿人：张雯雯）

海水中液–固界面分级离子／配位子交换理论

一、研究背景

在海洋化学资源的开发和综合利用中，微量组分在液–固界面的交换吸附是提取微量成分的基础和关键。由于海洋环境和海水组成具有复杂性，液–固界面"交换–吸附法"需要进一步完善和发展。

二、研究内容及成果

在"交换–吸附法"的实验规律基础上，提出海水中液–固界面分级离子/配位子交换理论及其普遍等温式，通用于海洋液–固界面领域。它包括：① 模拟液–固界面交换吸附的主要等温式；② 完整表达的"张正斌–刘莲生等温线分类图"；③ 在普遍认可的液–固界面交换吸附理论的三大理论之中，唯一能全面表达三类台阶型实验曲线的理论。液–固界面分级离子/配位子交换理论已成功应用于海洋环境研究，包括黄河口的海水–沉积物体系、海水–悬浮粒子体系，以及重金属的二次污染和赤潮等研究。相关成果有上百篇论文发表在《中国科学》《科学通报》等期刊和3部专著中，包括英文专著*Theory of Interfacial Stepwise Ion/Coordination Particle Exchange and its Application*（海洋出版社出版）。该成果获1987年度全国第三届国家自然科学三等奖、1986年度国家教委科技进步一等奖，以及其他省级奖多项。

三、重要科学发现及影响

（1）提出海水中固体粒子的液–固界面上可发生离子/配位子交换作用，其化学结合力的本质是"离子/配位子"交换或"静电/配位键作用"。

（2）提出海水中含有H^+及OH^-、SO_4^{2-}、HCO_3^-等无机配位体，以及氨基酸、脂肪酸、腐殖酸、富里酸等有机配位体。液–固界面发生的阳离子交换或阴离子交换，可用统一的离子交换方程式来表现，故把界面液–固作用称作"离子/配位子交换"。

（3）发现固体界面上有多种羟基，它们相邻的金属离子数不同，因而具有的能量是不均等的，故可发生分级交换。即使每种羟基符合L型或S型等温线，加合而成的总结果是"台阶型"等温线。

（4）发现液-固界面上除分级离子/配位子交换外，还应考虑静电交换、活度系数效应、界面ROH或ROC之间的横向相互作用等。

四、研究团队基本情况

研究团队有教师4人：张正斌、刘莲生、郑士淮、王修林。

主要完成人：张正斌。

（撰稿人：刘春颖；审稿人：王江涛；校稿人：张雯雯）

我国东部近海海域生源要素生物地球化学与生态环境

一、研究背景

大河影响下的陆架边缘海是全球陆海相互作用最为重要的区域，具有极为丰富的物源和复杂的生物地球化学场。因此，开展我国东部近海生源要素的源汇收支、迁移转化、生态效应等的跨学科研究，对于深入理解海洋生源要素生物地球化学过程和生态环境演变规律、制定合理的环境保护政策意义重大。

二、研究内容及成果

本研究围绕长江口和我国东部近海海域生源要素生物地球化学循环，系统分析了营养盐的长期变化规律及其控制因素，揭示了生源要素的迁移与转化过程、驱动因子及其生态效应；建立了示踪海洋底边界层多尺度动力学过程的多核素示踪技术，阐明了海洋表层泥层扰动（SML）和海底地下水排放（SGD）两个典型动力过程对底边界层生源要素的迁移转化和源汇收支的影响机制；针对我国有害藻华和水母暴发等典型近海生态灾害问题，从细胞程序性凋亡角度分析了水华暴发与消亡的原因，揭示了水母耐受低氧的分子机制，建立了致灾微型生物现场快速识别与定量分子检测技术，显著提升了我国近海生态灾害的监测与防控能力。

主要成果发表在*Nature Communications*、*Geophysical Research Letters*、*Geochimica et Cosmochimica Acta*、*Applied and Environmental Microbiology*、*Journal of Hydrology*、*Science of the Total Environment*、*Harmful Algae*等国际学术期刊；"中国近海营养盐变化与趋势分析"入选《地球大数据支撑可持续发展目标报告（2022）》，并在纽约召开的"全球发展倡议之友小组"部长级会议上发布；"近海赤潮灾害应急处置关键技术与方法"获得2019年度国家技术

发明二等奖。

三、重要科学发现及成果推广

（1）分析近50年长江口、黄海和渤海营养盐长期变化规律及其控制因素，发现长江口、南黄海和渤海溶解性无机氮浓度变化出现拐点，由持续增加趋势转变为降低趋势，近十几年来溶解性无机磷和硅酸盐的浓度也明显降低，这种变化主要是陆源输入的减少所致。

（2）发现颗粒清除是重要的海洋镭汇，纠正目前海底地下水排放（SGD）量化模型将颗粒清除忽略的问题，提升对SGD区域动力学的精细化认识，阐明SGD对近岸季节性低氧成因的贡献机制，发现近海局域SGD在区域海洋的营养盐供给中扮演了至关重要的角色。

（3）揭示全球近海表层泥层扰动的空间分布格局，发现其对近海碳汇具有明显的活化作用；纠正了对于海洋镭、氡同位素源汇项的认识。

（4）发明针对多种赤潮生物的双特异分子探针快速检测方法和判断赤潮生物生长状态的分子生物学方法，解决了传统方法耗时长、对操作人员专业水平要求高的问题，满足了快速、灵敏、准确地检测赤潮生物与环境的需求。

四、研究团队基本情况

研究团队有教师6人：于志刚、姚庆祯、甄毓、许博超、米铁柱、陈洪涛。

主要完成人简介：于志刚（1962—　　），研究方向：海洋生物地球化学与近海生态环境。

（撰稿人：姚庆祯、许博超、甄毓；审稿人：杨桂朋；校稿人：张雯雯）

海洋有机物的生物地球化学研究

一、研究背景

"资源与环境"问题是21世纪海洋科学的研究热点，海洋生物地球化学在全球变化和海洋可持续生态系统的整合研究中发挥愈来愈重要的作用。研究有机物的海洋生物地球化学过程可为全球变化和海洋生态环境保护等提供必要的理论基础。

二、研究内容及成果

以海洋有机物的生物地球化学为切入点，重点研究海洋中二甲基硫（DMS）及常见有机污染物在海–气界面、液–固界面上的迁移变化规律和生物地球化学循环模式。此外，还对影响海洋有机物迁移变化规律的另一种重要过程——光化学降解进行深入探讨，取得一系列对中国海洋化学研究有重要贡献的理论成果。本研究首次将有机物的海–气交换、液–固界面吸附以及光化学降解作为一个有机的整体进行研究，回答了影响海洋有机物生物地球化学循环的若干界面化学问题。本研究成果是研究团队近20年来在海洋有机物的生物地球化学研究领域所取得的成果，共有38篇SCI论文、80余篇国内核心刊物论文。发表的SCI论文已被引用上千次。通过原始创新性研究成果，逐步完善了在国际上产生较大影响的中国近海海洋界面化学理论体系。研究成果获得2009年度教育部自然科学一等奖及2010年度国家海洋局海洋创新成果一等奖。

三、重要科学发现及影响

（1）深入探讨DMS的海洋生物地球化学与海-气界面过程。① 首次对中国黄海、东海、南海、日本近海、西北太平洋的DMS海-气通量进行计算，对于国际地圈生物圈计划（IGBP）谱写的全球DMS通量图提供具有重要价值的中国海的研究资料，做出了我国独特的贡献。② 揭示DMS在中国海、日本近海、西北太平洋、北大西洋中的分布模式及其影响因素。发现了DMS与叶绿素a的相关关系。此发现具有重要的科学意义：可以实现利用卫星遥感数据估算上述海域的DMS浓度分布。③ 在国际上开拓了DMS的海洋微表层化学研究领域。率先对DMS海-气交换的海水微表层作用进行深入研究，并对制约DMS在海洋微表层中富集的若干因素进行深入探讨。首次建立海水微表层中DMS的生物地球化学循环模型。通过该模型的建立，改善了国际上采用单一过程描述的循环模型，实现了由过去的定性到现在的定量，解决了西北太平洋中DMS迁移变化的定量关系问题。发现海水本体中的DMS去除途径及其比例分别为进入大气10%、光化学氧化30%、被细菌氧化60%。这在国际海水微表层化学研究上也是首创。将对准确计算DMS的海-气通量和正确评价DMS的释放对全球气候变化和环境酸化的影响具有十分重要的意义。

（2）通过对海洋液-固界面化学的系统研究，① 发现酚类有机物在黏土矿物上一种新型的吸附等温线——"台阶型"等温线。② 建立海水中有机污染物在黏土矿物及海洋沉积物上的吸附平衡常数（K）与其水溶解度之间的线性自由能关系。③ 发现海洋沉积物中稠环芳烃（PAHs）和有机碳含量的相关关系。

（3）在海洋光化学研究方面，① 建立30余种（类）有机污染物在海洋中的光降解模式。发现光反应的半寿期一般为5～15小时，说明光化学降解是有机污染物在海水中迁移变化的重要途径。② 建立Fe-有机络合物在海水中的光氧化还原动力学模式。提出第一个Fe-有机络合物在海水中的光还原模式，发现溶解有机物在铁的光还原过程中起关键作用。

四、研究团队基本情况

研究团队有教师2人：杨桂朋、高先池；博士研究生3人：赵学坤、厉丞烜、景伟文。

主要完成人简介：杨桂朋（1963—　），一直从事海洋化学相关教学科研工作，在海洋生源硫化物二甲基硫的生物地球化学、海洋界面化学、海洋有机化学、海洋光化学等研究领域成绩突出。

（撰稿人：杨桂朋；审稿人：何真；校稿人：张雯雯）

黄河入海泥沙时空变异与河口三角洲演变机理研究

一、研究背景

河流是连接陆地和海洋的关键通道,河流入海泥沙变化及其在河口、近海的输运过程与沉积归宿是全球变化背景下陆-海相互作用的热点问题。20世纪以来,流域大型水库的建设和调控在全球尺度上改变了河流物质向海输送的格局。黄河是世界级输沙大河,受人类活动的干预强烈,干、支流已建成各级水库3000余座,水库拦蓄与调控引起黄河河流系统发生显著调整,尤其是2002年以来实施的调水调沙,导致黄河入海物质通量、组成和时空分配结构发生重大变化,受到国内外广泛关注。

二、研究内容及成果

围绕水库调控影响下黄河下游-河口连续体泥沙输运与沉积演变,在水库调控影响下的黄河入海泥沙时空特征、河口动力过程与三角洲沉积响应等方面取得了原创性的系统成果,突破了以往河流与海洋的人为分割和学科局限,形成了对流域-海洋整体框架中物质输运过程与沉积演化机理的系统、科学的认识,丰富了全球变化背景下大河流域-河口近海系统演化的研究案例。

相关研究成果获教育部自然科学二等奖、海洋工程科学技术一等奖,在国内外高水平期刊上发表学术论文70余篇,授权国家发明专利2项、实用新型专利4项。中国海洋工程咨询协会的鉴定结论认为本研究立足国家重大需求,研究系统性强,取得成果丰硕,具有显著的理论创新性和社会应用价值,总体达到国际领先水平。

三、重要科学发现及成果推广应用

(一)重要科学发现

(1)系统揭示了水库调控影响下黄河入海泥沙时空输运特征及其控制机理:发现了水库调控导致黄河入海水沙的季节性波动特征被人造洪水的脉冲式输运所取代;揭示了水库泄洪导致下游河道由淤积转为冲刷,量化了入海泥沙的物源变化;阐明了水库调控引起黄河入海沙量增加,下游河床物源贡献导致入海悬沙级配粗化。

(2)发现了河流入海水沙和海洋动力条件控制下河口沉积动力过程的快速调整:提出了入海悬沙浓度与级配变化导致黄河入海泥沙输运方式由异重流主导转变为异轻羽状流主导的新认识;揭示了海洋动力条件下的季节性波动导致河口泥沙的再悬浮和再搬运,阐明了河口三角洲沉积物 "源-汇"角色的季节性转换。

(3)阐明了黄河三角洲对流域水库调控的沉积响应过程与机理:发现了水库调控导致黄河口侵蚀淤积模式的快速转变,揭示了入海泥沙级配粗化对于黄河口冲淤模式转变的控制作用,论证了水库调控作为抵御三角洲蚀退策略的时效性与局限性。

（二）成果推广应用

主要成果发表在*Nature Geoscience*、*Nature Reviews Earth & Environment*、*Nature Communications*等国际顶尖期刊，得到了IGBP前主席Jaia Syvitski教授、英国皇家学会院士Timothy Eglinton教授、美国科学院院士Gary Parker教授、中国科学院院士傅伯杰教授等资深科学家的正面引用和高度评价。基于本研究的创新认识提出的优化流域大型水库运行方式以维持河口三角洲地貌稳定的对策建议被黄河水利委员会采纳并应用于2020年之后的调水调沙实践中，取得了显著的社会、经济效益，以陆海统筹的科学视角推进了黄河流域–海洋一体化管理与可持续发展，为"黄河流域生态保护和高质量发展"国家战略提供了重要科学支撑。

四、研究团队基本情况

研究团队有教师6人：王厚杰、吴晓、毕乃双、杨作升、许国辉、任宇鹏。

主要完成人简介：王厚杰（1972—　），主要从事河口海岸学相关研究。

（撰稿人：吴晓；审稿人：王厚杰；校稿人：张雯雯）

胶辽吉带古元古代构造–热演化与早前寒武纪构造体制巨变

一、研究背景

地球历经46亿年复杂地史演化，其太古宙—古元古代转换阶段是地球系统中构造体制剧烈转换时期，也被认为是解决板块构造理论遗留的三大难题之一——板块起源问题的关键时期。迄今，已有研究对板块构造体制起始时期仍存在争论，然而各派都缺乏系统的地质证据和综合研究，严重制约着对板块构造起源的认识。

二、研究内容及成果

研究执行于1990—2014年，以保存了38亿年历史的全球最典型的早前寒武纪地区之一——华北克拉通东部为研究基地，以古元古代胶辽吉带为研究核心，探讨该带两侧从新太古代至古元古代期间的构造–热转换过程和动力学机制，基于胶辽吉带内部地层、变质、变形、地质事件等完美的可对比性，发展了太古代克拉通的线性裂解模式，并首次确定其裂谷时期距今22.00亿～18.75亿年，大大缩短了前人认为该带形成于距今25亿～18亿年的传统认识，率先提出了中国最古老的陆内造山带新类型，为华北板块构造体制起始于距今约25亿年提供了构造新证据。主要成果在国际学术刊物上共发表SCI论文50余篇，在Springer和Elsevier出版英文专著共2部，其中10篇代表性论文总他引1535次，受到国内外广泛重视和高度评价，得到权威专家的广泛认可和*Science*、*Nature*子刊等权威刊物正面引用，成为当前国际前寒武纪界研究热点和典范，推动了我国早前寒武纪研究高水平发展。成果获得2018年度教育部高等学校科学研究优秀成果奖自然科学一等奖。成果前3名完成人皆入选ESI全球地学高被引科学家且位居前列，具有显著的国际学术地位。

三、重要科学发现及影响

（1）通过论证，揭示出"辽吉花岗岩"为辽河群基底，确定胶辽吉带盆地原型的陆内裂谷属性。进而，胶辽吉带裂谷封闭模式成为该区两大构造模式之一。

（2）系统揭示胶辽吉带逆反pTt轨迹，建立了完整的构造−热事件序列，并被广泛引用。

（3）首次在胶辽吉带发现约18.5亿年的泥质高压麻粒岩，揭示其陆内碰撞增厚的造山本质与快速剥露过程。这条古老陆内造山带的发现也引起国际地学界的广泛关注，陆内造山带作为造山带的第三种类型逐渐被广泛接受，胶辽吉带也由此成为国际前寒武纪研究的热点地区之一。

（4）构造−岩石证据综合约束华北克拉通板块构造起源时间介于25.6亿～22亿年。华北中部五台地区发现了最早的约25.6亿年的岛弧型火山岩带，这约束了俯冲启动的最早时期；胶辽吉线性裂谷带的沉积最早时限为22亿年，约束了刚性克拉通的出现；基于这两条板块构造出现的构造标志，进而确定了板块构造在华北的起源时限。

四、研究团队基本情况

研究团队有教师4人：李三忠、赵国春（香港大学）、孙敏（香港大学）、周喜文（中国地质科学院）。

主要完成人简介：李三忠（1968—　　），长期从事洋底动力学、大陆动力学、地球系统动力学和前寒武纪地球动力学研究。

（撰稿人：李三忠；校稿人：张雯雯）

典型不稳定海底地质过程及关键探测技术

一、研究背景

我国早期的海洋油气田开发主要集中在渤海和南海北部海域，海底环境复杂，变化规律不清，工程安全隐患大。黄河水下三角洲和海南东方沙波沙脊区是国内外工程不稳定海底的典型代表，黄河三角洲以快速堆积和快速冲刷闻名，沙波沙脊以海底起伏多变著称。

二、研究内容及成果

项目组针对复杂海底工程安全防护难题，与胜利油田海上油田和中海油海洋工程公司密切合作，在这两个复杂区块集中开展了研究工作，较早地探索出了一条基础理论研究与工程应用相结合的新路。集成先进的地形地貌、地层和土力学等探测技术，获得了海底三维高分辨率地质体探测数据，准确查明海底地质结构特征和工程构筑物赋存状态。同时，跟踪国内外海洋科学理论研究进展，运用海洋沉积动力学、土力学、层序地层学、古海洋学和结构力学等多学科结合的方法，针对不同类型海底工程构筑物的特点，建立识别与分析地质灾害体类型、规模、成因和演化的模式。科学评价土体结构和海底灾害因素对海洋工程的影响，为工程设计和施工提供科学依据，提出防治海洋工程地质灾害的具体措施。相关成果获2004年教育部科技进步一等奖。

在执行海底管线路由、平台场址和铺管后检测过程中，达到如下技术指标：

（1）管线路由探测。地层识别小于0.3米；灾害地质体规模探测小于5米；管线冲淤预测小于0.4米；地形测量精度小于0.2米。

（2）管线后检测。管线埋深探测精度小于0.2米；识别管线悬跨长度小于2米、高度小于0.15米；管线平面位置探测精度小于2米；管线冲淤及工程灾害预测与事实符合率达90%。障碍物空间位置精度小于2米、尺度探测精度小于1米。

（3）平台场址调查。插桩深度预测精度小于0.5米；平台稳定性分析准确率100%；冲刷预测精度0.5米。

（4）地质灾害识别和工程应对准确率为100%。该技术引领了国内海底工程安全探测技术发展，并持续在黄河口埕岛油田和海南"东方1-1"气田开发建设中应用，发现了多种地质灾害，及时提出防治工程灾害的建议和措施，保障了海洋工程设施安全，创造经济效益5.3亿元。

三、成果的创新性及影响

2004年，教育部科技司组成由两位院士牵头的成果鉴定委员会，评价该技术体系获得了7项创新性成果：① 发现黄河口滨海区切变锋，研究了潮汐敏感段、异重流和切变锋相互作用关系，查明黄河三角洲快速堆积的原因；② 首次发现黄河三角洲废弃后的海底刺穿，建立了海底刺穿成因新模式，证明黄河三角洲海底刺穿与三角洲叶瓣废弃后的海洋侵蚀作用有关；③ 首次系统阐述黄河三角洲海底地质灾害形成和演化机理；④ 揭示复杂海底灾害地质体（滑坡、碎屑流、液化、塌陷、刺穿、差异冲刷、季节调整等）对海底工程的危害，提出相应的减灾、防灾措施，经工程实践，行之有效；⑤ 在"东方1-1"海底管线铺设后的调查工作中，准确查明了国外某知名公司未能查明的沙波沙脊区海管悬跨问题，保障了复杂海底管线的安全运营；⑥ 在胜利油田首次提出采用深基础预压固结技术，解决了松沙地层区平台桩基的稳定性难题；⑦ 查明不同沉积相工程地质性质，解决了黄河三角洲地区海底构筑物安全座底问题。

鉴定委员会认为：项目组形成了较完整的关于不稳定海底地质过程的基础理论及工程探测方面的技术体系，在30余项为油气田开发技术服务中获得成功，为油田生产提供安全技术保障，多次避免了重大工程事故，产生良好的经济社会效益，具有广阔的应用前景。项目整体研究达到国际先进水平，其中，创新性成果①、②和⑤达到国际领先水平。

之后，项目组继续发展了海底高分辨率探测技术体系，在国内首次实现多波束、侧扫声呐、浅地层剖面和高分辨率多道地震同船生产作业。历时六年，在国家某关键海域完成20万平方千米的海底全覆盖探测，填补了这一海域高分辨率地质调查资料的空白，为天然气水合物矿区新发现做出重要贡献。

四、研究团队基本情况

研究团队有教师5人：李广雪、吴建政、曹立华、杨荣民、李安龙。

主要完成人简介：李广雪（1962—　），主要从事海洋沉积和海底工程环境研究。

（撰稿人：李广雪；审稿人：童思友；校稿人：张雯雯）

人工合成纳米颗粒的环境地球化学过程及生物响应

一、研究背景

发展纳米技术是国家的战略要求，也是全球科技竞争的焦点。我国"十三五"和"十四五"规划均将发展纳米技术作为重点支持目标。随着纳米技术的飞速发展，大量人工合成纳米颗粒（ENPs）不可避免地进入自然环境，成为一种新型污染物，其安全性和环境效应备受关注。*Nature*、*Science*多次撰文呼吁在地球系统这一尺度下研究纳米的环境行为和生物安全性。保障纳米技术的绿色应用和健康发展需要深入系统地认知ENPs的环境地球化学行为和生态风险。ENPs在环境中的关键过程、生物效应和健康风险中的基础科学问题已成为理解ENPs环境归趋和客观评价ENPs安全性的重要瓶颈，也是我国跻身该领域国际领先行列的迫切需求。

二、研究内容及成果

ENPs的环境地球化学行为和生物响应是环境领域的研究热点和难点。本研究围绕ENPs的环境行为、生物响应和人体健康风险三个方面开展了系统研究，主要探明了ENPs在环境中的吸附-解吸附、悬浮-沉降等关键地球化学过程，揭示了ENPs的生物毒性机制和人体健康风险。这些科学发现为充分认识和评价ENPs的环境归趋和生态风险提供了重要理论支撑。研究团队先后在环境类主流期刊上共发表SCI论文34篇，其中7篇为ESI高被引论文。这些研究成果得到了国内外同行的广泛认可和关注，被SCI论文正面引用3011次，其中他引2706次。相关研究成果得到美国工程院院士Menachem Elimelech教授、*Environmental Science & Technology*副主编Jorge Gardea-Torresdey教授等国际同行的高度评价，并被*Chemical Reviews*、*Chemical Society Reviews*、*Nature Chemistry*等综合类或专业类期刊引用。项目的主体内容获得2019年度高等学校科学研究优秀成果奖自然科学一等奖。

三、重要科学发现及影响

（1）ENPs的环境行为：系统研究典型ENPs在水环境中悬浮-沉降和异相团聚机制，明确了针铁矿导致氧化石墨烯等ENPs迅速沉降，静电引力是异相团聚的主要机制，且过程不可逆；揭示了ENPs的吸附-解吸附和转化过程，阐明了石墨烯在环境中能发生转化和降解，多层石墨烯经层层剥离后可以作为优质吸附剂，并受天然有机质等环境介质的调控，且能改变环境中污染物的迁移和归趋，这些结果对理解和预测ENPs在水体和土壤中的团聚行为意义重大。

（2）ENPs的生物响应：探明ENPs在高等植物体内的吸收、迁移、蓄积规律，为ENPs在植物体内的生物累积和生物转化提供了直接证据；揭示了典型ENPs对水生生物的毒性机制及生物响应机制，对揭示ENPs的潜在风险和保证食品安全具有重要意义；阐明了天然有机质对ENPs毒性的调控作用，为最终揭示ENPs在真实自然环境中的地球化学过程对生物毒性的影响提供了重要的理论依据；揭示了ENPs与共存污染物的联合毒性机制，构建了ENPs生物毒性与其地球化学行为之间的内在联系，加深了人们对ENPs及其吸附态污染物生态风险的理解，也大力推动了ENPs的海洋生态毒理学研究。

（3）ENPs的人体健康风险：率先报道细胞外排ENPs的动态过程，阐明了人工合成氧化铜纳米颗粒效应是产生毒性的关键，而氧化胁迫是导致DNA损伤和细胞凋亡的原初反应，明确了ENPs的细胞毒性机制和人体健康风险；阐明了ENPs对人体细胞和神经系统关键酶的毒性作用，证实了碳纳米管的吸附作用和铜纳米颗粒的离子释放是对关键酶产生抑制效应的主要机制，并创新性地对Ellman法进行改进，使之适用于颗粒态污染物的体外神经毒性研究，为ENPs的人体健康风险评价提供重要理论支撑。

以上三方面的重要科学发现，由表及里、由浅入深地阐述了ENPs的环境行为、生物响应和人体健康风险，为研究ENPs的环境归趋、生物毒性及其与地球化学行为之间的内在联系、人体健康风险评价等提供了重要的理论依据，保障纳米技术的绿色应用和可持续发展，服务于改善环境和人民健康水平的国家重大战略需求。

四、研究团队基本情况

研究团队有教师4人：王震宇、赵建、朱小山（清华大学深圳研究生院）、代燕辉。

主要完成人简介：王震宇（1969—　），长期致力于新污染物的环境地球化学过程、纳米农业调控技术等环境领域国际前沿研究。

（撰稿人：赵建；校稿人：张雯雯）

海浪的随机性、混乱性与局域性研究

本研究主要围绕海浪的三种最基本的属性（随机性、混乱性和局域性）开展。

第一部分研究了海浪的随机性，首先依据Longnet-Higgins线性海浪模型和波动的射线理论，建立了均匀介质n维随机波动的统计理论，包括解析地导出了表观振幅、频率波数相位谱，并重点研究了广义外观频率谱与外观波数谱；广义外观频率谱的平衡域指数为$-(n+3)$，上界为-3，n维广义外观波数谱的平衡域指数为$-(n+m+2)$，上界为$-(n+2)$，对于二维其上界为-4；讨论了海浪非线性统计理论的一般框架，在此框架下，非线性统计理论亦可以建立起来，最后给出了几个有待解决的问题。本部分的工作标志着Longnet-Higgins模型与波动的射线理论下的海浪统计理论已比较成熟。

第二部分对海浪的混乱性进行探索，将熵概念应用于海浪研究，指出了以谱宽度参量来刻画风浪混乱度的优越性；并利用最大熵原理研究了海浪波高的统计分布。

第三部分是重点研究内容，研究人员论述了Fourier变换、Gabor变换与小波变换的性质并比较它们的优劣；论述了风浪的整体结构与局域结构，基于小波变换，引入了能刻画风浪局域结构的局域小波能谱；利用小波变换研究了局域小波谱峰与谱峰值的涨落，发现了与波浪破碎有关的两种非线性现象并进行了解释；研究了风浪的相位特征；研究了风浪的间歇性特征，引入局域间歇性度量的概念并研究其统计特征，得到偏斜因子皆大于0、平坦因子皆大于3的结论，给出局域小波能谱的划分，最后讨论了风浪的间歇性与相位相干性的关系，指出风浪的局域间歇性根源于相位的局域相干；讨论了利用小波谱研究破碎波的可行性，利用小波谱不仅可以给出破碎波的局部判据，更重要的是，可以给出破碎波发生的位置。

基于本研究撰写的博士学位论文（作者：吴克俭，指导教师：文圣常）获2000年全国优秀博士学位论文奖。

（撰稿人：吴克俭；校稿人：黄鲁粤）

天气尺度波强迫包络 Rossby 孤立子理论与阻塞机理

在中高纬度地区，大气环流持续性异常（如阻塞形势）通常与大范围灾害性天气有关。许多研究指出，夏季东亚地区阻塞形势的活动对东亚地区特别是我国的天气以及气候有着重要的影响。因此，20世纪50年代我国气象学家就开始了对北半球阻塞形势进行系统和详细的观测研究，发现了许多新的结果。与此同时，国外很多学者对阻塞形势的形成机理和活动规律以及对气候的影响进行了大量的观测和统计研究，取得了许多有意义的结果。

阻塞现象已成为大气科学研究中的一个非常重要的问题，并引起了世界大气科学家的广泛重视。本研究提出并发展了阻塞形成的强迫包络Rossby孤立子理论，并从理论上探讨了地形、热源和斜压性在天气尺度波激发阻塞中的作用，结果发现相对于地形、热源和斜压性而言，天气尺度波对阻塞的激发似乎起主要作用，而地形和热源起次要作用。

主要结果如下：

（1）在阻塞形成前期，上游天气尺度波起正反馈作用，而在阻塞崩溃期间上游天气尺度波对阻塞起负反馈作用，这种正负反馈决定了阻塞的生命周期。

（2）先期存在的天气尺度波自身非线性相互作用的行星尺度分量对阻塞的发展起关键作用，而天气尺度波与阻塞行星波之间的相互作用主要控制天气尺度波的变化（即阻塞的弯曲）。

（3）大尺度地形（海陆地形对比）主要决定阻塞的非对称性，并使得阻塞期间分裂的天气尺度波的北支强于南支，从而解释了阻塞期间风暴路径以北支为主。

（4）在阻塞的形成过程中，阻塞的发展主要由天气尺度波所引起的行星尺度偶极子分量的放大来决定，而与单极子分量的关系不大。

（5）先期存在的天气尺度波所产生的北负南正的涡动强迫是阻塞发展的必要条件，而弱西风的气旋切变是阻塞产生的有利的环流背景之一。

此外，本研究还使用数值试验验证了上面的一部理论结果，可以说明天气尺度波强迫的包络Rossby孤立子理论是成功的阻塞理论。

基于本研究撰写的博士学位论文（作者：罗德海，指导教师：秦曾灏）获2004年全国优秀博士学位论文奖。

（撰稿人：罗德海；校稿人：黄鲁粤）

海面风矢量、温度和盐度的被动微波遥感及
风对温盐遥感的影响研究

　　海洋微波遥感是物理海洋学与电动力学的交叉学科,海表面参量反演模式的研究成果在海洋监测领域具有极大的应用前景。本研究对海面风矢量、温度和盐度的被动微波遥感机理以及风矢量对温度和盐度遥感影响进行了深入研究,对现有的微波遥感模型提出了改进措施,并发展了海表面温度和盐度反演的新算法。本研究对于提高我国海洋的微波遥感监测水平具有科学意义和应用价值。

　　在海洋的被动微波遥感模式研究中,海面发射率是一个关键物理量。然而,对于风诱导的粗糙海面,海面发射率是与众多参量密切相关的复杂函数;尽量减少与之相关的参量数目是改善现有的微波遥感模型和发展新算法的一个有效途径。所以,在使用多波段微波辐射计的测量数据反演海表面某个参量的模型研究中,需要透彻了解海面发射率与各种参量之间的关系,并通过某种手段消除其他因子对所反演参量的影响,以减少微波遥感的误差,提高海表面参量的反演精度。

　　目前,现有的海洋微波遥感模型主要包括双尺度理论模型和小斜率近似模型。研究人员详细分析了两种不同模型和对应算法的优点与缺点,深入调查了双尺度理论模型中的若干因子(包括毛细−重力波谱和海水相对电容率算法等)对海表面参量反演误差的影响。

　　在透彻理解海洋微波遥感机理的基础上,提出了减少双尺度理论模型的反演误差和提高计算速度的新方法,同时结合实际风场和卫星数据作出改进以达到更具有实用价值。本研究提出的新方法改善了现有的双尺度理论模型;全极化辐射计的经验模型Windrad05与改进的模型之间的比较证实了改进的模型提高了双尺度理论模型的准确度。

　　根据全极化微波辐射传输理论,研究人员利用双尺度模型建立了海面发射率和海面"亮温"的反演算法,并利用美国发射的全球第一个星载"全极化微波辐射计"WindSat在轨测量数据反演了海面风场、海表面温度、水汽、液态水等大气和海洋参数。研究结果初步验证了星载"全极化辐射计"遥感海面风场矢量的能力。

　　当风向的方位角为0°~10°、160°~200°或者350°~360°时,如果仪器噪声和大气自发辐射大于卫星观测的第三和第四Stokes向量T_3和T_4的真实信号值,则容易将0°~10°区间的方位角反演为160°~200°区间的方位角,这就出现了顺/逆风向反演的180°模糊现象和误差问题。在利用Monte Carlo方法的数值模拟对180°模糊现象进行研究的基础上,提出了根据第一次扫描的第一和第二风向解和第二次扫描的第一风向解来最终确定风向的新算法,新算法可以消除180°模糊现象带来的误差。

　　海表面盐度的微波遥感不但依赖于海水的1.4吉赫兹微波辐射特性,而且受海面风诱导的

粗糙海面附加效应的影响。本研究首先讨论了平静海面在1.4吉赫兹的微波辐射特性。通过比较两个不同的海水相对电容率算法模型对平静海面盐度反演的效果,发现海水相对电容率算法模型的准确性对盐度反演效果影响很大。平静海面的"亮温"对观测角的偏导数的绝对值$|\partial T_{h,v}/\partial\theta|$在小观测角时较小。因此,在小观测角的条件下,传感器观测角的误差引起"亮温"误差亦较小。因此,小观测角有利于提高海表面盐度的遥感精度。

海面风的观测误差严重地增加了海表面温度和盐度的遥感误差。通过研究海面风因子对海面自发辐射"亮温"的影响,推导并获得了海面风矢量(包括风速和风向)与海表面的"亮温"(T)以及风诱导的"亮温修正量"(ΔT)之间的简单关系式。根据这个关系式,本研究提出了一个新公式,可以消除风向对盐度遥感的影响。在此基础上,还提出了利用微波辐射计的单卫星、多角度的观测技术和反演海表面盐度和温度的算法。在这个算法中,风对海表面辐射影响已经被剔除,风速和风向不再是反演算法的输入参数。因此,该算法不受制于海面风导致的误差。这样,为利用单卫星、多角度微波辐射计监测海表面盐度和温度提供了一个新途径。

基于本研究撰写的博士学位论文(作者:殷晓斌,指导教师:刘玉光、王振占)获2009年全国优秀博士学位论文奖。

(撰稿人:殷晓斌;校稿人:黄鲁粤)

北太平洋风生环流变异及其对大气环流的反馈

北太平洋海洋环流调整及其对太平洋气候年代际变化的影响一直是海洋与气候研究领域的前沿科学问题,其中的一个关键问题就是北太平洋海洋环流如何调整,产生海表温度异常并进一步对大气环流产生反馈作用。

本研究围绕着这一前沿关键科学问题,采用全球海气耦合模式FOAM1.5并借助耦合模式的"部分耦合"技术,结合观测资料分析提取出的大气强迫模态,系统研究了以下两个问题:① 北太平洋风生环流在PNA(太平洋-北美)型/NPO(北太平洋涛动)型异常风应力强迫下的动力调整及其对大气环流的反馈作用;② 异常风应力强迫下北太平洋副热带与热带的相互作用。

得到了如下创新性的结论:

(1)PNA型正位相异常风应力强迫下,北太平洋副极地环流异常加强且向南扩张,使北太平洋副热带环流与副极地环流的边界[KOE(黑潮/亲潮延伸体)纬向流轴]向南偏移;北太平洋SST(海表温度)的响应类似于PDO(太平洋年代际振荡)模态正位相异常。海洋环流的调整对北太平洋大气环流异常反馈体现为明显的季节性特征:冬季主要表现为准正压的低压槽异常且以正位相NPO型大气环流异常为主；而夏季主要表现为对流层低层高压脊异常与对流层高层低压槽异常的斜压响应。

（2）NPO型正位相异常风应力强迫下，整个北太平洋环流系统加强，造成KOE纬向流轴加强；北太平洋SST的响应类似于NPGO（北太平洋环流振荡）模态正位相异常。海洋环流调整在冬季对北太平洋大气环流产生类似PNA型负位相环流异常的反馈。

（3）局地海气耦合在北太平洋海洋环流调整中也起着重要的作用：使北太平洋环流系统向北偏移，从而使KOE纬向流轴在PNA型正位相异常风应力强迫下，向南偏移减少30%左右；在NPO型正位相异常风应力强迫下向北偏移约0.5个纬度。

（4）PNA型异常风应力强迫下，北太平洋影响热带太平洋的物理过程有四种：表面耦合的WES（风–蒸发–SST）正反馈机制、STC（副热带–热带环流）加强机制、Subduction（潜沉）过程和北太平洋西边界的沿岸Kelvin波传播机制。热带太平洋通过局地海气耦合在冬季对北太平洋产生PNA型负位相大气环流异常反馈，进而抵消部分大气强迫场。

（5）PNA型风应力强迫下，通过海洋与大气的非线性相互作用，使下游北大西洋产生类似"三极子"结构的SST异常和上空NAO（北大西洋涛动）型的大气环流异常。

综上所述，关于海洋环流在北太平洋气候年代际变化中的作用，本研究有以下三点贡献：

（1）发现PNA型风应力强迫通过海气耦合会激发NPO型的大气环流异常，NPO型风应力强迫会激发PNA型大气环流异常，且存在很强的正负不对称性。

（2）揭示PNA型风应力强迫会导致黑潮流轴的南北移动，NPO型风应力会导致黑潮加速或减速，而北太平洋局地的海气耦合作用会导致黑潮从一种型态趋向另一种型态。

（3）揭示了PNA型异常风应力强迫下北太平洋与热带太平洋的相互作用中的四种物理机制，发现冬季热带太平洋响应会减弱热带外强迫，形成负反馈。

基于本研究撰写的博士学位论文（作者：李春，指导教师：吴立新）获2012年全国优秀博士学位论文奖（提名）。

（撰稿人：李春；校稿人：黄鲁粤）

南大洋风应力和淡水通量在全球海气耦合系统中的作用

风应力和淡水通量是南大洋的两种重要外强迫。风应力直接驱动了全球极强的一支海洋环流——南极绕极流，淡水通量是末次冰消期冰融水事件的重要成因之一，也是全球变暖情景下南极融冰的重要产物，然而长期以来，对南大洋风应力和淡水通量的气候效应缺乏深入系统的研究。

本研究围绕南大洋风应力和淡水通量在全球气候系统中的作用这个关键科学问题，利用海气完全耦合模式FOAM1.5（Fast Ocean-Atmosphere Model, version1.5），借助以"部分耦合"和"部分阻挡"为核心的模式手术方案，通过一系列敏感性实验揭示南大洋风应力和淡水强迫对全球海气耦合系统的影响。

为了探讨南大洋风应力的气候效应，研究人员在耦合模式中去除40°S以南海气界面的风应力，发现风应力的消失将引起局地垂向对流混合和南极绕极流以南上升流减弱，导致南大洋出现大范围海温冷异常、海冰覆盖面积向低纬度扩展。由于海洋层结加强，在上层海洋变冷的同时，次表层海洋发生了显著的增暖。南大洋的海温冷异常激发了对流层大气的相当正压槽响应，伴随着南半球西风的显著增强。西风加强又进一步加剧了SST冷异常，从而构建了局地的正反馈过程。

研究同时发现，南半球中高纬度风应力对北大西洋经向翻转环流（AMOC）有着极强的调控作用。去除海气界面风应力之后，风应力对深层海水的抽吸作用也随之消失，导致南极经向翻转环流（Antarctic Meridional Overturning Circulation, AnMOC）几乎完全消失，AMOC流量也减小了约50%。AMOC的减弱使跨赤道热量输送减弱，有利于南大西洋增暖，然而由于在南大西洋的副热带地区存在风-蒸发-SST（Wind-Evaporation-SST, WES）反馈过程，将南半球中纬度地区的冷异常传递到热带地区，从而抑制了南大西洋暖异常的产生，因此AMOC减弱导致的南北半球海温跷跷板并未出现。

为了研究南大洋淡水强迫对局地和远程气候系统的影响，研究人员利用耦合模式，在60°S以南的海洋中均匀施加1.0×10^6米³/秒淡水通量异常。模式结果表明：南大洋表层淡水通量强迫使局地海洋层结加强，抑制了南极附近的深对流过程、南大洋的垂向对流混合过程和南极绕极流以南的上升流，从而在局地海洋中出现了表层变冷、次表层增暖的斜压响应，与此同时，大气中的西风得到加强。在上层海洋平流过程和大气过程的共同作用下，南大洋高纬地区的冷异常被输送到南极绕极流区域。之后，南半球中纬度的海温冷异常能够通过上层海洋与低层大气之间的接力遥相关机制传递到热带地区。WES反馈激发了副热带地区的冷异常，同时使南半球副热带-热带流环（Subtropical-Tropical Cell, STC）加强，STC的加速与平均潜沉过程共同导致了热带海洋海温冷异常的出现。

南大洋淡水强迫也引起了北半球气候的变化。大气遥相关过程使北半球的热带外海区在最初几十年中表现为冷异常，随着南大洋次表层暖水向北半球输运并通过垂向对流混合过程上升到表层，北半球的初始冷异常逐渐转为暖异常。南半球和北半球分别出现了海温冷异常和暖异常，从而构建了显著的南北半球海温跷跷板。

南大洋表层淡水扰动使海洋层结加强，从而南极底层水减弱，南极底层水与北大西洋深层水之间的相互调制使AMOC在最初几十年中得到加强，随着淡水通量在上层海洋平流的作用下不断流入北大西洋，AMOC的流量逐渐减小。

气候平均态的改变也使气候变率发生了变化。在南大洋淡水强迫情景下，ENSO的振幅加强，同时频率向低频方向移动。振幅加强的原因是温跃层的纬向倾斜加强、同时整个热带温跃层整体抬升，从而增强ENSO变率；ENSO频率减慢的原因是赤道与赤道外之间的经向热力梯度减小，降低了充放电的效率。此外，两种类型的厄尔尼诺——东太平洋厄尔尼诺和中太平洋厄尔尼诺对南大洋淡水强迫表现出不同的响应。整体上来说，淡水强迫对前者影响较大，而对后者影响较小。

　　不仅如此，局地淡水强迫也使南半球环状模发生了显著的变化。环状模年际变率的振幅显著减弱，同时年代际变率开始增强。环状模的变化具有垂向一致性。

　　基于本研究撰写的博士学位论文（作者：马浩，指导教师：吴立新）获2013年全国优秀博士学位论文奖（提名）。

〔撰稿人：马浩；校稿人：黄鲁粤〕

第二章
海洋生命科学与技术

文昌鱼研究

一、研究背景

文昌鱼是介于脊椎动物和无脊椎动物之间的一个动物门类,生物学上定义为脊索动物。它是最原始的脊索动物,是研究包括人类自身在内的脊椎动物起源和演化的珍贵模式动物。研究文昌鱼胚胎的发育过程,确定它在生物进化过程的位置和作用就成为生物学家的重要课题,而且文昌鱼卵子透明,作为研究器官形成物质的实验材料十分适宜。但文昌鱼卵子不易获得,而且存活时间短,这成为制约文昌鱼实验胚胎学研究的瓶颈。

1931年,日本大举侵略中国,国内时局动荡。位于南京的中央大学受到政治风潮的影响,学校教学科研陷入停顿与混乱状态。原本回国想到中央大学任教的童第周在蔡堡先生的极力推荐下接受了国立山东大学的聘书。国立山东大学具有雄厚的学科基础、优越的地缘环境,且青岛又地处海滨,有利于海洋生物方面的研究,吸引了童第周加盟学校。1934年,童第周举家北上来到国立山东大学,任生物系教授。

二、研究内容及过程

1935年,童第周在青岛海滨意外发现文昌鱼,成为继美籍教授赖特(1923年在厦门发现文昌鱼)之后第二个在中国沿海发现文昌鱼的学者。1946年国立山东大学复校,童第周继续文昌鱼研究。他从解决文昌鱼卵子来源问题入手,通过改善文昌鱼的生活环境条件,成功实现了文昌鱼的饲养和孵化,1952年,又通过人工授精方法获得了文昌鱼的卵子,推翻了国际上康克林(Conklin)等学者认为文昌鱼不能人工授精的结论,童第周成为世界上第一个解决文昌鱼人工饲养和人工授精的人。

童第周研究发现文昌鱼卵子在发育过程中的调节能力比海鞘卵子要大等因素,改正了以往学者认为的卵子发育嵌合类型。他制出了8细胞和32细胞时期器官预定形成的分布图谱,还对文昌鱼鱼卵的动物性半球决定个体的极性和器官形成这一理论,得出了实验性的结论,使中国的文昌鱼研究独树一帜,居世界领先地位。

三、对文昌鱼个体发育的全新认识

文昌鱼在生物进化中占有重要地位,它是脊椎动物的祖先,在世界上分布很少。过去国际上的实验工作多在意大利进行,后在我国沿海地带也发现了文昌鱼。童第周领导的研究组首先解决了文昌鱼的饲养、产卵和人工授精等必要的技术,为系统研究文昌鱼的胚胎发育奠定了基础。关于文昌鱼胚胎的正常发育，经过著名美国胚胎学家康克林数十年的研究，才有了比较系统的认识。但是由于文昌鱼的卵子难以获得，并且体积很小，国际上利用试验方法对此进行研究者寥寥无几。童第周和他的同事们利用精巧的显微镜下解剖的技术，对文昌鱼胚胎发育机理进行了一系列的研究，对文昌鱼卵的发育能力提出了很重要的修正意见，受到国际上的重视。

四、主要贡献

发现文昌鱼卵子在发育过程中的调整能力比海鞘卵子的大，但发育的类型基本上与海鞘卵子相似。分裂球在发育过程中的调整能力一方面依靠卵子中预定的器官形成物质为基础，另一方面还要根据各分裂球之间的相互作用，使正常的发育在二者精密配合的情况下完成。因此得出的结论是：文昌鱼的卵子发育不是过去学者所认为的嵌合类型，而是具有一定的调节能力。在上述基础上，他又探讨了文昌鱼卵子的预定器官形成物质的分布图谱，为阐明早期胚胎的器官分化提供了实验依据，并进一步指出文昌鱼卵的动物性半球决定个体的极性和器官形成，但这不是孤立的，它也受到来自植物性半球物质的诱导和制约。

为了进一步探讨文昌鱼卵子发育的调节能力，又进行了外胚层细胞与内胚层细胞的移植实验，认为外胚层细胞的可塑性比内胚层细胞的大，它容易受内胚层细胞影响转化为内胚层细胞。内胚层细胞也能改变性质转化为类似外胚层细胞，但需要有更适当条件。说明细胞的定位和细胞质的分化状态对个体发育有明显作用。

童第周等所证明的文昌鱼卵这些早期发育的特点，进一步论证了文昌鱼在进化上的地位是介于脊椎动物和无脊椎动物之间的过渡类型。这方面的工作也支持了他后期关于核质关系研究的论据，即细胞质在个体发育中有改变细胞遗传性表达的能力。

童第周对鱼类的胚胎发育能力和细胞遗传的研究也做出了卓越的贡献。他在20世纪40年代开始的实验结果证明，在金鱼的卵子中，赤道线以下植物性半球的一边，卵子含有一种有关个体形成的物质，它在发育早期由植物极性逐步流向动物极性，是形成完整胚胎不可缺少的物质基础。弄清楚这个问题，对了解细胞质因子对胚胎发育和个体形成的作用是非常重要的。这项工作的论文是鱼类实验胚胎学方面的重要历史文献。

五、传承与创新

学校关于文昌鱼的生物学研究具有悠久历史，张士璀领衔的实验室所开展的有关文昌鱼的研究工作就根植于我国老一辈胚胎学家童第周及其学生吴尚勤（童第周的学生）等在20世纪50—60年代开展的文昌鱼研究工作。脊椎动物具有神经内分泌系统，在动物演化过程中，神经内分泌系统的出现是一个重大事件，为早期脊椎动物适应复杂生境并向更高级发展奠定了基础。然而，神经内分泌系统的起源仍是一个未解之谜。该实验室从结构、功能和调控网络角度，证明文昌鱼的哈氏窝、肝盲囊和内柱分别和脊椎动物的脑垂体、肝脏和甲状腺同源，首次提出文昌鱼已具有类似脊椎动物的神经内分泌系统，即下丘脑－垂体轴。该实验室是国内率先开展文昌鱼比较免疫学研究的课题组，国内最早的一篇关于文昌鱼免疫学文章即《文昌鱼补体活性测定》于2003年发表在*Zoological Science*上。他们还发现文昌鱼肝盲囊是重要免疫器官，和脊椎动物肝脏一样参与急性炎症反应；提出脊椎动物补体经典途径可能起源于文昌鱼C1q介导的补体系统的新观点。

六、研究团队基本情况

主要完成人简介：童第周（1902—1979），研究方向为实验胚胎学，1955年当选中国科学院学部委员（院士）。

张士璀（1957—　　），研究方向为文昌鱼进化与发育生物学、鱼类发育与衰老生物学。

（资料收集与组稿：赵瑞红；审稿人：张士璀；校稿人：尹文月、张雯雯）

海带数量性状遗传与海青系列海带新品种培育

一、研究背景

20世纪50年代，我国先后创立了海带夏苗培育技术、筏式养殖技术，实现了海带全人工养殖，并通过海带南移养殖工作，迅速实现了北起辽宁、南至广东的海带养殖产业，成为我国早期农业发展的里程碑，以海带、紫菜养殖为核心代表的海藻养殖浪潮被誉为我国海水养殖的第一次浪潮，为全球海水养殖业发展做出了杰出的贡献。尽管解决了养殖技术和养殖工艺问题，但仍然缺乏养殖理论知识，尤其是缺乏遗传育种理论基础与方法，海带养殖生产主要使用野生种质，制约了产业的高产高效发展。

二、研究内容及成果

通过研究自交繁育和群体繁育子代的生长与发育，发现自交子代孢子体的发育速度和生长速度均落后于群体繁育子代孢子体，且由长度和宽度差异导致的孢子体面积差异显著，确认了养殖海带可通过累代连续自交与选育培育出优良品种；研究发现海带的主要性状是呈连续变异，验证了海带叶片长度、叶片厚度、柄长性状属于受多个基因控制、呈连续变异的数量性状，并分别估算了叶片长度、叶片厚度、柄长等表型性状的遗传力。可通过定向选择与连续自交来分离和加强海带的数量性状，培育优良的品种，为海带遗传育种奠定了重要的理论基础。

1958—1961年，从养殖海带群体中通过选择和自交的方法培育出"海青1号"海带新品种。与未经高温处理和选育的群体比较，其长度、宽度、柄长等性状存在显著差异。"海青1号"海带新品种的培育标志着我国和全球海水养殖品种改良工作的开始。同时，在自交繁育的基础上通过定向选择实现了优良性状的定向培育，从而创建了海带选择育种技术，并在其他海水养殖生物育种得到了广泛的应用。之后，围绕着海带叶片长度、厚度等数量遗传性状，开展了更为广泛的选择育种研究，继而培育出了"海青2号"长叶品种、"海青3号"厚叶品种和"海青4号"薄叶品种。

上述研究成果发表20余篇论文,系统地揭示了海带数量性状遗传的基础以及良种培育过程,目前仍是海带数量性状遗传领域的经典文献。

三、重要科学发现和成果推广及影响

（一）重要科学发现

（1）在国际上首次揭示并验证了海带的长度、宽度、厚度、柄长等数量性状,揭示了海带主要表型经济性状的遗传机制。

（2）在国际上首次创立了海带选择育种技术,为海水养殖生物品种改良提供了最根本的育种方法,并培育出了4个各具特色的海带新品种。

（二）成果推广及影响

（1）海带数量性状的发现是海洋生物遗传学的奠基性结论,对于我国和国际海洋生物遗传学与育种科技发展具有十分重要的开创性意义。

（2）海带选择育种技术和"海青1号""海青2号""海青3号""海青4号"海带新品种是国际最早的海水养殖生物育种技术和优良品种,在良种的培育和生产应用上,开创了我国和全球海水养殖业良种化养殖的进程。

四、成果主要完成人简介

方宗熙（1912—1985）,我国海藻遗传学的奠基人,在海带等数量遗传学与细胞遗传学、海带遗传育种研究方面的一系列重要发现为我国海洋生物遗传学的建立和发展做出了卓越贡献。

（撰稿人:刘涛;审稿人:祁自忠;校稿人:尹文月、张雯雯）

海带配子体克隆分离培养与单倍体育种

一、研究背景

海洋生物种质资源的培养与长期保存是生物育种的关键性基础工作。截至20世纪70年代,仅有海洋微生物和微藻能够实现在室内的微量培养和长期保存。尽管对大型海藻类愈伤组织的培养和诱导分化进行了研究,但仍然无法实现种质资源的长期保存以及在育种和育苗中的应用。同期,随着海带养殖业的进一步发展,在选择育种的基础上进一步拓展海带育种新技术,培育新型优良品种,也成为养殖产业发展的急需。

二、研究内容及成果

首创了海带配子体分离培养和低温弱光保存技术，通过海带配子体单细胞的无性繁殖形成了配子体克隆细胞系，并首次命名为"海带配子体克隆"，具有可培养和长期保存的特点，开创了大型海藻种质资源长期保存的先河，并进一步为具有异形世代生活史的裙带菜等大型褐藻、紫菜等大型红藻的种质资源保存提供了重要的方法与模式，并以此构建了全球第一个大型海藻种质资源库"海带种质库"。

首次研究并总结了海带配子体克隆的生物学特点，包括遗传基础纯一、具有性别分化、具有细胞生长和发育全能性等特点，为开展基于细胞水平的遗传学和育种研究奠定了材料学的基础。

与作物同期开展了单倍体育种研究工作，利用海带配子体克隆进行单倍体育种，培育出了"单海1号"海带新品种，成为新中国藻类育种学领域的国际领先水平成果。

上述研究成果在《中国科学》等期刊发表10余篇论文，这些论文是国内外大型海藻细胞生物学的经典文献；"海带单倍体育种"于1978年获得全国科学大会奖。

三、重要科学发现和成果推广及影响

（一）重要科学发现

（1）在国际上首次建立了大型海藻种质资源长期培养的技术方法，解决了大型海藻无法在室内进行微量培养和长期保存的国际难题，并构建了国际首个大型海藻种质资源库。

（2）在国际上首次开展了海洋生物的单倍体育种研究，建立了海带单倍体育种技术并培育出"单海1号"海带新品种，进一步丰富了海带育种技术方法体系，使得海带育种研究从群体和个体水平深入细胞水平，并为后续的虾类和海水鱼类单倍体育种提供了创新性思路。

（二）成果推广及影响

海带单倍体育种和"单海1号"海带新品种的培育是新中国成立以来在生物育种领域的重大成果之一，在历史同期达到了与作物单倍体育种同步发展的水平，在国际海洋生物育种研究方面处于领先地位，受到国内外植物和水产领域同行的高度关注。

四、研究团队基本情况

核心研究团队有教师4人：方宗熙、戴继勋、崔竞进、欧毓麟。

主要完成人：方宗熙。

〔撰稿人：刘涛；审稿人：祁自忠；校稿人：尹文月、张雯雯〕

对虾营养及配合饲料的研究

一、研究背景

自改革开放初期我国攻克中国对虾育苗的核心技术以来，中国对虾的养殖进入高密度集约化养殖阶段，成为我国海水养殖业的重要支柱产业。在对虾养殖中，饲料占养殖成本的60%～70%，是维持对虾养殖业可持续发展的重要保障。而20世纪80年代以前，我国水产饲料产业尚处于萌芽状态，对虾养殖过程中多以饼粕类、小杂鱼虾和低值贝类为饵。由于这些原料营养不平衡、质量参差不齐、饲料效率低，既浪费了资源，又污染了环境。因此，开发高效的对虾人工配合饲料势在必行。然而，对虾营养研究的缺乏影响了高效人工配合饲料的开发，成为限制我国对虾养殖业健康可持续发展的瓶颈。

二、研究内容及成果

系统阐述了中国对虾的营养生理和营养代谢，在此基础上构建了其营养需求数据库，揭示了营养性和非营养性饲料添加剂的应用效果，并率先在国内利用电脑软件进行商业实用饲料配方设计。开创了我国对虾营养生理和营养需求研究的先河，为对虾高效养殖提供了理论支持。

以上成果共发表学术论文42篇，其中8篇被评为优秀论文，部分成果收录到1996年出版的全国高等农业院校教材《水产动物营养与饲料学》；研究成果"对虾的营养与配合饲料的研究"获得1991年度国家教委科技进步（推广类）一等奖和1996年度国家教委科技进步一等奖，也是2006年国家科学技术进步二等奖"主要海水养殖动物的营养学研究和饲料开发"的重要组成部分。

三、重要科学发现和成果推广及影响

（一）重要科学发现

（1）首次系统探究了中国对虾营养生理和营养代谢，在此基础上确立了中国对虾不同生长期的必需氨基酸、必需脂肪酸、钙、磷等营养素的需要量及适宜添加方式；开发了适宜中国对虾的高效促生长剂；探明了中国对虾饲料原料的适宜粉碎粒度以及对蛋白质和氨基酸的消化吸收率以及游离氨基酸的利用效果。为中国对虾的人工配合饲料配方设计和原料选择提供了理论支撑。

（2）开发出β-葡聚糖和复合微生态制剂等免疫增强剂，减少了药物的使用，优化了对虾人工配合饲料配方，提高了养殖对虾的免疫力和成活率，降低了养殖成本，增加了对虾养殖的经济效益和环境效益。

（二）成果推广及影响

（1）培养青年科研骨干人员8名（1名青年教师和7名研究生），培训学员1496名，通过各地学员推广，间接新增产值5亿元，新增利税约9000万元。

（2）通过转让人工配合饲料和饲料添加剂配方，利用信函指导辽宁、北京、天津、山东、河北、江苏、浙江和广东等13家企业进行饲料生产,累计新增产值达1.7亿元,创造利税3100余万元。

四、研究团队基本情况

研究团队成员主要有李爱杰、楼伟风、麦康森、徐家敏和王远红。

主要完成人简介:李爱杰(1921—2018),长期从事水产动物营养与饲料的教学和研究工作。

（撰稿人:艾庆辉;审稿人:麦康森;校稿人:张雯雯）

对虾工厂化全人工育苗技术研究

一、研究背景

虾苗的人工生产是规模化养虾业的核心制约因素。20世纪80年代初,在我国对虾规模化养殖初步成功之时,虾苗生产却面临着巨大的技术瓶颈。仅靠采捕天然虾苗无法满足实际生产需求。因此,攻克虾苗的批量生产技术是一项亟待解决的重大课题。

二、研究技术突破及推广

1. 对虾工厂化全人工育苗技术的突破及获奖情况

自20世纪80年代起,以王克行为带头人的课题组及合作团队承担了中国对虾生物学及养殖技术的攻坚研究。在资金匮乏、资料欠缺、条件简陋、工作艰苦的背景下,他们克服种种困难,先后攻克了亲虾繁育、人工条件下的虾苗孵化、养成、饵料培养、敌害控制等关键技术难关,从而积累了对虾规模化养殖的第一手经验。

课题组在当时土法育苗研究的基础上,参照日本、美国等国家的生产方式,进行多种生产模式对照试验,揭示了水环境与对虾产卵、胚胎发育的关系;借助各期幼体饵料的对比试验,建立了适合于亲虾产卵及各期幼体变态发育的最佳环境条件,并逐一解决设施配套设计、饵料搭配系列、水质调控技术及病害防治等关键问题。20世纪80年代初期,首次在300立方米水体中培育出4165万尾虾苗,平均每立方米水体出苗13.86万尾。这是我国历史上时间最早的规模化对虾工厂化全人工育苗的成功试验。随后,在培训养虾技术骨干力量的同时,又建立了养虾示范点进行技术推广,为实现全国对虾养殖业的迅速发展奠定了重要基础。

该研究成果于1983年荣获农牧渔业部技术改进一等奖,1985年荣获国家科技进步一等奖,1988年荣获世界知识产权组织的金奖。

2. 对虾工厂化全人工育苗技术的推广——突破斑节对虾育苗技术

20世纪80年代中期,在自然条件最适宜斑节对虾生长的海南岛,养殖业同样面临着如何获得苗种、实现工厂化批量生产的技术难题。围绕此问题，王克行带领研究团队远赴海南，实地考察育苗场、养殖环境及育苗资源等。经过两年的不懈努力，最终突破了工厂化育苗的各种瓶颈，制定出一套适合斑节对虾生态繁殖特点的育苗技术改革方案。

该育苗方案包括了一系列重要的技术规范的建立：改变亲虾培育方法，通过人工精荚移植（人工交配）提高了亲虾利用率；改变遮光黑暗培养幼体方法，提高幼体成活率和变态率，解决虾苗的大批量生产问题；改革饵料培养方式，促进幼体健康发育；在幼体培育中发现造成对虾幼体大批量死亡的链壶菌病，并找出控制该病的有效药物。

以上新技术的运用和改革，使科研团队在短短的40多天内培育出斑节对虾虾苗360多万尾，相当于海南岛各试验点9年育苗的总产量。该技术随后在南方得到广泛推广，以此为基础，我国南方的养虾业快速发展起来。

三、社会价值

（1）对虾工厂化全人工育苗技术的突破和推广，使得我国沿海的对虾养殖产量每年均以翻番的速度发展，创造了巨大的经济效益和社会效益。

（2）促进南、北方对虾养殖业迅速发展，学校成为我国以对虾为代表的第二次海水养殖浪潮的引领者和积极实践者。

（3）举办养虾技术推广及培训班，为全国培训大批对虾养殖技术骨干力量。

（4）根据以上技术和推广经验等大量实践，经过总结凝练，编写出我国高等水产院校首部虾蟹类养殖教材，设立虾类养殖课程，丰富和发展了水产学科。

四、研究团队基本情况

本项目由中国水产科学研究院黄海水产研究所、中国科学院海洋研究所、山东海洋学院、山东省海水养殖研究所等单位合作完成。中国海洋大学在项目中做出创造性贡献的主要人员有王克行、李德尚、孟庆显、高洁、李三庆、俞开康、陆斑。

主要完成人简介：王克行（1932—2018），长期从事虾类生物学与养殖技术的研究与教学工作，被誉为"中国虾王"。

（资料收集与组稿：赵瑞红；审稿人：王梅；校稿人：张雯雯）

三倍体牡蛎育苗及养殖技术研究

一、研究背景

牡蛎养殖是我国贝类养殖的支柱产业，但多年来牡蛎养殖一直缺乏良种，单产量较低，且传统养殖的二倍体牡蛎在繁殖季节由于产卵、排精等活动而使软体部消瘦，风味品质受到较大的影响。三倍体牡蛎具有育性差、生长快、产量高、品质优等特点，弥补了二倍体牡蛎的缺陷，一年四季保持鲜美的口味，深受消费者青睐。研究三倍体牡蛎育苗和养殖技术，开发高效、低毒的新型诱导技术，完善三倍体牡蛎规模化苗种生产与养成技术成了贝类多倍体生产的当务之急。

二、研究内容及成果

该项目属于海洋生物技术领域，通过对太平洋牡蛎三倍体诱导技术、规模化育苗与养成技术的研究，丰富了牡蛎多倍体育种的生物学理论，开发了诱导牡蛎多倍体的新方法，优化了三倍体牡蛎育苗和养成技术，提出了在生产上能够推广的三倍体育苗工艺和操作规程，推动了我国三倍体牡蛎育苗和养殖产业化应用的进程。专家经验收认为，该技术达到国内领先、国际先进水平。

通过该项目研究，在国内外核心刊物发表论文近百篇，申报专利20余项，相关研究成果获得2001年度海洋创新成果一等奖和2001年度中国高等学校科学技术奖科技进步一等奖。

三、成果推广及影响

（1）开发了可规模化应用的三倍体牡蛎育苗与养殖技术。通过研究，开发了牡蛎卵的同步发育和体外促熟、单体三倍体牡蛎的培育、倍性检测等系列技术，筛选了三倍体牡蛎的最佳诱导方案，完善了三倍体牡蛎育苗与养殖技术，并提出了规模化生产的操作规程。多年的实践证明，该操作规程适合于规模化生产，可操作性强，为加速三倍体牡蛎的产业化进程提供了技术保障。

（2）研发了三倍体诱导的新方法。通过多年的研究和实践，开发了安全、无毒、高效的三倍体诱导新方法——低渗和高渗诱导贝类三倍体技术。与已有的多倍体诱导方法相比，该技术安全无毒性，成本低廉，诱导效果好，已用于多种贝类的多倍体育种，具有良好的应用前景。

（3）首次在国内培育出存活的四倍体牡蛎。通过抑制三倍体牡蛎受精卵第一极体与第二极体的释放，首次在国内诱导培育出存活的MⅠ四倍体与MⅡ四倍体太平洋牡蛎，这也是国内首次培育成活的四倍体贝类。通过四倍体与二倍体的杂交，培育出三倍体率为100%的子代牡蛎，为三倍体牡蛎的产业化提供了一条便利的途径。

（4）揭示了三倍体贝类的快速生长机理。首次从细胞学、生化遗传和分子生物学水平上对二倍体与三倍体牡蛎进行了系统研究，阐明了三倍体牡蛎快速生长的机理，丰富了贝类多倍体育种理论，对多倍体育种的产业化也有积极的指导意义。

四、研究团队基本情况

研究团队有教师5人：王如才、王昭萍、田传远、于瑞海、李赟。

主要完成人简介：王如才（1933—2021），主要从事贝类学和贝类养殖学教学科研工作。

（撰稿人：王昭萍；校稿人：张雯雯）

中国海洋药物研发体系的建立和新药创制

一、研究背景

丰富的海洋生物可以产生大量具有结构多样性和新颖性的代谢产物，一些代谢产物表现出显著的生物活性，这是陆地生物无可比拟的，也为新药研究与开发提供了大量的模式结构和药物前体。海洋生物资源是一个巨大的新药来源宝库已成为一种共识。多年来，重大疾病（如肿瘤、心脑血管病、艾滋病和神经疾病等）的蔓延严重威胁着人类健康和社会发展，亟须研发一批高效低毒的药物。从天然资源中寻找具有显著生物活性的天然产物仍然是发现新药先导化合物的主要途径。故加强从天然药用资源中发现治疗人类重大疾病的创新药物研究，具有特殊的重要性和迫切性。

二、研究过程及成果

20世纪60—70年代，应国家发展之需，开展的海带提碘联产品——褐藻胶、甘露醇再利用产业化研究项目，研制成功农业乳化剂、石油破乳剂、食品乳化增稠剂、褐藻酸钠代血浆等新产品并相继投产，为我国海藻工业的巩固和发展做出了突出贡献，为海洋药物的研究开发提供了重要基础。1980年，学校成立了我国第一个海洋药物研究室。1982年，成功研制了降糖素和胃肠双重造影硫酸钡制剂。1986年，成功开发并上市了我国第一个、全球第五个、具有治疗缺血性心脑血管疾病的现代海洋药物——藻酸双酯钠（PSS）；20世纪90年代之后又相继成功研制了甘糖酯、海力特和降糖宁散等三个海洋新药和系列生物功能制品；步入21世纪，研发的抗阿尔茨海默病新药物甘露寡糖二酸（代号971）、抗动脉粥样硬化新药几丁糖酯、抗艾滋病药物泼力沙滋（代号911）、抗脑缺血药物D–聚甘酯等以及抗肿瘤新药海藻倍他葡聚糖（BG136）等分别进入临床研究的不同阶段。

2019年11月，国家药品监督管理局有条件批准了甘露特钠胶囊（商品名"九期一"）上市注册申请，用于轻度至中度阿尔茨海默病，改善患者的认知功能。971是以海洋褐藻提取物为原料，制备获得的低分子酸性寡糖化合物，是我国自主研发并拥有自主知识产权的创新药，获得国家重大新药创制科技重大专项、国家"973计划""863计划"和国家海洋局专项经费支持。该药由中国海洋大学、中国科学院上海药物研究所、上海绿谷制药有限公司联合研发。

由于阿尔茨海默病的发病机制十分复杂，病程时间长，治愈难度大，该药的上市为患者提供了新的用药选择，并纳入《国家基本医疗保险、工伤保险和生育保险药品目录（2021年）》。

奖励入选方面，藻酸丙二脂、农业乳化剂获1978年全国科技大会奖；新药PSS的研究获1986年山东省科技进步一等奖；新药藻酸双酯钠的研究获1997年国家科技进步三等奖；治疗阿尔茨海默病海洋创新药物甘露寡糖二酸（GV-971）入选2018年度中国海洋与湖沼十大科技进展。

三、重要科学发现和成果推广及影响

1. 带动了我国海洋制药业的兴起与发展

首创的我国第一个现代海洋药物藻酸双酯钠获得巨大的经济效益和社会效益；藻酸双酯钠及后续所开发的甘糖酯、海力特和降糖宁散等海洋新药和系列生物功能制品产业化的实现，为我国海洋制药业的兴起、发展乃至雏形的形成做出了基础性贡献，也为我国海洋药学人才培养、海洋药物学科体系的形成做出了重要贡献。

2. 解决了相关疾病治疗的重大难题，并引领推动了新时期海洋药物开发热潮

由中国海洋大学、上海药物所、上海绿谷制药三家联合研发的治疗阿尔兹海默病药物甘露特纳胶囊（GV-971），填补了全球该领域17年无新药上市的空白，为阿尔兹海默病的治疗提供了有效手段，具有重要的经济与社会价值。

3. 为新时期海洋药物开发探索了行之有效的路径

针对海洋新药研发周期长、投入大、风险高的难点，探索实施"聚集开发"模式，建立了青岛海洋生物医药研究院，有效汇聚了全球海洋药物开发优势成果资源，并充分利用政府科技计划大力引导、企业合作早期资助、社会资本早期投入、后补助政策强力助推等方式，搭建"政产学研金服用"合作平台，尝试拆除产学研合作篱笆墙，探索走出海洋新药研发投资与转化的新路径。

四、研究团队情况

研究团队成员有管华诗、于广利、吕志华、耿美玉（中国科学院上海药物研究所）、李桂玲等。

主要完成人简介：管华诗（1939—　），海洋药物与生物制品专家，中国现代海洋药物研究的开拓者与奠基人，研究方向为海洋药物与海洋生物资源综合开发利用，1995年当选中国工程院院士。

（撰稿人：孙杨、孙媛媛；审稿人：于广利；校稿人：张雯雯）

海洋特征寡糖的制备技术（糖库构建）与应用开发

一、研究背景

我国是海藻养殖大国，已形成了以海带、紫菜和麒麟菜等为主要养殖品种的规模庞大的海藻养殖业，以及在此基础上建立的海藻工业。我国出口的褐藻胶、琼胶和卡拉胶产品在国际市场中一直占有重要比重。然而，以上几种胶的初级、低值利用曾是制约海藻业发展的瓶颈。糖生物学的快速发展，揭示了褐藻胶等几种多糖组成单元的特殊性、结构的不均一性和整体结构的离子特征，褐藻胶等几种多糖蕴含着潜在的医药应用价值。因此，对其进行高值开发技术研究，不仅是科学研究的需求，也是拉动产业发展的需求。

二、研究内容及成果

以海洋动、植物多糖（如褐藻胶、卡拉胶、琼胶、壳聚糖）为基础原料，采用生物和化学降解等方法，制备出纯度高、结构明确的海洋寡糖单体化合物，并对这些化合物进行修饰，获得了系列衍生物。制备过程中解决了海洋多糖降解、寡糖分离纯化等研究中的关键技术问题，构建了国内第一个海洋特征寡糖库（简称"糖库"）。糖库的构建为现代海洋糖类药物活性分子的筛选和发现、现代海洋药物（中药）的研制，以及生命科学相关基础研究提供了物质基础和信息数据；为抗肿瘤、抗病毒感染、抗心脑血管疾病、抗神经退行性疾病等重大疾病生物学的系统研究提供了物质支持；为海洋糖工程创新药物及生物医用制品的开发奠定了药学基础。

本研究共发表SCI收录论文118篇，获国家授权发明专利25项，获2007年度教育部技术发明一等奖和2009年度国家技术发明一等奖。

三、重要科学发现及影响

（1）建立了海洋特征寡糖规模化制备技术体系。① 发现（明）并制备了15种具有自主知识产权的高活性、高产物特异性的多糖水解酶，建立了高效、可控的寡糖定向规模化制备新技术，从而改变了糖类应用开发研究仍处于混合物的现状，开拓了寡糖单体应用的新局面。② 发明了化学法制备奇数与偶数海洋寡糖的新方法，建立了多糖区域性选择与化学可控的规模化制备技术，改变了多糖化学降解无选择性和可控性的传统观念。③ 发明了壳寡糖降解与化学衍生一锅法规模化制备新方法，解决了寡糖规模化生产中降解与分离困难的技术难题。

（2）首次建立了不同寡糖规模化定向分离及结构确定的集成技术体系，构建了国内外第一个海洋糖库。根据四类寡糖（褐藻胶、卡拉胶、琼胶、壳聚糖）的结构特点，集成膜分离、吸附、分配以及凝胶排阻与离子交换等现代分离技术，建立了定向分离及在线、实时的寡糖纯度和结构序列分析技术体系，获得了系列寡糖及其衍生物的化学结构信息；构建了国内外第一个海洋特征寡糖库，内含21个系列164个结构明确的寡糖和145个糖缀合物，其中98个寡糖在国际上属于首次报道。

（3）发现（明）了某些海洋糖类结构与生物活性关系，建立了寡糖定向（作为药物、功能制品）的分子修饰技术体系，从而解决了海洋糖类物质高值化利用、特别是寡糖成药的关键技术问题。以糖库中某些特征寡糖为原料，根据不同开发目的，开发了控制分子量大小、离子强度高低、亲疏水比值以及官能团调整等分子修饰技术，以此成功研制了5个海洋糖类新药（94药证第X-180号、国药准字B20020216、国药准字B20020359、国药准字H37021580、国药准字H20190031）及系列海洋生物功能制品。

四、研究团队基本情况

研究团队有教师6人：管华诗、于广利、于文功、李英霞、耿美玉、毛文君。

主要完成人：管华诗。

（撰稿人：于广利；校稿人：张雯雯）

海洋药物领域大型志书《中华海洋本草》

一、研究背景

我国近海是"蓝色国土"的重要组成部分，是维系经济可持续发展的重要资源基础和实施经济发展战略的主要领域和空间，蕴藏着巨大的开发潜力。准确掌握海洋环境及生物资源的类型、结构、分布及其演变，并对其进行科学评价，是持续有效开发利用海洋生物资源，促进海洋经济健康、可持续发展的重要前提。

二、研究过程及内容

《中华海洋本草》的编纂是在海洋药用生物资源调查的基础上，进行海洋药用生物物种多样性、分布、资源量、药用价值和应用前景综合分析评价，科学系统地阐明我国海洋药用生物状况，为有效保护和持续开发利用海洋药用生物资源提供了科学的决策依据。该书是在海洋药用生物资源调查和评价的基础上，结合已有的文献资料，编纂而成的海洋药物专业辞书。该书全面系统地反映了海洋药物历史和现状的全貌，为深入开展现代海洋药物和海洋中药研究，合理开发利用海洋药用生物资源，提供了经典性文献和重要科学资料。

《中华海洋本草》是国家"中国近海海洋综合调查与评价"专项（国家"908"专项）——"ST12区块海洋药用生物资源调查与研究""海洋药用生物资源评价"和《中华海洋本草》编纂的成果。

2005年开始，在国家海洋局重点资助和支持下，对我国近海药用生物资源状况和药用价值进行了大规模、系统的筛选、评价和分析，构建了海洋药用生物资源标本库和样品库、海洋药用生物指纹图谱、海洋药用生物资源数据库和海洋天然产物数据库。在此基础上，结合对中医药大量的历史典籍和科学文献资料的系统梳理，以及对现代海洋药物研究最新成果的总结，最终编纂出版了我国海洋药物领域首部权威典籍《中华海洋本草》。其全面系统地反映了海洋药物应用、研究的历史和现状，为海洋中药和现代海洋药物的研究开发提供了基础性的科学资料。

《中华海洋本草》全书由《中华海洋本草》主篇与《海洋药源微生物》《海洋天然产物》两个副篇构成，共分九卷出版。其中主篇五卷，包括总论、海洋矿物药与海洋植物药、海洋无脊椎动物药、海洋脊索动物药、索引；副篇《海洋药源微生物》一卷和《海洋天然产物》三卷。全书总字数约1400万字，引用历代经典著作500余部、现代期刊文献5万余条、数据库10余个。

三、成果推广及影响

《中华海洋本草》主篇中的总论部分，首次对海洋本草发展史进行了较为系统的归纳总结，追踪溯源，阐述了海洋本草的发展脉络，并对海洋本草的基本特点、现代海洋药物的发展、海洋药用生物状况等方面进行了较为全面的论述；各论部分在广泛收集、整理古今文献资料的基础上，对海洋矿物药、海洋植物药、海洋动物药进行了系统的阐述。收录药物613味（其中植物药204味、动物药397味、矿物药12味），涉及药用生物以及具有潜在药用开发价值的物种1479种，另有矿物15种，涵盖3100余方。此次编纂还对药用物种的拉丁学名进行了重新考证，对历史文献中的物种学名纠偏达200种，并补充新药用物种600余种。附有1500幅彩色图片、700余幅黑白图片、500余种化合物结构，以及21幅具有代表性的重要药材的指纹图谱。同时详细记载了物种的化学成分和药理毒理作用等研究资料。通过这些基础性数据资料，可了解海洋本草的来源、药性理论、炮制等方面的研究与应用，也可开展海洋药用物种的形态与生态特征、分布、药材鉴别、化学成分、药理毒理等现代海洋药用生物资源的相关研究。

《海洋药源微生物》副篇涉及海洋微生物这个具有巨大开发潜力的资源领域。海洋药源微生物存在于高盐、高压、低温、低光照或无光照特征等特殊海洋环境，其丰富多样的次级代谢产物显示了广阔的药用前景，已成为现代及未来海洋药物研究的热点领域。该副篇收载了300余株海洋微生物及其次级代谢产物的生物学、化学、药理学等信息，为海洋天然产物和海洋药物研究与开发提供了基础资料。

《海洋天然产物》副篇是在搜集、提取、整理庞大的国内外海洋天然产物研究数据信息基础上整编而成的。该副篇集20世纪初以来现代海洋天然产物研究已经获得的2万种化合物的来源、结构（波谱数据）、生物活性等全部数据信息，堪称国内外海洋天然产物大全，具有方便、快捷的检索服务功能，是本领域首部大型工具书，为海洋天然产物和海洋药物研究提供了翔实的数据信息。

周光召院士为《中华海洋本草》首发仪式揭幕，并作序，评价道："这是海洋药物领域首部具有系统性、科学性、先进性的大型工具书。"宋健院士题写书名，并致贺信，认为："这是献给60周年国庆大典的一份厚礼。"中医学家国家名老中医邱保国教授评价道："《中华海洋本草》代表了我国当代本草学研究的最新水平。"国际著名海洋药物学家、中国政府友谊奖获得者、德国杜塞尔多夫大学终身教授Peter Proksch评价道："该项工作对中国传统海洋药物乃至世界海洋药物研发具有无法估量的价值。"*Nature* 将其列入年度国际出版物排行榜，评述道："这是一部海洋药物百科全书，对海洋药物学科发展具有里程碑意义。"

项目成果辐射出100余家研究机构及医药企业开展200余个新产品研发，带动了我国海洋生物医药行业的快速发展，促进了医药企业产业化快速增长。成果入选国家"十二五"科技创新成就展和中国东盟创新成果展，推进了中国与"海上丝绸之路"沿线国家的紧密合作，有力推动了中国"蓝色药库"开发计划的布局和实施。以此志书为重要支撑，"海洋药用生物资源的挖掘与开发"成果获得2021年度海洋科学技术特等奖，这是学校首次斩获海洋科学技术特等奖。

四、研究团队基本情况

本项目由管华诗院士领衔，40余所高校及科研院所共300余名学者参与工作。研究团队主要成员有管华诗、王曙光（国家海洋局）、王长云、武云飞、钱树本、吴元熙（山东省海洋药物研究所）、林永成（中山大学）、焦炳华（第二军医大学）、田景振（山东中医药大学）、欧阳兵（山东中医药大学）、滕佳林（山东中医药大学）、兰克信（海南神农中草药研究开发院）、周凤琴（山东中医药大学）、曲京峰（山东中医药大学）、孙世春、曾晓起、叶振江等。

主要完成人：管华诗。

（撰稿人：王长云；校稿人：张雯雯）

新时代"蓝色药库"开发创新工程

一、研究背景

"蓝色药库"喻指海洋中孕育着丰富的药用资源，涵盖了海洋药用生物资源和矿物资源，具体包括海洋动物、海洋植物、海洋微生物、海洋化合物、海洋生物基因、海洋中药资源等，是创新药物和生物功能制品开发的重要资源库。历经全球80余年的研究，国际上已从特殊生境海洋生物（动物、植物、微生物）中发现近4万个结构独特的海洋天然产物，其中50%以上具有生物活性，约70%满足"Lipinski 类药五规则"，具有很强的类药性和成药性。从来源于海洋的新结构化合物中发掘药源分子，并进一步开发成治疗重大疾病的创新药物，已成为国际新药研发的热点。

迄今，全球已成功开发上市了20余个海洋原创新药，40余个海洋候选药物处于Ⅰ—Ⅲ期临床研究，1500余个海洋分子正在进行系统的临床前研究。沿海国家纷纷制订相应战略性计划，斥巨资开发海洋药用生物资源。在此背景下，"蓝色药库"开发计划应运而生，并成为指导我国海洋新药创制的参考资料。该计划顺应了我国医药产业转型升级的需求,充分发挥了我国海洋科技和医药科技交叉创新优势,有效推动了科技和经济的紧密结合,推动形成海洋生物医药聚集开发、梯次产出的态势,促进我国海洋药物事业进入了海洋天然产物发现和新药开发并举的新时期。对于推动我国海洋科技实现高水平自立自强、提高海洋资源开发能力、加速海洋科技成果转化、引领我国制药产业由仿制向原创转变、壮大国家战略性新兴产业发挥了积极作用。

二、开发计划内容及进展

"蓝色药库"开发计划,是以促进我国海洋生物医药产业崛起为目标,以海洋新药创制为导向,旨在对海洋药用资源进行科学、系统、全面、有序开发的海洋创新工程。该计划紧紧围绕综合提升我国海洋生物资源开发和新药创制能力与水平、提高我国在海洋药物研究领域的核心竞争力和国际影响力、构建起现代化的海洋生物医药产业体系、形成我国海洋医药千亿级产业链和国民经济支柱产业,奠定雄厚的科技、人才和平台基础。

该计划坚持全链条创新,在基础研究、重大共性关键技术、应用示范等研发阶段的主要任务是构建我国海洋生物医药战略资源库,储备一批海洋药用生物战略资源;聚焦探索海洋药物研究开发中的重大科学问题,为海洋药用生物资源利用和海洋药物开发奠定理论基础;突破一批海洋新药创制关键技术,构建起若干具有自主知识产权的海洋候选药物快速发现与成药的关键核心技术体系,为海洋新药快速产出提供强有力的技术支撑;针对严重危害人类健康的重大疾病,围绕海洋新药产品进行聚集开发、重点攻关,研制出具有自主知识产权的海洋创新药物。

中国海洋大学、青岛海洋科学与技术试点国家实验室、青岛海洋生物医药研究院全力推动"蓝色药库"开发计划的实施,取得了显著进展。构建了全球首个海洋天然产物三维结构数据库,容纳3万余个海洋天然产物的准确三维结构,可直接用于虚拟筛选与智能药物设计,显著缩短了海洋药物研发成本和周期。在海洋创新药物开发方面,有5个化合物已进入重点项目,10个化合物进入重点培育阶段,20余个化合物进入培育阶段,抗肿瘤糖类药物BG136已经获批进入Ⅰ期临床研究,抗肿瘤小分子药物MBL211、治疗乙肝药物MBW1905、新型抗凝候选药物GS19、基于JAK/STAT3信号通路的新药MBY213、抗肿瘤药物MBQ214、抗痛风药物MBJ203等海洋候选药物进入系统临床前研究,实现了梯次布局开发态势,研发管线清晰;在海洋大健康产品开发方面,已上市或即将上市产品40余项,涵盖保健食品、功能食品、功能制品、化妆品、医疗器械、农用产品等多个领域,形成了一定的经济效益和社会影响力。

三、专项成果意义及影响

2017年9月,由中国科学院院士、"重大新药创制"科技重大专项技术副总师陈凯先领衔,国内药学界、海洋界知名专家共同组成论证组,对中国"蓝色药库"开发计划进行专项论证,一致认为"蓝色药库"开发计划契合国家发展战略需求,是基础性、前瞻性、系统性的中长期科技创新发展计划,意义深远重大。

2018年6月12日,习近平总书记在考察青岛海洋科学与技术试点国家实验室过程中,听取了管华诗院士关于海洋药物研发情况的介绍。习近平指出,"海洋经济、海洋科技将来是一个重要主攻方向，从陆域到海域都有我们未知的领域，有很大的潜力。"管华诗说，自己的梦想就是打造中国的"蓝色药库"。总书记表示："这是我们共同的梦想！"总书记的重要指示，为新时期"蓝色药库"开发指明了方向，标志着我国海洋生物医药事业迈入新时代。

为贯彻落实习近平总书记重要指示批示精神，学校系统实施了"蓝色药库"开发的海大方案。在学校的推动下，2018年，"蓝色药库"计划入列山东省大科学计划与大科学工程、山东省重大科技创新工程专项，青岛市出台《关于支持"蓝色药库"开发计划的实施意见》，协同省市力量共同推进"蓝色药库"有序开发。2019年10月，以学校为主形成《面向2035年的海洋科技发展战略重大任务论证报告——中国"蓝色药库"计划专项》建议，该建议被纳入《国家海洋领域中长期科技发展规划战略研究》报告，并列入国家"十四五"科技发展有关规划。2021年，学校正式出台《中国海洋大学"'蓝色药库'高层次人才计划"实施办法》，为聚集"蓝色药库"高层次人才提供强有力的保障。

四、研究团队基本情况

研究团队成员有管华诗、于广利、吕志华、杜冠华（中国医学科学院）、于文功、李八方、王长云、杨金波、李德海、秦冲等。

主要完成人：管华诗。

（撰稿人：孙杨、杨文哲；审稿人：于广利；校稿人：张雯雯）

鲍鱼营养学的研究

一、研究背景

鲍鱼是藻类食性的大型原始腹足类软体动物，堪称海珍极品，具有重要的经济价值。鲍鱼的贝壳是开展新兴生物矿化学研究的上等实验材料，具有许多普通无机晶体所不能比拟的优良品质。鲍鱼已经成为水产养殖的新宠，其人工养殖技术及人工配合饲料的研究开发日益得到高度重视。但是，鲍鱼营养学研究相对滞后，国际上尚无系统的营养参数，是制约鲍鱼养殖产业发展的瓶颈因素。

二、研究内容及成果

20世纪90年代初我国海洋贝类养殖浪潮兴起，为了满足贝类养殖业对配合饲料的需要，项目组以皱纹盘鲍为贝类代表种，针对贝类的营养特点，对其营养和代谢进行系统研究，在此基础上构建了其营养需要数据库，并通过系统集成相关领域的知识和技术，开发了经济效益与环境效益显著的鲍鱼配合饲料，进而保证鲍鱼养殖业的健康可持续发展。

　　系统开展了皱纹盘鲍的营养生理、营养免疫和贝壳生物矿化的机制研究。研究成果回答了主要营养素在鲍鱼体内代谢及生物合成特征等相关营养学问题，阐明了原始腹足类动物的营养生理特征，构建了鲍鱼营养学的理论框架，一方面填补了鲍鱼营养学的空白，另一方面为鲍鱼高效配合饲料的开发利用提供科学依据，为保证我国腹足类营养学研究在国际上的领先地位提供了系统性和前瞻性的研究思路。

　　研究成果在国内外著名刊物上发表学术论文53篇（截至2005年），其中15篇被SCI收录，11篇被SCI引用125次，2篇被EI收录。研究成果"鲍鱼营养学的研究"获2003年教育部自然科学一等奖；该成果也是2006年国家科学技术进步二等奖"主要海水养殖动物的营养学研究和饲料开发"的重要组成部分。团队后续继续坚持鲍鱼的营养生理研究和饲料开发工作，在此期间，团队成员担任现代农业产业技术体系皱纹盘鲍营养与饲料的岗位科学家，取得了一系列重要成果，陆续发表了40余篇有关皱纹盘鲍营养生理研究的学术论文。

三、重要科学发现和成果推广及影响

（一）重要科学发现

（1）在国际上首次提出用以评价藻类食性贝类天然食物蛋白质质量的指标："内脏团游离必需氨基酸平衡充足度指数（BAEAAv = DSx·FEAAIx）"，该指标不仅适用于鲍鱼，也适用于其他草食性水产养殖动物。

（2）首次揭示鲍鱼与大多数海洋动物在必需脂肪酸需要方面的不同，发现了欧洲的疣鲍和亚洲的皱纹盘鲍在脂肪酸需要方面的差异。

（3）首次用海藻红色素作为指示物质研究了皱纹盘鲍摄食后内脏色素和游离氨基酸的变化规律。

（4）首次获得了皱纹盘鲍对全部维生素的定性和定量需求，不仅阐明了皱纹盘鲍与高等动物在维生素营养生理方面的共性，更重要的是发现了其维生素营养的特殊性。

（5）在国际上填补了贝类无机盐营养研究领域的空白，首次从营养学角度揭示了营养素调控贝壳生物矿化的作用机制。

（二）成果推广及影响

（1）研究成果广泛应用到了鲍鱼配合饲料的生产之中，其性能优于天然大型藻类，并且在育苗后期已经实现全部使用鲍鱼配合饲料。

（2）在山东、广东、福建等地的鲍鱼幼苗和养殖中进行广泛应用，并在荣成马山顺利通过现场验收。

四、研究团队基本情况

研究团队成员有麦康森、谭北平、张文兵，徐玮、刘付志国、吴格天、朱伟、周歧存、马洪明和艾庆辉。

成果主要完成人简介：麦康森（1958—　），水产动物营养与饲料专家，2009年当选中国工程院院士。

〔撰稿人：张文兵、徐玮、周慧慧、张彦娇、艾庆辉；审稿人：麦康森；校稿人：张雯雯〕

主要海水养殖动物的营养学研究及饲料开发

一、研究背景

自改革开放以来，我国海水养殖业飞速发展，并逐渐从粗放型向集约化模式过渡。然而，直到20世纪70年代末，我国海水养殖动物的营养学研究仍然是空白，这严重阻碍了海水养殖动物高效人工配合饲料的开发，成为制约我国海水养殖业发展的瓶颈。因此，系统开展主要海水养殖动物营养学研究，开发经济效益和环境效益显著的高效人工配合饲料，成为维持海水养殖业健康可持续发展的重要保障。

二、研究内容及成果

本研究选择我国具有重大经济价值、在生态分布和营养生理具有典型意义的代表种——对虾、鲍鱼、鲈鱼、大黄鱼等为研究对象，系统阐述了重要营养素（蛋白质、氨基酸、脂肪、脂肪酸、能量/蛋白比、维生素、无机盐等38个营养参数）的定量需要和20余种主要饲料原料生物利用率的数据库；阐明了甲壳动物不能有效利用晶体氨基酸的机制；开创了贝类生物矿化营养学调控机制的研究领域；探明了营养、养殖方式与养殖鱼类品质之间的关系；开发并优化了一系列饲料加工技术。研究成果为高效人工配合饲料的开发提供了重要的科学依据，改变了一直以生长为主要评价指标的饲料研究和开发模式，使之升级为既考虑生长，又兼顾效益、环境、质量、安全和可持续发展的无公害饲料生产方式。

研究成果获得授权国家发明专利6项，发表学术论文160余篇（截至2006年），其中42篇被SCI或EI收录，被他人SCI论文引用130次。部分成果编入了我国第一部高等农业院校教材《水产动物营养与饲料学》和我国"无公害食品行动计划"的《无公害渔用饲料生产技术》。主要研究成果获2006年国家科学技术进步二等奖。在此之后，项目组又对代表性海水养殖动物营养生理和饲料开发进行系统深入研究，截至2021年，相关成果共获得授权发明专利40项，发表学术论文500余篇，先后荣获山东省优秀创新团队（2012）、青岛市最高科技奖（2014）、海洋科学技术一等奖（2019）和高等学校科学研究优秀成果（科学技术）一等奖（2020）等。

三、重要科学发现和成果推广及影响

（一）重要科学发现

（1）构建了我国主要海水养殖动物的营养数据库。

（2）阐明了中国对虾中肠对氨基酸吸收运输的动力学规律和甲壳动物不能有效利用晶体氨基酸的机制。

（3）首次揭示了贝类具有合成维生素C和肌醇的能力。

（4）发现饲料组成、养殖空间和生长速度对养殖鱼类品质产生重要影响。

（二）成果推广及影响

（1）本项目成果推动了我国对虾、鲍鱼和海水鱼人工配合饲料研制和发展。我国对虾商品饲料的饲料系数降至1.0左右,产品质量达到国际领先水平;开发出质量优于天然大型藻类的鲍鱼人工配合饲料,其生长率提高25%以上,饲料系数降至1.1～1.2;海水养殖鱼类人工配合饲料生产技术达到了国际先进水平,饲料系数达到1.5以下,每吨饲料成本降低20%～25%,氮、磷排放率比现有商业饲料降低15%以上。

（2）开发出的富含二十碳五烯酸（EPA）和二十二碳六烯酸（DHA）等营养物质的海洋微藻、非特异性免疫增强剂和微生态制剂等饲料添加剂,优化了饲料配方,降低了饲料成本,保障了养殖鱼类健康,提高了产品品质,极大地促进了功能性饲料的开发,促进了我国海水养殖业的健康可持续发展。

（3）项目成果先后在全国50多家企业生产推广,产品销售到全国沿海各地及东南亚各国。产品具有极强的市场竞争力,创造了较大的经济效益、环境效益和社会效益。仅其中规模较大的六家企业近三年饲料产值超过38亿元,利税超过3.6亿元。

四、研究团队基本情况

研究团队成员主要有麦康森、李爱杰、谭北平、张文兵、艾庆辉、徐玮、刘付志国、马洪明、梁英和孙世春。

主要完成人：麦康森。

（撰稿人：艾庆辉、徐玮、张彦娇、张文兵；审稿人：麦康森；校稿人：张雯雯）

海水养殖鱼类营养研究和高效无公害饲料开发

一、研究背景

我国海水鱼养殖业正面临着转型升级,正逐步向集约化、离岸化、低排放乃至零排放的方向发展。海水养殖的出路在于高密度循环养殖系统、深海网箱养殖模式以及低鱼粉或无鱼粉饲料的开发,因而对于养殖饲料的质量提出了更高要求。然而,我国的水产饲料目前仍然存在营养不平衡、饲料利用率较低、氮磷排放量大等问题。此外,滥用添加剂及药物残留引发人们对水产品食品安全问题的担忧。因此,必须全面、深入地开展海水养殖动物营养研究,构建一整套适合我国海水养殖业发展的高效安全水产饲料配套技术,开发高效优质的人工配合饲料,提高饲料利用率,减少资源浪费和环境污染,提高我国水产养殖产品品质,促进水产养殖业健康可持续发展。

二、研究内容及成果

本项目以我国具有重要经济价值的代表性海水养殖鱼类——大黄鱼、鲈鱼、军曹鱼、牙鲆和半滑舌鳎为研究对象，系统探究了代表种对蛋白质、必需氨基酸、必需脂肪酸和维生素等主要营养素的需要量；系统研究了代表种对主要饲料原料的消化吸收率；通过研究营养素和非营养型添加剂与海水鱼免疫力之间的关系，开发出海水鱼专用的高效饲料免疫增强剂和微生态制剂；研究了饲料中有毒、有害物质的残留以及其对水产品安全的影响；系统探明了海水仔稚鱼的摄食行为、消化生理和营养需要；在上述研究的基础上，构建了海水养殖鱼类的营养学理论体系，有力地推动了鱼类营养学的发展，为海水养殖鱼类饲料的配制提供了重要的依据。同时，通过配方的筛选和优化，研制了高效无公害饲料配方和高效人工微颗粒饲料配方，有力地推动了我国水产动物饲料工业的发展，取得了显著的经济和社会效益。

研究成果填补了水产动物营养学研究的多项空白，解决了海水养殖动物营养学研究中的多个重大理论问题，在国内外著名刊物上发表学术论文62篇，获得授权发明专利2项。研究成果——海水养殖鱼类营养研究和高效无公害饲料开发获2005年度教育部科技进步一等奖；同时，该成果也是2006年国家科学技术进步二等奖"主要海水养殖动物的营养学研究和饲料开发"的重要组成部分。

三、重要科学发现和成果推广及影响

（一）重要科学发现

（1）系统研究并获得了大黄鱼、鲈鱼和军曹鱼的营养需要参数，建立了其对主要饲料原料的生物利用率数据库，为全价配合饲料研制提供了理论依据。

（2）在国际上首次揭示了饲料中锌与海水鱼类胁迫之间的关系；填补了饲料中维生素E和n-3 HUFA、维生素C和β-葡聚糖交互作用对海水鱼类免疫力影响研究的空白。

（3）开展了有害有毒物质的代谢与残留等方面的研究，把无公害饲料生产的思路和技术引入我国的水产饲料生产和水产养殖业，配制并生产资源节约、环境友好、质量安全的无公害海水养殖动物人工配合饲料。

（4）开展了仔稚鱼的摄食生理、消化生理、营养需要以及人工微颗粒饲料配方筛选和工艺优化研究，为高效人工微颗粒饲料的研发提供技术支撑。

（二）成果推广及影响

（1）通过使用无公害饲料配制技术配制出的人工配合饲料，其饲料系数在1.5以下，氮、磷排放率均比现有商业饲料降低10%以上，实现了高效无公害水产饲料的产业化，取得了显著的经济、社会和生态效益。

（2）筛选并优化了仔稚鱼人工微颗粒饲料配方，并且已经进行商业生产，对比试验证明其质量达到了国外产品的先进水平，且成本降低了30%以上。

四、研究团队基本情况

研究团队成员主要有麦康森、谭北平、艾庆辉、张文兵、徐玮、王正丽、马洪明、周歧存、张春晓和张璐。

主要完成人：麦康森。

（撰稿人：艾庆辉；审稿人：麦康森；校稿人：张雯雯）

海水养殖中危害性真核及原核微生物的病原与病害学研究

一、研究背景

海水养殖动物（鱼、虾、贝类等）的寄生虫类病害，尤其是由原生动物（如黏孢子虫、纤毛虫）等微型病原所引起的海水养殖病害学研究在我国长期以来一直是十分薄弱的领域。由于种种原因，一方面此类病原所造成的危害日益广泛和突出（如曾经肆虐的文蛤红肉病、越冬亲虾阿脑虫病、扇贝珀金虫病、牡蛎烂足病、牙鲆皮肤溃烂症、大鳞鲆纤毛虫病害等）；另一方面缺乏此病原基本资讯、技术背景，导致在鉴定、防治工作中无案可稽。另外，有关20世纪90年代造成我国栉孔扇贝养殖中大规模死亡的病因不明。本项目为相关病害研究和防治提供了理论和技术指导。

二、研究内容和成果

本项目完成了对我国北方鱼、虾、贝等主要海产养殖动物体内外危害性纤毛虫的病原与病害学等内容的研究，形成了我国首部海洋病害原生动物专著《海水养殖中的危害性原生动物》等理论成果，填补了该领域的相关空白，为推动我国相关病害学研究的深入开展奠定了重要基础；针对20世纪90年代中期以来暴发于我国的栉孔扇贝大规模死亡症，领导开展了流行病学、病原学、病理组织学、免疫学及分子诊断学等方面的研究。

成果：完成了对造成我国栉孔扇贝大规模死亡症的病原认定并首次对该病进行了明确定义，率先研制出病毒的单克隆抗体并建立了多种免疫及核酸探针诊断技术，从而全面解决了与栉孔扇贝大规模死亡症有关的流行病学、病原学检测等一系列关键技术问题，在病毒诊断、感染机制探查等应用实践中具有重要的意义；完成了对北方常见的40余种经济鱼类的寄生黏孢子虫构成、分布、危害及详尽的病原鉴定研究。这是近几十年来我国及整个西太平洋沿岸有关海洋黏孢子虫第一项系统和研究得较为深入的成果，填补了国内海洋黏孢子虫研究的空白；完成了对文蛤、牙鲆、扇贝等养殖动物组织病理学、免疫学及寄生虫学的探讨，为相关的病害、病理及寄生虫学研究提供了第一手的参考资料。

三、重要科学发现

（1）解答了围绕造成我国养殖栉孔扇贝重大损失的大规模死亡症进行研究的核心问题：明确了导致该流行病的直接病原为急性病毒性坏死症（AVND）病毒。作为具有重要应用与理论价值的源头性成果，率先完成了对该病毒的单抗/多抗的制备及按照现代标准的多种免疫诊断技术的建立。

（2）首次形成了海水养殖环境中有关病害动物（纤毛虫、黏孢子虫两大类群）的病害和病原学信息，填补了海洋病害微生物区系研究的空白，发现60余新种，为推动本领域的研究发展提供了重要基础和平台。专著《海水养殖中的危害性原生动物》为我国首部有关海洋病害原生动物的专业综合性中文工具书。

（3）揭示了水体内菌食性纤毛虫具有改善养殖环境的作用，纠正了人们在此领域中的长期错误认知，为养殖实践中相关措施的制订提供了理论依据。

四、研究团队基本情况

研究团队有教师5人：宋微波、赵元莙（重庆师范大学）、胡晓钟、任素莲、李赟。

主要完成人简介：宋微波（1958—　），原生动物学家，主要从事纤毛虫原生动物分类学、系统学和细胞学研究，2015年当选中国科学院院士。

（撰稿人：胡晓钟；审稿人：宋微波；校稿人：张雯雯）

海洋纤毛虫重要类群的分类学研究

一、研究背景

作为海洋微食物网中的核心组成，纤毛虫在水体生态系中初级—次级食物链间的能量转化、环境监测、水产养殖等领域中具有重要的功能和地位。在海洋类群中，由于种种原因，国际上普遍缺乏现代标准上的探究，这导致了以纤毛图式为标志的种间分类资料的大范围缺失，许多类群的分类学研究基本处于全球性空白或半空白状态：几乎所有的海洋目级类群的分类学研究不同程度地存在不详、错误、混乱和待修订的问题；大量特殊沿岸生境中的区系和分类学研究仍基本处于空白状态。由于前人工作积累了各种问题与混乱，对大部分前人已有的"结论"均需利用现代技术予以重新检视。

二、研究内容及成果

本项目历时六年，涉及国际上长期研究缺位的海洋纤毛虫alpha-分类学。系统开展了我国北方海区资料高度缺乏的8个目（侧口目、管口目、缘毛目、寡毛目、游仆目、腹毛目、异毛目、盾纤目）自由生纤毛虫之形态分类学研究，首次给出了包括纤毛图式建立等现代分类学的鉴定资料；报道了1个新亚目、8个新科、17个新属、83个新种等新阶元；对国际上长期不详、鉴定混乱的300余"半知种类"进行了重新确认、重新描述、新定义及新模建立，完成了异名清理等大量的对各类历史遗留问题的修正；对200余种纤毛虫开展了18S rRNA等基因的测序及分子种刻画。

项目发表论文累计约740页面，累计达100万字。在国内外形成了广泛的影响：团队成员两次受邀在国际学术会议做大会报告；团队成员获国际学会奖励2人次；团队成员获"全国百篇优秀博士论文奖"及提名奖各1人次，获教育部"新世纪优秀人才支持计划"等。

三、重要科学发现及影响

（1）这是国际间近50年第一项大规模、逐科逐目地采用现代标准、围绕国际上长期缺乏了解的8个目级海洋纤毛虫中不明类群所开展的系统的形态分类学研究，成果体现了研究内容的源头性。

（2）完成了对200余种之生物界通用标记性基因的克隆、测序及分子种刻画，为相关类群的系统演化及分子进化铺就了建设性的基石。成果同时构成了国际纤毛虫 GenBank 中的重要部分：在迄今8个目内已测序种类/种群中，近1/3的测序工作由本项目完成。

（3）建立和报道了100余个（新亚目、新科、属、种等）新阶元。

以上工作填补了国际上包括温带沿岸富营养、砂隙等生境中研究区系研究的若干空白，提供了有关海水纤毛虫分类鉴定的具有现代意义的手册性资料；也为微型生物多样性、生物地理学及水生原生动物病害学等领域的研究提供了重要参考。

四、研究团队基本情况

研究团队有教师8人：宋微波、林晓凤（华南师范大学）、龚骏（华南师范大学）、季道德（烟台大学）、胡晓钟、朱明壮、马洪钢、李继秋（华南师范大学）。

主要完成人：宋微波。

（撰稿人：胡晓钟；审稿人：宋微波；校稿人：张雯雯）

纤毛虫原生动物的分类学、细胞学、系统学以及生态学研究

一、研究背景

纤毛门原生动物是一大类分化最为复杂的单细胞真核生物，长期以来作为优秀的研究材料在细胞生物学、进化生物学、遗传学研究等领域具有重要的研究价值，并在生态学、环境生物学、水产养殖病害等领域中具有突出的研究价值。长期以来，针对纤毛虫的细胞学、生态学以及分类系统学研究一直是国际原生动物研究领域中几个最为活跃的方向。在我国，由于存在技术、资料等方面的限制，该领域研究在众多分支（尤其是海洋类群）曾长期处于落后、空白或半空白状态。

二、研究内容及成果

完成了54个具有发生学代表意义的属/种纤毛虫之细胞发生学研究，取得了大量有关细胞结构及纤毛器起源、演化、分化模式等内容的源头式成果，为揭示"细胞分化与反分化"这一基本生命现象提供了大量的发生学资料。

对长期缺乏研究的我国北方海区纤毛虫的物种多样性开展了系统、深入的探讨，报道了大量新阶元，首次形成了主要近岸环境中各类群形态分类、区系构成、DNA建库等重要基础资料。

对腹毛目等类群开展了系统探索，是国内首份聚焦海洋纤毛虫的研究。有关"纤毛虫在封闭环境中的生态学功能和地位"方面的成果为评价纤毛虫在近岸及养殖环境中对水体的贡献与意义提供了第一手的依据。

上述研究成果曾获3项省部级（自然科学/科技进步）成果一等奖及2项三等奖。核心成果共形成专著和专集4部及论文近200篇。这些成果为全球海洋原生动物研究新格局的形成做出了重要贡献，并在细胞发生学和区系分类学领域具有国际公认的地位和广泛的影响。

三、重要科学发现及影响

（1）首次构建了温带海区纤毛虫生物多样性（物种、遗传、生态分布）信息库，开创了全球海洋纤毛虫研究领域的新格局，形成了突出的国际影响，研究团队被国际同行称为纤毛虫学领域的研究中心。

（2）对盾纤目、腹毛目等的清理及目级系统的修订是国际上近半个世纪以来最为全面和深入的一次，为纤毛门分类系统的重构建奠定了基础。

（3）填补了海洋自由生纤毛虫区系分类和个体发生学研究的空白，发现并创建了大量新分类阶元（1个亚目、6个新科、17个新属、160余个新种）。

总之，本项目在以海洋纤毛虫研究为代表的各个分支领域中（尤其在细胞发生学、形态与分类学以及系统学）所取得的成果不仅成就了我们在国内外所公认的学术地位，还为我国原生动物学相关"弱项"领域研究水平的提高起到了积极的推动作用，为提高我国原生动物学研究的国际地位做出了贡献。

四、研究团队基本情况

研究团队主要有师生5人：宋微波、胡晓钟（博士生）、陈子桂（博士生）、徐奎栋（博士生）、马宏伟（博士生）。

主要完成人：宋微波。

（撰稿人：胡晓钟；审稿人：宋微波；校稿人：张雯雯）

扇贝分子育种技术创建与新品种培育

一、研究背景

贝类养殖产量占我国海水养殖产量的70%，扇贝养殖是贝类养殖的主导产业之一，良种匮乏成为制约产业发展的关键因素。研发贝类分子育种技术，建立全基因组选择等前沿育种技术体系，培育扇贝优良品种，可为贝类种业发展提供技术支撑，并推动海水养殖产业高质量健康发展。

二、研究内容及成果

针对水产生物育种基础薄弱的现状，本研究围绕扇贝种业核心技术展开攻关，发明了系列高通量低成本全基因组分型技术，开发了贝类分子育种技术和全基因组选择遗传评估系统，育成多个高产抗逆新品种，经济效益显著。获发明专利18件，软件著作权9项，在*Nature Protocols*和*Nature Methods*等期刊发表论文27篇。创新成果入选"863计划实施25周年重大成就及典型案例研究"、2016年度中国海洋与湖沼十大科技进展，获国家技术发明二等奖1项、省部级技术发明一等奖2项。后续研究成果发表在*Nature Ecology & Evolution*、*Nature Communications*、*Genome Research*等学术期刊，入选2017年中国十大海洋科技进展和2020年度中国海洋与湖沼十大科技进展，并有3项成果入选改革开放40周年渔业科技标志性成果。

三、重要科学发现和成果推广及影响

1. 创建了新型低成本、高通量全基因组标记筛查分型技术

（1）建立了成套的等长标签简化基因组MisoRAD分析技术系统（包括2b-RAD、Multi-isoRAD、MethylRAD），解决国际同类技术流程复杂、成本高、灵活性差等问题，可实现全基因组精确分型及DNA甲基化精准定量分析。

（2）发明高通量液相杂交分型技术（HD-Marker和MultiSNP），可高效检测单核苷酸多态性（SNP）、插入缺失标记（Indel）等，且突破简单序列重复（SSR）标记不能高通量分析的局限，费用较商业芯片节省90%以上。

（3）创新性提出基于混合泊松分布模型的分型算法iML，解决重复序列干扰难题，准确率较国际算法提高20%以上；发明Domcalling分型算法，解决RAD类技术无法利用显性标记的难题，分型效率提高40%；研发首个可同时分析共显性和显性标记的软件包RADtyping。论文发表于国际方法学学术刊物*Nature Methods*和*Nature Protocols*等，推动我国水产分子育种技术跃居国际前沿。

2. 研发了具有完全自主知识产权的贝类分子育种技术系统

（1）建立贝类分子标记辅助育种技术。构建国际首张精度突破0.5厘米的水产生物遗传图谱，定位62个数量性状基因座（QTL），鉴定生长主效基因*CfProp1*、类胡萝卜素积累关键基因*PyBCO-like1*等40个。建立了集图谱构建、QTL基因定位及分子标记辅助选育的技术体

系，育成首个品质改良的富含类胡萝卜素贝类新品种——"海大金贝"。

（2）建立多种全基因组选择育种新算法和模型，开发了LASSO-GBLUP、StepLMM等模型，解决了数据降维与精准度冲突的国际难题；研发了首个贝类全基因组选择育种评估系统；育成高产抗逆栉孔扇贝新品种"蓬莱红2号"，该新品种于2022年入选"近十年农业科技30项标志性重大成果"，引领了水产育种技术发展。

3. 创新了扇贝高产抗逆新品种培育技术体系

（1）开发贝类性状自动测量记录系统；建立基于心跳频率的扇贝耐温性状精确测定技术；研发激光诱导击穿光谱术（LIBS）与拉曼光谱的贝壳组分快速分析技术，实现扇贝性状与环境要素高通量快速测定。

（2）构建扇贝种质库、分子育种信息库、标签库和探针库等。集多种育种技术，与种业企业相结合，构建了扇贝育种网络平台。

（3）应用所研发的分子育种技术，育成系列扇贝新品种。选育的富含类胡萝卜素的"海大金贝"开创了海水动物品质改良先例，高产抗逆"蓬莱红2号"为国际首个全基因组选育水产良种。

本项目在2015—2017年直接产值33.56亿元、利润11.49亿元。2008—2017年推广扇贝良种697.40万亩，产量229.41万吨，创产值207.25亿元，社会经济效益显著。

四、研究团队基本情况

研究团队成员有6人：包振民、王师、胡晓丽、李恒德（中国水产科学研究院）、梁峻（獐子岛集团股份有限公司）、王有廷（烟台海益苗业有限公司）。

主要完成人简介：包振民（1961— ），贝类遗传学与育种学专家，长期从事海洋生物遗传学与育种的教学和科研工作，2017年当选中国工程院院士。

（撰稿人：胡晓丽；审稿人：包振民；校稿人：张雯雯）

栉孔扇贝健康苗种培育技术体系建立与应用

一、研究背景

栉孔扇贝（*Chlamys farreri*）是我国重要海珍品之一，长期滥捕使扇贝资源量严重下降，缺乏苗种成为制约扇贝养殖业发展的瓶颈。项目组建立了栉孔扇贝人工育苗和养殖体系，掀起了以扇贝养殖为代表的海洋贝类养殖浪潮，这也是我国以养殖扇贝为代表的第三次海水养殖浪潮，对推动我国成为世界第一养殖大国做出了重要贡献。随着产业的迅猛发展，种质混杂、良种匮乏、病害频发、养殖个体小型化成为扇贝养殖业亟待解决的问题，优良品种的培育是扇贝养殖业健康持续发展的关键因素之一。

二、研究内容及成果

研究团队创立了一系列栉孔扇贝苗种繁育和良种培育的关键技术，建立起我国扇贝健康苗种培育技术体系并使其产业化。对扇贝开展系列选择育种和分子标记选种技术研究，将数量遗传学理论、分子标记技术、雌核发育技术与常规杂交选育技术相结合，初步建立了适用于扇贝的良种选育体系，育成"蓬莱红"新品种，推动海洋贝类育种从传统育种向分子育种方向发展。

发表论文91篇，撰写专著7部，申报专利14项，编写规范6项。成果获国家科技进步二等奖1项、省部级科技进步一等奖3项。在本项目的基础上，团队后续又建立了贝类全基因组选择育种技术体系，相继育成栉孔扇贝"蓬莱红2号""蓬莱红3号"，虾夷扇贝"海大金贝""獐子岛红"，以及海湾扇贝"海益丰12""海益丰11"等系列国家审定的扇贝良种，取得显著经济和社会效益。

三、重要突破及成果推广影响

1. 研发了栉孔扇贝自然海区采苗技术和人工育苗技术

突破了采苗海区的选择及采苗期准确预报等系列关键技术，建立扇贝人工育苗技术体系，奠定了我国栉孔扇贝人工养殖的产业基础，推动我国以养殖扇贝为代表的第三次海水养殖浪潮兴起，使扇贝养殖成为我国海水养殖主导产业之一，并为其他海产贝类育苗技术的发展提供了技术基础。

2. 建立了海洋贝类现代育种技术体系

采用现代最佳线性无偏预测（BLUP）育种技术和分子生物学相结合的技术路线，与产业密切结合，建立了扇贝育种技术体系。培育了300余个家系，构建了核心种质库，研发了系列适用于扇贝育种的新技术，如"叠代逐年选育法""分子聚类选种技术"，创造性地应用"远缘杂交诱导雌核发育"、人工诱导雌雄同体技术，培育了20余个自交系，是动物育种领域的一个创举。

3. 培育出高产抗逆的养殖扇贝新品种"蓬莱红"

"蓬莱红"是国内外第一个人工选育的扇贝新品种，获国家新品种证书，改写了扇贝养殖依赖野生苗种的局面，在"十五"863重大专项验收会上被评价为"给深受病害打击的扇贝养殖业带来生机，相应成果标志着海水养殖动物育种技术实现了历史性突破"。开发了扇贝秋苗繁育养成技术，良种良法的产业示范和推广效益显著，2004—2007年共繁育大规格苗种50余亿粒，推广养殖4.7万余亩，增加产值13.78亿元以上。

4. 在扇贝的遗传学和育种学理论研究方面取得重要突破

（1）率先构建了栉孔扇贝的扩增片段长度多态性（AFLP）和简单序列重复（SSR）遗传连锁图谱，筛选了400余个SSR标记，定位了9个QTL，为数量性状分析和标记辅助育种奠定了基础。

（2）突破了构建海洋无脊椎动物大片段基因组文库的技术难题，构建了栉孔扇贝基因组文库，对基因组结构特点进行了初步研究。

（3）建立了我国四种主要养殖扇贝的SSR标记的种质评价技术，开展了扇贝生长、发育和抗逆相关功能基因的克隆和应用等研究，为扇贝种质资源的开发和核心种质库的构建打下基础。

（4）将基因组原位杂交（GISH）技术运用到海洋贝类杂交种的遗传分析，应用荧光原位杂交（FISH）技术对一些基因和分子标记位点进行了染色体定位，建立了扇贝染色体的准确识别技术。

研究成果使我国扇贝种苗工程研发和扇贝遗传育种学研究走在国际前列。扇贝"良种良法"的产业模式效益显著，至2007年在山东、辽宁两个主产省已生产优质商品扇贝苗2万亿粒以上，直接经济效益60亿元；两省累计养殖面积363万余亩，总产量548.02万吨，创产值351.87亿元，纯收入241.45亿元，提供了上百万个就业岗位，社会经济效益显著。

四、研究团队基本情况

研究团队成员有15人：包振民、王如才、于瑞海、胡景杰、方建光（中国水产科学研究院黄海水产研究所）、胡晓丽、王昭萍、张群乐、张连庆（长岛县水产研究所）、吴远起（长岛县水产研究所）、田传远、黄晓婷、高洁、刘光穆（荣成海洋珍品有限公司）、王守常（烟台开发区常飞海产品有限公司）。

主要完成人：包振民。

（撰稿人：胡晓丽；审稿人/校稿人：包振民）

贝类"化石"基因组发现及重要发育进化机制解析

一、研究背景

寒武纪生命大暴发，双侧对称动物大量出现，进而演化形成了地球上动物界主要类群的基本格局。但由于早期动物化石记录匮乏，长期以来人们对双侧对称动物的起源和进化机制有较多争议。对现存古老动物类群基因组比较分析并重构动物祖先的基因组特征，被学界普遍认为是解决这些争议的关键途径。软体动物是距今5亿年前就已出现的古老动物类群，也是海洋中物种多样性和形态多样性最为丰富的动物门类，其现存种类高达11万余种。软体动物被认为是寒武纪大爆发中极具代表性的关键类群，虽历经多次生物大灭绝事件，至今仍昌盛并繁衍不息，使之成为研究动物宏观起源和重要性状适应演化的良好模型。

二、研究内容及成果

在国际上首次完成了虾夷扇贝、栉孔扇贝、泥蚶等多种贝类基因组精细图谱的绘制，并在贝类进化研究领域取得重要进展。在探究原始动物祖先染色体核型进化、躯体结构多样性产生、眼睛起源和调控机制、海洋幼虫起源演化、性染色体宏观演化、血红蛋白起源演化等方面取得多项新发现和新认识，为理解动物早期起源和演化机制提供关键线索。深入解析了控制扇贝肌肉、足丝分泌、贝毒代谢等组学调控基础，为理解贝类适应性性状的进化起源提供了新的认知。构建了迄今物种覆盖度最广、组学资源最丰富、功能最全面的软体动物基因组学分析平台MolluscDB。

主要成果发表在*Nature Ecology & Evolution*、*Nature Communications*、*Nucleic Acids Research*、*Molecular Biology and Evolution*等国际学术期刊，相关成果入选2017、2020年度中国海洋与湖沼十大科技进展及2017年度中国海洋科技十大进展。

三、重要科学发现及影响

（1）揭示扇贝呈众多原始动物祖先基因组特征，近乎完美地保留了动物祖先的染色体核型，为理解动物早期起源进化提供了难得的基因组模型。发现扇贝控制躯体模式发育的*Hox*基因簇呈"分段共线性"表达模式，并首次证实该模式是在低等动物中普遍存在的一种古老的躯体模式决定机制，为理解寒武纪动物躯体模式多样化的产生机制提供了新视野。发现扇贝眼睛发生由*pax2/5/8*基因通路控制，对目前国际主流的眼睛单源起源假说（*pax6*基因控制）提出了挑战，为动物体侧眼独立于头眼起源进化的新假说提供关键证据。

（2）针对海洋幼虫起源进化这个百年未解的科学难题，通过创新应用转录组年龄指数分析法，发现幼虫阶段（相比成体）在整个生活史中呈现更为"年轻"的表达谱特征，并证实在后生动物类群中普遍存在，提出了海洋幼虫为单次插入起源的新学说，否定了目前国际上的主流假说模型。该成果为理解后生动物生活史进化提供了崭新的研究视角，对海洋动物的发育进化、多样性产生和环境适应等研究领域具有重要启示意义。

（3）系统解析了扇贝贝毒耐受与代谢、肌肉运动、视觉光谱感知、足丝分泌等组学调控基础。发现扇贝肌肉存在"分子杂合"状态，为理解动物肌肉的发育和起源提供了重要依据；揭示磺基转移酶在贝毒转化中的重要作用，并提出肾（而非肝胰腺）是贝毒转化的主要靶器官等原创性学术观点，为理解贝类的适应性进化机制提供了新认知。

（4）创新发现扇贝性染色体呈高度未分化状态且已维持至少3.5亿年，为动物界中已知最古老的同形性染色体。发现同形性染色体上显著富集大量双向性别偏好基因，其基因多能性的进化限制是维持性染色体不分化的关键机制。这一发现揭示了同形性染色体的稳态维持才是性染色体进化的"常规"，驳斥了传统理论模型的"同形→异形"进化宿命论，为理解性别起源进化和遗传调控开辟了崭新的研究视角。

（5）创新发现蚶科贝类血红蛋白和脊椎动物血红蛋白共同起源于单一祖先基因，突破了国际学界关于无脊椎动物血红性状为"独立起源演化"的传统认知。研究结果不仅揭示了软体动物血红蛋白基因簇的起源演化历程，也为理解动物血红性状的宏观起源演化提供了新认知。

上述发现将贝类在动物进化研究领域的地位提升到新的高度，拓展和加深了当时学术界对贝类起源和演化机制的认识。学术成果得到国内外同行的广泛关注和高度评价，例如，扇贝基因组解析论文被*Nature Ecology & Evolution*选为封面文章（cover story），并同期刊发了国际著名进化生物学家Kenneth M. Halanych教授的专题评述文章*Genome evolution：Shellfish genes*，高度评价了该工作所取得的系列原创性发现及其重要意义。海洋幼虫进化起源解析论文，被Nature Ecology & Evolution网站以Hero Image的形式予以重点推荐，并刊发了国际知名专家Konstantin Khalturin的专题评述文章 *The Origin of Metazoan Larvae*，评价该工作所采用的创新性研究方法对解决进化发育生物学问题的重要价值。上述成果入选2017、2020年度中国海洋与湖沼十大科技进展及2017年度中国海洋科技十大进展。

四、研究团队基本情况

研究团队有教师9人：包振民、王师、胡晓丽、张玲玲、焦文倩、李语丽、王静、包立随、曾启繁。

主要完成人：包振民。

（撰稿人：王师；审稿人：包振民；校稿人：张雯雯）

一种新发现的细菌的特殊存活形式——活的非可培养状态（VBNC）

一、研究背景

在20世纪70年代，海洋微生物生态学研究中存在着一些令人困惑的问题，其中包括霍乱弧菌和其他弧菌的"冬隐夏现"现象。霍乱弧菌是国际上广为关注的病原菌，曾引发六次世界性霍乱病大流行，导致大批患者死亡。当时的研究证明，霍乱弧菌是海洋与河口环境中天然微生物区系的成员，在春、夏、秋季水温较高时，可以通过常规手段从水体、沉积物和浮游生物中分离培养出来，但在冬季水温降到10℃以下时，在以上环境中均不能分离培养出霍乱弧菌，而待第二年水温回升时霍乱弧菌又能再次被分离培养出来。类似的"年循环"现象在其他弧菌中也有发现，一直未得到合理的解释，因此无法确定弧菌在冬季能否存活。

在此前的100多年间，细菌学家在进行细菌性流行病学调查以及研究人类肠道细菌和病原菌（包括霍乱弧菌）在海洋与河口环境中的存活情况时，都是采用培养法。当培养基上没有细菌生长时，得出的结论是这些细菌"死亡了"，但是这个结论与霍乱弧菌"冬隐夏现"的现象相悖。20世纪60—70年代，霍乱弧菌的越冬问题成为国际上流行病学关注的重点问题。

二、研究内容及成果

针对20世纪70年代海洋微生物生态学研究中一直未得到合理解释的"霍乱弧菌的'冬隐夏现'现象"，徐怀恕在研究霍乱弧菌和大肠杆菌在海洋与河口环境中的存活时，创新性地采用了萘啶酮酸显微镜活菌检测技术及免疫荧光抗体染色等技术，证明了"采用培养法确认的'死亡了'的细菌"仍是活菌，首次发现了细菌的特殊存活形式。于是，在20世纪80年代，徐怀恕与美国马里兰大学的著名海洋微生物学家Rita Colwell教授一起，在世界上首次提出了细菌"活的非可培养状态（viable but nonculturable state，VBNC）"这一新概念。在国家自然科学基金项目（38970008）支持下，全面地研究了"细菌活的非可培养状态"的形成条件、细胞形态结构变化、致病力及复苏等，形成了VBNC理论。研究成果获得1991年国家教委科技进步一等奖。

VBNC的概念是"某些细菌在不良环境条件下形成的一种休眠状态。在该状态下它们的细胞常浓缩成球形，在常规条件下培养时不能繁殖，但仍保持代谢活性和致病力，是细菌为抵抗不良环境而进入的一种特殊存活状态"。

徐怀恕与Colwell于1982年在 *Microbial Ecololy* 上发表的文章：*Survival and viability of nonculturable Escherichia coli and Vibrio cholera in the estuarine and marine environment*，首次提出了VBNC理论，在国际上引起了极大反响。截至2023年4月，该文被引用超过1294次。作为提出VBNC理论的第一篇论文，已经成为环境微生物学及微生物生态学领域的一篇经典论文。

三、重要科学发现及成果影响

细菌VBNC发现的意义及对学科发展的推动作用：① 解释了霍乱弧菌的越冬机制，解开了100多年来存在于流行病学研究中的霍乱弧菌"冬隐夏现"之谜，合理地阐明了该菌通过VBNC进行越冬的机制。② VBNC概念的提出，揭示了自然界中细菌抵御不良环境条件的一种新的休眠体形式，开创了细菌遗传学、细菌基因组学、细菌生理学及生物化学领域新的研究内容。③ 细菌VBNC的发现对于基因工程细菌向环境释放的安全性问题提出了新的挑战，故应研究更新的检测技术。④ 细菌VBNC的发现对传统的微生物生态学、食品安全、水质监测、公众卫生及流行病学研究等均提出了新的挑战。⑤ 细菌VBNC的研究对微生物种质资源的有效保存也具有重要意义。霍乱弧菌及许多海洋细菌在4℃很快变成非可培养状态，容易被误认为已经"死亡"，造成菌种的"丢失"。故应采用更安全的保藏方法。⑥ 最重要的是，发现了细菌的一种新的生命现象———一种特殊的存活形式，开辟了细菌学的一个新的分支领域。

自徐怀恕等于1982年首次报道细菌VBNC后，细菌VBNC很快受到世界细菌学家的关注，许多大学和研究所继续积极开展细菌VBNC的研究。2000年5月21—25日，在美国加利福尼亚洛杉矶市召开的美国微生物学会（ASM）第100届学术年会有一个专题，专门研讨细菌VBNC，细菌学家报告了他们的新研究进展，VBNC成为国际上许多微生物学期刊索引中的一个关键词。2015年美国微生物学学会第115次大会上特设专题会议纪念徐怀恕与Colwell教授提出的VBNC理论。2019年中国微生物学会学术年会的"中国微生物学界前辈事迹报告"环节中也专门介绍了细菌VBNC与"未培养微生物学"。截至2023年4月，国际上已发表与VBNC相关论文17400余篇。时间证明，细菌VBNC的发现与VBNC理论的提出是一项重要的开创性工作。

四、研究团队基本情况

研究团队有学校教师3人：徐怀恕、许兵、纪伟尚；国外教师1人：Rita Colwell（美国马里兰大学）。

主要完成人简介：徐怀恕（1936—2001），联合国教科文组织（UNESCO）中国海洋生物工程中心创始人，著名海洋微生物学家，终生致力于海洋微生物学的科研和教学工作。

（撰稿人：李筠；审稿人：张晓华；校稿人：张雯雯）

大型海藻生物技术研究及其应用

一、研究背景

20世纪末期，细胞遗传学研究方兴未艾、分子生物技术崭露头角，多学科技术手段的研究与发展极大地促进了生物学研究领域的研究深度并从本质上促进了遗传学的研究发展。海藻人工养殖在我国起始于20世纪50年代初，海带、紫菜等大型海藻作为水产养殖行业的旗舰型种类，为海藻养殖业发展做出了巨大贡献。但海藻遗传育种理论和技术研究起步较晚，20世纪60年代，海带品种培育只能采用常规的选择育种方法，而紫菜生产基本上采用了坛紫菜和条斑紫菜两个区域性较强的地方种。这些经济海藻的育种技术水平与农作物的相差甚远，在一定程度上限制了产业进一步发展。另外，国内外在藻类生物学和遗传学的研究上仍然存在较多空白，而产业发展急需新技术和新品种的创新支撑。因此，急需进一步发展海藻基础遗传理论、育种与产业技术，促进海藻养殖业的持续发展。

二、研究内容及成果

首次发现了海带的孤雌生殖和无配生殖、裙带菜的孤雌生殖以及紫菜减数分裂的染色体减数机制，构建了海带雌性生活史和雄性生活史，完善了紫菜生活史，进一步丰富了藻类细胞遗传学的理论。

运用遗传学、细胞生物学和分子生物学的方法，对四种主要的经济海藻——海带、裙带菜、紫菜、龙须菜的原生质体、单细胞配子体、孢子体进行了全面系统的研究；比较系统地把遗传学与海藻学研究结合起来，为优良品种的培育打下了坚实的理论基础。

实现了裙带菜配子体克隆的分离培养，建立了海带和裙带菜等大型褐藻种质资源库，该资源库成为我国当时保种时间最长、保存品系最多的大型海藻种质库。

创建了海带种内杂交育种、种间杂交育种和远缘杂交育种技术，完善了海带经典育种技术体系，培育出"单杂10号""远杂10号""荣海"三个海带新品种并进行了生产推广，取得了显著的经济效益和社会效益；研究出紫菜酶法育苗新技术，首次培育出"工程紫菜"，创建了酶解大型藻生产海产动物苗期的单细胞饵料生产技术并将其应用于生产实践。

本研究发表了40余篇论文，发表了海带雌性生活史、海带雄性生活史、裙带菜孤雌生殖、紫菜原生质体培养、紫菜酶法育苗、海带杂交育种、海带杂种优势利用等原创性成果。"紫菜叶状体细胞和原生质体的研究"获1993年度国家教委科技进步三等奖（甲类），"从海洋微生物制备海藻解壁酶"获1997年度山东省科技进步三等奖，"紫菜叶状体细胞工厂化育苗技术研究"获1999年度日照市科技进步一等奖，"海藻工具酶及其应用研究"获1999年度青岛市科技进步二等奖，"海带配子体细胞工程研究及其应用"获1999年度教育部科技进步一等奖，"紫菜叶状体营养细胞酶法育苗"获2000年度青岛市科技进步二等奖，"大型海藻生物技术研究及其应用"获2000年度国家科技进步二等奖。

三、重要科学发现和成果推广及影响

（一）重要科学发现

（1）在国际上首次揭示海带孤雌生殖和无配生殖、裙带菜的孤雌生殖等现象，并首次发现紫菜减数分裂时染色体减数发生在壳孢子萌发时期，进一步填补了对大型海藻生活史异形世代交替认知的空白，形成了我国在海藻生物学和细胞遗传学研究的又一项国际领先成果。

（2）通过不同群体、不同物种和不同地理分布物种间的杂交，验证了杂交可育性，发现了杂交优势和杂种优势的存在，建立了系列化的杂交育种技术体系。

（3）制备了不同来源的海藻工具酶，并应用于紫菜叶状体的酶法单细胞和原生质体制备；创立了紫菜酶法育苗技术，利用该技术首次培育出"工程紫菜"；研发酶法解离紫菜的育苗工艺和用大型藻生产单细胞饵料的技术，形成了紫菜的细胞工程产业技术。

（二）成果推广及影响

（1）在国际上率先创建了海带种内杂交育种、种间杂交育种和远缘杂交育种技术，进一步丰富完善了海带经典育种技术体系；培育出"单杂10号""远杂10号""荣海"三个海带新品种并进行了生产推广，使海带育种科技发展和产业应用持续保持着国际领先地位。

（2）首次研究出了紫菜酶法育苗新技术，首次培育出"工程紫菜"及创建酶解大型藻生产海产动物苗期的单细胞饵料生产技术，提升了大型海藻产业技术能力。

四、研究团队基本情况

研究团队有教师9人：戴继勋、张学成、崔竞进、韩宝芹、隋正红、包振民、张全启、欧毓麟、刘涛。

主要完成人简介：戴继勋（1936—　　），主要进行海洋水产生物遗传育种和细胞工程等研究。

（撰稿人：刘涛；校稿人：张雯雯）

螺旋藻／节旋藻基础研究、养殖和开发应用

一、研究背景

螺旋藻/节旋藻具有的极高的营养价值和药用价值，其蛋白质含量可达干重的60%，含人体必需的18种氨基酸，且配比合理；富含β-胡萝卜素和B族维生素、维生素C等。其含有的藻蓝蛋白、多糖、β-胡萝卜素、γ-亚麻酸等生物活性物质具有提高白细胞活性、增强免疫系统功能、抑制肿瘤生长、抗辐射和改善造血功能等功效，因而备受关注。

螺旋藻/节旋藻的人工养殖始于20世纪70年代中期，随后养殖规模逐年扩大，产量和产值

不断增加,已成为世界上最大的微藻生物技术产业。我国的螺旋藻/节旋藻研究始于20世纪80年代中期。通过国家"七五"攻关课题研究,开展了螺旋藻/节旋藻的生理、生态、品系选育、养殖、加工及应用等多方面的研究,逐渐使螺旋藻/节旋藻养殖加工业成为我国的一个新兴产业。但是,螺旋藻/节旋藻作为一个重要的养殖物种和研究对象,在其基础研究、应用研究、工业化养殖、开发应用等方面还存在不足,如养殖成本高、单位面积产量低、良种普及率低、生物活性物质作用机制不明确以及缺乏深层次加工应用等,总体上的应用技术水平不高。

二、研究内容及成果推广

本项目对螺旋藻/节旋藻的遗传育种、营养生理、生物活性物质的功能与作用机制、分子遗传学等方面进行了系统而深入的研究。将各项研究成果应用于生产,进行了螺旋藻工业化养殖和药物开发。

针对螺旋藻/节旋藻研究中的薄弱环节,分三条主线系统地开展研究。第一是应用细胞遗传学的方法,诱导突变体,筛选具有优良养殖性状的新品种,研究螺旋藻/节旋藻生长所需的营养成分配比。第二是用生物化学技术及细胞培养技术,研究螺旋藻/节旋藻含有的生物活性物质的功能与作用机制。第三是用分子生物学方法,进行分子系统学研究,克隆重要的功能基因,构建遗传转化体系,开展基因组学研究。最终筛选出蛋白质含量高、藻丝长、易采收的良种S66。

1995年,螺旋藻良种S66在山东富施特生物技术有限公司实验性养殖成功;1996年,在30000平方米的半封闭式养殖池中成功实现了大规模生产。团队根据当地的水质条件,优化了培养基配方,改造后的配方既保证了藻粉的质量,又使成本降低了50%,大大提高了我国螺旋藻藻粉在国际市场上的竞争力。团队还研究确定了亚麻酸及蛋白质等物质在螺旋藻S66中积累的适宜生态条件,为螺旋藻药用系列产品的开发提供了重要的原料保证。1998年,山东富施特生物技术有限公司成为国家海洋药物工程技术研究中心试验基地,这是我国北方重要的药用微藻供应基地和微藻养殖技术辐射中心。

以山东富施特生物技术有限公司生产的藻粉为原料,1998年,山东天顺药业股份有限公司成功研制螺旋藻胶囊与片剂,成为首批被国家卫生部批准的螺旋藻药准字产品,列入国家中药保护品种,2002年取得国家GMP认证。项目投产后,该公司螺旋藻药品的产值达3.5亿元,销售收入3.2亿元,实现利税5500万元。螺旋藻养殖业促进了当地经济的发展,使沿海滩涂荒地得到了充分的利用,为农民提供了更多的就业和致富的机会,极大地推动了我国北方地区螺旋藻养殖与加工业的持续健康发展,产生了巨大的经济效益和社会效益。

研究成果获2004年度教育部提名国家科学技术奖科技进步一等奖,在国内外知名期刊上发表了50余篇论文。

三、重要科学创新点及影响

系统地进行了螺旋藻/节旋藻诱变和良种选育的研究,筛选出良种S66,并且在工业化养殖中始终表现出优质、高产、抗逆等优良性状。深入进行了螺旋藻/节旋藻营养生理学研究,为在工业化养殖中降低成本和进行生态调控打下基础。系统地研究了螺旋藻/节旋藻作为益生元在调整肠道菌群中的作用;对螺旋藻/节旋藻多糖和藻蓝蛋白的抗病毒、抗肿瘤作用机制进行了系统的研究。系统地建立起螺旋藻/节旋藻分子生物学的研究方法；首次克隆了螺旋藻/节旋藻多个重要功能基因；初步建立起螺旋藻/节旋藻转基因体系。创立了一整套适用于我国北方螺旋藻/节旋藻工业化养殖的生态调控模式，1998年，山东富施特生物技术有限公司成为国家海洋药物工程技术研究中心试验基地，是我国北方重要的药用微藻供应基地和微藻养殖技术辐射中心。研制的螺旋藻胶囊与片剂成为首批螺旋藻药准字产品，并取得GMP认证，生产设备达到国内先进水平，在全国近3亿元螺旋藻/节旋藻药品的市场份额中，山东天顺药业股份有限公司年销售额达8000万元。

综上所述，本项目最大的创新性在于项目研究是以基础研究为核心，以应用研究为动力，科研、开发、生产三者密切结合，从螺旋藻/节旋藻的基础研究到工业化养殖，再到药物开发，使科研成果迅速转化为生产力，取得了科研成果和经济社会效益的双丰收。

四、研究团队基本情况

研究团队有教师5人：张学成、茅云翔、隋正红、臧晓南、王高歌。

主要完成人简介：张学成（1940—　　），研究方向为藻类生物工程及相关产业。

（撰稿人：臧晓南；审稿人：张学成；校稿人：张雯雯）

龙须菜品系选育的生物学研究、大规模栽培和开发应用

一、研究背景

琼胶在食品、医药、纺织、造纸、酿造、涂料、化妆品、水处理和现代生物工程中的用途广泛，需求量不断增长。琼胶不能人工合成，只能从产琼胶海藻（主要是石花菜属和江蓠属海藻）中提取。石花菜属海藻的琼胶质量高，但藻体生长缓慢，不能形成栽培产业。20世纪60年代以来，广东和海南开展了江蓠属细基江蓠繁枝变种栽培，但其琼胶含量较低、质量较差，琼胶质量达不到标准。我国产琼胶海藻栽培基本是空白，迫切需要选择适当的产琼胶海藻物种并开展大规模栽培。龙须菜是江蓠科海藻中琼胶质量最好的，而且龙须菜是鲍鱼、牡蛎的理想饵料，发展龙须菜大规模栽培，对于保障和促进海洋经济动物养殖业的发展具有重大意义。

龙须菜属于红藻门真红藻纲杉藻目江蓠科龙须菜属，其生活史由果孢子体、四分孢子体和配子体世代组成，四分孢子体和配子体具有相同的形态和生长势。龙须菜原产于山东沿海潮间带，生长速度较快，琼胶含量较高，有作为产琼胶海藻及藻源性饵料的应用价值。然而，野生型龙须菜的适温范围是12～23 ℃，不能耐受夏季高水温（25～26 ℃）和冬季低水温（2～3 ℃），出现两个分隔的生长季节（6—7月和10—11月），难以进行大规模栽培。为了实现龙须菜的大规模栽培，必须对野生型龙须菜进行遗传改良。

二、研究内容

1985年，张学成率先开始江蓠属海藻遗传学研究，阐明了龙须菜的孟德尔遗传和非孟德尔遗传规律，首次发现龙须菜基因内部精细结构，阐明了多倍体形成和性别决定的机理；首次报道了大型海藻中的不稳定突变及遗传规律；阐明了世代、性别和季节对龙须菜琼胶质量的影响；揭示了龙须菜及其色素突变体的光合性质，发现了藻胆蛋白及藻胆体的光谱和荧光动力学特性；率先进行江蓠的分子生物学研究，克隆了与其经济性状相关的功能基因——藻红蛋白基因、磷酸甘油醛脱氢酶基因和small GTP等，并进行了结构功能分析；主编了我国首部《海藻遗传学》，丰富了海藻遗传学理论，为以龙须菜为代表的经济红藻新品种选育和大规模栽培打下坚实的理论基础。

1987年，张学成开始与中国科学院海洋研究所费修绠研究员合作进行龙须菜种质改良和栽培技术研究。建立了龙须菜诱变育种、杂交育种、体细胞育种和分子标记辅助育种技术体系，成功培育了我国第一个经济红藻新品种——"981"龙须菜，获得国家水产新品种证书（品种登记号：GS01—005—2006），对我国经济红藻良种培育起到了推动和示范作用。"981"龙须菜抗高温性能提高了3 ℃，生长速率从每天3%～5%提高到7%～9%，产量提高了3倍，琼胶含量从19%提高到21.6%，凝胶强度从1000克/厘米^{2}提高到1800克/厘米^2。在"981"龙须菜的基础上，项目组继续攻关，进而培育出第二个龙须菜新品种——龙须菜"2007"，获得国家水产新品种证书（品种登记号：GS—01—011—2013），在耐受高温、琼胶含量和品质等方面均比981龙须菜进一步提升。"981"龙须菜和龙须菜"2007"成为我国龙须菜栽培的主要品种。

本项目的实施建立了苗种培育、栽培管理、病害防治、采收等一整套龙须菜南移栽培和南北轮栽技术体系，在山东荣成建立了省级龙须菜良种场。龙须菜栽培从无到有，在广东、福建、浙江和山东四省沿海建立栽培产业，填补了我国没有产琼胶海藻栽培产业的空白。以龙须菜栽培为主的江蓠栽培产业现已发展成为我国第二大海藻栽培业。以龙须菜为原料的琼胶制造业随之建立起来，促进了我国琼胶制造业迅速发展，使我国由琼胶进口国变为出口国。此外，龙须菜是鲍鱼等海洋动物的优质饵料，将龙须菜与鲍鱼、牡蛎等混养已经取得成功，为鲍鱼等海洋动物养殖提供了饵料保障，推动了海藻产业结构更新。龙须菜栽培产业还吸纳沿海10万多渔民就业，为渔区减船转产和经济发展做出积极贡献。龙须菜还能有效去除栽培海区无机氮、磷，改善区系生态环境，对实现海水养殖业可持续健康发展起重要作用。

研究成果获1999年度国家海洋局科技进步一等奖，获2000年度国家科技进步二等奖，获2005年度教育部科技进步一等奖。

三、主要科技创新及影响

（1）理论创新。深入系统地阐明了经济红藻遗传学规律，建立了以龙须菜为代表的经济红藻遗传育种理论，提出龙须菜南移栽培的学术思想，撰写我国首部《海藻遗传学》专著，发表研究论文46篇，其中，16篇被SCI/EI收录，获得国家发明专利两项，为龙须菜良种培育和以龙须菜为原料的琼胶生产工艺的优化奠定了雄厚的理论基础。

（2）创立了以龙须菜为代表的经济红藻良种培育技术体系。包括诱变育种技术、杂种优势技术、体细胞育种技术和分子标记辅助育种技术，成功培育我国第一个经济红藻良种——

"981"龙须菜，进而又培育了新品种龙须菜"2007"。成为龙须菜栽培产业中主要的栽培品种。

（3）创立了栽培技术体系和南北轮栽模式。形成包括栽培技术、苗种技术、病虫害防治、采收及加工技术在内的龙须菜南移栽培技术体系和南北轮栽模式，制定了苗种和栽培技术规范规程，建立了省级龙须菜良种场，填补了我国产琼胶海藻栽培业的空白。

（4）改进了琼胶制备技术。建立了以龙须菜为原料的琼胶生产技术体系，促进了我国琼胶制造业的快速发展，使我国由琼胶进口国成为出口国。

四、研究团队基本情况

研究团队有教师4人：张学成、隋正红、徐涤、臧晓南。

主要完成人：张学成。

（撰稿人：臧晓南；审稿人：张学成；校稿人：张雯雯）

龙须菜遗传学研究

一、研究背景

江蓠属中的许多物种都是生产琼胶和琼胶素的原料，琼胶和琼胶素是现代食品、化妆品工业和生物工程研究中不可缺少的。龙须菜是一个适宜大规模培养的物种，应当成为我国第三大型海藻养殖业的首选对象。我国于20世纪六七十年代在海南等地发展了细基江蓠养殖业，但价格、琼胶质量等因素使产业严重萎缩，其最根本的原因是缺乏优良的种质资源。因此，开展龙须菜遗传学研究，找出标志基因与经济性状的关系，可为龙须菜的大规模生产栽培及品种改良提供理论基础和实验数据。

藻胆蛋白是红藻和蓝藻特有的捕光色素，其结构及量的变化会影响藻类的光合作用。由于藻胆蛋白中的藻红蛋白具有重要的生理功能及在医药、食品等方面具有应用价值，因此对藻红蛋白的研究具有显著的理论和应用价值。

二、研究内容及成果

"龙须菜遗传学研究"属于应用基础性研究，本项目以经济海藻龙须菜为主要研究对象，对其遗传学、分子生物学、光合生理、生化等进行了全面系统的研究，为进一步培育新品种奠定了基础。本项目系统地研究了龙须菜的诱变及突变体筛选、不稳定突变、基因内重组、多倍体诱导、性决定模式等遗传学规律；进行了野生型和突变藻体整体吸收光谱分析，藻胆蛋白、藻胆体的分离纯化及光谱特性的分析，龙须菜光合作用的研究，荧光动力学研究，龙须菜琼胶的研究，以及龙须菜的分子生物学研究，包括用随机扩增多态DNA（RAPD）进行遗传分子标记和遗传多样性研究及对藻红蛋白基因克隆及结构功能研究等。

本项目发表论文17篇。其中4篇文章被SCI收录或引用；6篇文章发表于国际权威性的藻类学术期刊，包括*Journal of Phycology*、*Phycologia*、*Botanica Marina*、*Canadian Journal of Botanic*等；另有6篇论文发表于国内一级学术期刊，其余的论文也均在核心期刊上发表。获得1999年国家海洋局科技进步一等奖。

三、重要科学发现及影响

（1）在龙须菜细胞遗传研究中，获得41个突变体；鉴定了7个顺反子，5个位点提示复等位基因和发现基因内重组；初步确认了龙须菜的染色体数目为$n=29\sim30$；发现龙须菜多倍体严重变态及生长停滞现象。首次报道了江蓠属的3个物种中的不稳定突变。

（2）在整体水平、藻胆蛋白水平和藻胆体水平对野生型龙须菜及其突变体的吸收光谱、荧光发射光谱及荧光动力学进行了全面系统的比较研究。发现野生型与突变体之间以及不同的突变体之间的光合特性发生了很明显的变化，在某些方面甚至超过了不同属种之间的差异。对光合进化提供了实验数据及提出了重要见解。

（3）首次全面报道了不同世代、不同性别及不同季节龙须菜的琼胶产率和理化性质。国内外首次克隆并报道了龙须菜藻红蛋白α和β亚基的部分序列，研究了龙须菜*PE*基因的结构与功能，并克隆、分析了该品系绿色突变体*PE*基因序列。

（4）在国内首次采用RAPD技术进行了龙须菜种内野生型和突变体的基因组变化的研究。基因组扩增结果显示：① 突变体虽然基因结构发生了改变，但与野生型仍属于同一个物种；② 获得了分辨龙须菜不同相态或性别的特征带；③ 初步构建了江蓠属6个种的基因指纹图谱。

四、研究团队基本情况

研究团队有教师4人：张学成、隋正红、程晓杰、董宝贤。

主要完成人：张学成。

（撰稿人：张学成；审稿人：隋正红；校稿人：张雯雯）

低洼盐碱地池塘规模化养殖技术研究与示范

一、研究背景

我国是世界上严重缺乏耕地的国家之一，人均耕地面积不足世界人均数的40%。然而，我国有荒置的盐碱土地5亿多亩，其中1亿多亩属于低洼盐碱地，以渔农综合利用技术开发这部分国土资源是国家的重大需求之一。

二、研究内容及应用情况

利用基塘系统（俗称上粮下渔）实施了以渔为主的低洼盐碱地综合开发，通过抬田降低台田土壤的盐碱度，通过调控池塘水质保障了养殖动物的安全，结果使台田农作物产量超过800千克/亩，池塘养鱼产量普遍达到500千克/亩，实现了渔农双丰收。

本项目形成的成果获国家科技进步二等奖（2006年），形成了国家水产行业标准1个，在山东省等8个省（市）、自治区应用的池塘面积112.8万亩，台田面积80.5万亩，新增产值超过177亿元。

三、重要技术创新

（1）建立了挖池抬田技术、农艺降盐碱技术和6种渔农生态工程技术，对低洼盐碱池塘实施了有效的基塘系统改造。

（2）揭示了低洼盐碱地水产养殖池塘的水质特征，并据此研发了6种水质综合调控技术，保障了养殖动物的安全。

（3）系统地评价了10余种养殖生物对盐碱的耐受性和养殖生态学，并据此优化出11种养殖模式和6种养殖技术，提高了养殖效益。

（4）研发出池塘配置网箱养鱼和薄膜隔盐碱等节水养殖技术，为低洼盐碱地渔业可持续利用提供了技术保障。

（5）研发了13种名优种类养殖技术和对虾无公害养殖技术，构建了低洼盐碱地以渔为主、渔农综合利用的技术体系，为盐碱地的渔农综合利用提供了技术支撑。

四、研究团队基本情况

研究团队有教师和科技人员10人：董双林、段登选（山东省淡水水产研究所）、谷孝鸿（中国科学院南京湖泊与地理研究所）、聂品（中国科学院水生生物研究所）、杨立邦（山东省淡水水产研究所）、胡文英（中国科学院南京湖泊与地理研究所）、张美昭、张建东（山东省淡水水产研究所）、张兆琪、刘树云（山东省淡水水产研究所）。

主要完成人简介：董双林（1956—　），研究方向为生态养殖理论与技术研究。

（撰稿人：张美昭；审稿人：董双林；校稿人：张雯雯）

海水池塘高效清洁养殖技术研究与应用

一、研究背景

我国是世界上水产养殖规模最大的国家，实现了从捕捞向水产养殖转型。自20世纪80年代起，我国海水池塘养殖业迅猛发展，但采用传统的高密度、单养的养殖模式，对饲料的利用率低，而且对环境的负面影响十分严重。这样的养殖模式是不可持续的，因此，改变海水池塘养殖结构，提高饲料利用率，减少养殖污染，实现水产养殖由数量增长转为质量增长已成为国家亟待解决的重大问题。

二、研究内容及应用情况

本项目针对我国海水池塘养殖业存在的问题和产业发展特点，研究了海水养殖池塘生态系统的结构与功能，阐明了对虾、刺参、牙鲆、三疣梭子蟹四种重要养殖动物的养殖生物学、池塘水质生物调控原理与技术，优化了上述主养种类的池塘养殖结构，建立了17种高效清洁的生态养殖技术和模式，完善了海水池塘生态养殖的理论与技术体系。

本项目形成的技术成果已在辽宁、山东、江苏和浙江等地区应用，技术推广应用面积累计5.77万公顷，经济和环境效益极其显著。相关成果获2012年度国家科技进步二等奖。

三、重要技术创新

（1）创建了池塘陆基围隔实验系统和多项检测、控制方法，克服了水族箱实验失真、池塘试验的起始条件难均一等缺陷，引领水产养殖现场研究从经验走向科学。

（2）依据养殖废物资源化利用、生态功能互补和水体资源充分利用三项策略开创性地构建、优化出我国海水池塘对虾、刺参、梭子蟹、牙鲆养殖的17种综合养殖模式。

（3）新发现浮游动物越冬休眠卵携带并传播对虾白斑综合征病毒（WSSV），发明了封闭围栏、切断对虾WSSV传播途径的无公害生态防病技术，使358公顷示范区对虾养殖成功率达99%。

（4）系统研究了滤食性鱼类、贝类和大型藻类对水质的影响作用，并据此创建了多种有效调控养殖池塘水质的无公害技术。

（5）发明了多种环保型饲料、肥料，为清洁生产提供了保障性生产资料。

四、研究团队基本情况

研究团队有教师11人：董双林、田相利、王芳、闫斌伦（江苏海洋大学）、姜志强（大连海洋大学）、马甡、高勤峰、唐聚德（好当家集团有限公司）、赵文（大连海洋大学）、吴雄飞（宁波市海洋与渔业研究院）、李德尚。

主要完成人：董双林。

（撰稿人：田相利；审稿人：董双林；校稿人：张雯雯）

黄海冷水团海域养殖三文鱼

一、研究背景

三文鱼,学界称鲑鳟鱼,是深受国内外消费者青睐的高品质冷水性鱼类。过去半个世纪,我国虽曾在多个海域尝试养殖三文鱼,但都因夏季表层水温太高而失败。如何实现温暖海域冷水性鱼类养殖是急需解决的问题。

二、研究内容

2015年起,以学校科技人员为主组成的创新团队开展三文鱼深远海养殖技术研究,主要科技创新包括:

1. 温暖海域三文鱼健康度夏技术

制定、实施了依托养殖工船和全潜式桁架网箱,在夏季利用黄海冷水团资源保障三文鱼安全度夏的技术方案,并获得了"一种原位利用黄海冷水团低温海水养殖冷水鱼类的方法"发明专利授权。

2. 温暖海域夏季原位养殖三文鱼装备

研发了我国第一艘养殖工船和养殖水体为5万立方米的世界最大的全潜式网箱"深蓝1号"等,并成功地在距离青岛市海岸线120海里海域验证了上述装备的可行性和实用性,为温暖海域养殖冷水性鱼类奠定了具有独立知识产权的关键装备基础。

3. 巨型网箱夏季深水捕鱼和鱼鳔补气装置

基于驱赶、气泡幕隔离、光诱导、冷水诱导等原理,研发了适合于不同场景的捕鱼装置,发明了利用投饵、灯光、冷水引诱等方式实现鱼鳔补气的装置和方法,实现了巨型网箱夏季深水捕鱼、鱼鳔补气。

4. 硬头鳟降海生理窗口期和海域养殖容量

系统地阐释了环境因子对三文鱼生长、耐盐能力、食物利用效率等的影响,查明了三文鱼养殖生态学多项参数,确定了硬头鳟降海生理窗口期规格和特定海域养殖容量,为相关标准的制定奠定了理论基础。

本项目形成的成果已获得授权国家发明专利25项,发表SCI论文48篇,制定地方标准2项。

三、成果推广及影响

2019年,在距青岛市海岸线120海里的黄海冷水团海域成功地养成三文鱼。2020—2022年共生产三文鱼1200吨,收入1.02亿元,利税2525万元。

黄海冷水团北起辽东半岛的大连外海,南端延伸至东海,面积约13万平方千米,体积约5000亿立方米。利用黄海冷水团开展三文鱼规模化养殖,不仅可形成数百亿产值海水三文鱼产业,还可优化居民膳食结构,提升我国人民的健康水平。

本项目受到国内外媒体的广泛关注和赞誉。央视科教频道以"第一座深海渔场"为题,将本项目选为"改革开放四十年四十个第一"案例。农业农村部渔业渔政管理局于2020年批复青岛市启动建设553平方千米海域的"青岛国家深远海绿色养殖试验区"。2022年学校黄海冷水团冷水鱼类绿色养殖科技攻关团队被山东省委、省政府授予"山东海洋强省建设突出贡献奖先进集体"称号。

四、研究团队基本情况

研究团队有教师23人，包括董双林、孙大江、黄六一、张美昭、高勤峰等。

主要完成人：董双林。

（撰稿人：董双林；审稿人：黄六一；校稿人：张雯雯）

海洋水产蛋白、糖类及脂质资源高效利用关键技术研究与应用

一、研究背景

海洋水产品富含作用独特的营养源，充分高效地利用海洋水产品营养源，对于改善国民食物结构、提高生活质量和健康水平具有重要的意义。但海洋水产品加工率低，且以传统加工为主。与发达国家相比，海洋水产蛋白、糖类及脂质资源的利用率低以及高值化加工产品少、增值率低，已成为制约海洋渔业产业结构调整、增产增收和持续快速发展的主要瓶颈。

二、研究内容及成果

本研究开发了新型冷冻鱼糜制备、水产胶原蛋白高效提取与生物转化等海洋水产蛋白制品加工关键技术，突破了海洋水产蛋白资源产业化利用技术瓶颈；攻克了海带活性成分的膜组合提取分离等关键技术，研制了降有机磷农药残留海藻肥、非衍生化水溶性甲壳素等新型产品，创新研发海藻多糖和甲壳多糖的制备技术，实现了海洋水产糖类资源的高效利用；攻克鱼油制品工业化生产关键技术难题，促进了我国海洋水产脂质资源高效利用工业现代化进程。应用上述技术，重点对鳀鱼、鱿鱼、海带等大宗水产资源及虾蟹壳、鱼皮等海洋水产品加工副产物中的蛋白质、糖类及脂质进行了应用研究与产品开发。

本项目共鉴定（验收）技术成果7项，获授权发明专利14项，发表学术论文100余篇，培养研究生80余名，企业技术骨干200余名。本项目形成的成果获得2009年度教育部科学技术进步一等奖和2010年度国家科技进步二等奖。

三、成果推广及影响

通过产学研联合开发或成果转让的方式，技术成果在项目完成单位和国内水产品加工龙

头企业进行了应用和产业化示范，累计为企业新增产值超百亿元。显著提升了我国海洋水产品加工行业的技术水平与综合效益，推动了我国海洋生物产业的持续快速发展。

四、研究团队基本情况

研究团队成员有11人：薛长湖、李兆杰、汪东风、马永钧（兴业集团）、李八方、林洪、薛勇、张国防（青岛明月海藻集团有限公司）、周先标（中国水产舟山海洋渔业公司）、赵玉山（山东东方海洋科技股份有限公司）、刘洪武（青岛明月海藻集团有限公司）。

主要完成人简介：薛长湖（1964—　），研究方向为大宗海洋水产品资源高效利用的理论与技术，2023年当选中国工程院院士。

（撰稿人：李兆杰；审稿人：李兆杰、林洪；校稿人：张雯雯）

海参功效成分研究及精深加工关键技术开发

一、研究背景

海参是我国传统的药食两用水产品，刺参年养殖量近20万吨，年进口冰岛刺参、美国肉参和糙海参等干海参约8000吨，海参全产业链总产值超千亿元。由于海参主要功效成分不清、加工技术装备落后、加工过程功效成分流失严重、产品质量标准缺乏，制约了海参产业的健康持续发展。

二、研究内容及成果

系统阐明了海参中的硫酸多糖、活性脂质等功效成分的化学结构与营养功能，为构建精深加工技术体系奠定了理论基础；开发了海参负压低温熟化、热泵组合干燥、微波辅助快速升温杀菌及胶原蛋白生物稳定等营养保持与高质加工技术与装备，实现了海参的高品质、机械化加工；发明了海参硫酸多糖双水相萃取分离、胶原蛋白定向酶解等海参功效成分高效制备技术，开发出30多个海参精深加工产品，获批国家保健食品文号2件，为海参精深加工和副产物全利用提供了新途径；开发了海参种类鉴别、养殖刺参产地溯源、功效成分高效检测等方法；主持制修订了已颁布实施的80%以上的海参相关国家标准和行业标准，构建了海参产品质量标准技术体系，为海参产业持续健康发展保驾护航。

本项目获授权发明专利44项，制订/修订国家及行业标准10项，发表论文300余篇，获批保健食品文号2件，培养研究生110余名，形成的成果获2013年度山东省科技进步一等奖和2020年度国家科技进步二等奖。

三、成果推广及影响

技术成果在项目参与单位好当家集团有限公司、獐子岛集团股份有限公司、山东东方海洋科技股份有限公司等水产上市公司进行了产业化示范，并通过组建国家海参产业技术创新战略联盟，实现了技术成果在全国海参加工龙头企业和大中型企业中的快速转化与扩散转移。项目制订的《食品安全国家标准干海参》（GB 31602—2015）是我国首个海产单品种强制性国家标准。技术成果的应用推动了我国海参养殖业的转型升级和可持续发展，提升了我国加工业的整体技术水平。

四、研究团队基本情况

研究团队有10人：薛长湖、王静凤、王联珠（中国水产科学研究院黄海水产研究所）、刘昌衡（山东省科学院生物研究所）、沈建（中国水产科学研究院渔业机械仪器研究所）、孙永军（好当家集团有限公司）、黄万成（獐子岛集团股份有限公司）、薛勇、刘云涛（山东东方海洋科技股份有限公司）、王玉明。

主要完成人：薛长湖。

（撰稿人：李兆杰；审稿人：林洪；校稿人：张雯雯）

对虾白斑综合征病毒单克隆抗体库的构建及应用

一、研究背景

我国是世界第一对虾养殖大国，产量占全球的1/3以上，对虾养殖是带动沿海国民经济发展的支柱产业。自1993年对虾白斑综合征病毒（WSSV）病暴发以来，我国对虾养殖业遭受毁灭性打击，严重制约对虾养殖业的持续发展。开展WSSV病的研究，消除其危害是恢复和发展对虾养殖业的重中之重，是科学研究和产业发展的迫切需要。

二、研究内容及成果

研究团队对WSSV病进行了持续跟踪研究，历经多年自主科技创新，构建了WSSV和对虾血细胞的单克隆抗体（单抗）库并对其进行了开发和应月，解决了该病在病原、流行、传播、检测、防控等方面的关键问题，有效防止了该病的发生、流行和传播，产生了显著的经济、社会、生态环境效益。

本研究发表论文50余篇，出版教材/专著5部，授权国家发明专利4项。成果不仅为WSSV病的分子感染机理研究和预防控制提供了理论依据，也为我国对虾养殖业持续健康发展提供了技术支撑。本成果曾获2000年度中国高校自然科学一等奖、2007年度山东省技术发明二等奖以及2010年度国家技术发明二等奖，作为海洋优秀科技成果参展"中国海洋经济博览会"、青岛"海洋·发展"大会等，彰显了我国海洋科技创新力。

三、重要科学成果

（1）建立了WSSV粒子及其蛋白的分离纯化技术，首次成功研制出抗WSSV单抗；建立了WSSV的中和抗体筛选体系，获得中和单抗；建立了抗WSSV独特型抗体筛选和验证技术，研制出能模拟WSSV抗原表位的抗独特型单抗；发现了血细胞是WSSV的主要靶细胞，并研制出抗不同类型血细胞的单抗；建立了WSSV的细胞受体抗体筛选体系，获得受体单抗。构建了国内外唯一的WSSV单抗库和对虾血细胞单抗库，为深入研究WSSV病建立了新平台。

（2）发明了WSSV的快速检测试剂盒、快速检测试纸，检测仅需3～5分钟。发明了免疫检测芯片，实现了少量、多样品的平行检测。三项发明均具有可现场检测、快速、简便、准确、灵敏、结果肉眼可见的优点，开创了普通养殖人员在现场即可实现快速检测WSSV的新局面。

（3）鉴定了WSSV的黏附蛋白和细胞受体；建立了体内外封闭与中和模型，用中和单抗、细胞受体单抗和抗独特型单抗封闭黏附蛋白和细胞受体，在原代培养细胞和鳌虾体内实现了WSSV感染的阻断。

（4）综合应用研究成果，将消灭中间宿主、切断传播途径、早期现场实时检测、警戒温度期的高频高效增氧、选择健康苗种、合理混养等技术措施在养殖过程中配套衔接、集成应用，有效防止了WSSV病的发生、流行和传播。

四、研究团队基本情况

研究团队主要成员有战文斌、邢婧、绳秀珍、周丽、唐小千。

主要完成人简介：战文斌（1960—　），研究方向为水产动物病害与免疫。

（撰稿人：邢婧；审稿人：战文斌；校稿人：张雯雯）

海水鱼虾重要疾病免疫学现场检测诊断技术研发与应用

一、研究背景

中国是世界第一水产大国，水产品提供了1/3的动物蛋白。水产业的绿色高质量发展是我国食物安全战略的重要组成部分，对水产动物疾病实时监测预警和高效防控是产业绿色发展战略的重大技术需求。长期以来，疾病检测存在依赖专业设备和人员、操作烦琐、耗时长、检测结果滞后等问题，且多种病原混合感染。单一病原检测的低效率严重影响精准、科学、有效地防控疾病，亟须开发水产病原现场快速检测技术与多病原高通量、定量检测技术。

二、研究内容及成果

构建了海水鱼虾疾病现场快速检测、定量检测标准化技术平台，创建了鱼类疾病血清学现场快速诊断技术以及海水鱼虾多病原高通量检测诊断技术体系，开发出具有自主知识产权的可现场检测、快速、简便、准确、灵敏的海水鱼虾疾病检测诊断系列化技术产品。

成果在山东、天津等地水产养殖龙头企业示范推广累计池塘养殖面积50余万亩、工厂化养殖面积30余万平方米，通过疾病实时监测，及时科学防控，显著降低了发病率，减少了药物使用量，提升了水产品质量和环境安全，经济和社会效益显著。推动水产科技进步，为促进我国海水养殖业绿色健康发展提供技术支撑。获授权国家发明专利8项，发表论文19篇；培养研究生50余名，技术培训约3000人次。于2021年获山东省科学技术奖科技进步一等奖。

三、主要创新点

（1）首创水产病原胶体金免疫层析定量捕获技术及多抗原免疫竞争抑制一体化检测技术，建立了海水鱼虾病原现场快速检测、定量检测标准化技术平台。在前期研制出对虾白斑症病毒（WSSV）胶体金免疫层析试纸的基础上，筛选WSSV不同抗原表位的特异性单克隆抗体，首创三条检测线的胶体金免疫层析定量捕获技术，实现了肉眼观察显色检测线数即可判定病毒感染强度；首创4条检测线的多抗原免疫竞争抑制一体化检测技术，解决了免疫交叉反应干扰准确检测的技术难题，研制出副溶血弧菌、溶藻弧菌、鱼肠道弧菌的快速检测试纸；研筛病原特异性单抗，研制出鱼类淋巴囊肿病毒、牙鲆弹状病毒（HIRRV）的胶体金免疫层析试纸。研制的试纸在检测时无需专业设备，5～10分钟得到肉眼可视结果，具有可现场检测、快速、简便、准确、灵敏、定量的优势。

（2）构建检测靶标抗原精准筛选技术，首次研制出鱼类病原的血清学诊断试纸、保护性抗体检测试纸、感染态和免疫态鉴别诊断试纸，建立了鱼类疾病血清学现场快速诊断及疫苗评价技术体系。集成病原蛋白图谱分析、鱼抗血清筛选特异性抗原、病原多抗预吸附等技术，筛得HIRRV、迟缓爱德华氏菌的特异性抗原，研制出两种病原的血清学诊断试纸；筛得迟缓爱德华氏菌的两种免疫保护性抗原，研制出其保护性抗体检测试纸；筛得HIRRV非结构蛋白NV和结构蛋白M，研制出HIRRV感染态和免疫态鉴别诊断试纸。

（3）创建水产动物多病原高通量免疫检测芯片技术，研制出覆盖海水鱼虾主要病原的系列化抗原/抗体检测芯片，建立了海水鱼虾多病原高通量检测诊断技术体系。构建多病原的抗体微阵列检测技术，研制出海水养殖鱼虾6种病原菌的抗体芯片；构建病原菌多抗原的高通量微阵列检测技术，研制出鱼类6种病原菌的抗原芯片、6种弧菌的抗原芯片、迟缓爱德华氏菌13种抗原的检测抗原芯片各1套，解决了现场多病原高通量准确鉴别的技术难题。

四、研究团队基本情况

研究团队有教师5人：战文斌、绳秀珍、唐小千、邢婧、迟恒。

主要完成人：战文斌。

（撰稿人：张雯雯；审稿人：战文斌；校稿人：张雯雯）

肝脏特异性蛋白卵黄原蛋白的免疫功能以及肝脏系统发生

一、研究背景

卵黄原蛋白（Vg）是肝脏合成的特异性蛋白。国内外教科书中都认为Vg及其降解产物卵黄蛋白是给正在发育的胚胎提供的营养物质，除此，没有任何其他功能的描述。肝脏中Vg的合成受垂体分泌的生长激素（GH）及其诱导产生的胰岛素样生长因子（IGF）的调节，即所谓的垂体—肝脏轴。有关脊椎动物垂体—肝脏轴的起源也是一个长期未解之谜。

二、研究内容及成果

本研究首次报道了文昌鱼、鱼类和鸟类的Vg抗菌的新功能，系统阐明了其抗菌作用机理；文昌鱼肝盲囊和脊椎动物肝脏一样可合成转氨酶和葡萄糖-6-磷酸酶等，并表达多种肝脏特异性基因（如胞浆GST和B因子等），为文昌鱼肝盲囊是肝脏前体提供了证据；发现文昌鱼哈氏窝可以分泌类似GH的激素以及GH和IGF都可以诱导鱼类肝脏和文昌鱼肝盲囊合成Vg，证明文昌鱼中存在类似脊椎动物的GH/IGF信号系统，即垂体—肝脏轴。

主要成果发表在*Journal of Biological Chemistry*（*JBC*）、*FASEB Journal*、*Endocrinology*等国际学术期刊，被*JBC*和*PLOS Genetics*等国际学术期刊他引1500余次，被5本英文专著录用，被国外同行誉为"新发现"（new findings；novelties）和"新观察"（novel observations），并获得2009年教育部自然科学一等奖。

三、重要科学发现及影响

（1）发现Vg不但具有抗菌功能，而且是一种多价模式识别受体，还具有调理素作用，从而把Vg和免疫作用第一次联系到一起，这是一个全新的发现。相关结果被5本英文专著录用，团队应Des R. Richardson博士之邀为*International Journal of Biochemistry & Cell Biology*撰写综述1篇，产生了广泛的国际影响。

（2）从特异蛋白合成/基因表达和生理功能两个方面揭示了文昌鱼肝盲囊与脊椎动物肝脏具有同源性，同时发现文昌鱼中存在类似脊椎动物的垂体—肝脏轴。这些成果极大地提升和丰富了对包括人类自身在内的脊椎动物起源与进化的认识。

四、研究团队基本情况

研究团队有教师3人：张士璀、梁宇君、范纯新。

主要完成人：张士璀。

（撰稿人：张士璀；校稿人：张雯雯）

深渊微生物驱动地球元素循环的机制及其高压适应策略

一、研究背景

深渊具有静水压力超高、低温、无光等生境特征，孕育着独特的生命形式。以往受深海采样技术等方面的限制，对深渊生命过程的认识严重不足。马里亚纳海沟是地球上最深的海区，最深达11034米，对研究深渊微生物是不可多得的海域。

二、研究内容及成果

本研究利用中国海洋大学自主研发的深海大体积采水装置获得的马里亚纳海沟全水深水体样品以及沉积物样品，开展了深渊微生物驱动地球元素循环的机制及其高压适应策略研究。本研究形成的成果对万米深渊微生物生态功能进行首次报道，指出烷烃是深渊底层水体微生物的重要能量来源，揭示了深海细菌参与全球硫循环的新过程机制，发现深渊微生物演化出特殊的生存机制以适应深渊极端环境。

主要成果发表在*Nature Communications*和*Microbiome*等国际顶尖学术期刊，得到《参考消息》、科学网、英国《独立报》和美国《新闻周刊》等50余家国内外媒体的报道。相关成果入选2019年度中国海洋与湖沼十大科技进展。

三、重要科学发现及影响

（1）首次发现特殊类型烷烃降解菌（*Oleibacter*）在深渊万米水体出现勃发，它们具有完整的烷烃降解通路，能在低温高压条件下有效降解烷烃。这是首次在自然生境中发现"吃油"微生物的富集，其优势类群显著区别于石油污染生境中的优势类群。该研究是对万米深渊微生物生态功能的首次报道，指出烷烃是深渊底层水体微生物的重要能量来源。

（2）发现深海细菌可利用冷室气体二甲基硫（DMS）的主要前体物质二甲基巯基丙酸内盐（DMSP）抵抗高静水压力，指出异养细菌是深渊海水和沉积物中DMSP的重要生产者，揭示了深海细菌适应高压及参与全球硫循环的新过程机制。

（3）发现马里亚纳海沟深渊水体中的氨氧化古菌可活跃参与氨氧化和碳固定，演化出特殊的生存机制（如特殊的渗透保护剂及能量代谢途径等）以适应深渊极端环境，为认识海洋微生物随环境变化的演化规律提供了新的思路。

四、研究团队基本情况

研究团队有教师3人：张晓华、刘吉文、田纪伟。

主要完成人简介：张晓华（1965—　　），研究方向为微生物海洋学。

（撰稿人：张晓华、刘吉文；审稿人：肖天、邵宗泽；校稿人：张雯雯）

海洋极端环境微生物独特生命特征及环境生态效应机制

一、研究背景

深海和南北两极属于地球上的极端环境，但仍生存着大量微生物，挑战着生命生存的环境极限，并对全球物质循环和气候变化产生重要影响。深海、极地的微生物具有独特的生命特征和环境适应机制，但是目前对其知之较少，对其研究将催生生命科学领域一些全新发现，有助于揭示生命的起源与进化等重要科学问题，具有重要的理论意义、应用潜力。

二、研究内容及成果

本研究基于大数据分析，发现极地海域蕴藏着大量独有的物种资源、基因资源和代谢途径，是一个未被开发的物种与基因"银行"；阐述了深海微生物耐受高压的生理与遗传机制；系统揭示了驱动有机硫二甲基巯基丙酸内盐（DMSP）生物地球化学循环的微生物新类群、新酶、新途径与新机制；系统揭示了海洋微生物与微生物之间独特的相互作用模式及其相互作用机制。

主要成果发表在 *Nature Microbiology*、*Nature Communications*、*Science Advances*、*eLife*、*The ISME Journal* 等国际学术期刊，相关成果连续在2020—2022年度入选中国海洋与湖沼十大科技进展，入选2021年度中国十大海洋科技进展。

三、重要科学发现

（1）首次基于大数据分析，发现极地海域蕴藏着大量独有的物种资源、基因资源和代谢途径，是一个未被开发的物种与基因"银行"，为国家极地战略提供重要依据。

（2）发现了深海细菌通过吸收环境的三甲基胺（TMA），在胞内氧化生成氧化三甲胺（TMAO），并在胞内累积TMAO，从而使得深海细菌耐受深海高静水压力。

（3）发现和鉴定了海洋细菌裂解有机硫DMSP的全新进化来源的裂解酶DddX，系统揭示了海洋细菌驱动DMSP合成、分解等生物地球化学循环过程的生化与分子机制，为全面阐明海洋有机硫DMSP循环机制提供了重要依据。

（4）发现海洋细菌通过裂解DMSP，在细胞周围形成丙烯酸的保护层，从而实现抵抗原生动物纤毛虫捕食的生态功能，这是海洋有机硫DMSP的新生态功能。

四、研究团队基本情况

研究团队有教师5人：张玉忠、李春阳、王鹏、张伟鹏、曹海岩。

主要完成人简介：张玉忠（1966—　），研究方向为海洋微生物学与微生物海洋学。

（撰稿人：张玉忠；审稿人：李春阳；校稿人：张雯雯）

大黄鱼脂类营养研究

一、研究背景

近年来，鱼粉鱼油资源日益短缺，严重阻碍了水产饲料工业健康可持续发展。而高脂和高比例植物油的使用是解决这个问题的重要途径。但是过量使用高脂和高比例植物油饲料往往引发养殖鱼类的肝脏脂肪异常沉积和炎性反应，对养殖鱼类的生长、健康和品质造成了不利的影响。要解决上述问题，必须对脂代谢这个鱼类营养国际热点问题进行探究，这是学科发展的必然，也是产业提升的重大需求。

大黄鱼是我国特有的鱼类，享有"国鱼"的美誉，是我国海水鱼类养殖量最大的品种。但养殖大黄鱼内脏脂肪异常沉积现象严重，从而导致炎性反应，降低其营养品质（EPA和DHA）。因此有必要探明高脂及高比例植物油对大黄鱼生长、健康和营养品质的影响及其调控机制，并寻找有效的营养缓解策略。

二、研究内容及成果

本研究以我国重要的海水经济鱼类——大黄鱼为研究对象，针对水产动物营养与饲料行业所面临的鱼油资源短缺问题，聚焦鱼类脂肪营养，开展了鱼类脂肪合成代谢的机制研究；同时紧扣当前行业对养殖动物健康和高品质产品的发展需求，加强专业内各研究领域间的交叉与渗透，把鱼类营养免疫和品质改良作为学科研究中的研究重点，取得一系列突出成果。

本研究先后发表学术论文56篇，其中SCI论文40篇，总被引833次，他引632次。获得国家发明专利3项。项目带头人于2015年获国家杰出青年科学基金资助，2016年获"教育部长江学者奖励计划"特聘教授称号，2017年和2018年入选*Elseiver*高被引用学者，并开始担任国际水产领域期刊*Aquaculture*和*Aquaculture Research*的副主编（编委）。研究成果不仅系统阐明了大黄鱼的脂代谢调控机制，揭示了脂代谢、炎性反应（健康）和营养品质的关系，推动了鱼类脂类营养学发展，还实现了产业化。研究成果显著推动我国海水养殖业的健康、可持续性发展，促进了海洋生物资源的高效利用和海洋生态环境的保护。本项目荣获2019年海洋科学技术一等奖。

三、重要科学发现和成果推广及影响

（一）重要科学发现

（1）首次系统探究了脂肪和脂肪酸引起大黄鱼脂肪异常沉积的特点及调控机制。发现高脂通过增加脂肪吸收，降低脂肪分解及转运导致肝脏脂肪异常沉积，进一步研究发现肝脏线粒体数量的减少可能是其重要原因。首次揭示油酸和亚麻酸通过提高肝脏线粒体基因甲基化水平降低其脂肪酸氧化能力，而亚油酸则通过增强肝脏氧化应激导致肝脏脂肪异常沉积。在此基础上提出了缓解脂肪异常沉积的营养调控策略。

（2）首次系统揭示了脂肪（脂肪酸）调控鱼类炎性反应的机制。发现高脂通过激活MAPK信号通路诱导炎性反应，而高比例植物油（亚油酸）不仅直接激活TLR-NF-κB信号通路，还通过抑制Nrf2间接激活NF−κB通路。此外，高比例植物油还能促进巨噬细胞在脂肪组织中的浸润和极化，从而促进肝脏组织的炎性反应。同时，研究发现n−3 LC-PUFA通过Sirt1-p65通路缓解肝细胞炎性，鹅去氧胆酸可调控FXR与p65结合，抑制炎性反应。

（3）探明了大黄鱼长链多不饱和脂肪酸（LC-PUFA）合成的调控机制。通过比较研究，发现大黄鱼脂肪酸合成关键酶的启动子活性显著低于虹鳟的，进一步研究表明转录因子的差异调控是造成差异的关键因素。这有助于根据靶点制定调控措施以提高其LC-PUFA合成能力。

（二）成果推广及影响

（1）集成鱼油替代、绿色添加剂等技术，配制了高效大黄鱼饲料，其饲料效率提高了10%～23%，成活率提高10%～31%，鱼油用量和养殖氮、磷排泄量减少了2/3。

（2）相关研究成果已在国内饲料企业进行转化，近年来已生产和推广大黄鱼人工配合饲料5.2万吨，创造产值5.3亿元，产生了较大的经济、社会和生态效益。

四、研究团队基本情况

研究团队成员主要有艾庆辉、麦康森、徐玮、左然涛、张文兵、张彦娇、廖凯、王珺、李庆飞、李松林、王天娇、蔡佐楠、谭朋、杜健龙、董小敬。

主要完成人简介：艾庆辉（1972— ），研究方向为水生动物营养生理。

（撰稿人：艾庆辉、陈秋池、李庆飞；审稿人：麦康森；校稿人：张雯雯）

花鲈精准营养研究及绿色高效人工配合饲料开发与应用

一、研究背景

花鲈是山东省乃至我国重要的海水养殖鱼类之一，其2021年养殖产量达19.52万吨，在我国海水养殖鱼类中位列第二。随着花鲈集约化养殖业的迅猛发展，病害频发、环境污染和水产品质量安全堪忧等问题日益突出。营养调控和绿色高效饲料的使用是解决这些问题的重要途径，然而花鲈精准营养学及绿色高效饲料配制技术研究却较为缺乏。

二、研究内容及成果

根据我国水产养殖行业资源节约、环境友好以及质量安全的转型需求，以我国重要海水养殖物种花鲈为研究对象，聚焦现阶段花鲈集约化养殖存在的饲料原料短缺、水环境污染、鱼类健康以及水产品安全问题开展了花鲈精准营养学研究，构建和完善了花鲈精准营养数据库。在此基础上，开展了花鲈蛋白源和脂肪源的替代研究，采用营养素平衡策略和营养干预手段形成了一系列低鱼粉和低鱼油配方，大大节约了饲料原料资源。同时，针对绿色养殖要求，创新性研发了一系列绿色环保添加剂，形成了高效环保添加剂应用体系。通过整合低鱼粉鱼油技术和绿色添加剂应用体系，通过优化和改进饲料加工工艺创新性开发了花鲈绿色高效配合饲料。通过与水产饲料龙头企业合作推广，有效提高了养殖花鲈的免疫力和饲料利用率，减少了养殖药物使用量，降低了氮、磷排泄量，很大程度上推动了我国花鲈以及整个海水鱼养殖行业的绿色健康可持续发展。

本研究制定国家标准1项，获授权专利10项，发表学术论文51篇，其中SCI收录24篇，被引991次，培养硕士、博士研究生48名。通过与国内龙头企业合作，成功实现研究成果产业化转化，目前在山东累计推广5.3万吨，全国推广21.4万吨，总产值超过21.8亿元，利税超过1.6亿元，培训花鲈养殖从业者6673人次。研究成果于2022年获山东省科学技术奖科技进步一等奖。

三、主要创新点

（1）系统阐明基于花鲈营养代谢和营养免疫的精准营养学机制，创建和完善了花鲈精准营养需求数据库。解析营养条件对花鲈代谢和免疫反应的影响，在此基础上结合摄食生长实验确定了不同生长阶段花鲈对必需氨基酸、脂肪酸、维生素和微量元素的精准营养需求，完善了其精准营养需求数据库，为绿色高效人工配合饲料的开发奠定了坚实的理论基础。

（2）创建低鱼粉鱼油饲料配方及应用技术，实现了鱼粉和鱼油的精准替代。研究发现采用营养素平衡策略和营养干预手段改善鱼体代谢和免疫功能可以实现鱼粉鱼油的高比例替代，使鱼粉、鱼油用量分别降低21.3%～60.3%和40.1%～100%。以此为基础形成了低鱼粉、低鱼油的花鲈饲料配方及应用技术，提高了非粮蛋白源和脂肪源的利用率，节约了养殖成本。

（3）针对绿色健康养殖的需求，构建花鲈绿色环保添加剂综合应用体系。从生长、健康、安全和环境保护等方面出发，研发了中草药、肽聚糖和水解蛋白粉等多种添加剂制备及应用技术，使花鲈特定生长率提高19.3%～29.7%，氮、磷排泄量分别降低9.2%～19.2%和5.8%～8.7%，助力了"绿色无抗"转型。

（4）开发绿色高效人工配合饲料及其精准应用模式，实现了花鲈饲料生产的规范化和产业的转型升级。通过集成精准营养需要、鱼粉鱼油替代技术和绿色功能性添加剂应用技术，创建了花鲈养殖全周期人工配合饲料精准配方体系，并通过优化和改进饲料加工工艺，开发出花鲈绿色高效人工配合饲料。通过与相关龙头企业合作推广，产生了显著的经济、社会和生态效益。

四、研究团队基本情况

研究团队有教师15人：艾庆辉、麦康森、梁萌青（中国水产科学研究院黄海水产研究所）、张璐（通威股份有限公司）、张春晓（集美大学）、谭北平（广东海洋大学）、徐玮、鲁康乐（集美大学）、马学坤（广东粤海饲料集团股份有限公司）、年睿、程镇燕（天津农学院）、李燕［礼蓝（四川）动物保健有限公司］、王珺（中国水产科学研究院南海水产研究所）、谭朋（浙江省海洋水产研究所）、张彦娇。

主要完成人：艾庆辉。

（资料搜集人：张雯雯；审稿人：艾庆辉）

海洋贝类适应与生物地理分布研究

一、研究背景

系统解析海洋生物的环境适应机制,评估和预测海洋生物分布格局是海洋生物学和海洋生物多样性保育的核心问题。整合分析生物对环境的行为、生理和进化适应机制,揭示生物对温度变化的敏感性及其时空格局,评估和预测气候变化背景下生物分布区变化已成为气候变化生物学研究的关键科学问题。

二、研究内容及成果

研究团队构建了计算生物学和实验调控相结合的创新性研究体系;明确了生物大分子结构和功能稳定性与环境温度的量化关系;从分子、器官、个体和种群水平阐释了海洋贝类的温度适应机制;通过构建机理性物种分布模型,评估和预测了全球变暖背景下重要物种分布格局的变化。该成果突破海洋生物温度适应定量研究的瓶颈,形成基于计算生物学进行生物大分子温度适应性和分布研究的新方向,拓展了对海洋生物温度适应机制的认识,对于解析和预测气候变化对生物分布的生态学效应具有重要意义。

研究成果于2021年发表在*PNAS*、*Global Change Biology*、*Biological Reviews*、*Functional Ecology*和*ICES Journal of Marine Science*等期刊上,入选2021年度海洋与湖沼十大科技进展。

三、重要科学发现

(1)首次发现了mRNA二级结构稳定性与生物适应温度的密切关系,是海洋生物大分子温度适应机制与海洋生物地理分布格局系列研究的又一次突破,进一步从RNA水平阐明海洋贝类的高温适应机制,为海洋生物温度适应性进化研究提供了新的思路。

(2)深入解析了贝类对极端高温胁迫的生理机制,查明了生理可塑性在调节热耐受能力过程中的时空模式;并创新性地将生理性状融入物种分布模型,构建了机理模型,评估和预测了典型潮间带贝类地理分布格局,为查明潮间带生物温度适应机制,厘清气候变化对潮间带生物分布的影响提供了新认知和评估技术体系。

(3)综合评价了海水养殖物种对全球变暖的敏感性,建立了能够有效评估生物和地区温度敏感性的评价体系,为养殖活动的规划和相关政策的制定提供理论框架和技术支撑。

四、研究团队基本情况

研究团队有教师5人:董云伟、廖明玲、王杰、胡利莎、李晓旭。

主要完成人简介:董云伟(1975—),主要研究方向为养殖水域生态学、潮间带生态学。

(撰稿人:廖明玲;审稿人:董云伟;校稿人:张雯雯)

高效非模式生物基因组学关键技术研发与应用

一、研究背景

　　全基因组测序和分型技术是解析全基因组范围内遗传变异与性状关系的核心技术手段，已成为生命科学领域大规模应用基因组信息进行重要性状遗传解析的研发热点。早期基因组分型技术大多依赖于已知基因组信息和芯片技术，只能在少数模式生物中开展研究，且费用很高，因而极大地限制了这些技术在众多非模式生物上的应用。

二、研究内容及成果

　　针对长期以来非模式生物全基因组分析手段匮乏而且费用过高等技术瓶颈，研究团队先后研发了2b-RAD、MethylRAD、Multi-isoRAD、HD-Marker、RadMap等一系列新型、高效的基因组学前沿技术，使低成本、高效开展非模式生物（特别是水生生物）全基因组分析成为可能。

　　主要成果发表在*Nature Methods*、*Nature Protocols*、*Genome Research*等国际顶级学术期刊上，相关成果入选2016年度中国海洋与湖沼十大科技进展，并获2016年度教育部技术发明一等奖及2018年度国家技术发明二等奖。

三、重要科学发现及影响

　　1. 发明了等长标签的全基因组分型系列新技术（2b-RAD和Multi-isoRAD）

　　首次将ⅡB型内切酶应用于简化基因组分析，实现了等长标签获取、高效建库和串联测序，解决了国际上RAD类技术中存在的流程复杂、均一性差、成本较高等技术难题，比国际上同类技术费用降低70%～90%。成果发表在国际方法学期刊*Nature Methods*和*Nature Protocols*上。

　　2. 建立了高效MethylRAD甲基化分析技术

　　可高效实现无参考基因组生物的全基因组范围DNA甲基化的精准定量分析，具有DNA起始用量低（1纳克）、可分析高度降解DNA、成本低等多种技术优势，成果发表于英国皇家学会学术期刊*Open Biology*。

　　3. 创建了灵活高效的"液相分型芯片"技术（HD-Marker）

　　通过高集成度的探针杂交—延伸—连接反应，可灵活实现对10000～100000已知基因变异位点进行高通量筛查和分析。该技术突破了目前固相定制芯片平台费用高昂、灵活性差、难于大规模应用等技术瓶颈，为非模式生物提供了一种兼容不同通量级别、不同标记类型的高效灵活的靶向基因分型技术，成果发表于国际基因组学领域学术期刊*Genome Research*和中国工程院院刊*Engineering*。

　　4. 研发了高精度物理图谱构建和基因组拼接新技术（RadMap）

　　提出基于"人工减数分裂"原理的高通量混合克隆池分析以实现对全基因组RAD标签进行

精准排序，克服了传统方法中需构建和维持大量单克隆文库而成本高昂的局限性，可用于高效解决水生生物高杂合、高复杂基因组拼接难题，该成果发表于国际遗传学经典期刊*Genetics*。

5. 创建了高效微生物宏基因组测序技术（2bRAD-M）

研发出一种新型、高效的"简化"宏基因组分析技术2bRAD-M，该技术通过对约1%的宏基因组测序即可实现高精度解析全部微生物种类和丰度信息。可实现对低至1×10^{-12}克的痕量样品、高度降解DNA（仅50个碱基对），以及99%宿主DNA污染等极度困难微生物样品分析。成果发表于国际基因组学领域学术期刊*Genome Biology*。

系列组学新技术目前已在上海欧易、美国CD Genomics等国内外多家生物技术公司进行商业化技术推广和服务，已被广泛应用于扇贝、河蟹、海参、对虾、银鲫等30余种水产生物，水稻、小麦、大豆、花生、马铃薯等农作物，牛、巴马猪等动物，以及线虫、拟南芥等模式生物。

技术应用成果有200余篇论文发表在*Science*、*Science Advances*，*eLife*、*PLoS Genetics*等期刊。国际上已多次举办相关技术普及推广的workshop。技术成果也被用于形成拥有全套自主知识产权的贝类全基因组选择育种技术体系，先后应用于"蓬莱红2号"等多个高产抗逆新品种的培育，社会、经济效益显著。

四、研究团队基本情况

研究团队有教师5人：王师、包振民、焦文倩、吕佳、刘平平。

主要完成人简介：王师（1979—　　），主要从事海洋贝类遗传与基因组学研究。

（撰稿人：王师；校稿人：张雯雯）

基于栖息地适宜性评价的海洋保护区选划研究

一、研究背景

受过度捕捞及全球气候变化等多重压力的影响，近年来我国近海渔业资源严重衰退，生物多样性丧失，生态系统功能退化，严重制约了海洋渔业可持续发展。海洋保护区建设是修复受损生物资源和维护生态系统健康的重要手段，但当前我国乃至全球的海洋保护区建设总体缺乏科学规划和有效监管，未能有效保护重要生境和生物多样性。如何以科学研究为基础，开展基于栖息地环境和生态系统特征的海洋保护区建设，维持海洋生物资源的可持续性，已是国家和社会的迫切需求。

二、研究内容及成果

深入分析了海洋保护区建设的现状，基于"社会—生态耦合系统"的原理，开展了栖息地适宜性评价研究，解析了生物空间分布与海洋环境要素的关系，优化了栖息地适宜性评价与海洋生物多样性预测方法，阐明了海洋保护区的生态、经济与社会效应，以及保护区建设与渔业管理的相互影响。初步构建了海洋保护区科学选划及效果评估的理论与方法，提出了综合权衡生态保护和生物资源可持续利用的海洋保护区网络构建方案，揭示了在气候变化及人类活动影响下海洋保护区建设效果的稳健性。本项目为建立我国海洋保护区选划标准提供了技术支撑，对全球海洋保护区建设具有指导意义。

研究成果对我国海洋生态保护、海洋渔业管理和海洋权益维护等起到积极的推动作用，相关研究成果发表于*Nature*、*Science of the Total Environment*、*Ecography*、*Biological Conservation*和*ICES Journal of Marine Science*等国际学术期刊，成果入选2019年度中国海洋与湖沼十大科技进展。

三、重要科学发现及影响

（1）解析了栖息地适宜性评价中数据质量、非线性关系、生物交互效应等问题，发展了PCA-based GAM、人工神经网络模型、联合物种分布模型等技术方法，阐明了渔业生物栖息地选择的生态机制，预测了渔业生物空间分布的未来变化，为重要栖息地保护和主要资源养护种类的增殖放流提供科学依据。

（2）解析了典型海域食物网结构特征和能流途径，阐明解析主要物种之间的营养关系以及渔业种群的营养生态位对环境变化的响应，揭示了营养级联效应及其对群落结构与稳定性的作用，以及厄尔尼诺等气候变化对近海典型海域渔业生态系统的影响，加深了对于渔业生态系统动力学过程的理解。

（3）解析了脉冲式捕捞、贝类养殖、禁渔措施对渔业资源、非目标种以及生物群落的影响机制，阐明了渔业中多鱼种兼捕的营养级联效应。构建了基于食物网关键种的生态管理策略，阐明其数量变动对生态系统和主要经济渔业生物资源动态的影响，初步构建了基于生态系统的渔业管理框架。

（4）基于"社会-生态耦合系统"的原理，初步构建了海洋保护区科学选划及效果评估的理论与方法。结合种群动力学、生态学和资源经济学等学科体系，阐明了海洋保护区的生态、经济与社会效应，以及保护区建设与渔业管理的相互影响，揭示了其在气候变化及人类活动影响下的稳健性。

四、研究团队基本情况

研究团队有教师5人：任一平、张崇良、李韵洲、徐宾铎、薛莹。

主要完成人简介：任一平（1964—　），研究方向为渔业资源生态学、渔业资源监测评估与管理。

（撰稿人：张崇良；审稿人：李韵洲；校稿人：张雯雯）

JAK-STATs 信号通路研究及药物开发

一、研究背景

细胞信号转导机制一直是国际上的热点研究领域。作为最重要的信号转导通路之一，干扰素（IFN）相关JAK-STATs细胞信号通路自20世纪80年代末期被George R. Stark等人发现起就受到广泛的关注和深入的研究，近年来更是作为药物作用的热点靶标，在临床抗炎、抗病毒及肿瘤免疫的药物开发和治疗中发挥重要作用。因此，对JAK-STATs通路的机制研究不仅能完善人类对细胞信号转导、胚胎发育、炎症及癌症发生等方面的认知，还能借此发现新的生物靶标及药物靶点，开发抗病毒、抗肿瘤及免疫疾病治疗的药物。

二、研究内容及成果

研究团队师承George R. Stark院士，通过对STAT家族的系统研究，首次发现了STAT2的全新磷酸化位点T387和T404，进而深入研究了这两个位点在STAT2参与抗肿瘤、抗病毒及免疫反应中发挥的生物学调控功能，并揭示了STAT2在固有免疫应答中能促进白细胞介素-6（IL-6）表达的作用机制。此外，通过反向遗传学技术，又发现了负向调控JAK2-STAT3通路的转录因子ZIP，由此为他莫昔芬（Tamoxifen）耐受性乳腺癌的临床治疗提供了全新策略。相关研究成果发表在*PNAS*、*Embo Journal*、*Cell Research*等国际学术期刊中。

三、重要科学发现及影响

（1）首次发现和证实STAT2-T387位点的磷酸化能够负调控干扰素信号通路并抑制宿主细胞发挥抗病毒、抗肿瘤功能。在此基础上，发现周期蛋白依赖性激酶（CDK）为STAT2-T387的磷酸化激酶，其抑制剂能降低STAT2-T387的磷酸化水平从而增强宿主细胞对I型干扰素（I-IFN）的应答。以该研究为基础，可将CDK抑制剂与干扰素联合用药对抗病毒及抗肿瘤以产生更好的治疗效果，为临床联合用药提供了参考依据。

（2）通过结构解析，发现酪氨酸非磷化的U-STAT2可与U-STAT1形成异源二聚体，呈非活性、反平行构象。STAT2上新的T404磷酸化通过破坏U-STAT1-U-STAT2二聚体，促进STAT1和STAT2的酪氨酸磷酸化并增强ISGF3的DNA结合能力来促进I-IFN信号转导及发挥抗病毒功能。该研究提出了一种干扰素抗病毒感染的新机制。由于IKK-ε是STAT2-T404位点发生磷酸化的上游激酶，因此可将IKK-ε作为药物靶点开发新型抗病毒药物。

（3）发现在干扰素作用下，IL-6的表达受IRF9和NFκB的p65亚基共同影响，揭示了IRF9增强IL-6表达的新机制，证实STAT2可作为分子桥梁，连接IRF9和p65并共同结合到IL-6启动子区域，增强IL-6的表达，从而促进肿瘤细胞的增殖。该机制为癌症治疗提供了理论指导和用药策略，即通过影响IRF9和p65的活性而调控细胞IL-6的分泌、上调抗增殖基因的表达、改变肿瘤微环境，最终起到抑制肿瘤生长的作用。

（4）发现了负向调控转录因子ZIP的表达能够降低乳腺癌细胞对Tamoxifen的耐药性，并降低肿瘤细胞中JAK-STAT3信号的活性,进而促使肿瘤细胞死亡,达到抑制肿瘤生长的作用。除此之外,ZIP的表达可作为一种生物标志物应用于肿瘤早期诊断,并作为雌激素受体(ER)阳性乳腺癌的调控因子用于开发抗乳腺癌药物。

四、研究团队基本情况

研究团队有教师6人:杨金波、赵晨阳、宋巧玲、朱宁、王宇昕及George R. Stark(美国克利夫兰医学中心)。

主要完成人简介:杨金波(1972—　　),研究方向为肿瘤生物学、肿瘤免疫学与分子药理学。

(撰稿人:杨金波;审稿人:赵晨阳;校稿人:张雯雯)

水生生物胶原蛋白研究开发及产业化

一、研究背景

水产品加工废弃物或低值资源的高质化利用是水产品加工业的重要内容之一。我国每年产生大约1500万吨水产品加工下脚料,其中鱼皮、鱼鳞、鱼骨资源丰富(约为800万吨),鱼皮中80%的蛋白质是胶原蛋白,鱼鳞含有60%的胶原蛋白,鱼骨中含有45%的胶原蛋白。但是长期以来这些主要用于生产鱼粉和饲料的原料,价值很低。而其中含有的在医药、食品、化妆品和生物化工中有重要价值的胶原蛋白没有体现其价值,迫切需要研究与开发高附加值产品。为此,课题组从2002年以来,在国家、省、市多个科研课题的支持下,以将鱼皮、鱼鳞、鱼骨等开发为胶原蛋白与胶原活性肽为突破口,对我国主要加工水产品鱼皮、鱼骨、鱼鳞中的胶原蛋白类型、性质、制备技术和成果转化与产业化进行了深入、系统的研究,奠定了我国水生生物胶原蛋白研究与开发的理论基础;对水生生物胶原与胶原肽制备与生产的关键技术进行了开发研究,建立了水生生物胶原蛋白、胶原肽制备与生产的技术体系;成果实现了多次转化,取得了显著的经济效益、社会效益和生态效益。研究工作为我国水生生物胶原蛋白、胶原肽产业的健康持续发展提供了理论和技术支撑。

二、研究内容及成果

研究清楚了水生生物胶原蛋白特性,解析了多种水生生物胶原蛋白的类型、精细空间结构、指纹鉴定方法等;系统地研究了水生生物胶原蛋白的自组装特性、临界聚集质量浓度和聚集数、热稳特征等;解析了非变性胶原引导组织再生、止血途径、生物相容性特征;阐明了特定分子量胶原肽促进钙吸收的途径、透皮吸收性能、抗光老化作用机制、胃黏膜的保护作用、免疫调节作用途径等，明确了其活性效果和结构的关系。

主要成果发表在*Trends in Food Science & Technology*、*Food Chemistry*、*Food Hydrocolloids*等国际学术期刊，有100余篇论文，他引2000余次；出版学术著作3部。相关成果获得国家海洋科学技术进步一等奖、山东省高校科学技术一等奖、青岛市科技进步一等奖、山东省科技进步二等奖等。

三、成果推广及影响

（1）建立了水生生物胶原蛋白的关键技术体系，包括绿色提取技术、人工神经网络-生物传感器定向制备技术、高密度二氧化碳高效精制技术等，实现了其可视化、智能化靶向制备。

（2）基于特定分子量胶原肽，实现了肿瘤患者、创伤患者、肾病患者等人群特医食品的突破与创新研发；开发出复方鱼皮胶、松花粉鱼胶原蛋白葡萄糖酸锌片、Ⅱ型胶原肽粉、肽钙螯合物等新型营养与功能类食品；基于非变性胶原蛋白，实现了新型鱼皮源脱细胞真皮基质口腔修复膜、新型快速止血愈伤医用敷料、新型鱼皮胶原静电纺丝小口径人工血管等生物材料的技术创新突破与产品研发。

四、研究团队基本情况

研究团队有教师7人：李八方、侯虎、张朝辉、赵雪、王静凤、董平、王彦。

主要完成人简介：李八方（1953—   ），研究方向为海洋活性物质、海洋食品与海洋保健食品。

〔撰稿人：侯虎；审稿人：李八方；校稿人：张雯雯〕

水产品高值化加工专用酶创制及产业化应用

一、研究背景

水产品加工产业是推动渔业"三产"融合发展的关键环节，对有效提升我国渔业产业价值链、保障优质食物供应、提高人民健康水平具有重要意义，高效支撑国家"蓝色粮仓"和"健康中国"战略。近年来，我国水产品加工产业结构不断调整完善，但仍以冷冻和干腌制等初级加工为主，加工方式落后、资源利用率不足、加工精深程度低、高值化产品少，成为制约我国水产品加工业的瓶颈。

二、研究内容及成果

本研究针对水产品生物加工过程存在的酶品类少、性能差、反应效率低等制约产业绿色健康发展的技术难题，构建了水产品高值化加工专用酶资源库，攻克了水产品高效生物加工关键技术，创建了水产品生物加工模式，研制了特定聚合度水产寡糖、高纯度功能肽、高品质磷虾油等95种高值化新产品，已授权国家发明专利44项，制订/修订行业/团体标准4项，发表学术论文80篇，出版专著/教材4部，建立示范生产线8条，2018—2019年新增直接销售额14.16亿元。显著提升了我国水产品加工企业科技水平和国际竞争力，推动产业向全利用、高效益、可持续的方向转型升级，产生了显著的经济、社会和生态效益。经中国农学会组织同行评价，水产品高值化加工专用酶创制及产业化应用成果总体处于国际领先水平。

三、重要科学创新点及影响

（1）系统阐明了水产品中多糖、蛋白质和脂质等营养成分的生物转化机制，建立了酶高通量挖掘策略，形成了具有我国自主知识产权的水产品加工专用酶资源库。建立了酶的多重交叉理性设计策略，揭示了宿主菌中酶高效分泌途径机制，建立了水产品加工专用酶的规模化发酵和高效固定化技术，实现了酶的低成本工业化生产和应用。

（2）揭示了水产品中多糖生物加工过程的多酶协同反应调控机制和底物环境适应机制，建立了水产品中多糖的高效酶解技术，实现了结构复杂、溶解度低、流动性差的水产品中多糖的高效酶解。建立了基于内外切蛋白酶可控串联酶解的寡肽/氨基酸定向制备策略和蛋白质定向改性技术，实现了水产蛋白资源的定向高质化加工。建立了特定结构水产活性脂质的定向酶催化技术，解决了生产过程有机溶剂残留和副产物不可控的难题，显著提升了其营养品质。

（3）创新了水产多（寡）糖的生产模式，解决了工业化生产污染严重、资源浪费、产品纯度低等问题，实现了高纯度水产多（寡）糖的绿色规模化生产。开发了高值化水产蛋白系列产品，解决了水产蛋白产品品种单一、附加值低等问题，显著提升了企业的技术创新水平。创制了高营养品质和高附加值脂质产品，改变了国产水产脂质精深加工产品少、市场占有率低的局面，增强了企业的国际竞争力。

四、研究团队基本情况

团队成员有毛相朝、薛长湖、孙建安、姜宏、孙慧慧（中国水产科学研究院黄海水产研究所）、齐祥明、黄文灿、林洪、侯虎、董平、张斌（青岛博智汇力生物科技有限公司）、王彦超、王丽娜（威海百合生物技术股份有限公司）、吴其平［众合发（北京）生物科技发展有限公司］、李海兵［众合发（北京）生物科技发展有限公司］、郭晓华（山东美佳集团有限公司）、邹圣灿（颐海产业控股有限公司）、杨青（荣成泰祥食品股份有限公司）、曾宪龙（青岛康境海洋生物科技有限公司）、于明晓［美泰科技（青岛）股份有限公司］。

主要完成人简介：毛相朝（1981—　），研究方向为水产品生物加工与绿色利用研究。

（撰稿人：毛相朝；审稿人：林洪；校稿人：张雯雯）

养殖鱼类蛋白质高效利用的调控机制

一、研究背景

我国是世界第一水产养殖大国,水产品为我国提供了1/3的动物蛋白,对保障我国粮食安全和人民健康做出了重要贡献。然而,水产养殖业的可持续发展一直受到主要蛋白源——鱼粉日益枯竭,而其他蛋白源利用率低的制约,这也是过去几十年水产动物营养研究难以突破的科学难题。2021年国家发布的《粮食节约行动方案》中将提高蛋白饲料利用效率列为国家重大需求。而实现水产饲料蛋白高效利用更具有挑战性,也更紧迫。

二、研究内容及成果

面向这一保障我国粮食安全的重大需求,研究团队在国家"973计划"和国家自然科学基金等支持下,以"揭示鱼类蛋白源利用机制—发现造成鱼粉依赖的未知因子—提升蛋白利用效率"为主线,率先提出养殖鱼类蛋白源营养感知这一新的研究思路,系统构建鱼类蛋白利用的感知与代谢调控网络,实现了降低水产饲料对鱼粉的依赖、提高蛋白利用率的理论与技术突破,并应用推广到产业实践中。

率先阐明养殖鱼类饲料蛋白转化与依赖鱼粉的分子机制,发现造成鱼粉难以被替代的限制性因子及其作用机理,阐明了鱼类蛋白利用与供能体系的分子代谢调控机制,通过靶向调控实现了饲料蛋白的高效利用与鱼粉高比例替代,并在产业实践中获得重大成效。研究成果是鱼类蛋白质高效利用理论与技术的重要突破,拓展了水产动物营养研究的思路与方法,提高了我国水产动物营养学研究的国际地位。

研究成果"养殖鱼类蛋白质高效利用的调控机制"获得2022年高等学校科学研究优秀成果奖自然科学一等奖。依托的"973"项目在科技部组织的结题验收中获得优秀。成果完成人受邀主持国际经典水产营养学教科书 *Fish Nutrition* 中蛋白质营养、脂质营养等章节的编写,项目代表性论文作为主要发现列入该教科书。这是该教科书首次邀请中国学者参与编写,充分体现了项目成果的价值与国际认可程度。

三、重要科学发现和成果推广及影响

(一)重要科学发现

(1)在国际上首次全面揭示了养殖鱼类饲料蛋白转化的机制,阐明其依赖鱼粉的分子机制。率先发现mTOR信号系统是激发鱼类餐后体蛋白合成、感知饲料蛋白源的关键元件,系统论证了不同蛋白源引起的餐后mTOR活性、体蛋白合成与代谢差异是决定鱼类蛋白源利用效率的内因。

(2)找出鱼类产生鱼粉依赖的"未知因子",并阐明其机制。首次揭示半胱亚磺酸脱羧酶变异是多种鱼类自身牛磺酸合成能力低、依赖鱼粉来源的牛磺酸的原因;率先发现羟脯氨酸供应不足是造成鱼粉依赖的重要限制性因子;在国际上首次揭示在鱼粉中富含而在植物蛋白中缺乏的维生素D_3通过PGC-1α调控脂代谢的分子机制,阐明维生素D_3缺乏引起腹部脂肪沉积,降低鱼类健康水平与鱼肉品质。

（3）率先阐明鱼类供能体系的调控机制,找到实现"蛋白质节约效应"的有效途径。发现PPARα是激活鱼类脂肪酸氧化,调控脂肪供能的关键靶位;首次发现鱼类胰岛素受体不同亚型对于体蛋白合成与脂肪利用的差异化作用与精准调控机制。通过构建鱼类分解供能综合调控策略,充分实现"蛋白质节约效应"。

（二）成果推广及影响

（1）项目代表性论文入选第21届世界维生素D大会年度最具影响力论文。项目完成人基于成果提出的禁用冰鲜杂鱼、提高高效配合饲料使用率的提案被列入国家10部委联合印发的政策文件。

（2）基于项目成果开发形成系列可高比例替代鱼粉的复合蛋白源,在大菱鲆等养殖品种中将鱼粉替代水平从20%～30%提高到超过70%。并与国内龙头企业合作,在大菱鲆、石斑鱼、南美白对虾等的养殖中实现产业示范推广,新增产值超6.1亿元。

四、研究团队基本情况

研发团队成员主要有何艮、麦康森、殷战、杜震宇、陈立侨和韩冬。

主要完成人简介:何艮（1975—　　　）,长期从事水产动物营养与饲料的教学和研究工作。

（撰稿人:王旋;审稿人:何艮;校稿人:张雯雯）

中国-东盟海藻创新合作

一、研究背景

共同建设"一带一路"是国家从海洋大国向海洋强国转变的重要举措,也是促进和提升我国科教、经济和文化国际影响力的重要途径。我国是全球公认的海藻科技大国和产业贸易大国,充分发挥我国海藻领域的整体优势,提升我国在"一带一路"沿线国家的影响力,通过"共商、共建和共享"来传播和推广"中国经验""中国智慧""中国方案",是实现"共建人类命运共同体"伟大目标的重要抓手。在21世纪初期之前的国际科技合作中,主要是将欧美等发达国家的知识与技术"请进来"合作为主,在新时期构建多边合作机制下的科技"走出去"具有十分重要的时代需求。

二、研究内容及成果

开展我国沿海常见大型海藻的资源调查,系统地开展了150余个大型海藻物种形态解剖鉴定和分子鉴定研究，涵盖了我国主要养殖物种、野生经济物种和国外引进物种，通过比较研究编著了《中国南海常见大型海藻图鉴》《中国黄、渤、东海常见大型海藻图鉴》，并首次构建和运行了"藻类细胞器基因组数据库"，为我国和南海周边国家大型海藻生物多样性保护以及资源开发利用提供了重要的基础。

研究团队作为"千种植物转录组计划"国际大科学计划的核心团队，聚集了国内外海藻科技知识与技术资源，完成了全部基因组测序和数据库平台建设和共享工作，完成了我国11个目18个科41种大型海藻转录组研究工作，其中有35个物种的转录组为国际上首次发布；与国际合作伙伴联合实现了1124种全球植物的转录组测序和分析工作，通过基因注释与比较研究揭示了全球主要光合生物进化特征和分子演化机制。

构建了中国–东盟海藻合作网络机制，提出了"南中国海藻类合作计划"，积极整合了"全球藻类之星计划"，联合开展了东盟4种主要热带海藻的基因组研究，提高了对我国匮乏的热带大型海藻种质资源的认知能力；通过与东盟国家的产学研合作，在印度尼西亚建立了3个热带海藻养殖示范基地，促进了海藻养殖技术在东盟国家的示范推广。

上述研究成果发表了40余篇论文，出版图书2部，在*Nature*上发表的封面文章*One thousand plant transcriptomes and the phylogenomics of green plants*入选2019年度中国海洋与湖沼十大科技进展。建成并运行了国家海洋藻类国际科技合作基地和山东省品牌国际合作基地，海藻合作被列入外交和财政部首批"中国–东盟海上合作基金""亚洲合作资金"支持内容。

三、重要科学发现和成果推广及影响

（一）重要科学发现

（1）揭示了我国沿海常见大型海藻的物种组成，并通过经典形态解剖学鉴定技术与分子鉴定技术相结合，构建了现代大型海藻鉴定技术体系，研究了重要类群的遗传差异和分化，并通过图鉴和网络数据库的方式进行知识共享，为我国和全球海洋生物多样性保护提供了知识、技术与数据支撑。

（2）根据基因家族的进化关系，系统比较分析了海洋藻类与陆生植物的基因家族收缩与扩张，阐明了复杂的植物生物体、分子和功能多样化进化模式，并划分光合植物发生基因组变化和多样化的时间及其机制。

（二）成果推广及影响

（1）构建了中国–东盟多边合作机制下的中国–东盟海藻合作网络，与东盟区域性社会组织、东盟国家社会组织和高校以及国内社会组织、企业和教育科研机构构建了具有中国特色的产学研合作框架，由科技部批准建立了"国家海洋藻类国际科技合作基地"，山东省科技厅批准建立了"山东省品牌国际合作基地"，创新发展了新型的国际合作模式，提升了我国海洋藻类科技与产业的国际影响力，有关工作受到科技部、农业农村部、外交部的高度重视，分别被列入"中国–东盟海上合作基金""亚洲合作资金"首批支持内容。

（2）基于基因测序技术，开展了国内和南海周边国家常见大型海藻的比较遗传学研究，建立了现代分子鉴定技术，揭示了类群演化与物种分化的机制，通过图鉴编著、发表文章和构建数据库的方式，显著提升了我国大型海藻知识的国际贡献率，在藻类相关的国际大科学计划中开始发挥中坚力量，为下一步引领性国际科技合作打下了坚实的基础。

四、研究团队基本情况

核心研究团队成员有5人：刘涛、祁自忠、韩茵、池姗、于亚慧。

主要完成人简介：刘涛（1975— ），研究方向为大型海藻类资源学与育种学。

（撰稿人：刘涛；审稿人：祁自忠；校稿人：张雯雯）

海带配子体克隆杂种优势苗种繁育技术

一、研究背景

自20世纪50年代，我国在国际上率先建立了海带自然光夏苗培育技术、海带筏式养殖技术以来，我国海带养殖产业不断发展，海带成了全国规模最大和沿海分布最广的海水养殖物种。21世纪以来，随着海带养殖技术的不断完善，养殖产量的增长主要来自良种的贡献。经典海带育种技术是通过选育、杂交后培育的良种进行亲本的有性繁殖来培育苗种，还无法实现细胞水平的制种，缺乏将海带良种生产从群体水平发展到细胞工程水平的技术与方法。

二、研究内容及成果

1. 建立了海带配子体克隆的悬浮培养技术

实现了亲本扩繁从海上养殖转变为室内培养；解决了配子体克隆细胞培养过程中敌害生物污染难题，建立了硅藻防控技术；建立了海带配子体克隆细胞高效破碎技术，通过超声波将无性繁殖的细胞团均匀地粉碎为13个细胞的分枝体，提高了附着能力和种质利用效率。

2. 建立了海带配子体克隆细胞固定化附着技术

实现了多种育苗基质的细胞快速附着，提高了育苗生产的可操作性；优化了海带配子体克隆雌、雄细胞组配比例，并通过不同物种和不同品系组配筛选出高产优良品种和品系。

3. 形成海带配子体克隆两系杂交苗种繁育技术体系

实现了海带杂种优势苗种的大规模生产，成为国内外大型海藻细胞工程制种生产的首个成功案例，取得了显著的经济效益。

上述研究成果发表了10余篇论文，获得核心发明专刊1项。海带配子体克隆杂种优势苗种繁育技术经过山东省科技厅组织的科技成果鉴定，被评价具有国际领先水平。"海带配子体克隆杂种优势苗种繁育技术"获2006年度高等学校科学技术奖专利一等奖。

三、重要科学发现和成果推广及影响

（一）重要科学发现

（1）突破了海带配子体克隆的细胞培养、敌害生物防控、雌雄同步发育和受精、细胞固定化等系列关键技术，首次建立了海带细胞工程制种技术体系。

（2）通过不同物种和不同品系的雌、雄配子体克隆杂交制种，培育出了两个优良的品系并应用于生产，首次实现了将海带制种和育苗合二为一，形成了两系杂交苗种繁育技术，在制种技术能力上达到了杂交水稻三系配套的水平。

（二）成果推广及影响

（1）首次实现了在生产中良种制种和育苗生产的结合，减少了海带亲本海上培育的生产环节，利用配子体克隆细胞无性繁殖避免了种质近交衰退和杂交衰退等问题，标志着我国海带制种和苗种繁育生产进入细胞工程时期。

（2）海带配子体克隆杂种优势苗种繁育技术，为培育杂交海带新品种及其制种生产建立了重要育种技术模式，成为国内外大型海藻细胞工程制种生产的成功案例。

四、研究团队基本情况

核心研究团队有教师3人：刘涛、崔竞进、包振民。

主要完成人：刘涛。

（撰稿人：刘涛；审稿人：祁自忠；校稿人：张雯雯）

"荣福"海带新品种的培育及应用

一、研究背景

21世纪初期，我国海带新品种的良种覆盖率仅为10%。海带新品种数量少（2004年前仅有1个国家水产新品种），新品种适宜养殖范围有限；新品种不耐高温，且良种繁育和养殖产业支撑能力不足，无法实现良种的全国范围内养殖推广应用。因产业链技术环节衔接不足，我国海带产业整体效益低下。良种覆盖率低以及种质技术落后等问题对下游养殖业发展产生了重大隐患；在加工利用方面，缺少可以季节性配套养殖的种类，导致阶段性收获期集中，采收、晾晒、加工矛盾集中，渔民的收益无法得到保障；海带养殖成品品质波动较大，缺少优质、高产、抗逆的海带新品种，养殖单产量逐年下降，无法形成对我国海带养殖产业健康发展的有效支撑。急需针对我国海带产业对良种以及良种产业应用技术体系的重大需求，重点研究和开发海带高产、抗逆等多性状育种技术方法，培育耐高温、高产和优质海带新品种；结合细胞生物学、分子生物学、基因工程和水产养殖技术，建立细胞-分子耦合的海带良种应用技术体系，实现新品种的良种繁育和养殖推广生产，并通过新品种及技术体系的建立和应用，构建现代良种产业应用体系，带动我国南、北方海带良种场和健康养殖基地发展，为我国海带产业可持续发展提供有力的支撑。

二、研究内容及成果

利用温度胁迫、基因差异显示技术筛选耐高温的海带配子体，并对其转化的孢子体进行加强选育和检测，提高待选种系的耐高温能力，培育出耐高温新品种（耐高温能力提高了2 ℃）。这是该技术在大型海藻抗逆育种中的首次应用。

在海带配子体克隆杂交育种的基础上，综合利用配子选择育种技术和定向选择育种技术，实现了产量性状和耐高温性状基因重组和稳定遗传，培育出耐高温、高产、优质"荣福"海带国家水产新品种，平均增产近20%，养殖生长适温达到21 ℃，养殖期延长15天以上，填补国际大型海藻抗逆、优质、高产育种工作的空白，达到国际领先水平。

利用数量性状遗传分析、形态鉴定和细胞遗传鉴定、分子标记和基因序列、经济成分分析、抗病性检测等技术方法，建立"荣福"海带新品种检定标准，解决了海带新品种推广应用中出现的遗传混杂、缺少检测检验依据的技术难题，为新品种的应用转化提供客观的考证依据。

将耐高温高产海带新品种在福建、广东等地进行了繁育和栽培，使其养殖范围由我国北方的黄海海域拓展到东海和南海海域（最南已达到北回归线以南的亚热带海域），该新品种成为我国养殖纬度最低的海带新品种。填补我国南方50年海带养殖历史上良种养殖的空白，解决了我国南方海带养殖业缺乏良种的问题。

上述研究成果发表10余篇论文，制定国家和行业标准各1项，获得国家水产新品种证书1个，支撑建设1个国家级良种场和2个省级良种场；"荣福"海带新品种的培育先后通过了山东省科技厅和福建省科技厅组织的科技成果鉴定，被评价具有国际领先水平。"'荣福'海带新品种的培育及应用"获2008年度高等学校科学研究优秀成果奖科技进步一等奖。

三、重要科学发现和成果推广及影响

（一）重要科学发现

（1）高产、优质、抗逆等重要数量性状基因多分布于特定的连锁群和区域，因此，打破种质原有的连锁群，实现多个性状基因的重组、聚合、连锁，实现其稳定遗传，是培育高产、优质、抗逆新品种的国际技术难题。本项目通过配子选择育种技术和连续筛选，培育出了耐高温、高产、优质"荣福"海带新品种，打破了原有产量和耐高温性状基因的连锁群，固定了优良性状基因，形成新的连锁并稳定了遗传性状，为实现多性状复合育种提供了技术途径和良好的育种基础素材。

（2）耐高温海带新品种的培育和应用，满足了我国海带产业对优质、高产和抗逆海带新品种的重大需求，在我国首度形成了覆盖全国主要养殖海域的产业新形式，耐高温高产海带新品种养殖范围由我国北方的黄海海域拓展到东海和南海海域（最南已达到北回归线以南的亚热带海域），该新品种成为我国养殖纬度最低的海带新品种，填补了我国南方50年海带养殖历史上良种养殖的空白。

（二）成果推广及影响

（1）"荣福"海带成为海带养殖业的主要养殖品种之一，新品种养殖覆盖面积达到全国总养殖面积的10%，使我国海带良种覆盖率提高至20%。"荣福"海带新品种推广养殖区域包括山东、福建和广东等地。自2001年开展规模化养殖示范应用以来，累计育成96.5亿株苗种，

推广养殖面积约21.2万亩,累计直接经济产值约17.7亿元,创利税约9.7亿元。

（2）以"荣福"海带新品种良种制种和扩繁为良种场建设目标,由合作企业分别建成了2个省级海带良种场和1个国家级海带良种场。上述产业基地的建设有力地促进了我国海带良种产业技术体系的发展,使海带良种场数量由21世纪初期的2个增加为5个,直接带动我国海带主产区山东和福建海带养殖业发展,使我国海带良种的纯种繁育能力增强,为产业发展做出重要的贡献。

四、研究团队基本情况

核心研究团队有6人:刘涛、宫庆礼、崔竞进、张静、王国良、刘岩。

主要完成人:刘涛。

（撰稿人:刘涛;审稿人:祁自忠;校稿人:张雯雯）

"爱伦湾"海带培育及其全产业链区域示范应用

一、研究背景

我国海带产业技术整体仍处于世界前列,尤其是在良种培育、种苗繁育、养殖技术方面领先于国外海洋生物技术大国。但在产业总体效益方面远低于日本等发达国家,其主要原因在于我国海带加工利用技术水平较低,良种、苗种、养殖、加工、化工等产业链技术环节衔接不足。良种覆盖率低、品种产量与品质性状退化速度快等问题严重影响了良种使用周期,整个产业效益无法得到提升。急需围绕着我国海带产业中产前、产中、产后链条松散,生产水平、效率与效益低下的系统性问题,将基础理论研究、应用研究与产业示范应用相结合,系统地突破和发展海带现代育种技术体系,提高育种技术水平与效率,培育高产、优质的海带新品种;建立和创制新品种的良种制种、扩繁、养殖推广技术体系,进行技术创新与应用集成,解决我国海带产业存在的产业链条脱节、良种应用效率低、生产质量不稳定、整体产业效益低等影响可持续发展的瓶颈问题,为我国海带生产方式向"质量效益型"升级转变提供产业技术模式。

二、研究内容及成果

系统地发展了海带数量性状评价、分子标记遗传分析、遗传连锁图谱构建与QTL定位、生产性能评价等种质发掘技术和方法,建立了海带现代育种技术体系,提高了育种效率;实现了叶片长度、宽度、干品率、藻胶含量等多性状高效聚合育种,创制培育出"爱伦湾"国家水产新品种,产量性状增益30%以上,藻胶含量性状提高10%以上,该新品种成为我国首个具备超高产、高褐藻胶和高必需氨基酸含量的化工原料与食品加工原料复合型海带种质。

突破了良种的核心种质构建、良法繁育与养殖技术；建立了以"爱伦湾"国家水产新品种为核心的"育繁推"一体化技术，实现了"良种"与"良法"紧密结合，解决长期以来制约我国海带产业链中产前、产中相互脱节的共性关键技术问题，降低技术风险，减少能耗，系统优化提升制种、育苗、养殖生产中的良种生产技术水平、能力与效益。

上述研究成果发表了20余篇论文，获得国家水产新品种证书1个，制定并发布海带良种地方标准3项；"'爱伦湾'海带培育及其全产业链区域示范应用"获2012年度海洋科学技术一等奖。

三、重要科学发现和成果推广及影响

（一）重要科学发现

（1）解决了海带育种研究中性状分析与评价缺少客观综合评价手段的问题，建立了一系列海带性状和生产性能综合评价工具与方法，同时发展建立了海带SSR、相关序列扩增多态性（SRAP）、目标区域扩增多态性（TRAP）等共显性分子标记技术，一方面用于群体遗传结构分析和种质分型检测，另一方面应用于遗传连锁图谱构建和QTL（基因）定位，为后续分子辅助育种（MAS）提供标靶位点和基因。建立了现代育种技术体系，使我国海带育种技术迈进分子育种时期。

（2）实现了叶片长度、宽度、干品率、藻胶含量等多性状高效聚合育种，创制培育出"爱伦湾"国家水产新品种，产量性状增益30%以上，藻胶含量性状提高10%以上，该新品种成为我国首个具备超高产、高褐藻胶和高必需氨基酸含量的化工原料与食品加工原料复合型海带种质，使我国海带遗传育种技术水平持续保持国际领先的地位与优势，并为今后的多性状复合育种提供了可靠的技术方法和良好的先导性品种。

（二）成果推广及影响

（1）突破了数量性状分子解析、生产性能综合评价、核心种质构建、多性状聚合育种等国际前沿技术，建立了海带现代育种技术体系，大幅度提高了遗传性状解析能力和育种技术水平，培育的"爱伦湾"新品种直接提升良种覆盖率10%以上，促进了我国海带养殖业良种化进程。繁育"爱伦湾"良种种苗160亿株，养殖推广30万亩，创造社会经济效益20亿元，年提供就业岗位3000余个。

（2）建立了新品种"育繁推"一体化技术，实现了良种、良法的应用实践，并系统地形成了以"爱伦湾"海带良种为核心的"良种制种—高效扩繁—健康养殖—资源综合加工利用"全产业链技术模式，大幅度提升了产业技术与效益水平，实现收入2.43亿元，提高销售收入5300万元，较传统生产方式增收效益幅度达到27%。为我国海带生产方式向"质量效益型"升级转变提供产业模式。

四、研究团队基本情况

核心研究团队成员有8人：刘涛、刘翠、金月梅、池姗、赵翠、冯荣芳、崔竞进、钱浩。

主要完成人：刘涛。

（撰稿人：刘涛；审稿人：祁自忠；校稿人：张雯雯）

海洋生物敷料膜的研究与开发

一、研究背景

20世纪70年代以后，由于烧伤、创伤病员的急剧增加（汽车、飞机失事，大宾馆、饭店、高层大厦和森林等火灾，以及民户液化气使用不当和战时火焰武器等造成），成批的大面积严重烧伤病人急需抢救，异体皮的供应又严重不足，皮肤代用品的研制工作引起了各国政府的重视。

国内外开发出的成果产品不尽如人意，不是具有排异、致敏、占位等缺点（如动物的异种皮），就是不具有促进新生上皮组织生长和自体皮植皮片存活的生长与增殖环境条件，不能提供新生上皮组织和肉芽组织的生长养分。为此，楼宝城所领导的生物材料研究所于1983年开始以从海洋生物中提取的大分子氨基多糖为材料进行海洋生物医用敷料膜的研究。

二、研究内容及临床应用情况

项目组先从创面分泌物质研究着手，将他们研制的生物敷料膜覆盖人为造成的手术创面，在创面愈合过程中进行病理组织学观察和生物化学分析。研究证实：该敷料膜与创面之间先是一种液面连接，随着创面渗出的减少，出现了一种凝胶状的纤维结合蛋白（FN）。这种纤维结合蛋白能与创面上的多种酶聚集，净化了内环境，为上皮细胞生长提供了养分，对皮肤的损伤创面起到了良好的保护和促进愈合作用。

1988年11月，在国家科学技术委员会社会发展司和国家教育委员会科技管理中心的支持帮助下，由上海瑞金医院、第二军医大学长海医院，江苏、黑龙江、山东等省级人民医院，广州红十字会医院、济南市和西安市中心医院、昆明医学院附属医院、宁波市第二人民医院、新乡市第二人民医院、邯钢总医院、青岛市市立医院、香港基督教联合医院等20所医院的烧伤科、创伤骨科，对烧、创伤病人各类创面和手创伤进行了临床研究，共历时两年，将所研制的生物敷料膜应用于786例烧伤病人，总有效率为90%以上，且在临床研究中，发现其具有促进表皮细胞生长，加快创面愈合作用，不占位，无排斥和过敏反应等不良反应，是当时国内外一种较好的创面覆盖物。

1989年初，楼宝城教授与香港基督教联合医院李良平博士又经过五年的研究，发明了治疗指端损伤的"护创指套"，他们发现它不但能治疗单纯的指端软组织缺损，而且能治疗较严重的指端损伤，包括软组织碎裂、开放性骨折、甲床缺损等。通过"护创指套"的治疗，损伤的指端外形及手指皮肤的感觉功能恢复至接近正常，且对损伤的指端早期有止血、止痛、消炎及促进上皮生长及伤口愈合的作用，还能使残留的甲床及指甲增长到近原形。

三、成果鉴定及影响

用甲壳胺为基本材料制造人工皮肤的技术在20世纪80年代后期达到国际先进水平。用此人工皮肤在治疗烧伤等方面居国内领先地位。1988年5月由山东省医药管理局主持鉴定。

1991年11月25日，国家医药局主持通过工厂化中试生产鉴定。

1993年9月1日，卫生部主持通过商品化生产的鉴定，产品被卫生部批注定为"海肤康"皮膜。

1994年3月14日，以中国科学院院士、北京积水潭医院院长王澍寰教授为首的专家组成的评估委员会，聚集北京人民大会堂，受卫生部科技司的委托，对项目进行了评估。评估结论：该产品系楼宝城教授严格按照国家海洋生物制品的有效标准研制成功的具有国际先进水平的新技术产品。为此，卫生部颁发了1994年科技成推字第01号卫生高新技术推广证书。

该项目获得1988年山东省首届发明展览一等奖、北京国际发明展览会铜牌奖、广州首届国际专利和新技术设备展览会金牌奖；1989年获国家教委科技进步二等奖，1991年获国家技术发明三等奖，1988年获布鲁塞尔第37届尤里卡世界发明金牌奖。

四、研究团队基本情况

研究团队主要成员有楼宝城、林华英、刘万顺、张文君等。

主要完成人简介：楼宝城（1935—2011），研究方向为人工皮、组织学、胚胎学、细胞学等领域。

（资料收集与组稿：赵瑞红；审稿人：林华英；校稿人：张雯雯）

海洋医用材料创新研究与应用

一、人工皮肤等方面研究

1979年，刘万顺受南京大学生化专业酶学专家朱德煦教授指点，在学校开展了海洋生物酶的制备及经济海藻紫菜单细胞、原生质体酶法制备与育苗养殖研究。1982年，生物系楼宝城、林华英两位教师组织开展了"治疗烧伤用人工皮肤"研究，刘万顺承担了其中以虾蟹壳制备生产壳聚糖的工艺研究、人工皮肤生产设备的加工制造研究，参加了人工皮肤膜生产技术和质量控制研究，在学校的大力支持下，成立了青岛海洋大学生物材料研究所，为相关研究与开发打下坚实基础。

1984年，"海螺酶Ⅰ号、Ⅱ号的制备、性质和应用研究"项目通过了技术成果鉴定，并获得山东省科技进步二等奖。学校海藻遗传研究室戴继勋教授在紫菜酶法育苗技术上又做了大量深入研究和推广。1988年，参加的"864-人工皮肤"项目通过了技术成果鉴定，在国内外烧伤界引起了广泛关注。

二、甲壳素/壳聚糖研究与开发

在甲壳素/壳聚糖研究与开发方面,建立了多种甲壳素/壳聚糖衍生物的制备工艺,其中,氨基葡萄糖盐酸盐制备技术、N-乙酰氨基葡萄糖制备技术在山东、江苏等多家企业进行了技术推广服务。1992年申请并获授权的国家发明专利"一种生产6-O-羧甲基壳聚糖的工艺",是对壳聚糖进行化学改性制备了水溶性的羧甲基壳聚糖,为甲壳素/壳聚糖及其衍生物在生物医用材料、保健食品、化妆品等领域的应用奠定了重要技术基础。

在承担国家"八五"科技攻关项目"抗皮肤溃疡海洋药物研究"中,研制了治疗烧伤的"海明烧伤膏",1997年该项技术成果转让新加坡。1998年与青岛海源化妆品有限公司合作开发了具有海洋特色的"海洋丽姿化妆品",产品上市后受到了广大消费者的喜爱,荣获青岛市名牌产品,为地方经济发展做出重要贡献。在承担国家"九五"科技攻关项目"治疗胃溃疡海洋新药的研究"中,研制了治疗胃溃疡的"胃可安胶囊",完成了临床前研究工作,2000年该项技术成果转让山东海汇生物技术股份有限公司,获得临床试验批文。在承担国家"十五"科技攻关项目"壳寡糖规模化生产工艺及其应用研究"中,通过微生物筛选,研究开发了高活力壳聚糖酶,实现了酶法水解壳聚糖制备壳寡糖技术的产业化,小分子壳寡糖人体吸收利用好,具有多种生物活性,先后与青岛两家企业合作开发了多种保健食品,形成数亿元的市场销售额。在承担国家"十五"863项目"新型甲壳质衍生物在角膜、骨组织工程中的应用研究"中,研究了甲壳素/壳聚糖衍生物在组织工程角膜和骨修复材料的应用,奠定了海洋生物医用材料发展的重要基础。在参与完成国家"十一五"863课题中与青岛博益特生物材料股份有限公司合作,研制了基于壳聚糖的可吸收手术止血材料,这种材料可在体内降解吸收,安全性好,获批国家三类医疗器械产品注册证;山东省科技厅对该项技术组织了技术成果鉴定,专家认为技术成果达国际领先水平,核心技术具有发明专利权授权;产品广泛用于临床肝胆外科、妇科、骨科、胃肠外科等的手术止血,其止血效果优于国际知名品牌的手术止血材料。之后又成功开发了治疗慢性溃疡的"愈创纱""愈创膏"产品,这些产品成为企业核心产品,为扩大就业和经济发展做出贡献。

围绕甲壳素/壳聚糖研究,获得国家发明专利约30项,获得国家发明三等奖、山东省技术发明二等奖、教育部科技进步二等奖、国家海洋局科学技术一等奖和二等奖、青岛市科技奖等省部级以上科学技术奖励8项。几十年的技术沉淀、成果转化、人才培养,使海洋生物医用材料研究成为海洋生命学院的重点发展方向,推动了我国海洋生物医用材料的发展。

三、研究团队基本情况

研究团队有教师7人:刘万顺、韩宝芹、彭燕飞、杨艳、常菁、蒋志雯、迟金华。

主要完成人简介:刘万顺(1950—　),研究方向为海洋生物活性物质、生物医用材料、生化制品。

（撰稿人:韩宝芹;审稿人:刘万顺;校稿人:张雯雯）

腹毛目纤毛虫的细胞发生学及若干海洋危害种的基础生物学研究

纤毛虫原生动物是最复杂和最高等的单细胞真核生物,其中的许多类群在海洋环境中与赤潮发生、水产养殖中的饵料培养、养殖动物的病害、多污环境中的水质净化、水环境中微型食物环当中的物质循环和能量流动均具有密切的关系。此外,由于纤毛虫具有两型核、复杂的细胞发生过程和独特的接合生殖方式,在分子生物学、细胞生物学研究和核–质关系的研究上均具有重要的研究价值。

研究人员于2000年1月至2001年7月对主要以黄岛为固定采样地点的青岛沿岸贝类养殖/育苗水体中危害性纤毛虫的区系开展了调查,共检获63种。本研究就其中的41种做了深入的细胞发生学和形态分类学研究,其分别隶属于纤毛门中7个目(原纤目、前口目、侧口目、盾纤目、缘毛目、寡毛目和腹毛目)24科32属,包括1个新属(拟双棘虫属, *Parabirojimia* nov. gen.)、8个新种〔蛤仔菲阿虫(*Phialina ruditapes* nov.spec.)、巨大裂口虫(*Amphileptus magna* nov.spec.)、谭氏尖颈虫(*Trachelostyla tani* nov.spec.)、相似拟双棘虫(*Parabirojimia similis* nov.spec.)、红色趋角虫(*Thigmokeronopsis rubra* nov.spec.)、扇贝聚缩虫(*Zoothamnium chlamydis* nov.spec.)、青岛伪角毛虫(*Pseudokeronopsis qingdaoensis* nov.spec.)和异佛氏全列虫(*Holosticha heterofoissneri* nov.spec.)〕及12种国内新记录。其中,贝类共栖/寄生的盾纤类5种,缘毛类3种,前口类1种,腹毛类2种,自由生浮游种类12种,周丛生18种。

作为本研究的核心内容,研究人员研究了11个代表种在无性生殖期间的皮膜和纤毛器的演化和发生规律,揭示了若干发生学新现象。

主要内容和新的发现:

(1)揭示了相似拟双棘虫中横棘毛发生上来自额–腹–横棘毛原基和部分右缘棘毛原基的后端这一独特的起源方式,在国际上首次建立了该属/种的个体发生模式,并且依据发生学资料结合纤毛图式特征,建立了一个新属——拟双棘虫属。

(2)美丽腹柱虫前仔虫口器形成过程中独特的"拼接式"以及缘棘毛原基的独立发生也是该属动物发生学研究中的新发现。本研究表明,在尖毛虫科中通常表现出的特点(如老口器完全保留或全部更新,背触毛的两组发生式,即其中第一组原基出现在老的结构当中,且通常第3列原基在后部发生断裂,并由新原基之后端产生一根尾棘毛以及缘棘毛原基的"原位发生"),在美丽腹柱虫中均没有表现出来,后者却表现出一系列"低等腹毛类"所具备的特点。本属中已知的斯坦腹柱虫、后枝腹柱虫和小腹柱虫在口器和体纤毛器的发生上均与其他高等尖毛虫完全类似。因此,本研究系对腹柱虫属细胞发生模式的补足,同时在发生学上支持了将腹柱虫属从尖毛虫科中独立出来而单独建立腹柱虫科的观点。

(3)对3种全列虫的发生学研究涉及该属中的3种口器发生类型、2种额–腹–横棘毛和2种缘棘毛发生形式以及2种背触毛发生模式,其中,玻氏全列虫中前仔虫口器的"拼接式"发生为全列虫属中少见的现象,目前仅在相似全列虫中有过报道,但在后者中前仔虫口原基为"原位"发生,不同于本种中的"独立"发生。而对玻氏全列虫中背触毛起源于背面两组形态迥异的原基这种独特的"两组发生式"现象的揭示为迄今在腹毛目的发生学研究中的首例报道。该结果对于探讨相近类群的发生多元性具有重要的意义。全列虫这种在发生模式上的多样性可能表明该属在进化上并非单系发生，而是来自不同祖先。

（4）对美丽伪角毛虫和红色伪角毛虫无性生殖期间细胞发生全过程进行跟踪，结合与其他同属种的比较，对该属动物之纤毛器的分化予以发生学上的认定。而且，伪角毛虫在细胞发生过程中核行为上的独特性最终确立了其作为独立的科/属在尾柱亚目中的系统地位。本研究为此方面提供了又一例证。

（5）同样，最先报道了腹棘虫属中棘毛的"多原基发生"和后仔虫口原基在皮层表面形成等明显不同于其他游仆类的发生学特征，从而首次在发生学上对该科属的系统地位提出了质疑。

（6）揭示了海洋伪卡尔虫中波动膜原基发育的独特性，即其在细胞无性分裂的后期并不纵裂为口侧膜和口内膜，而仅为单片膜。缘棘毛在"正常"和"非正常"的细胞中分别以不同的方式产生亦为迄今腹毛目中罕见的发生现象。

（7）在发生学上证实了拟武装类嗜污虫中第2小膜右侧的两列毛基粒与"锯齿状"口侧膜的同源性，明确了类嗜污虫属中口侧膜实则由两相分离的部分组成。根据其口器发生模式与嗜污虫存在明显不同而与尾丝虫科内的各属基本相似的事实，将其从其所在的嗜污虫科转移至尾丝虫科。

（8）依据对红色趋角虫无性生殖期间细胞发生的观察，对照有关其他趋角虫形态发生的描述，本研究没有发现明显的发生学差异，这说明趋角虫属各种间具有非常稳定的个体发生模式。

基于本研究撰写的博士学位论文（作者：胡晓钟，指导教师：宋微波）获2004年全国优秀博士学位论文奖（提名）。

（撰稿人：胡晓钟；校稿人：黄鲁粤）

青岛沿海管口目纤毛虫的分类学研究及科属级阶元的系统修订

一、本研究的系统学部分

汇集了国际上迄今有关管口目系统分类学和目下阶元（科、属、种）描述等方面的文献，对约40个已知属级阶元及同物异名进行了全面的新定义及清理。同时根据简约性原则，探讨了目内形态特征的进化与分化，探讨了各属间的亲缘关系，进而对目内系统做了新的修订。主要工作包括（以Lynn & Small 2002年的系统为参照系）：

（1）将目下40个属分别归入3个亚目（斜管亚目、齿管亚目、偏体亚目）内的10个科（斜管科、腹管科、冰原科、齿管科、林奇科、科偌科、边毛科、宽管科、哈特曼科、偏体科）中，并给出了各阶元（亚目、科、属）基于纤毛图式资料的新定义及检索表。

（2）依据小腺的有无及纤毛图式特征，尤其是口纤毛器的排布方式等性状，将轮管虫属与前平虫属从原来的边毛科分别调整到齿管科与林奇科中。同时，将扁管虫属从扁管科移入斜管科，将宽管虫属和毛足虫属从哈特曼科移入宽管科中。将原来分类地位不明的类偏体虫属与近轮毛虫属归入偏体科，将篷管属归入哈特曼科。

（3）建立了一个新属——维尔伯特虫属（*Wilbertinella* nov.gen.）：林奇科新成员，体卵圆形；口动基列呈横向"Y"字形，左区体纤毛列后端缩短，于体后构成一明显的空白区；右区前伸的纤毛列被口动基列截断，并经口前弯向体左侧；左右纤毛列区在口后腹中线处无明显间隔；无小腺或附着器。模式种：*Parachilodonella distyla* Wilbert，1971。

（4）根据国际动物命名法规，重建了裸记名称腹沟虫属（*Coeloperix*）与环毛虫属（*Trochilioides*），分别厘定了各属的定义及模式种：*Coeloperix dirempta* Deroux，1970与*Trochilioides recta* Kahl，1928。

二、本研究的形态分类学部分

于2001年9月至2004年9月利用载玻片法自青岛沿海采集管口目纤毛虫，结合活体观察和银染法对其形态学及纤毛图式等进行了研究，共分离、鉴定出30种，隶属于3个亚目6个科的17个属。主要工作包括：

（1）建立了6个新种：斯雷腹沟虫（*Coeloperix sleighi*）、德氏哈特曼虫（*Hartmannula derouxi*）、中华布鲁克林虫（*Brooklynella sinensis*）、南极偏体虫（*Dysteria antarctica*）、巨大偏体虫（*D. magna*）、德氏偏体虫（*D. derouxi*）。

（2）对国际间迄今不详的8个种之纤毛图式做了首次报道，给出了种的新定义并建了新模式。这8个种为卡氏拟篷体虫（*Chlamydonellopsis calkinsi*）、冠偏体虫（*D. cristata*）、小偏体虫（*D. pusilla*）、长偏体虫（*D. procera*）、马氏偏体虫（*D. marioni*）、半月偏体虫（*D. semilunaris*）、梳状偏体虫（*D. pectinata*）、偏体毛足虫（*Trichopodiella dysteria*）。

（3）依据青岛种群对17个已知种做了重描述并补充了统计数据。这17个种为钩状斜管虫（*Chilodonella uncinata*）、海洋伪斜管虫（*Pseudochilodonopsis marina*）、伪钩管篷体虫（*Chlamydonella pseudochilodon*）、德氏篷体虫（*Chlamydonella derouxi*）、摩涅齿管虫（*Chlamydodon mnemosyne*）、斜带齿管虫（*Chlamydodon obliquus*）、三角齿管虫（*Chlamydodon triquetrus*）、细小哈特曼虫（*Hartmannula angustipilosa*）、橄榄宽管虫（*Aegyriana oliva*）、单柱偏体虫（*Dysteria monostyla*）、乙状轮毛虫（*Trochilia sigmoides*）、彼氏轮毛虫（*Trochilia petrani*）、小轮毛虫（*Trochilia minuta*）、阿氏直毛虫（*Orthotrochilia agamalievi*）、环毛虫（*Trochiloides* sp.）、海滨类偏体虫（*Agnathodysteria littoralis*）、尖绒毛虫（*Microxysma acutum*）。

基于本研究撰写的博士学位论文（作者：龚骏，指导教师：宋微波）获2007年全国优秀博士学位论文奖。

（撰稿人：龚骏；校稿人：黄鲁粤）

不同模式"液质"联用技术用于陆源及海洋天然药物分析

"液质"联用技术包括高效液相色谱–电喷雾飞行时间质谱（HPLC-ESI-TOF/MS）、高效液相色谱–大气压化学电离质谱（HPLC-APCI-MS）、高效毛细管电泳–电喷雾飞行时间质谱（HPCE-ESI-TOF/MS）、超高效液相色谱–电喷雾串联质谱（UPLC-ESI-MS/MS）等。本研究将不同模式"液质"联用技术用于普通分析方法难以测定的复杂天然药物研究中，并成功建立快速分析、鉴别陆源及海洋药用生物中活性成分的方法学，以解决几种典型陆源和海洋天然药物已知、未知活性成分鉴别困难的难题，为我国陆源及海洋天然药物现代化研究进程的加速提供强大的技术推动力。研究内容与所得结果如下：

（1）对我国中药现代化、海洋药物现代化研究以及不同色谱–质谱联用技术相关的概念、理论和国内外研究现状进行了简要的介绍和评述。

（2）首次将加速溶剂萃取技术（ASE）用于中药材娑罗子和黄连有效成分的提取研究。ASE是近年来发展起来的一种全新的萃取技术，具有自动化程度高、萃取时间短、溶剂用量少、萃取效率高等显著特点。目前已逐渐应用于中药现代化研究领域，成为中药有效成分色谱分析样品前处理的强有力手段。

首先，探讨用ASE提取娑罗子中七叶皂苷的可行性，并比较该方法相比于回流和超声提取法的优越性。以娑罗子中四种七叶皂苷的提取率为指标，采用HPLC法测定，用单因素考察法对ASE从娑罗子中提取七叶皂苷的工艺条件进行优化。其次，以黄连中四种主要生物碱的提取率为评价指标，采用正交设计实验对用ASE从黄连中提取生物碱的工艺条件进行优化，并与回流和超声提取法进行比较。对比实验结果表明采用ASE提取四种主要生物碱的提取率均高于传统方法。由此可知，ASE是娑罗子皂苷及黄连生物碱类化合物快速、高效提取的有效方法。

（3）采用HPLC-ESI-TOF/MS对中药材娑罗子和莲子心中的活性成分进行分析。

首先，建立娑罗子中四种主要七叶皂苷定量测定的高效液相色谱–紫外光谱法（HPLC-UV），探讨四种七叶皂苷电喷雾质谱分析裂解规律，并对娑罗子中的其他七叶皂苷类化合物进行鉴别。在选定的色谱条件下，七叶皂苷类化合物得到较好的分离，方法的精密度、重复性、稳定性均良好。通过ESI-TOF/MS分析获得娑罗子中各皂苷成分的精确相对分子质量和分子式，采用质谱碰撞诱导解离技术获得各化合物碎片裂解信息，从而阐明了四种主要七叶皂苷的电喷雾质谱裂解规律，结合文献还对娑罗子中的14种皂苷类化合物进行了初步鉴定。其次，建立了加速溶剂萃取–高效液相色谱–二极管陈列–电喷雾飞行时间质谱（ASE-HPLC-DAD-ESI-TOF/MS）分析莲子心中生物碱类化合物的方法，在选定的最佳仪器条件下，鉴定了莲子心提取物中的六种生物碱。本部分研究结果表明HPLC-ESI-TOF/MS是娑罗子皂苷类化合物、莲子心生物碱类化合物快速鉴别的有效技术。

（4）率先将HPCE-ESI-TOF/MS用于分析黄连中的八种生物碱类化合物。

使用未涂层石英毛细管，优选出三种电解质溶液，并对联用技术的仪器工作条件进行了优化。在此基础上,进行黄连提取物的高效毛细管泳–二极管陈列(HPCE–DAD)分析,黄连中的八种生物碱均能获得良好的分离结果;进行黄连提取物的HPCE–ESI–TOF/MS分析,能对黄连中的八种生物碱进行快速鉴别。此外,还建立了黄连中三种主要生物碱(小檗碱、巴马汀、药根碱)的HPCE–DAD测定方法,该方法的精密度、重复性、稳定性均良好。综上所述,说明HPCE–ESI–TOF/MS联用技术是快速分析鉴定黄连中生物碱类化合物的强有力工具,在中草药生物碱类化合物鉴定研究中具有很强的适用性。

(5)首次采用UPLC–ESI–MS/MS对黄连中生物碱类化合物进行分析。

采用BEH C$_{18}$色谱柱,以乙腈–水(含0.5%的乙酸和2□毫摩尔/升的乙酸铵)为流动相,梯度洗脱,于波长350纳米处检测,能获得较好的分离结果,可作为黄连中生物碱类化合物含量测定的检测方法。采用ESI–MS/MS对黄连提取物中的生物碱类化合物进行鉴别,通过获得各生物碱的一级、二级质谱图,推测各生物碱的质谱裂解规律,结合相关文献,对黄连中的八种生物碱进行快速鉴别。另外,还建立了ESI–MS/MS测定黄连中三种生物碱的分析方法,结果表明,MS/MS检测器的灵敏度明显高于PDA检测器,更高于HPCE–DAD法,适于低浓度黄连生物碱的分析测定研究。此外,还对黄连生物碱UPLC指纹图谱进行了探索,UPLC指纹图谱和HPLC指纹图谱相比,大大缩短了指纹图谱的分析时□,有望解决HPLC指纹图谱分析时间过长的难题。

(6)采用HPLC–APCI–MS对烟叶、灵芝和川芎中的活性成分进行分析研究。

首先,建立烟叶中茄尼醇定量测定的HPLC–UV分析方法,对烟叶样品皂化及超声提取处理后,采用反相HPLC测定。结果表明,该方法操作简便、灵敏度高,重现性好,可作为检测烟叶中茄尼醇含量的一种方法。另外,对茄尼醇APCI–MS分析条件进行了系统优化,建立了HPLC–APCI–MS测定茄尼醇的方法,并与ESI–TOF/MS进行了比较;通过比较茄尼醇的ESI–TOF/MS和APCI–MS的质谱分析特征可以发现,茄尼醇在ESI源分析中的信号强度远远小于在APCI源分析中的信号强度,说明APCI源更适于茄尼醇的定量分析。其次,采用HPLC–DAD和HPLC–APCI–MS对灵芝中的三萜类化合物进行了分析。用DAD检测器记录各个色谱峰的紫外吸收光谱,采用APCI–MS进行在线同步分析,记录总离子流色谱图(TIC)和各个色谱峰的质谱图,通过紫外光谱及质谱分析并与文献对照初步鉴定了灵芝中的32个三萜类成分。再次,建立川芎生药HPLC特征指纹图谱分析方法,并采用HPLC–DAD–APCI–MS对川芎提取物中活性成分进行快速鉴定。

结果表明,本研究所发展的色谱方法精密度、重复性、稳定性良好,采用APCI–MS共计鉴定出川芎甲醇提取物中10种有效成分。综上所述,HPLC–APCI–MS是测定天然产物中极性较小、电喷雾质谱不易分析的化合物的有力工具。

(7)采用体外DPPH(1,1–二苯基苦基苯肼)抗氧化模型对海马提取物的抗氧化性质进行评价,并建立小海马HPLC特征指纹图谱,用于小海马药材的鉴别及质量评价。

首先,利用离线DPPH抗氧化评价体系,对海马不同提取物清除DPPH自由基的能力进行比较,结果表明海马水提物清除DPPH自由基的能力最强,在此基础上又探明了海马水提物清除DPPH自由基能力随时间和浓度的变化规律,为研究海马抗氧化活性提供了科学依据。其次,依据抗氧化活性实验结果,建立了海马水提物HPLC特征指纹图谱分析方法;在选定的最佳色谱条件下,海马水提物中大部分化合物达到基线分离,方法的精密度、重复性、稳定性良好；对10批小海马样品进行分析，建立小海马药材HPLC指纹图谱，采用中药指纹图谱相似度计算软件，对小海马进行真伪辨别和质量评价，结果表明该方法简捷、有效，是小海马药材鉴别及质量控制的有效方法。

（8）将基于HPLC在线清除DPPH自由基活性快速筛选自由基清除剂的方法与ESI-TOF/MS结合，发展一种复杂天然产物中抗氧化活性成分在线筛选、鉴别的技术体系，并用于中草药金银花、海洋药物海马提取物中抗氧化活性成分的快速筛选、鉴别。

本部分研究所发展的HPLC-ESI-TOF/MS-DPPH技术体系，适用范围广、操作简单、可靠性高，还可以用于评价抗氧化成分的抗氧化效果。利用该方法从金银花醇提物中筛选出四种具有明显抗氧化活性的化合物，结合文献和数据库可对其进行鉴定；从海洋药物小海马中筛选出一种具有明显抗氧化活性的化合物，为研究海马水提物抗氧化活性提供了更可靠的科学依据。

综上，本研究针对不同天然药物所含活性成分的结构特点，发展了多种色谱-质谱联用技术，解决了几种中药（娑罗子、莲子心、黄连、灵芝、川芎等）及海洋药物小海马研究中存在的一些难题，为陆源中草药及海洋药物活性成分的快速分离、鉴别、筛选、测定提供了一系列新方法。此外，探索了ASE用于天然药物微量有效成分提取的可行性，证明了ASE在天然药物成分色谱分析样品前处理研究领域具有很强的实用性。

基于本研究撰写的博士学位论文（作者：陈军辉，指导教师：王小如）获2010年全国优秀博士学位论文奖（提名）。

（撰稿人：陈军辉；校稿人：黄鲁粤）

斑马鱼母源性补体因子的传递和免疫功能以及补体系统的个体发育

多数鱼类卵子体外受精，胚胎在体外充满大量各种微生物的环境中发育。此外，鱼类胚胎在孵化时，淋巴系统仍在发育之中，其合成免疫相关成分的能力有限。鱼类胚胎是如何抵抗各种微生物感染而存活下来的？这是鱼类生殖和发育免疫学的中心议题之一。已有证据表明：鱼类卵子中存在母源性免疫因子，如IgM、溶菌酶、凝集素和补体C3等。然而，关于这些母源性免疫成分（特别是补体成分）的功能尚不清楚。本研究主要围绕母源性补体因子的传递及其功能、补体系统的个体发育和成熟等方面展开。

研究了斑马鱼（*Danio rerio*）母源性补体的免疫功能及其作用机制。首次通过体外实验证明了革兰氏阴性菌大肠杆菌能够被斑马鱼受精卵的胞浆（即卵子提取物，也叫无细胞体系）所杀灭。这些结果表明，斑马鱼母源性补体系统在卵子的溶菌活性中起重要作用。首先，在斑马鱼卵无细胞体系中加入一定浓度的C3抗体，使补体C3沉淀失活，能够显著降低其抑菌活性，而C3正是所有补体激活途径中的关键因子。另外，将斑马鱼卵无细胞体系在45 ℃水浴30分钟后，其抑菌活性也显著降低，而该温度足以使鱼类的补体灭活。

通过补体途径的抑制实验证明，斑马鱼早期胚胎主要通过替代性补体激活途径来发挥溶菌作用。第一，在斑马鱼卵无细胞体系中加入适量C1q（经典途径关键成分）抗体和C4（同时参与经典途径和凝集素途径）抗体分别沉淀C1q和C4后，卵子胞浆的溶菌活性并未发生明显变化，而加入Bf（仅在替代途径中起重要作用）抗体使Bf沉淀却能够显著降低卵子胞浆的溶菌活性。第二，在斑马鱼卵无细胞体系中加入EDTA螯合Ca^{2+}而抑制经典途径和凝集素途径对卵子胞浆的抑菌活性并无显著影响，而加入EDTA同时螯合Ca^{2+}和Mg^{2+}使替代途径受到抑制后，溶菌活性则显著降低。第三，在EDTA处理过的斑马鱼卵无细胞体系中补充足量Mg^{2+}可以在一定程度上恢复卵子胞浆的溶菌活性，而补充Ca^{2+}却不能使溶菌活性得到恢复。第四，在斑马鱼卵无细胞体系中加入经典途径特异性抑制剂L-赖氨酸对卵子胞浆的抑菌活性几乎没有影响，而加入替代途径的特异性抑制剂酵母聚糖则能够在很大程度上降低卵子胞浆的溶菌活性。

研究了母源性补体成分的传递及其对后代的免疫保护作用。实验表明，斑马鱼母源补体因子可以传递给胚胎并在胚胎的抗感染作用中起重要作用。第一，用灭活的嗜水气单胞菌免疫雌鱼不仅能提高亲鱼体内补体关键成分C3和Bf的含量，还能显著提高其所产生的卵子中相应蛋白含量，说明母源性补体可以传递给后代。第二，雌鱼免疫后不仅亲鱼体内的补体活性升高，其所产卵子中的补体活性也相应升高，说明传递给后代的母源性补体具有功能活性。第三，胚胎攻毒实验表明免疫亲鱼所产后代的死亡率显著低于未免疫亲鱼所产后代的死亡率，说明母源传递因子具有免疫功能。第四，向正常斑马鱼胚胎中注射补体C3和Bf抗体后，胚胎的抗感染能力明显降低，这就从侧面说明补体C3和Bf参与早期胚胎免疫。

研究了斑马鱼补体系统的发生与成熟。除补体因子C6外，所有目的基因在孵化前的表达量都很低，孵化后则明显升高；而补体C6（参与溶解途径）在新受精卵中大量表达，之后其表达水平迅速降低，孵化后逐步回升。此外，参与替代途径的Bf表达水平一直高于参与经典途径的C1r/s和C4，说明在斑马鱼胚胎发育和早期胚后发育过程中替代途径比经典途径更为重要。

以LPS感染胚胎/幼鱼后，参与替代途径的C3和Bf的表达水平在孵化后迅速上调并超过对照组；参与经典途径和凝集素途径的C1r/s和MASP的表达水平却没有升高，甚至有所降低；同时参与经典途径和凝集素途径的C4的表达水平在胚胎发育早期呈下调趋势，之后其表达水平维持在与对照组同等水平并略有波动；参与凝集素途径的MBL的表达水平在受精后18天之前与对照组无显著差异，但此后却开始显著上调。由此研究人员推测斑马鱼的替代性补体系统可能从胚胎孵化后逐渐发育成熟并获得免疫活性。另外，参与溶解途径的C6基因的调控模式比较特殊，在孵化前其表达水平显著下调，孵化后不久又迅速上调，可能意味着LPS感染促进了卵中母源性C6mRNA的大量消耗。从胚胎到3周大小的幼鱼，C1r/s和C4的表达水平几乎不受LPS感染的影响，说明补体经典途径可能仍在发育之中，而关于凝集素途径的发育还有待深入研究。

基于本研究撰写的博士学位论文（作者：王志平，指导教师：张士璀）获2010年全国优秀博士学位论文奖（提名）。

撰稿人：王志平；校稿人：黄鲁粤）

纤毛虫重要类群的细胞发生模式研究

　　纤毛门原生动物由于具有独特的接合生殖方式、高度特化的细胞器结构以及分司不同功能的两种核型而在细胞生物学、真核生物遗传学以及生物进化等研究领域，尤其是在"细胞分化与反分化"这一生命基本命题探讨中具有特别的研究价值和意义。因此，当今对纤毛虫原生动物的细胞发生学研究始终是广义的动物学研究中活跃的领域之一。国际上近20年的研究表明：即便在研究最为"彻底的"的广义"腹毛类"内，仍有大量类群处于未知、半知甚至空白状态，大量探索性研究等待深入开展。

　　本研究选取了15个具有典型发生学代表性的种类为材料，分别隶属纤毛门内2纲8目13科，研究涉及了国际间迄今模式研究空白、发生学过程长期残缺或不详的细胞发生模式、皮膜及核器演化、部分所代表类群的系统关系探讨以及新系统构建，揭示了一系列新的发生学现象并澄清了若干发生学上的悬疑问题，填补了相关类群的多项空白。主要成果包括：

　　（1）在对代表种类凯毛虫、原盘头虫等个体发生学研究、比较以及小核糖体亚基单位（SSU rRNA）基因序列分析的基础上，将原腹毛类（亚目）升格为亚纲，将盘头类升格为目，并将其亚纲级隶属关系做了变更（移至排毛亚纲内），确立了尖颈虫科、双轴虫属和偏角毛虫属的系统地位。

　　（2）首次揭示并建立了1个亚纲（原腹毛亚纲）、1个科（尖颈虫科）、5个属（原盘头虫属、偏角毛虫属、双轴虫属、哈特曼虫属、突口虫属）的细胞发生模式，同时对迄今存在误释、缺失或不详的后尾柱虫属、齿管虫属、双眉虫属、伪小双虫属等4个属的发生模式做了修正和补足。

　　（3）完成了对海洋凯毛虫个体发生学的详细追踪，首次阐明了本属细胞发生过程中的"所有棘毛均参与新原基的构建""前后仔虫波动膜来自同一由老波动膜反分化而来的原基""棘毛原基与背触毛原基混杂"等极其独特的发生学现象，此为迄今在旋唇类纤毛虫发生学研究中的首例报道。这一现象也揭示了凯毛虫代表着低等的异毛类向高等的腹毛类进化的一个过渡型，把原本认为没有任何联系的异毛类和腹毛类有机联系在一起，从而为确定上述3个类群间真实的演化和隶属关系提供了重要的依据。据此结合分子信息建立了新亚纲，即原腹毛亚纲。本研究全面解决了从20世纪后半叶以来对凯毛虫科系统定位及其与腹毛类等亚纲间的系统关系长期存疑的问题。

　　（4）对博罗原盘头虫的细胞发生学和系统学进行的研究表明，盘头类纤毛虫代表了一个介于广义游仆类和排毛亚纲之间的过渡类群：其后仔虫口原基、缘棘毛原基、波动膜以及背触毛原基的发育与排毛类相类似，而尾棘毛的产生则是典型的游仆类模式。据此推断：盘头类与排毛类具有更为接近的亲缘关系，并提议将其归入排毛亚纲。此外，鉴于其特殊的发生学特征和系统地位，本研究建议将盘头亚目提升为一个目级阶元。

　　（5）对条形尖颈虫发生模式的研究，填补了该科、属发生学的研究空白，首次详细地给出了其无性分裂期的基本发生模式，证实了该科的细胞发生属于FVT棘毛的5-原基发生模式，表明了尖颈虫科与尖毛虫科具有较近的亲缘关系；由于其存在前仔虫口原基、棘毛原基独立发生、老口围带完全被吸收、独特的背触毛原基以及尾棘毛发生模式等特征，证实了尖颈虫代表了一个独立的科级阶元；此外，在与尖颈虫科内的殖口虫属的发生学进行比较研究基础上，鉴于后者典型的尖毛虫发生模式，而明确将其重新归入尖毛虫科。

（6）对厚偏角毛虫和卵圆偏角毛虫细胞发生过程口大核低度融合、缘棘毛和背触毛原基独立发生以及中腹棘毛列相互分离等特征的揭示，对于探讨相近类群（伪角毛虫属、趋角毛虫属）的发生多元性具有重要意义，并为伪角毛虫科的系统演化及科下分组提供了重要依据，本研究同时确立该偏角毛虫属（新属）的地位。

（7）首次报道了双轴虫属的发生模式。鉴于本属缘棘毛原基发生及演化过程中所表现的罕见特征，研究人员对双轴虫属给出了新定义并且揭示了其与伪尾柱虫属较近的亲缘关系，进一步确立了双轴虫属长期争议的系统地位，将其归入伪尾柱虫科。进而探讨和整理了伪尾柱虫科的基本发生模式，并澄清了对该科在系统进化中所表现的相关趋同现象的错误理解。由此，对双轴虫属做了新定义：具明确分化的独立额棘毛及额棘毛、口棘毛各一列，具横棘毛和额前棘毛，尾棘毛缺失；右缘棘毛单列，左缘棘毛多列并由在老结构外产生的独立原基发育而来。

（8）对泡状伪小双虫和拉氏伪小双虫的皮层演化过程进行了详细的重新研究，弥补了前人工作中若干发生学细节的缺失。表明本属中此两个已知种在前仔虫口原基的发育以及额－腹－横棘毛原基的产生上有显著的差异，据此证明伪小双虫属内发生模式呈较高的多态性，从不同侧面丰富了人们对属内种间细胞结构分化以及发生学差异度的认知，也为探讨属内发生学保守性提供了新资料。

（9）对中华后尾柱虫的发生学研究表明，尽管被归入后尾柱虫属（即与属内其他种具有相同或相似的纤毛图式），但本种在发生学上具有三个独有特征：大核在发生过程中形成单一的融合体；无额外腹棘毛列的形成阶段；中腹棘毛列从未延伸至虫体末端。鉴于发生过程中的大核行为，后尾柱虫属可能系伪角毛虫科与全列虫属之间的一个过渡类群，并与全列虫属有着较近的关系。

（10）对中华哈特曼虫的细胞发生进行了详细的追踪研究，建立了属级发生模式，并证明了管口类科属间口器发生的高度稳定性，基本特征：后仔虫的口前和围口动基列均来自口原基，虫体中部3列口后动基列参与口原基的形成，而亲体口前和围口动基列完全保留；老的胞口和咽杆在发生中期会被新结构所取代；在发生晚期，异质大核的主体和副体会发生核质融合。

（11）对摩涅齿管虫细胞发生过程进行了补足性重描述，为本类群的发生学了解添加了新的资料。

（12）首次揭示和描述了异毛目中叶状突口虫发生期间前仔虫口原基及波动膜原基的反分化以及体动基列中毛基粒对无规则增殖的现象，并建立了本属的细胞发生模式。

（13）详细追踪了棕色尖毛虫、卡龙游仆虫以及偏寡毛双眉虫三个种的细胞分裂和皮层演化过程，为相应属内发生学保守性研究提供了补足性资料。

本研究的成果还包括：根据发生学和形态学所给出的重要指征建立了若干新的分类阶元，包括1个新属（偏角毛虫属）、2个新种（中华哈特曼虫、中华后尾柱虫）和3个新组合（厚偏角毛虫、南极偏角毛虫和卵圆偏角毛虫）。

对新建立的偏角毛虫属做了定义：具冠状排列的额棘毛双列，左、右缘棘毛各一列，口棘毛2根以上；两列中腹棘毛列明显相互分离，即中腹棘毛不呈典型的锯齿状排布，横棘毛高度发达，数目众多；无尾棘毛，具有额前棘毛，无触毛区棘毛；在细胞发生的过程中大核融合并形成多个融合体，而非单一大团；缘棘毛和背触毛原基为独立发生式。

本研究同时对趋角虫属进行了修订：具冠状排列额棘毛，左、右缘棘毛各一列；两列中腹棘毛列明显相互分离；额前棘毛存在，横棘毛不发达，具有触毛区棘毛；在细胞发生过程中，缘棘毛及背触毛原基独立发生。

基于本研究撰写的博士学位论文（作者：邵晨，指导教师：宋微波）获2010年全国优秀博士学位论文奖（提名）。

（撰稿人：邵晨；校稿人：黄鲁粤）

鱼类卵黄原蛋白的免疫功能研究

卵黄原蛋白（Vitellogenin,Vg）是卵生脊椎动物和非脊椎动物卵黄蛋白的前体，是受雌性激素调控的一种大分子的糖磷脂蛋白。Vg为人们所熟知的主要功能是为胚胎和幼体生长发育提供主要的营养物质。然而，新近一些研究表明Vg参与多个生理过程，具有多种功能。例如，Zhang等人（2005）和Shi等人（2006）分别证明玫瑰无须鲃和文昌鱼Vg具有抗菌和凝血功能，说明其参与免疫反应。然而，关于Vg参与免疫作用的机理完全不明。本研究主要围绕Vg的免疫作用机理开展。

本研究首先从大泷六线鱼（*Hexagrammos otakii*）中纯化得到了Vg并对其进行了鉴定。通过DEAE-23离子交换柱层析和Sephadex G-200凝胶过滤柱层析首次从经17β-雌二醇（E_2）诱导的六线鱼体内纯化得到了Vg，并通过二级质谱对其进行了鉴定；非变性聚丙烯酰胺凝胶电泳（native-PAGE）显示Vg相对分子质量约为4.5×10^5，native-PAGE后经特异性染色证明大泷六线鱼Vg是一种富含糖、脂、磷的蛋白。

本研究通过实验证明了Vg是一种典型的模式识别受体，并且具有调理素功能，能够促进巨噬细胞的噬菌作用。将异硫氰酸荧光素（FITC）标记的Vg与各种菌孵育后用荧光显微镜观察发现Vg可以分别与*E.coli*、*S.aureus*和*P. pastoris*结合；另外通过酶联免疫吸附实验（ELISA）证明Vg可以与病原相关分子模式（PAMPs）脂多糖（LPS）、脂磷壁酸（LTA）、肽聚糖（PGN）、β-1，3-葡聚糖（β-1，3-glucan）和海带多糖（laminarin）等发生特异性结合，并且结合呈现浓度依赖性。上述结果表明Vg是一种多价的模式识别受体。还研究了Vg对巨噬细胞噬菌作用的影响。实验表明Vg可以明显促进巨噬细胞对细菌的吞噬。硬骨鱼的头肾在功能和结构上被认为与哺乳动物的骨髓相当，其含有大量的巨噬细胞。利用Percoll密度梯度离心法分离得到大泷六线鱼头肾巨噬细胞，通过吞噬实验统计两个参数——吞噬能力（PA）和吞噬指数（PI），评价巨噬细胞的噬菌水平。结果发现，与对照相比，经Vg处理的实验组的PA和PI都有显著性高（$P<0.05$），说明Vg能够促进巨噬细胞的噬菌作用；另外还发现FITC标记的Vg可以与巨噬细胞表面特异性结合。上述结果表明Vg可能具有类似调理素的功能。

对Vg的杀菌机理和Vg发挥杀菌作用的活性部位进行了研究，实验表明Vg是通过分别与革兰氏阴性菌细胞壁上的LPS和革兰氏阳性菌细胞壁上的LTA结合来发挥对 E.coli 和 S.aureus 的杀菌功能，并且发现Vg分子肽链的完整性以及糖基化对于Vg发挥杀菌作用是必需的。抗菌蛋白的抗菌机制有多种，大多数蛋白是通过与细菌细胞膜作用，而也有一些蛋白是通过与细菌细胞壁上的特定成分结合直接破坏细胞壁引起细菌溶胀破裂。为阐明Vg的杀菌机理，首先，研究人员通过扫描电镜技术和细菌/原生质体裂解实验发现Vg能够引起 E.coli 和 S.aureus 的裂解，但不能引起无细胞壁的原生质体的裂解，说明Vg通过破坏细菌细胞壁来发挥对 E.coli 和 S.aureus 的杀菌作用，而并非以细胞膜为靶部位；其次，通过抑菌圈实验发现LPS和LTA可以分别抑制Vg对 E.coli 和 S.aureus 的杀菌作用，这与LPS和LTA能与Vg结合的结果相一致。上述结果可以说明Vg是通过与细菌细胞壁上的LPS或LTA结合来发挥杀菌作用的。

对Vg发挥杀菌作用的活性部位进行了研究。蛋白质的翻译后加工和修饰对其功能作用至关重要。为鉴定Vg分子发挥杀菌作用的活性部位，研究人员首先对Vg分别进行了肽链破坏、氧化糖基、去磷酸化以及去脂等处理，将不同处理的Vg均进行抑菌圈实验，结果显示对Vg进行去脂和去磷酸化处理对其抑菌作用没有影响，而降解其肽链和氧化糖基却使Vg的抑菌活性丧失。这说明Vg分子的糖蛋白部分在抑菌作用中发挥重要作用。另外，发现Vg对 E.coli 的抑菌作用可以被D-甘露糖抑制，对 S.aureus 的抑菌作用可以被N-乙酰-D-氨基葡萄糖和D-海藻糖抑制，说明Vg可能具有类凝集素的活性。

综上所述，本研究通过体外实验首次发现大泷六线鱼Vg可以作为一种模式识别受体与多种PAMPs结合；首次报道了Vg具有调理素活性，可以促进巨噬细胞的噬菌作用；首次阐明了Vg是通过与细菌细胞壁上的LPS或LTA结合来发挥杀菌作用的；首次阐明了Vg分子肽链的完整性和糖基化与其杀菌活性的密切关系。

基于本研究撰写的博士学位论文（作者：李兆杰，指导教师：张士璀）获2011年全国优秀博士学位论文奖（提名）。

（撰稿人：李兆杰；校稿人：黄鲁粤）

旋唇纲、寡膜纲和前口纲纤毛虫原生动物研究

——系统发育中的亲缘关系探讨

纤毛虫门隶属原生生物界原生动物亚界,是形态上最复杂和最高等的单细胞真核生物,在进化上具有特殊的地位。然而,由于纤毛虫具有复杂的生活史和丰富的多样性,基于形态学/形态发生学特征构建系统受到很大限制,且不同系统之间存在很大的差异。而目前基于分子标记所涉及类群、基因均十分有限,越来越多的研究者已认识到这极易造成分子树与真实系统树之间的差别。因此,大量纤毛虫类群的系统关系仍处于未知、半知甚至空白状态,大量探索性研究等待深入开展。

基于上述问题,研究人员于2004—2008年采集了青岛沿岸为主的山东沿海多类生境(潮间带、岩礁、泥沙底质、自由开放水域、入海口、水产养殖育苗水体等)中的多种旋唇纲、寡膜纲和前口纲纤毛虫,开展了以分子系统学为主的研究,通过多基因测序、大量增加测序物种/种群、改进数据分析方法等手段,来提高分子系统分析的可靠性。在当时可用分子信息欠缺的前提下,研究人员利用学校相关研究室在纤毛虫形态学/发生学研究中的优势,结合和参照形态学、发生学的信息,尽可能地避免研究技术所带来的缺陷。

主要成果包括:

(1)首次构建了14属21种旋唇纲纤毛虫的转录间隔区2的二级结构。14个属分别为异列虫属(*Anteholosticha*)、偏角毛虫属(*Apokeronopsis*)、博格氏虫属(*Bergerilla*)、双轴虫属(*Diaxonella*)、斜额虫属(*Epiclintes*)、全列虫属(*Holosticha*)、后尾柱虫属(*Metaurostylopsis*)、新列虫属(*Nothoholosticha*)、拟双棘虫属(*Parabirojimia*)、砂隙虫属(*Psammomitra*)、伪尾柱虫属(*Pseudourostyla*)、伪小双虫属(*Pseudoamphisiella*)、伪角毛虫属(*Pseudokeronopsis*)、趋角毛虫属(*Thigmokeronopsis*)。

(2)建立了尾柱目下1个新亚目:拟双棘虫亚目(*Parabirojimina* Yi et al., 2008),并提升了1个新阶元:砂隙虫科(Psammomitridae)。

(3)对国际上长期混乱的旋唇纲纤毛虫系统地位以及未明的5个属9个种的系统位置做了调整和确认。9个种分别为厚偏角毛虫(*Apokeronopsis crassa*)、波氏偏角毛虫(*Apokeronopsis bergeri*)、斯特后尾柱虫(*Metaurostylopsis struederkypkella*)、盐后尾柱虫(*Metaurostylopsis salina*)、中华后尾柱虫(*Metaurostylopsis sinica*)、斯太克趋角毛虫(*Thigmokeronopsis stoecki*)、拉氏伪小双虫(*Pseudoamphisiella lacazei*)、泡状伪小双虫(*Pseudoamphisiella alveolata*)、相似拟双棘虫(*Parabirojimia similis*)。

(4)首次从分子系统学的角度详细探讨了游仆目的内部亲缘关系:"典型"的游仆虫为多源发生,分为明显的两支。双眉虫复合属之间存在较深的分化:游仆虫科分为5个稳定的分支。5种盾纤虫之间的种间分化要远远高于其他近缘属内部的种间分化。此外,本研究以该类群为研究对象,探讨了多基因联合分析在纤毛虫系统分析中的应用前景:联合数据集包含更多的有效信息,因此结果具有更高的可信度。

（5）对国际上长期混乱的寡膜纲纤毛虫系统地位以及未明的6个种的系统位置做了调整和确认。6个种分别为丝状小尾丝虫（*Uronemella filificum*）、查匹克帆口虫（*Pleuronema czapikae*）、中华帆口虫（*Pleuronema sinica*）、裂纱虫属未定种（*Schizocalyptra* sp-WYG07060701）、艾斯特裂纱虫（*Schizocalyptra aeschtae*）、拟四膜虫属未定种（*Paraterahymena* sp.）。

（6）首次构建了盾纤亚纲20个属30个种的小核糖体亚基基因的V4区二级结构：Helix E23_7末端环区的大小能够将嗜污目和帆口目明显区分开。20个属分别为平腹虫属（*Homalogastra*）、伪康纤虫属（*Pseudocohnilembus*）、后阿脑虫属（*Metanophrys*）、异阿脑虫属（*Mesanophrys*）、类阿脑虫属（*Anophryoides*）、嗜污虫属（*Philasterides*）、迈阿密虫属（*Miamiensis*）、拟尾丝虫属（*Parauronema*）、小斜毛虫属（*Plagiopyliella*）、门卫虫属（*Thyrophylax*）、内扇虫属（*Entorhipidium*）、内盘虫属（*Entodiscus*）、尾丝虫属（*Uronema*）、小尾丝虫属（*Uronemella*）、拟阿脑虫属（*Paranophrys*）、康纤虫属（*Cohnilembus*）、裂核虫属（*Schizocaryum*）、帆口虫属（*Pleuronema*）、裂纱虫属（*Schizocalyptra*）、膜袋虫属（*Cyclidium*）。

（7）以盾纤亚纲为研究对象，首次探讨了形态学数据与基因序列联合建树在纤毛虫系统分析中的应用前景。

（8）对国际上长期混乱的前口纲纤毛虫系统地位以及未明的5个种的系统位置做了调整和确认，并探讨了增加环境未定种序列对纤毛虫分子系统树构建的影响。5个种分别为：偏榴弹虫未定种*Apocoleps* sp-WYG07060702、*Apocoleps* sp-FXP07101005，巨大偏榴弹虫（*Apocoleps magnus*），纺锤披巾虫（*Tiarina fusa*），诺兰德虫属未定种（*Nolandia* sp-WYG07050702）。

此外，本研究完成了对旋唇纲、寡膜纲和前口纲内部44个种的小核糖体亚基基因、26个种的转录间隔区、15种旋唇纲纤毛虫的alpha微管蛋白基因以及5种旋唇纲纤毛虫的组蛋白H4基因的测序和提交。

基于本研究撰写的博士学位论文（作者：伊珍珍，指导教师：宋微波）获2012年全国优秀博士学位论文奖（提名）。

（撰稿人：伊珍珍；校稿人：黄鲁粤）

牡蛎良种选育的遗传学基础研究

牡蛎是中国传统的贝类养殖品种之一，是中国乃至世界产量最大的经济贝类。2007年，我国牡蛎的养殖产量达到351万吨，占世界牡蛎养殖总产量的79.8%。我国虽然是牡蛎养殖大国，但还并不是牡蛎养殖强国，遗传改良研究相对滞后。缺乏良种、单产量低是我国牡蛎产业当时急需解决的问题。目前，我国养殖牡蛎种类的遗传背景信息十分匮乏，遗传学基础研究相对薄弱，重要经济性状定位研究发展缓慢。此外，经济种类还面临分类混乱、区分困难等诸多疑难和热点问题，这都严重影响了我国牡蛎的养殖及遗传改良工作。本研究围绕上述问题进行牡蛎种类亲缘关系解析、遗传背景分析、重要经济性状定位等研究，旨在为我国牡蛎良种选育工作奠定基础。

首先，借助分子手段分析了巨蛎属牡蛎的亲缘关系，解决了我国牡蛎经济种类分类混乱问题，从而为牡蛎的良种选育奠定基础。本部分工作包括以下四个方面：

（1）利用变性梯度凝胶电泳（DGGE）技术对巨蛎属5种牡蛎的线粒体DNA片段进行分析。结果显示5种牡蛎在变性梯度凝胶中可以被清楚地区分开，对每种牡蛎均检测到种特异性条带。测序结果也进一步证实5种牡蛎各具一种单倍型，从而证实了DGGE技术结果的可靠性。

（2）利用线粒体基因组全序列深入研究巨蛎属牡蛎的亲缘关系。测定了岩牡蛎及密鳞牡蛎的线粒体全序列，并与GenBank中已公布的6种巨蛎属牡蛎线粒体全序列进行比较基因组学研究。K2P遗传分化结果显示：以往分类上存在争议的太平洋牡蛎、褶牡蛎、有明巨牡蛎、香港巨牡蛎均为不同种类。其中太平洋牡蛎和褶牡蛎的亲缘关系最近；而有明巨牡蛎、香港巨牡蛎和岩牡蛎三者的亲缘关系比较近。线粒体基因排列比较结果显示巨蛎属牡蛎的线粒体基因排列变化比较大，其中，美洲牡蛎的变化最大，出现多个tRNA基因易位现象；而太平洋牡蛎、香港巨牡蛎、有明巨牡蛎、熊本牡蛎和褶牡蛎之间不存在线粒体基因重组现象，说明5个种之间的系统发生关系相对比较近；岩牡蛎与这5种牡蛎相比，出现一个tRNA易位。

（3）利用微卫星标记对亲缘关系最近、分类争议比较大的太平洋牡蛎和褶牡蛎进行了种群遗传学比较研究。结果显示太平洋牡蛎的7个微卫星标记均可在褶牡蛎群体中成功扩增，并表现出多态。遗传分化指标［遗传分化指数（Fst）、遗传距离］显示太平洋牡蛎和褶牡蛎群体间存在显著性遗传分化。个体分配检验中，两个种的个体分配正确率达100%，进一步证实了太平洋牡蛎和褶牡蛎之间显著的遗传分化。

（4）利用HSP70核基因序列对巨蛎属5种牡蛎进行比较分析，结果显示太平洋牡蛎和褶牡蛎的遗传分化最小，有明巨牡蛎和褶牡蛎的遗传分化最大。系统发育分析显示有明巨牡蛎和香港巨牡蛎各自构成一个单系群，进一步澄清了两者之间的亲缘关系；但是熊本牡蛎、太平洋牡蛎、褶牡蛎没有形成明确的单系群，使用HSP70序列并没能很好地解决三者的系统发生关系问题。在HSP70序列中发现了有明巨牡蛎和香港巨牡蛎种特异性SNP位点各7个，这些位点的发现为牡蛎的种类鉴定提供标记基础。另外，在有明巨牡蛎中，还发现2个SNP位点在南、北方群体中等位基因频率分布存在显著差异，呈现出温度适应性分化。

其次,针对中国养殖牡蛎的代表性种类——太平洋牡蛎及美国已选育成功的具有优良性状的种类——美洲牡蛎,分别进行了标记开发、遗传背景分析、图谱构建和抗病基因定位研究。通过两种牡蛎遗传基础研究比较,充分利用和汲取美洲牡蛎选育研究中的成果和经验,为开展我国牡蛎的良种选育工作提供指导。本部分工作包括以下四个方面:

(1)利用生物信息学手段,开发了26个太平洋牡蛎EST-SSR位点,其中23个位点可在种间成功扩增。在3个太平洋牡蛎家系中检测其中20个EST-SSR的遗传分离模式,结果显示35个分离组合中有5个偏离孟德尔分离比定律,其中4个经无效等位基因校正后符合孟德尔分离比。20个位点中,有3个位点(15%)检测到无效等位基因的存在,太平洋牡蛎EST-SSR的无效等位基因频率明显低于其Genomic-SSR的无效等位基因频率。EST-SSR标记的开发为以后的牡蛎比较基因学等奠定了基础。

(2)利用7个微卫星标记对我国南、北方5个太平洋牡蛎养殖群体和2个日本野生群体进行种群遗传学研究。结果显示我国养殖群体的遗传多样性与日本野生群体相比,并未出现显著下降,但低频率等位基因数(或稀有等位基因)较野生群体有所下降。遗传分化指标(Fst、遗传距离、个体分配检验)显示养殖群体与野生群体间存在显著遗传分化。上述结果表明,太平洋牡蛎从日本引进我国进行人工养殖以来,并未出现显著的遗传多样性下降现象,这可能与养殖者在育苗过程中将不同批次或不用地点育苗的子代进行混养的养殖模式有关,另外,养殖者之间将不同来源的牡蛎频繁互引、扩大养殖,也可能补充了牡蛎的遗传多样性。

(3)采用11个微卫星标记对美洲牡蛎5个主要选育品系的8个群体和2个野生群体进行种群遗传学分析。结果显示选育群体的平均等位基因丰富度显著小于野生群体,等位基因丰富度降低了48.3%~68%。选育群体中出现了稀有等位基因减少现象。选育群体中杂合度与野生群体相比,并未出现显著性差异。Fst值显示选育群体间与野生群体间存在着显著的遗传分化,个体分配检验可以清楚地将选育群体与野生群体区分开(正确分配率达94.1%),选育品系间也存在显著性遗传分化,99%的个体可以被正确地分配至源群体中。上述结果表明选育群体中已经存在明显的遗传多样性下降现象,在此后的选育过程中,应尽量扩大亲本数目,必要时可进行品系间杂交育种。

(4)利用微卫星和SNP标记在美洲牡蛎回交家系和F2家系中构建遗传图谱,分析2个家系在病害感染死亡前后各个位点基因型频率的变化,共定位了11个抗病连锁基因区域/QTL,其中3个区域/QTL在两个家系中均检测到。11个抗病连锁基因区域/QTL所包含的标记81.9%为表达序列标签(EST)来源标记,说明Type I型标记在基因定位上比Type II型标记更加有效。将定位的抗病连锁标记进一步在6个抗病群体、2个非抗病群体、2个野生群体中进行等位基因频率分析,将在抗病群体中出现规律性频率分布的标记进一步在非抗病群体病害感染死亡前、死亡后的群体中进行等位基因频率比较分析,最终检测到1个微卫星标记、1个SNP标记和1个未知功能基因与美洲牡蛎抗病性状紧密连锁。

基于本研究撰写的博士学位论文(作者:于红,指导教师:李琪)获2012年全国优秀博士学位论文奖(提名)。

(撰稿人:于红;校稿人:黄鲁粤)

第三章
海洋工程与技术

日照港选址可行性研究

一、研究背景

1978年3月，全国第一届科学大会在北京人民大会堂召开。邓小平同志在会上提出，科学技术是第一生产力。第五届全国人民代表大会通过新的国民经济发展纲要，其中便包括建设深水大港的规划。

当时港口泊位缺乏已经严重阻碍我国交通运输业发展，为了实现周恩来总理在世时定的"中国要有500个泊位"的宏伟蓝图（当时只有100多个泊位），我国港工和海洋专家纷纷行动起来，寻找适合我国煤炭外运的第一大港港址。

二、勘察、论证过程及成果

山东海洋学院海洋系、地质系数十名教师和100多位学生在山东省建港指挥部指导下，在南起岚山头、北至胶南县（今青岛市西海岸新区）的几十千米长的海岸线上进行勘察调查，学校"东方红"船也承担了大量工作。他们从海洋的动力环境（波浪、潮汐、海流）、海底地质地貌调查入手，费时两年，与外单位专家一起完成约百万字的可行性论证报告，最终认为石臼所最适宜建大港。全部费用只用了120万元，比国外投标1000万元少得多，为国家节约了大量资金。但当时国家已经初步决定将大港建于江苏，因此，学校侯国本等教师联合外单位一部分专家给李先念同志写信，要求对山东和江苏分别提出的大港港址进行全国性论证，其可行性研究可由国内专家自主完成。经李先念批示，由全国海洋工程界专家费时一个多月考察辩论，最后大港港址定在山东日照县（今日照市）石臼所。当时，论证会由交通部主持，参会单位有国家计委、建委、经委、中国科学院、铁道部、煤炭部、外贸部、国家海洋局、海军总部和山东、江苏两省政府。参加会议的有来自科研院所、高校、设计施工单位的专家和科技人员共81人。

交通部组织会议代表到石臼、连云港现场查看并听取各地港址可行性情况介绍，之后在北京召开讨论会，历时约一个月。各方面专家从不同角度，敞开思路、各抒己见，进行面对面辩论。在专家论证会上，侯国本从理论、数据和国内外工程实例等方面，全面阐述了在山东日照石臼建港的可行性、优越性。各方面的专家对港口选址的地理、地质、交通、水域、水文气象、腹地及地方建筑材料等条件进行了全面对比，反复论证，最终采纳了侯国本的建议。1982年2月，日照港主体工程正式开工。1985年，我国的两个10万吨级深水煤炭泊位在石臼嘴建成。

此项可行性论证报告获1980年山东省科技成果二等奖，这是山东海洋学院在"文革"后为山东省所立首功。

三、建港的意义及影响

在科学论证基础上建立的亚洲第一大开敞式石臼港煤炭专用码头，1982年投入正常运转，1995年被列为新亚欧大陆桥东方桥头堡，并与沿桥经济带一起列入《中国21世纪议程优先项目计划》，成为"一带一路"的重要枢纽。2017年完成3.6亿吨全球吞吐量，是中国十大沿海港口之一。后拥有几十个生产性泊位，10万、20万、30万吨级各一个，为我国社会主义经济发展起到了不可估量的作用，同时还具有重大的科学意义和社会意义。

（1）社会意义：日照港的选址过程中，国家根据专家建议对重大基础建设项目作出调整，体现国家领导人广开言路，纳谏八方，尊重科学，尊重知识分子的作风和精神。这对推动国家经济社会发展具有重要意义。

（2）推动我国港口事业的发展。一石激起千层浪，自此始，由于国家经济发展需要，建港热兴起。1982年我国拥有深水泊位51个，吞吐能力1.2亿吨，经过几十年的努力，我国沿海港口拥有生产性泊位5062个，国内港口货物吞吐量已达349亿吨，吞吐量和集装箱数量均已位居世界第一。

（3）中国科学家自行研究设计的亚洲第一开敞式海港。这是中国科学家自己调查研究、自行设计的亚洲第一大型开敞式海港，成就举世瞩目，也得到国家领导人肯定。

（4）论证得到实践检验。实践出真知，科学问题来不得半点马虎。开敞式码头最怕大风浪袭击。经几次大台风登陆的考验，日照港未受丝毫损坏，航道的淤积状况与原来可行性论证报告结论非常一致。在选址辩论过程中，部分专家曾提出日照港在大风天气有骤淤的可能，当时团队经过大量研究，认为不存在这种可能性，否定了港务局要常备一条挖泥船的方案，又为国家节约一大笔资金。

（5）为国家建港规范化的可行性研究提供实例。这次论证的系统性、科学性和严谨性都是史无前例的，它为我国以后的海港建设树立了一个样板，使我国建港的前期可行性研究步入规范化，如今我国海港的建设水平能够跻身世界先进行列，日照港功不可没。

（6）大港的可行性研究推动了基础科学的发展。大港建成后，多方学者撰写了几十篇论文和专集，在港口水文动力学、沙砾质海岸的泥沙运动、海洋生态保护等诸领域，取得了一系列研究成果。

四、研究团队基本情况

此项可行性报告获奖人有侯国本、侍茂崇、沈渭铨、崔承琦、沈育疆。

主要完成人简介：侯国本（1919—2007），研究方向为水利工程和海洋工程。

（资料收集与组稿：赵瑞红；审稿人：侍茂崇；校稿人：张雯雯）

东营港建设可行性研究

一、研究背景

胜利油田位于黄河下游的山东省东营市，地处山东北部渤海之滨的黄河三角洲地带，是我国第二大石油生产基地。自1961年建厂起，胜利油田就逐步成为一个资源丰富、资金密集、技术密集、人才密集的国有特大型企业。但是，阻碍该油田发展的外部制约因素之一，就是缺乏一个毗邻油田的出海港口。多年以来，胜利油田一直想在黄河三角洲海岸线上找寻一处建大港的港址，为油田开发所需器材内运和生产出的原油外运提供入海通道。可是，由于地处黄河入海口，每年有8亿~12亿吨泥沙进入黄河三角洲前缘。稍有不慎，建成的海港很快会被巨量泥沙淤死。如何有效解决这一难题是研究开展的关键。

二、东营港建设研究、论证过程

受胜利油田指挥部的邀请，自1983年开始，学校侯国本、侍茂崇、沈剑平、杨作升、黄薇文、张经等专家在黄河口海域进行了水文、地质和化学调查，"东方红"船也多次参加。在对大量的调查资料进行分析、计算的基础上，提出的可行性论证报告认为，距离现行黄河口北部约50千米的五号桩海区是建大港的理想场所。其理由是：

这里是半日潮无潮点，水体的涨落潮振幅小（只有周边水体涨落潮振幅的1/4），引起潮汐涨落的向岸流速低，不会将外面的泥沙引入港内。

垂直涨落振幅减少，势能就要转化为动能——和海岸平行的潮流速度加强（为周边潮流速度的3~4倍），流速强化，使过路泥沙不易沉积，相反增加海底冲刷。

现行黄河口受凸出的地形影响，黄河入海口北缘，有一个直径1~2千米的反时针运动涡旋，它将黄河入海的一部分泥沙圈在那里并淤积，减少泥沙向五号桩迁移。

由于强流、强浪的影响，港址附近海底底质为细粉砂，有较大承载力。

但是，在专家论证会上，该观点受到各种严厉质疑，"黄河入海口是经常改道的，历史上平均6~7年就改道一次。五号桩就是上一次黄河入海口，在那里建港，充满被淹的不确定因素，你们不怕被再一次淹没？"

以侯国本教授为带头人的专家组力排众议，认为这里建万吨以上大港不会产生显著淤积。要想发展东营市，稳定黄河入海流路是第一要务，以现在的科技水平，是完全可以实现的。面对众说纷纭的各家观点，一时很难求得统一。胜利油田采用审慎的步骤，将港堤从岸向外逐步推进，到1989年已初具规模，并由彭真同志题名为"黄河海港"（后更名为"东营港"）。

实测资料证实，该港每年淤积厚度仅约1厘米，局部还有冲刷。黄河海港的建成，成为黄河三角洲一大奇迹，中央电视台为此进行了长篇录像报道。东营港现有万吨级以上泊位16个，最大泊位等级为5万吨，已是山东省政府确定的发展黄河三角洲高效生态经济区的突破点和加快鲁北沿海经济发展的主要载体，也是东营市加快北部沿海经济开放开发、推动全市经济实现稳定发展的重要平台，同时是国务院批准的国家一类开放口岸，是东北经济区与中原经济区、山东半岛和京津唐地区交通通道的中心控制点。

三、东营港建成的科学和社会意义

（1）实践是检验真理的唯一标准。面对黄河口的滚滚泥沙浊流，河口历史上平均6～7年一改道的记录，以及远离黄河的天津港淤积的现实，在黄河三角洲建港困难重重，但是经过多年现场调查和研究，从不可能中看到了可能（无潮点的存在）。

（2）从理论和实践上提供成功范例。在举世闻名的多泥沙河口三角洲成功建成大港，这从理论和实践上为我国甚至世界建港提供很好的范例。

（3）促进其他学科发展。在东营港的可行性调查研究过程中，不断发展和丰富了河口泥沙动力学、海岸泥沙动力学的内容，对无潮点建港的学说有了全新的认识。后来出版的《东营大港》（侯国本、侍茂崇、王涛主编）一书对此作了系统的总结。

（4）推进了广泛的国际合作。以黄薇文为首席科学家的中法黄河口调查以及以杨作升为首席科学家的中美黄河口调查，使河口化学、河口沉积动力学又取得了长足进步。

四、研究团队基本情况

参加调查的人员有侯国本、侍茂崇、沈剑平、杨作升、黄薇文、张经等。

主要完成人：侯国本。

（资料收集与组稿：赵瑞红；审稿人：侍茂崇）

HD-2 型实验室海水电导盐度计

一、研究背景

海水盐度是海洋科学研究中不可缺少的重要参数。20世纪60年代以前，国际上一直沿用1902年克纽森（M.Knudsen）提出的盐度定义，使用昂贵的硝酸银溶液化学滴定方法计算海水氯度，然后由氯度计算海水盐度。随着近代科学技术的发展，人们发现用物理方法测量海水电导，由电导计算海水盐度的方法既准确又方便，还能实现现场测定盐度。由电导测定海水盐度的方法有三种：一是在实验室测定；二是在调查船上测定；三是在海洋中走航测定。1960年前后，西方国家掀起用电导法测定海水盐度的研究热潮，当时国际上普遍认为利用电磁感应式探头测定海水盐度，由于其探头空间大，不易被污染，特别适宜于走航测量。1965年上半年，为了推动海洋仪器研制自主化，国务院发文要求海洋系统开展一次大规模仪器研制会战，其中就有以开展电磁感应方法测量海水的"温、盐、深"（即CTD仪器研究）。但是经过10多年的努力，这种电磁感应方法测量海水电导只能达到±0.02西门子，盐度测量精度达不到国外水平。1975年年底，国家海洋局科技司在全国招标研制船用海水电导盐度计，希望在这一领域有所突破，项目执行期2～3年。学校科研处施正铿同志了解到陈国华教授研究过海水电导测量方法，建议其代表学校承担此项目。

二、研究内容及研制过程

当时西方国家已有多种CTD仪用于海洋研究，陆地实验室用电导盐度计已有英国国立海洋研究所考克斯（Cox）研制的电极式盐度计及加拿大的多弗尼等人1975年研制的8400型盐度计，其采用4支电极并有高精密的恒温槽。船用实验室盐度计已有澳大利亚布朗（1961年）的电磁感应式盐度计，每台售价5000美元。当时我国尚未有CTD仪与实验室及船用电导盐度计，且普遍使用的电磁感应式盐度计测量时需水样约200毫升，测量重现性也不好。于是将研究目标确定为研制一台具有中国特色的海水电导盐度计。鉴于研究工作对电子相关专业背景的需要，陈国华邀请有过十多年海洋仪器会战经验的吴葆仁同志共同组成了研究团队。根据国外文献报道，国际上于1966年和1969年已提出两个盐度定义，正在进行1978年盐度定义的研究工作。根据海水电导盐度定义，盐度计测定的是相对电导率，即待测海水电导率与国际标准海水电导率之比，然后查国际通用的相对电导率与盐度值表得出盐度值。研制的盐度计测量海水盐度需达到百万分之三的精度，还要适宜于船上工作。

研究团队从实验室对海水电导的精确测量研究入手，确定新的电极式盐度计工作原理。20世纪30年代琼斯（G.Jones）及其同事已用他发明的琼斯电桥实现了在实验室精确测定电解质溶液电导的方法，发表了一系列文章。1934年，托马斯（B.D.Thomas）及其同事利用琼斯电桥测定了不同温度下大洋海水电导率与氯度的经验关系式。研究团队在实验室找到了六个交流电阻箱，自行装配了一个简易的琼斯电桥，同时又装配了一只具有控温灵敏度为±0.001 ℃的恒温槽，由人工吹制了不同型号的电极式电导池，开始了海水电导的研究。电桥测量检测灵敏度是遇到的第一个难题，多年前陈国华曾用买来的四臂惠斯登电桥测量过海水电导，当时只能达到千分之几的精度，现在用六臂电桥测定灵敏度要提高一个数量级，检测达到五位有效数字的测定。过去检测平衡用耳机、凭听力，曾尝试用示波器显示，后来又自行组装电子管放大器放大检测信号。通过无数次单调的实验，后来发现对海水溶液电导测量，除了电阻平衡以外，电导池内有海水，不同盐度海水电导值并不相同，需要并联可调电容调节，通过不断调整两者才能达到阻抗平衡，在实验室能做到五位有效数字精确测定。

温度对海水电导测量的影响极大，温度系数除与测量温度有关外，还与海水的盐度值相关。温度每升高1 ℃，海水电导率约提高近2.5%。据估算要达到万分之三的盐度测定精度，测量时的温度变化必须控制在±0.001 ℃。在陆地实验室要安装一台0.001 ℃控温精度的恒温槽需要进行很多改进，要采用双层控温结构，内层用的商品化的水银温度接触指示器要重新制作，需吹制用甲苯为敏感气体的接触指示器；加热器要运用热容量更小的灯泡维持少量温度增减，经过努力研究，团队安装了一台±0.001 ℃控温恒温槽。

作为船用盐度计，上述具有±0.001 ℃控温精度的恒温槽很难被搬到船上使用。船用盐度计要采用不需控温条件测量的仪器，布朗的电磁感应式盐度计采用温度补偿线路，而电极式盐度计实施起来较困难，为了寻求更简便的方式，研究团队在实验室整整研究了近一年，终于突破了该难题。由于之前研究所用的海水电导池是人工吹制的，要做到两支电导池常数完全一致，几乎不可能。陈国华在实验室用不同的电导池盛不同盐度的海水测定其电导率，发现尽管电导数据不同，但电导池常数几乎不随温度而变化，经过数学运算，发现了可以运用不同电导池常数的电导池，一支盛标准海水，另一支盛待测海水，分别作为四臂电桥的两个相邻臂，可以直接读出当时温度下相对电导率，然后查相对电寻率与海水盐度表，可以得出海水盐度值，利用这一原理，还可以省略掉控温的恒温槽，只需一个带搅拌器的简单的水浴锅，保持两支电导池在相同的温度之下测量，就可实现这一原理。

具有中国特色的船用盐度计诞生。吴葆仁设计了一套从振荡电源，检测放大晶体管线路板，最后用微安表头检测，在金工厂师傅协助下，将实验室用的交流电阻箱拆散重新安装在一个小型仪表箱内，又用塑料板装了一个带小型马达搅拌器的非控温的小型水浴锅，上面安装两支电导池，再配上可自动抽取水样的泵，使之可自动吸取水样，至此样机装配成功。陈国华带着一台样机随学校"东方红"船出海试用，克服晕船困难坚持完成了海上实验。回校后，新研发的船用盐度计被交由国家海洋局北海分局海洋调查队实际使用，以获得使用评价和实际效果，给出用户实验报告。

三、盐度计的鉴定及成果、获奖

1977年11月，国家海洋局科技司组织了全国主要的海洋单位，其中包括海洋局系统研究所五家、中国科学院研究所两家及水产交通部门和大专院校共计40多位代表，在实验室现场对仪器的灵敏度、精密度、准确度、测试速度、耗水量等数据进行测试。经过两天测试，结果表明：国外电磁感应式盐度计，精密度±0.003、灵敏度±0.0004、耗水量200毫升；团队自主研制的船用盐度计仪器，准确度±0.003、精密度±0.001、灵敏度±0.0004，每小时可测30个水样，耗水量仅60毫升，主要技术指标超出了国外的先进水平。经济效益方面，国际上布朗研制的盐度计售价5000美元，本团队自主研发的电极式海水电导盐度计生产成本仅需1000元、售价8000元人民币。1980年，学校金工厂开始生产盐度计，于1981年共产出100台，当年为国家节省外汇50万美元，以后又陆续生产300台，且摒弃了过去使用贵重的硝酸银溶液的方式，无论成本、售价还是主要技术指标均优于国外盐度计的水准，为国家节省了大量资金。

这是我国自己设计、国际首个电极式海水电导盐度计，首次提出了两支铂黑电极在非恒温的带搅拌器水浴中配合两组交流电阻箱构成四臂电桥，可以直接读出电导盐度定义的电导率比，通过查阅国际通用的电导率比与盐度表，得出相立的盐度值这一原理，由此原理设计出可用于非恒温条件下精确测定海水盐度的船用盐度计。

该成果填补了国内外空白，使我国海洋调查从使用烦琐的氯度滴定法转变为使用方便、快捷、准确的电导测盐方法，这是我国海洋研究里程碑式的革新，盐度计测量海水盐度技术达到了国际先进水平，使我国的海洋调查数据与国际数据有了可比性。电导测盐法方便、快捷、节省大量人力，于是学校生产的盐度计很快在全国得到普及推广，我国测盐法由氯度测定跃进到仪器电导盐度测量，为1981年联合国教科文组织号召用电导测盐法替代使用了100多年的氯度滴定法创造了重要条件，盐度计的问世有力促进了我国海洋事业的发展，这是学校对我国海洋事业的巨大贡献也是学校历史上第一个国家科学技术发明奖。相关成果：

（1）1978年，HD-2型实验室海水电导盐度计获全国科学大会重大科技贡献奖；1982年，HD-2型实验室海水电导盐度计获国家科学技术发明四等奖。

（2）1979年，在《海洋与湖沼》发表论文：一种新的船用实验室海水电导盐度计。

（3）1983年，HD-2型实验室海水电导盐度计测量原理与装置获国家发明专利（专利号ZL8501065694）。

（4）1991年，电极式盐度计入卷《中华人民共和国国家计量检定规程》（JJG 761—91），国家技术监管局颁布，中国计量出版社出版。

四、研究团队基本情况

研究团队共有教师两人：陈国华、吴葆仁。

主要完成人简介：陈国华（1938—　），研究领域为海洋物理化学、应用电化学、海洋资源利用与保护、胶体与界面化学。

（撰稿人：陈国华；资料整理人/校稿人：赵瑞红、张雯雯）

中国标准海水（实用盐度二级标准）

一、研究背景

众所周知，海水盐度是海洋科学研究中不可缺少的重要参数。20世纪60年代以前，我国一直沿用1902年由克纽森（M.kundsen）提出的"海水盐度"定义，由海水氯度测定计算海水盐度。随着近代科学技术的发展，人们发现用物理方法测量海水电导率能更方便和准确地测定海水盐度，各国先后掀起了研究测量海水电导率的方法与仪器，船用实验室海水电导盐度计以及现场测量用的CTD仪相继问世。无论是经典的通过海水氯度测定盐度的方法还是近代用测量海水电导的方法测定盐度都需要一个标准——标准海水。国际上通用的标准海水是哥本哈根国际标准海水，在其标签上标有"海水氯度"，作为海水氯度方法测盐度的标准。在1978年实用盐标确定后标注"实用盐度值"，这是一种由化学物质氯化钾定义的盐度标准。我国自1960年开始生产中国标准海水，1964年通过国家鉴定将电位滴定法准确测定的海水氯度值作为我国用经典的海水盐度定义测定海水盐度的氯度标准。中国标准海水由学校的中国标准海水厂生产，在国际上的1978年的实用盐度定义实施以后，急需在中国标准海水的标签上标注实用盐度值，在国家海洋局重大课题支持下，课题组开始了艰苦的科研之路。

二、研究内容及过程

此项研究包含两个方面：一是按照1978年实用盐度定义的要求，需要对中国标准海水生产工艺、设备进行改造与完善；二是为了在中国标准海水标签上标记1978年实用盐度定义规定的盐度值，急需研制高精度的盐度计。

1. 对原有的中国标准海水生产工艺、设备进行改造与完善

学校在1958年就有一个中国标准海水厂，1964年通过国家鉴定由电位测定法确定中国标准海水的标签氯度值，按照1978年联合国教科文组织颁发的1978年实用盐度定义的要求，迫切需要提高质量，研究团队经过研究重新确定了中国标准海水的生产工艺：采水—静置存放—粗滤—低温蒸发浓缩—混合—紫外杀菌与精过滤（C.45微米）—充分混合均匀—封装—标定实用盐度值。

以往的采水地点不固定，现在要求在琉球群岛附近海域采水，采水时间在冬季或春季，用聚乙烯桶采集；水采回来要经一个夏季存放，让海水中浮游植物的孢子发育长大便于过滤去除，新盐标要求盐度值在35左右，因此需浓缩蒸发；对海水中的无机悬浮物及细菌要严格过滤去除，必须在无菌车间生产；封装过程也极为重要，要严格规范操作。为满足工艺需求，专门配备了所需设备并改造了生产车间。

2. 研制了新的高精度盐度计标定中国标准海水标签盐度值

项目团队申请了新的发明专利，经过三年努力研制了一台国内外尚没有的高精度盐度计，用一种高分辨率的比例电桥代替HD-2型盐度计中电阻电桥，极大地提高了分辨率，分辨率达到0.0005。通过上万次实验探索，在稳定性与准确性方面取得了突破性进展，并在1985年通过了国家海洋局组织的验收。测定海水盐度准确度达到了±0.001的等效盐度值，满足了1978年实用盐度定义的要求。中国标准海水厂按新标准生产的标准海水获得了国家标准计量局的肯定，获得了国家二级标准物质——中国标准海水的生产许可证书。

三、成果影响及获奖情况

中国标准海水在我国海洋科学研究中被广泛推广使用，使我国的盐度标准与国外完全一致，促进了我国海洋科学事业的发展。相关成果：

（1）1978年，在《海洋技术》发表论文：《实用盐标与中国标准海水》。

（2）1980年，在《海洋与湖泊》发表论文：《中国标准海水电导盐度的标定》。

（3）1986年，中国标准海水（使用盐度标准）获国家教委科技进步二等奖。

（4）1987年，在 *collected oceanic works* 发表论文：*The practical salinity scale 1978 and the chinese standard seawate*。

（5）1988年，WDA相对电导率仪获山东省科技进步二等奖。

（6）1989年，WDA相对电导率仪获山东省教委科技进步三等奖。

（7）在《海洋化学论文集》（海洋出版社，1989年出版）发表论文：《WDA相对电导率仪》。

（8）专利：一种精确测定海水相对电导率及溶液绝对电导率装置（ZL851065694）于1993年获授权。

四、研究团队情况

研究团队有教师2人：陈国华、谢式南；有中国标准海水厂工人3人：刘洪熙、冯维、刘江。

主要完成人：陈国华。

（撰稿人：陈国华；校稿人：张雯雯）

浅海导管架式海洋平台浪致过度振动控制技术的研究及工程应用

一、研究背景

海洋平台是海洋油气资源开发的基础性设施，是海上生产作业和生活的基地。海洋平台结构复杂、体积庞大、造价昂贵，特别是与陆地结构相比，其所处的海洋环境十分复杂严酷，环境荷载引起的振动问题直接影响到海洋平台的安全可靠性、使用寿命、人体的舒适感等，一旦失效将造成重大的经济损失、人员伤亡以及不良的环境、政治和社会影响。因此，海洋平台的设计建造及服役阶段都无法回避振动问题，开展海洋平台的振动机理及控制技术的研究非常必要。

二、研究内容及成果

本项目从海洋平台的振动机理入手，系统研究了海洋平台振动控制中的科学问题和关键技术，发展了描述长期非稳态波浪荷载特征的数学模式、结构动力特性识别技术以及海洋平台结构浪致振动控制技术、方法和装置，为现役海洋平台的安全运行与超期服役平台的延寿提供了有效的技术支撑。研究成果丰富了该领域的有关理论知识，促进了海洋资源开发工程结构设施安全防灾技术的发展，降低了海洋资源开发的风险，具有重要的科学指导意义。

主要成果发表在*Journal of Sound and Vibration*、*Journal of Engineering Mechanics*等国际学术期刊，同行专家给予了"学术成果具有原创性"评价，研究论文获第二届中国科协期刊优秀学术论文奖。研究成果成功应用于某海洋平台的过度振动与安全隐患治理，创造了重大的社会经济效益，2003年荣获山东省科技进步一等奖，2004年荣获国家科技进步二等奖。

三、重要技术创新点和成果推广及影响

（一）重要技术创新点

（1）首次引入"概率能量谱"的概念来描述长期非稳态波浪荷载特征，建立了以延长结构疲劳寿命为目的的质量调谐阻尼器的优化设计方法。

（2）提出了基于模型定阶和信号消噪的模态参数识别，提高了结构动力特性识别的精度和准确性，为准确掌握海洋结构的安全健康状况和振动特征提供了有效手段。

（3）发展了利用波浪预测信息的多步最优预测控制方法，研发了系列浪致振动智能控制新技术和装置，发展了适用于海洋平台减振的多层浅水调谐液体阻尼器的优化设计方法和相应的计算公式。

（二）成果推广及影响

通过理论分析、现场测试以及模型实验研究，揭示了被中石化列为十大安全隐患的渤海湾埕岛中心二号生活平台过度振动的机理，提出了切实可行的治理方案以及施工工艺，解决了影响安全生产的技术难题，避免拆除平台带来的数亿元的经济损失。

四、研究团队基本情况

研究团队成员有李华军、周长江（胜利油田）、杨永春、张韶光（胜利油田）、黄维平、赵帅（胜利油田）、蒋济同、王树青等。

主要完成人简介：李华军（1962—　），主要从事海岸与海洋工程安全与防灾理论研究与技术开发，2017年当选中国工程院院士。

（撰稿人：王树青；审稿人：李华军；校稿人：张雯雯）

海洋工程安全与防灾若干关键技术及应用

一、研究背景

随着人类对海洋资源，特别是油气资源的开发利用，各国在海岸和近海区域修建了大量结构物，如各种海洋平台、海底管线、人工岛等。因涉海设施所处的海洋环境十分复杂、严酷，在国内外海洋开发工程中，曾发生多次由环境动力因素引发的事故，造成了重大的人员伤亡、经济损失、生态破坏和不良的社会影响。

二、研究内容及成果

本研究针对涉海工程设施全寿命周期过程中安全与防灾的若干重要科学问题和关键技术，利用理论研究、数值模拟、物理模型试验以及现场测试等手段进行了科技攻关和应用推广，建立了涉海工程设施全寿命周期的安全防灾、减灾技术体系，提升了该领域的理论与技术水平。

相关研究成果获山东省科技进步一等奖和国家科技进步二等奖；获国家发明专利授权2项、实用新型专利授权1项；发表论文200余篇；系列研究成果被纳入2项国家行业规范、2项企业标准。山东省科技厅组织的鉴定结论认为本项目成果总体达到国际先进水平，在双层嵌套多目标联合概率预测模式及应用、信息不完备的逆特征值问题的理论方法及应用等方面居国际领先水平。

三、重要技术创新点和成果推广及影响

（一）重要技术创新点

（1）提出了风暴诱发的风、浪、流、潮等极端海况同时出现的多维复合极值分布理论及其求解方法，合理解决了海洋极端环境荷载的联合重现期问题；同时，针对台风特征、致灾因素等，提出了双层嵌套多目标联合概率预测模式，将其应用于台风灾害区划、防灾设防标准和应急预案系统的构建。

（2）创建了三维悬浮泥沙和地形演变模型SED，构建了三维浪、流、沙耦合模式

COHERENS-SED，推进了适合较大范围海区内浪、流、沙三者耦合作用情况下的悬浮泥沙三维输移规律及海底地形演变预测研究进展。同时，根据浪、流、沙耦合数值研究与物理模型试验结果，开发实施了潜堤促淤等形式的冲刷防护技术，并提出了两项新型潜堤结构形式。

（3）发展了基于结构输出响应信息的系统动力特性识别技术，提高了模态参数识别的精度；提出了一种解决信息不完备的逆特征值问题的理论方法，在此基础上，发展了结构的模型修正技术和整体动力检测技术。

（4）针对滩海石油开发的需求，分别构建以海冰和极端海况为控制荷载的结构优化设计系统，创新研制了适合我国滩海油田石油工程的系列轻型快装平台，推动了滩海油气田的低成本、高速度开发与建设。

（二）成果推广及影响

研究成果已在青岛奥帆比赛基地建设工程、援建努瓦克肖特港口工程、埕岛油田海洋平台、黄河三角洲保滩促淤工程、滩海油田新型平台等50余项工程中推广应用，合理地解决了其中有关的设计、施工以及运行维护中的关键技术问题。应用前三年，新增产值15亿元，利税2亿元，共计节支3亿元，产生了显著的经济效益和社会效益。

四、研究团队基本情况

研究团队成员有10人：李华军、刘德辅、张建（中国石化集团胜利石油管理局）、史宏达、蒲高军（中国石化集团胜利石油管理局）、王树青、文世鹏（中国石化集团胜利石油管理局）、梁丙臣、刘锦昆（中国石化集团胜利石油管理局）、李安夏（中国石化集团胜利石油管理局）。

主要完成人：李华军。

（撰稿人：梁丙臣；审稿人：李华军；校稿人：张雯雯）

近浅海新型构筑物设计、施工与安全保障关键技术

一、研究背景

码头、海堤、人工岛、进海路、海洋平台等各类海上构筑物是近浅海资源开发与交通运输的关键基础设施。这些构筑物造价昂贵，所处环境复杂严酷，一旦失效或失稳破坏，将造成巨大的人员伤亡、经济损失和环境破坏。建设海洋强国，推进海洋生态文明建设，落实"一带一路"倡议，对海上基础设施建设提出了更高要求，近浅海构筑物的工程建设和安全运行面临全新挑战。一方面，台风、巨浪、风暴潮等耦合作用强烈，破坏力惊人，传统近浅海构筑物及设计、施工与安全保障技术无法应用，特别是，中长周期波浪海域的海上安全、高效施工属于世界性难题。另一方面，近岸环境保护问题十分突出，面临的形势极为严峻，传统构筑物及设

计理念与分析方法严重滞后于工程需求,亟须研发环境友好型的近浅海构筑物,构建安全、环保、经济的近浅海工程建设新模式。

二、研究内容及成果

本项目创建了一套具有自主知识产权的近浅海新型构筑物设计、施工与安全保障关键技术体系。研发了透空式新型近浅海构筑物及分析设计理论,发明了复杂恶劣海况下桩基施工与软基处理成套关键技术,创建了近浅海工程安全防浪、水下安装可视化测控、损伤实时检测与修复加固新技术,解决了传统方法效率低、费用高、安全性差等难题,为近浅海构筑物安全施工与长期运行提供了技术保障。

本项目成果获国家发明专利授权50余项、实用新型专利授权20余项、软件著作权5项,关键技术被纳入国家行业标准1部,主编国家行业和企业规范标准2部,主编交通部水运工程一级工法1部,出版学术专著2部。部分成果曾获得2016年度教育部技术发明一等奖、2016年度海洋工程科学技术一等奖、2018年度中国水运建设行业协会特等奖、2019年度国家科技进步二等奖。

三、重要技术创新点和成果推广及影响

（一）重要技术创新点

（1）提出了透空式新型近浅海构筑物及分析设计理论,达到了兼顾安全、环保、经济的工程效果。发明了以透空式结构、开孔消能结构等为代表的环境友好型近浅海新型构筑物,创建了新结构的分析、设计和防护技术,将结构波浪力降低30%以上,并确保了工程区域水体自由交换,解决了传统结构受力大、稳定性差、环境影响严重等难题。

（2）发明了复杂恶劣海况下桩基施工与软基处理成套关键技术,攻克了中长周期波浪海域全天候安全施工难题。首创了桩顶支撑移动平台桩基施工技术与装备,平均工效达到国外自升式平台施工工艺的3倍以上;首次研发了海上碎石柱复合地基处理技术与装备,作业允许波高从0.8米提高到2.0米,作业允许波浪周期从6秒提高到12秒,施工效率世界领先。

（3）创建了近浅海工程安全防浪、水下安装可视化测控、损伤实时检测与修复加固新技术,解决了传统方法效率低、费用高、安全性差等难题,为近浅海构筑物安全施工与长期运行提供了技术保障。

（二）成果推广及影响

本项目相关成果被成功应用于以色列阿什多德港工程、巴基斯坦胡布燃煤电厂码头、岛礁建设、近浅海路岛工程等30余项国内外重要工程。在淘刷剧烈的滩浅海区域设计修建了国内首条全直桩透空式进海路,在中长周期波浪海域首次实现了全天候桩基安全、高效施工,实现了在极端恶劣海况下大型预制构件水下无人高精度安装。累计产生经济效益约15.5亿元,其中,以色列阿什多德港碎石桩地基处理单项工程节支6300万美元（约4.3亿元人民币）。开辟了近浅海工程建设的新思路,显著提升了我国海上基础设施的建设水平,产生了重大的经济社会效益和国际影响力,具有重要的推广应用价值。

四、研究团队基本情况

研究团队成员有10人:李华军、张鸿（中交第二航务工程局有限公司）、刘勇、梁丙臣、

翟世鸿（中交第二航务工程局有限公司）、张永涛（中交第二航务工程局有限公司）、杨秀礼（中交第二航务工程局有限公司）、唐桥梁（中国港湾工程有限责任公司）、廖绍华（中石化石油工程设计有限公司）、黄维平。

　　主要完成人：李华军。

（撰稿人：刘勇；审稿人：李华军；校稿人：张雯雯）

新型海上构筑物开孔消浪关键技术研究及应用

一、研究背景

　　各类海上构筑物是海洋空间开发与交通运输的关键基础设施，工程造价昂贵，环境载荷复杂严酷，一旦失效，损失巨大。面向海洋强国与海洋生态文明建设的重大需求，海上构筑物从满足自身安全与功能的传统模式向兼顾安全、环保、经济的新模式发展。以开孔沉箱为代表的新型消能式海上构筑物，具有低反射、低越浪、稳定性好等特点，具有重要的工程应用价值。但是，波浪等环境载荷对开孔沉箱的作用过程非常复杂，对开孔消浪机理的科学认识不足，开孔沉箱的设计理念与分析方法滞后于工程需求。针对上述瓶颈问题，项目组通过产学研联合攻关与自主创新，创建了一套具有自主知识产权的开孔沉箱设计分析与施工运维保障关键技术体系。

二、研究内容及成果

　　本项目针对新型沉箱构筑物开孔消浪机理的科学认识不足，以及设计理念、分析方法和施工保障技术滞后于工程需要等问题进行了系统研究。通过产学研联合攻关与自主创新，创建了一套具有自主知识产权的开孔沉箱设计分析与施工运维保障关键技术体系，解决了开孔沉箱性能优化、安全设计与施工保障等技术难题，显著提升了消能式海上构筑物的设计分析水平。本项目取得的主要创新成果：阐明了开孔沉箱的漫反射特性及其消浪过程中的波能耗散过程；建立了一套用于开孔沉箱优化设计的分析工具；研发了新型开孔沉箱结构，解决了防波堤堤头绕射和越浪严重等工程难题；发展了开孔沉箱施工期现浇构件的安全检测与保障技术。本项目相关成果发表学术论文100余篇，获得国家发明专利和实用新型专利授权20余项。研究成果得到国内外权威学者和工程设计人员的高度评价，推广应用于国内外10余项重要工程，具有重要的工程应用价值和显著的社会经济效益。成果于2021年获海洋工程科学技术一等奖。

三、重要技术创新点和成果推广及影响

　　（1）阐明开孔消浪机理：建立了分析斜向波对带开孔横隔板开孔沉箱作用的理论模型，

阐明了开孔沉箱构筑物前的波浪漫反射特性,发展了模拟强非线性波浪对开孔沉箱作用的数值分析模型,阐明了开孔沉箱不同区域的波能耗散与传递过程,为开孔沉箱的工程设计与分析提供了科学指导。

(2)创新设计分析方法:开发了计算开孔沉箱反射系数的迭代对偶边界元模型及分析软件,建立了便于工程实用的开孔沉箱平均越浪量计算方法,发展了波浪作用下沉箱开孔墙的疲劳损伤分析方法,为开孔沉箱的优化设计提供了分析工具。

(3)研发新型开孔结构:研发了新型曲面开孔沉箱结构,解决了防波堤的堤头波浪绕射和越浪严重等工程难题;研发了内部带消浪设施的新型开孔沉箱结构,解决了需要兼顾构筑物较小建设区域和低反射的工程难题,达到了安全经济的工程效果。

(4)发展施工运维保障技术:系统实施了开孔沉箱施工期现场观测与分析,发展了开孔沉箱施工期的安全保障关键技术,构建了在役码头的运维状态监测系统,为海上构筑物的安全施工与运维提供了技术保障。

四、研究团队基本情况

研究团队成员有12人:刘勇、耿宝磊(交通运输部天津水运工程科学研究所)、方辉、姜云鹏(交通运输部天津水运工程科学研究所)、刘晓、刘红彪(交通运输部天津水运工程科学研究所)、李华军、金瑞佳(交通运输部天津水运工程科学研究所)、赵洋、王心玉、李爱军、陈永焜。

主要完成人简介:刘勇(1977—),研究方向为新型海洋结构物设计理论与安全保障技术。

(资料搜集人:张雯雯;审稿人:刘勇)

新型海上结构物多尺度设计分析与运维保障关键技术及应用

一、研究背景

各类海上结构物是海洋资源开发与交通运输的关键基础设施,所处环境复杂严酷,一旦失效或破坏,损失巨大。建设海洋强国,落实"一带一路"倡议,实施山东海洋强省战略,对海上基础设施建设提出了新的迫切需求。一方面,气候变化导致台风、巨浪、风暴潮等频发,耦合作用强烈,破坏力惊人,传统结构物难以长期抵御复杂严酷的海洋环境载荷;另一方面,结构物的整体结构尺度庞大,局部构件形状各异,微观材料性能复杂,跨尺度耦合作用强烈,传统设计分析方法难以有效保障工程安全与经济。

二、研究内容及成果

本项目针对海上基础设施建设与安全运行的重大工程需求，通过产学研联合攻关与自主创新，解决了新型结构性能分析、设计优化与运行保障等关键技术难题，形成了一套具有自主知识产权的新型海上结构物多尺度设计分析与运维保障技术体系。主要创新工作：阐明了流体–结构–构件–材料的多尺度耦合机制，建立了相应的多尺度分析理论与耦合模式；研发了高承载、高消能的新型海上结构物与多尺度设计方法，解决了恶劣海洋环境下结构物安全防护与耐久性提升的难题；建立了海上结构物性能评估与运维保障新技术，为海上结构物的修复加固与安全运行提供了技术保障。相关成果获国家发明专利授权20余项、实用新型专利授权30余项，关键技术被纳入国家行业标准1部，主编国家行业标准1部，发表学术论文100余篇。相关成果被成功应用于跨海大桥、海上风电场等国内外20余项重要工程，解决了新型结构性能分析、设计优化与运行保障等关键技术难题，产生了显著的经济社会效益和国际影响力，具有重要的推广应用价值。成果于2022年获山东省科学技术奖科技进步一等奖。

三、重要技术创新点和成果推广及影响

（1）提出了海上结构物多尺度耦合分析的新路径，阐明了海洋流体–新型结构–特殊构件–复合材料的跨尺度耦合机制，建立了相应的分析理论与耦合模式，为新型海上结构物优化设计和运维保障提供了理论基础。

（2）研发了基于超高性能混凝土的海上高承载性能复合结构及实施技术，建立了高比刚度高阻尼防护构件设计方法，解决了复杂恶劣海洋环境下结构物安全防护与耐久性提升的工程难题。

（3）研发了新型高消能海上结构物与多尺度设计分析方法，建立了新结构的水动力性能分析方法和结构承载性能的多尺度评估技术，提升了新型海上结构物的精细化设计水平与安全性能。

（4）建立了海上结构物性能评估与运维保障新技术，研发了海上结构物多尺度损伤评估技术，研发了超高性能混凝土喷射修复技术与设备，为海上结构物的修复加固与长期运行提供了技术保障。

四、研究团队基本情况

研究团队有15人：刘勇、张国志（中交第二航务工程局有限公司）、方辉、陈飞翔（中交第二航务工程局有限公司）、任灏（中国能源建设集团广东省电力设计研究院有限公司）、李华军、金瑞佳（交通运输部天津水运工程科学研究所）、元国凯（中国能源建设集团广东省电力设计研究院有限公司）、刘晓、耿宝磊（交通运输部天津水运工程科学研究所）、王洪庆（中国能源建设集团广东省电力设计研究院有限公司）、姜云鹏（交通运输部天津水运工程科学研究所）、李爱军、赵洋、杨荣辉（中交第二航务工程局有限公司）。

主要完成人：刘勇。

（资料搜集人：张雯雯；审稿人：刘勇）

极端环境材料设计及损伤防护关键技术开发与应用

一、研究背景

随着我国海洋强国、交通强国、能源强国等重大战略的实施，对应用于高速、高温、重载、腐蚀等复杂极端环境和条件下的重大装备提出更高要求，这些极端环境下多因素耦合损伤导致材料性能急剧退化直至失效。因此，开发既能提高强韧性又能提高耐磨性、耐蚀性的材料和损伤防护技术，对提升海工、高铁、能源装备的安全性具有重要意义。

二、研究内容及成果

本研究提出了构筑多级功能基元/交织结构，匹配界面结构与电位，解决强韧性与耐磨、耐蚀性能的矛盾。发明了多能场耦合的高效制备技术，实现了多级基元/交织结构、异质结构的精细调控与构型化制造。开发了模拟不同工况的高通量制备及测试技术，建立了数据管理系统。发展了抵抗极端环境高/低温、冲击、磨损、腐蚀等多因素材料耦合损伤的材料与产业化关键技术，开发了系列材料及产品，提升了该领域的理论与技术水平。

相关研究成果获国家技术发明二等奖、山东省技术发明一等奖；获国家发明专利授权15项、软件著作权2项，发表SCI论文150余篇，研究成果被纳入4项行业标准。研究成果在山钢集团、山能重装、中车四方、航空工业等大型企业推广应用，对推动我国海洋、极地工程建设、高铁制造、冶金等行业关键产品技术进步起到了重要的促进作用。

三、重要技术创新点和成果推广及影响

（一）重要技术创新点

（1）提出了构筑多级功能基元/交织结构，匹配界面结构与电位，建立了极端环境材料的介观—微观—宏观等跨尺度多级结构设计理论，实现强韧性与耐磨、耐蚀性能协同提升；开发了系列Fe基、Ni基、Co基高性能涂层材料，应用于低温高冲击、高温重载、高温强腐蚀等极端环境。

（2）发明了等离子/激光复合多能场耦合高效制备技术，实现了材料多级功能基元/交织结构、异质结构的精细调控与构型化制造。在此基础上，开发了具有多级梯度结构的高强韧、耐磨蚀材料及制备方法。该材料应用于煤炭深部开采、核电、港口机械等领域，并大量出口欧洲国家、澳大利亚。

（3）突破了耐磨耐蚀材料计算设计及高通量制备关键技术，发明了高通量等离子/激光熔射组合制备、高通量测试表征技术，建立了耐低温耐磨蚀材料数据管理系统与数据挖掘技术，解决了复杂成分组织与性能的高效优化难题。

（4）建立了国内首个极地自然环境材料-构件级试验场，开展了民用/军用材料极地环境适用性试验，提出了极地环境下典型材料损伤失效的关键控制因素。以此为基础，建立了极地环境材料损伤失效评价技术，开发了极寒环境用低合金高强钢、重防腐涂层等新材料。新材料

应用于中俄能源合作重大项目——北极亚马尔液化天然气项目、科考站建设选材与维护等重大工程。

（二）成果推广及影响

本研究提出多级异质结构设计理论及多能场耦合高效制备技术，实现高强、高韧、耐磨、耐蚀性能的协同提升。发明了20余种材料、产品及配套极端环境使役性能评价技术。研究成果已应用于海洋、高铁、能源、冶金等领域的大型企业（如山东钢铁集团有限公司、山东能源集团装备制造（集团）有限公司、中车青岛四方机车车辆股份有限公司、中国航空工业集团有限公司、中国广核集团等30余家企业），解决了极端环境材料延寿的关键技术问题，产生了显著的经济效益和社会效益。

四、研究团队基本情况

研发团队有教师12人：崔洪芝、王昕、崔中雨、满成、刘飞亚、李燚周、李雷刚、张灏、李潇逸、赵明岗、史志成、逄昆。联合研发团队成员有王中学（山东钢铁股份有限公司）、麻衡（山东钢铁股份有限公司）、王亚军（山东能源集团装备制造有限公司）、杨帆（山东能源集团装备制造有限公司）以及山东科技大学的王灿明、宋强、张国松、魏娜、宋晓杰、姜迪10人。

主要完成人简介：崔洪芝（1965—　），主要从事极端环境材料与损伤防护理论研究与技术开发。

（撰稿人：崔中雨；审稿人：崔洪芝；校稿人：张雯雯）

大型现代化深远海养殖装备设计制造及智慧运维保障关键技术及应用

一、研究背景

深远海养殖具有水产品质量高、生产效益好等优点，是现代海水养殖产业的重要发展方向。但由于养殖海域远离陆地，且养殖装备结构要求特殊，目前仍存在以下问题：深远海养殖装备基础研究匮乏，尚未形成与之相适应的设计标准、制造工艺和运维保障技术；远离陆地，通信网络无法覆盖，无人值守的远程智能监控存在技术瓶颈；深远海养殖智能运维保障装备匮乏，深远海恶劣环境下人工水下维护风险高且从业人员稀缺。这些问题严重影响了深远海养殖产业的发展，已成为山东省和国家推动现代渔业新旧动能转换和转型升级亟待解决的关键技术难题。

二、研究内容及成果

项目团队针对上述深远海养殖装备存在的问题，系统开展了深远海养殖装备相关设计理论、制造工艺与方法、智慧运维保障等技术创新。阐明了面向深远海环境特征的海工结构疲劳损伤演化规律，创新了基于遗传算法的海工装备环境载荷系数并行求解算法和基于振动功率流传播特征的结构拓扑优化方法；率先提出了不同类型深远海养殖装备的通用建造流程，创新了通用结构件的制造安装方法，发明了系列辅助制造工装装置，实现了深远海养殖装备的高效率、低强度建造；发明了系列水下智能作业装备，研制了全方位生态环境立体监测和养殖生物监控系统，率先研制出远程无线高速宽带通信和基于物联网的深远海养殖智慧管控系统，实现了深远海养殖装备无人值守和智慧运维保障。

本项目已获国家发明专利授权29项、其他知识产权58项，出版专著3部，发表SCI论文30篇，形成了具有自主知识产权的新方法、新工艺和新装备。依托项目成果技术，已设计制造大型现代化深远海养殖装备30多套，为30多个近海牧场的智慧运维升级提供了解决方案。其中，完全自主设计建造的烟台"经海001号"已成为目前全亚洲最大、智能化程度最高的深海养殖网箱，打造了我国深远海养殖装备的样板性工程。直接经济效益近30亿元，间接效益100多亿元，为国家和山东省"蓝色粮仓"建设做出了贡献。研究成果于2022年获山东省科学技术奖科技进步一等奖。

三、重要技术创新点和成果推广及影响

（1）阐明了面向深远海养殖环境特征的海工结构疲劳损伤演化规律，创新了基于遗传算法的海工结构环境载荷系数并行求解算法，率先建立了基于振动功率流传播特征的结构拓扑优化技术和高端海工装备设计工时快速计算方法，研制了多传感器信息融合的分布式光纤传感器，开发了基于数字孪生体的深远海养殖装备结构及网衣状态在线监测与损伤诊断系统，形成了大型深远海养殖装备设计及状态监测与损伤诊断的技术体系，在大型深远海养殖装备设计与运维保障中发挥了重要作用。

（2）全面系统分析了大型深远海养殖装备现有类型的结构特征，率先提出了不同类型大型深远海养殖装备的通用建造流程与工艺，规范了现代海洋牧场平台、深海网箱及养殖工船的通用结构模块，创新了通用结构模块的制造、合拢与装配方法，发明了系列辅助制造工装装置，显著提升了不同类型大型深远海养殖装备的建造效率。

（3）面向深远海养殖无人值守和智能运维保障需求，发明了系列水下作业智能装备，研制了深远海养殖生态环境全方位立体监测系统和水下生物监控系统，创新了水下水上一体化远程无线高速宽带通信技术，开发了基于物联网的深远海养殖智慧管控系统，实现了深远海养殖远程可测、可视和可控的无人化智慧运维保障。

四、研究团队基本情况

研究团队有教师14人：刘贵杰、刘富祥（烟台中集蓝海洋科技有限公司）、巩庆涛（鲁东大学）、谢迎春、夏广印（中集海洋工程研究院有限公司）、于敬东（青岛森科特智能仪器有限公司）、郭福元（烟台中集蓝海洋科技有限公司）、王新宝（青岛森科特智能仪器有限公司）、滕瑶（中集海洋工程研究院有限公司）、江文亮（青岛森科特智能仪器有限公司）、辛晓军（烟台中集蓝海洋科技有限公司）、张玉钦（烟台中集蓝海洋科技有限公司）、徐超（青岛森科特智能仪器有限公司）、路懿平（青岛森科特智能仪器有限公司）。

主要完成人简介：刘贵杰（1968—　），研究方向为水下机器人、水下仿生学、海洋机电装备。

（资料搜集人：张雯雯；审稿人：刘贵杰）

面向领域的智能计算理论方法与产业技术应用

一、研究背景

人工智能作为一项颠覆性技术，已成为国民经济、科学技术、工业生产等领域跨越式发展的关键驱动力。而海洋探测、智能家电、信息服务等重要应用领域面临复杂环境下多任务智能协同的共性需求，现有声光电磁等多传感器智能感知技术、智能信息融合处理技术、协同控制技术与智能服务技术等不能满足复杂环境适应性、复杂任务协同性的要求，制约了领域智能的快速发展。

二、研究内容及成果

针对智慧家庭和智慧海洋中设备的智能化、网络化、信息化协同控制和智能应用的实际需求，围绕基于多源异构数据智能融合与计算分析方法以及基于多源异构数据融合的水下复杂环境智能感知与导航控制技术和网络化协同家电的智能感知控制技术两大产业化应用技术展开研究。通过计算机、电子、自动控制等多个学科交叉，建立面向智慧家庭和智慧海洋领域的智能计算理论方法和产业应用技术体系。

本项目获得发明专利授权5项、实用新型专利授权4项、授权软件著作权2项，发表学术论文160余篇，获青岛市科技进步奖2项，相关成果已经成功应用于深海复杂环境下自主式水下航行器（autonomous underwater vehicle，AUV）的高精度环境感知和导航控制系统、智慧家庭网络化协同家电的智能感知控制系统，形成了相关产业的持续自主创新能力，为高端家电产品和高端海洋仪器装备的创新发展提供了有效的支撑。

三、重要技术创新点和成果推广及影响

（1）建立了多源异构数据智能融合与计算分析方法体系，包括多源异构数据的智能融合与重构算法、动态自适应智能分析算法、基于深度学习的智能计算方法等。这些方法是智慧家庭智能感知控制、水下环境智能感知与导航控制的关键理论方法，实现了海量多源异构感知数据的高效重构和高效融合分析。

（2）提出了基于多源异构数据融合的水下复杂环境智能感知与导航控制技术，依托声呐、视觉、结构光等组成的多尺度环境探测传感器，建立了多尺度深海复杂环境下AUV的高

精度环境感知和导航控制系统,实现了水下环境的高精度测绘以及AUV的多尺度精确自主导航控制,并将之应用于深海复杂环境下的海洋机器人系统中加以验证和应用。

（3）提出了智慧家庭网络化协同家电的智能感知控制技术、具有自主知识产权的互联互通协议技术、异构网络协议转换和通信互联技术,构建了智慧家庭网络化协同家电智能感知控制平台,通过智能感知、智能化数据分析、高效自学习等功能,实现了智能家电的网络化智能交互和协同控制,提升了智慧家庭智能服务水平。

四、研究团队基本情况

研究团队成员有10人,其中主要完成人有魏志强、王袭（青岛海尔智能技术研发有限公司）、黄磊、李臻。

主要完成人简介:魏志强（1969—　　）,研究方向为海洋大数据与人工智能。

〔撰稿人:殷波;审稿人:魏志强;校稿人:张雯雯〕

新型智能人机交互与融合计算关键技术研究与产业应用

一、研究背景

随着国民经济的发展,全面提升家电产品智能化、信息化服务水平,满足用户的个性化需求、安全健康需求、自然便捷的使用需求,改善用户生活品质,成为智能家电产品发展的重要趋势,也是实现数字中国战略的重大需求。新型智能人机交互与融合计算技术是实现家电产品智能化、信息化的核心技术,对于引领家电产业的智能化创新发展,推动产业转型升级具有重要推动作用。

二、研究内容及成果

针对智能家电中设备的智能化、个性化和协同化等实际需求,围绕面向家电领域的多模态人机交互技术以及基于多源异构数据融合的智能计算技术和面向智慧家居产品的多模态协同化控制技术两类产业应用关键技术,通过计算机、电子、自动控制、制造等多个学科交叉,建立了面向智慧家庭的智能交互与协同控制体系,推出了系列化的产业应用技术和典型应用产品,构建了智能化衣食住行应用平台,推动了智能化衣食住行等相关产业的发展。

研究成果累计申请国家发明专利20项,授权12项;软件著作权授权7项;发表论文50余篇;累计获得省市级科技奖励6项,提升了相关产业的自主创新能力,为其持续创新发展提供支撑。

三、重要技术创新点和成果推广及影响

（1）提出了基于触觉–敲击感知体系的人机交互技术、基于视觉–视频行为识别的人机交互技术、基于听觉–语音感知体系的人机交互技术、基于嗅觉–气味感知体系的人机交互技术等多模态人机交互技术，提高了人机交互的准确性、自然性和高效性，推动了智慧家庭个性化主动服务的发展。

（2）研发了基于多源异构数据融合的智能计算技术和面向智慧家居产品的多模态协同化控制技术，有效解决了复杂应用环境中家电的高精度智能分析和协同控制等难点问题，实现了多传感感知信息的高效处理和精准计算，以及复杂应用环境下传感器之间、家电之间以及用户—家电—传感器之间的高精度协同，提高了人机交互与控制的效率和准确率。

（3）建立了集个人智能系统、家居智能系统和流通智能系统等为一体的智能化衣食住行应用平台，实现了以可穿戴设备为代表的个人移动设备的个性化研发和复杂环境下家电—环境—用户的高精度交互控制，显著提升了个人移动设备个性化和智能化水平，为用户提供了良好的交互体验，全面提升了智慧家庭产品生活服务的智能化水平，推动了高端智慧家庭的产业化发展。

四、研究团队基本情况

研究团队成员有10人，其中主要成员有魏志强、潘景山〔山东省计算中心（国家超级计算济南中心）〕、贾东宁、唐瑞春。

主要完成人：魏志强。

（撰稿人：殷波；审稿人：魏志强；校稿人：张雯雯）

海洋涡旋的卫星遥感观测与研究

一、研究背景

海洋涡旋数量大、分布广、含能高、裹挟强，是研究海洋中的物质循环、能量级联和圈层耦合的理想载体，对海洋中物质、能量和动量的输运，以及海气系统耦合、生态及沉积系统演化等都具有十分重要的意义。近年来随着观测技术水平的迅速提高和超算能力的显著增强，已有研究在涡旋的观测及性质分析方面取得了一些进展，但也面临一系列海洋科学和遥感技术的新挑战，尤其是在其形态的非对称性、运动的波流二象性及动力的各向异性等方面缺乏系统的研究，制约着对海洋内部多尺度能量级联与物质循环的精确评估和定量解析。

二、研究内容及成果

本项目系统阐述了多源遥感探测技术应用于涡旋观测中的机理和方法，从形态学、运动学和动力学三个方面全面揭示了全球涡旋的生成、演变、传播和消亡的基本规律和内在机制，阐明了其动力、热力结构的各向异性及其气候、生态效应，初步回答了海洋涡旋所具备的固有属性，及其在海洋物质和能量循环与再分配中的贡献，为涡旋的海洋学研究和业务化预测提供理论和技术基础。

主要成果发表在*Remote Sensing of Environment*、*Journal of Geophysical Research*等国际顶级学术期刊，其中，7篇代表性论文被*IEEE Transactions on Geoscience and Remote Sensing*、*Journal of Atmospheric and Oceanic Technology*等国际期刊引用106次。

三、重要科学发现和成果推广及影响

（1）基于卫星测高数据和海洋模式数据，系统建立和发展了对海洋涡旋识别、追踪与可视化的遥感方法与实用算法，建立了时间跨度达27年的全球涡旋识别与追踪数据集，实现了海洋涡旋个体的全生命周期观测和涡旋群体的全球、跨年代际特征统计；发展了传输函数交互调节、分辨率自适应调整的海洋涡旋流场可视化方法，该方法能够高效展示大规模的二维和三维流场数据，并从中提取出涡旋的立体结构，为涡旋形态学、运动学的认知提供了一种高感知、可交互的新方法。

（2）建立基于多源卫星融合数据的海洋涡旋本征形态遥感反演算法，对全球涡旋的平均形态进行量化，揭示了全球涡旋的平均椭圆形态，在此基础上，首次提出了涡旋的平均卵形形态，揭示了涡旋非正交不对称性结构的存在性及其动力机制和解析表达，为研究涡旋坐标系下的海洋物质与能量输运、海气系统物理-生物耦合效应等提供一个全新的科学视角。

（3）揭示了全球涡旋东西向及南北向的运动规律与影响机制，以及涡旋运动与流场、风场、地形等环境因素的耦合规律；基于涡旋形态学的研究基础，首次提出涡旋的"内转"及"形转"运动学特征，发现涡旋在传播过程中，除了会在地转偏向力作用下发生"内转"，还会保持缓慢而稳定的"形转"，即保持按照涡旋边界最佳拟合椭圆的规则转动，这一发现完善了现有的涡旋运动形式，是涡旋运动的一个重要维度，为海洋涡旋动力学研究提供新的视角并带来新的发现。

（4）系统阐明了涡旋的寿命状况，对长寿涡和短寿涡的分布、成因和特性进行了较为全面的分析和比较。发现了短寿涡和长寿涡的数量波动分别受年内变化与年际变化影响，且短寿涡与长寿涡在空间上存在较为明显的地理区分，并发现了位于热带海洋地区的"年轻涡带"。揭示了涡旋的数量、特性与其寿命间的相关性，指出振幅、涡度和动能等属性与生命周期的正相关趋势，为充分挖掘涡旋的时空分布规律、认识其动力响应机理以及预测海洋变化奠定了理论基础。

（5）通过将高度计获取的涡旋的海表信号与其垂直结构进行关联建模，首次提出并实现了基于数理统计和人工智能两种方法的Argo浮标海洋涡旋独立识别算法，验证了涡旋的三维动力特征与海表拓扑特征的内在统一性，构建了一个准实时、高精度、高鲁棒的海洋涡旋识别算法，是对当前涡旋数据集的重要补充和传统识别方法的重大改进。

四、研究团队基本情况

研究团队有教师5人：陈戈、于方杰、马纯永、田丰林、杨杰。

主要完成人简介：陈戈（1965—　　），研究方向为卫星海洋遥感和大数据海洋学。

（撰稿人：杨杰；审稿人：陈戈；校稿人：张雯雯）

多传感器海气界面卫星遥感的理论与方法

一、研究背景

大气与海洋是紧密耦合的两个地球圈层，海气界面则是实现跨圈层能量传递与维持生态系统循环的重要桥梁，海洋中最活跃的动力过程也主要集中在海气界面。利用卫星搭载的多种传感器实现对海气界面热量、动量以及物质循环的高频率、多尺度和全方位的稳定观测，为开展海洋与大气中的动力探源，认知历史气候与评估未来气候变异提供了重要的数据和方法基础。虽然已有研究提出了部分海气界面参数的遥感反演方法，但是缺乏对其实现连续、独立的精细化遥感观测方法的系统性研究。当前已进入遥感观测大数据时代，结合多种海气界面的长序列观测数据，从全方位、多时相和广耦合的视角深度剖析海气界面动力结构具有十分重要的意义。

二、研究内容及成果

该项目系统阐述了基于不同星载传感器数据的海气界面参数遥感反演方法与机理，揭示了海气界面多参数、多时相的耦合特征与内在机制，阐明了海气界面结构的时空变化规律及动力学影响，回答了利用高度计、辐射计、散射计等联合反演海表降雨、波浪、水汽、风场等关键海气界面参数的可行性与优越性，并结合浮标、船测、数模等技术手段进行协同观测与综合分析，为实现海气环境变化的业务化卫星监测、灾害预警等提供理论和技术基础。

主要成果发表在*Remote Sensing of Environment*、*Journal of Climate*、*Journal of Physical Oceanography*等国际学术期刊，其中，8篇代表性论文被*Nature Geoscience*、*Journal of Physical Oceanography*、*Climate Dynamics*等国际权威期刊引用322次。相关成果获高等学校科学研究优秀成果奖（科学技术）自然科学一等奖。

三、重要科学发现和成果推广及影响

（1）系统地建立了利用双频卫星高度计和三频微波辐射计定量反演全球海面降雨的遥感方法，揭示了全球六大 "海洋沙漠" 及其与陆地沙漠的贯通性；首次基于测高卫星构建全球海洋水汽含量10年数据集，发现了与西太平洋暖池相对应的水汽"湿池"以及赤道附近水汽含量纬向振荡的"偶极子"现象，为海面水汽遥感提供了一个新的观测途径。

（2）首次提出了利用散射计和高度计联合反演海洋涌浪的遥感方法，对世界大洋的主要涌浪区和风浪区的空间分布和季节变化进行了定量分析，提出了两个与能量相关的海面成熟度指数，并在此基础上得到了全球涌浪和风浪的生成概率和强度分布，在国际上率先揭示了位于赤道太平洋、大西洋和印度洋的全球三大"涌浪池"及其东向强化结构，使研究人员对海洋涌浪的分布、追踪与溯源向前迈进了重要的一步。

（3）创建了海洋大气耦合系统固有模态提取的3D-EEM新方法，是从高分辨率时空网格数据中提取地学"自然模态"精细结构的一种原理性探索。将该方法用于全球遥感海面温度资料的分析，首次发现海平面的固有模态，较为完整地揭示了其精细时空结构，并首次明确提出了"一模多地"和"一地多模"现象的普遍性。

（4）基于高度计的海面高度异常数据和辐射计的海表温度数据，首次发现了全球年周期海平面中位于太平洋、大西洋和印度洋热带地区的8个"无变点"和2个"无变柱"的地理位置，指出"无变点"并非一个潮汐特有的现象，海洋大气系统中的许多地学变量其时域的周期性变化在空域中均映射为一个旋转变异系统，并指出大洋中的非潮"无变点"是监测海平面上升和全球变暖的理想观测点。

（5）利用双波段技术建立了一种高度计海面风速反演的新型线性组合算法，对于高海况海面风速反演，其精度较国际通用的业务化算法提高了10%，该方法的一个独特优点是可以在任一给定风速下对模式函数进行局部优化而不影响其他部分的精度。在此基础上，发现了强厄尔尼诺期间太平洋无风带的经向振荡规律。这种新型的风速反演算法具有简捷、高效、准确、实用等优点，尤其适用于高海况海面风速反演，并可用于业务化运行。

四、研究团队基本情况

研究团队有教师5人：陈戈、韩勇、于方杰、马纯永、田丰林。

主要完成人：陈戈。

（撰稿人：田丰林；审稿人：陈戈；校稿人：张雯雯）

波浪滑翔器工程化技术开发与海洋观测应用

一、研究背景及概述

波浪滑翔器是欧美等发达国家近年来发展的新兴海洋装备技术，是当前有效支撑外海大洋常态化观测/探测的重要手段，在气象水文调查、卫星遥感验证、水质生态监测、水面通讯中继以及海洋目标侦察等方面具有重要应用前景。

由中国海洋大学、天津工业大学、青岛科技大学和青岛海舟科技有限公司联合承担的

2019年山东省重大科技创新工程项目"波浪滑翔器工程化技术研究开发",旨在完成波浪滑翔器高端海洋装备的装配集成测试能力的建设,实现波浪滑翔器的批量化生产,并大幅度降低成本,提升产品一致性和可靠性。本项目极大地推动了波浪滑翔器的产业化进程,促成了波浪滑翔器的批量化生产,有效地满足了我国海洋观探测对波浪滑翔器高端海洋装备的需求,填补了国内行业空白。

二、研究内容及成果

阐述了波浪滑翔器批量化生产能力建设目标,包括开展波浪滑翔器产品定型、工艺技术固化、加工生产模具设计和装配集成测试(AIT)装置开发等工作。揭示了开展波浪滑翔器波浪动力转换核心技术的性能优化测试装置开发的重要作用。阐明了我国海洋观测/探测对波浪滑翔器等高端海洋装备的需求,以及波浪滑翔器的批量化生产对全球海洋观测的影响力,为波浪滑翔器产品的性能提升和技术的升级换代奠定了基础。开展波浪滑翔器装配集成测试装置等工程化技术开发和研究,为波浪滑翔器产品的批量化生产和产品质量可靠性提供技术保障,提升了我国波浪滑翔器产品的口碑和世界市场占有率。

研究成果发表论文20余篇,其中被SCI、EI收录的有10余篇,发表于中文核心期刊的有10余篇,内容涉及动力学建模、控制算法、计算流体动力学(CFD)模拟仿真、海洋数据分析等领域。获得国家发明专利授权23项、实用新型专利授权12项,内容涉及创新型机械结构、高效测试装置、新型控制系统等领域。

三、重要技术创新点和成果推广及影响

(1)定位、导航、长续航。把一艘设定好的波浪滑翔器放在海面上,它可以不借助任何外力,只依靠海浪的动能就能实现1年的连续航行,自主航行距离可以达到1万千米。

(2)能通过"耳听",捕捉周围货船、游轮及大型动物等的噪声;通过"眼看",用摄像头识别眼前的海岛、山体等障碍物;还能通过船舶自动识别系统(AIS),接收和发射信号,避让过往船只。

(3)协助完成了在南海和西太平洋上连续多次台风的近距离观测,为我们进一步了解台风提供了有力的数据支撑。

(4)通过接入相关设备,波浪滑翔器的功能可以无限延展,可通过搭载的水听器捕捉到了疑似虎鲸/伪虎鲸在青岛近海出没的信息。

综上,成果推动了波浪滑翔器的批量化生产,波浪滑翔器高端海洋装备为全球外海大洋常态化观测业务建设奠定了良好基础。

四、研究团队基本情况

研究团队有4人:孙秀军、桑宏强(天津工业大学)、李灿、周莹。

主要完成人简介:孙秀军(1981—　),研究方向为波浪滑翔器、自主水下航行器、水下滑翔机、自持式剖面浮标以及水面无人船等的研发。

(撰稿人:孙秀军;审稿人:王延辉;校稿人:张雯雯)

自主式水下航行器

一、研究背景

自主式水下航行器（AUV）是一种依靠自带能源进行自主决策控制、自推进的水下智能装备，可布放、回收和反复使用。在无人操控的情况下，AUV能够携带多种传感器或专用武器设备，完成预定的海洋科考任务，具有自主性、低风险性、隐蔽性、可部署性等特点，是当代海洋科学研究、资源探测、应急搜救等民用领域的重要工具。

20世纪80年代以来，多个国家潜心致力于AUV的核心技术及装备研究，各项关键技术均处于飞速发展的阶段。经过多年的努力，国内AUV研究已取得长足进展，但在其可靠性和自主能力提升方面尚且缺乏足够的研究和实际海洋试验验证，加之深海智能化探测技术不成体系，不能满足我们对水下高效作业和长期自主性的迫切需求。着力发展AUV持久自主性，实现从脚本式智能转变为自适应智能，对提高我国海洋开发能力、提升装备水平具有重要意义。

二、研究内容及成果

中国海洋大学何波教授带领其研究团队，在"十三五"国家重点研发计划的支持下，研发具有数据驱动能力的新一代AUV系统。研究团队将AUV自主性的全面提升作为主要研发目标，首次提出"在线数据驱动"概念，通过五年攻关实现技术跨越。在结合自主导航系统精确定位与高性能的运动控制技术基础上，根据AUV调查任务需求，通过对海量高维观测数据的关键特征实行快速分析，赋予AUV系统对航行路径的智能决策能力。真正实现AUV在航行作业中能够根据自身状态及外部环境的变化及时做出决策，形成一套实用化的水下自主探测系统。2020年12月，在青岛胶州湾实现AUV对海底沙波地貌特征的数据驱动（海底自然目标的示范应用），同期，在灵山岛海域实现了对海底渔礁的数据驱动（海底人工结构物目标的示范应用），极大地提升了海洋调查任务实施的质量与效率。

主要成果发表在*IEEE Transactions on Industrial Informatics*、*IEEE Transactions on Intelligent Transportation Systems*、*Ocean Engineering*等国际顶级学术期刊（SCI收录论文40余篇），申请和授权发明专利30余项。

三、重要技术创新点和成果推广及影响

（一）重要技术创新点

首次提出并发展的具有自主知识产权的AUV数据驱动技术体系，引领了国内外基于AI的水下移动观测和海洋高效调查技术发展，实现由"追赶"向"领跑"的转变。面对复杂多变的深海环境，采用基于深度学习的侧扫声呐水下声学信号实时处理技术实现水下环境自主感知，AUV根据分析数据结果实现自身航行轨迹的重规划，凸显自主环境感知、自主导航、自主决策等高度智能化的创新技术特征。该技术体系的提出与应用，标志着我国AUV新型智能装备研发取得"面"的突破，为我国海洋科学事业发展奠定了技术基础。

（二）成果推广及影响

（1）发展形成国产化全谱系AUV装备。中国海洋大学水下自主探测装备的谱系化发展，弥补了我国AUV技术链、产业链环节的缺失，为我国深海技术装备研发提供了坚实的技术储备。研究团队研发的AUV平台，具有高质量和高稳定性的优势，特别是经历了2000余个潜次和超过10000千米的总里程考验，均能安全回收，表现出优异的可靠性和稳定性。不同型号的AUV已经应用于众多的国内涉海单位，如海军潜艇学院、中国船舶重工集团公司第七〇五研究所、中国船舶重工集团公司第七二一研究所、中国船舶重工集团公司第七五〇研究所、海军工程大学、鹏城实验室等，获得用户的高度认可。

（2）开展AUV海洋工程服务满足行业重大需求。为解决国家重大技术攻关和海洋工程项目中的水下"难点""痛点"问题，研究团队利用构建的AUV系列平台积极开展海洋工程服务，为海军潜艇学院、山东省科学院海洋仪器仪表研究所、中船海洋探测技术研究院有限公司等单位的海洋水下科学观测、海洋工程勘测、工程施工、重大科研试验等提供技术装备支撑，服务行业重大需求。

四、研究团队基本情况

研究团队共有8人：何波、沈钺、年睿、李光亮、冯晨、秦平、沙启鑫、荣生辉。

主要完成人简介：何波（1971—　　），研究方向为海洋机器人。

（撰稿人：王淇；审稿人：何波；审稿人：张雯雯）

基于波浪观测技术的系列海洋监测浮标

一、研究背景

20世纪80年代之前，我国的波浪观测采用的是人工观测，主要存在夜间不能观测、台风期间观测人员需撤离波浪观测站等弊端。为提高波浪观测质量，实现波浪自动观测，项目团队从20世纪80年代中后期开始开展基于重力加速度测量原理的波浪浮标的研制工作。

二、研究过程

20世纪90年代初研制了SZF-I型波浪浮标，可测波高和波周期两个参数，并开始在国家海洋局海洋台站等单位推广应用。

20世纪90年代中期开始了波浪方向浮标的研制工作，并得到了"863计划"的支持，90年代末期波浪方向浮标研制成功并进行了成果标准化定型，定型为SZF-Ⅱ型波浪浮标。

经过10余年的推广应用，波浪浮标已基本占领国内市场并少量出口。在波浪浮标的推广使用中也发现了一些问题：① 浮标安全问题，浮标因体积（1米）太小，易于被过往渔船撞坏；② 供电问题，需要经常出海更换电池。为解决浮标安全长期在海上工作的问题，项目团队提出了3米多参数波浪浮标研制计划，得到了国家海洋局东海分局的大力支持。为确保新研制的3米多参数波浪浮标并入海洋台站业务化运转，由第三方开展3米多参数波浪浮标观测波浪等水文气象要素的海上比测，经过长达近一年的海上比测，各项水文气象要素（波浪、水温、风、温湿、气压等参数）满足《海滨观测规范》技术要求。项目团队研制的波浪浮标和3米多参数波浪浮标均已实现了海洋台站的业务化运行。

21世纪10年代开展了基于压差法波向测量的原创新方法研究，于2022年获得国家自然科学基金原创探索计划项目"基于压差法波向测量的原创新方法研究"立项，这是我校获批的首个国家自然科学基金原创探索计划项目。该项目提出了一种海浪波向测量技术新方法，并基于该方法开展原创探索性的基础研究工作。旨在通过水下压差法，解决海浪波向测量这一世界技术难题，实现我国海洋波浪测量技术从0到1的突破，为全球海洋观测和海浪研究提供科学技术支持。

项目团队30余年来坚持做好一件事，坚持走海洋仪器国产化研发道路，已研发出系列海洋监测浮标：微型波浪浮标、船用波浪浮标、海洋台站用波浪浮标、3米多参数波浪浮标、10米可拆分大型海洋资料浮标以及海洋水质生态环境监测浮标等产品。

三、研究内容及成果

在核心关键技术上，不是简单地仿造国外波浪测量技术，而是根据海浪的运动规律在国际上创新性地提出了基于表观波向解决波浪传播方向测量的新方法和基于压差法波向测量的原创新方法，所有的关键技术完全拥有自主知识产权。

主要核心技术：基于波面倾斜的波向处理计算方法、波高倾斜一体化传感器设计、三层复合体的椭球形浮标体设计、带有导流尾翼的浮力浮标及复合型锚系设计、基于压差法波向测量的原创新技术。

相关成果：制定中华人民共和国国家海洋行业标准《波浪浮标》，"SZF型波浪浮标的研制与推广应用"获得2006年海洋创新成果奖。

四、重要技术创新点和成果推广及影响

项目团队在基于重力式波浪浮标观测技术基础上，开展了多维度波浪立体观测关键技术的研究工作。

（1）水下波浪观测技术研究：通过国家自然科学基金原创探索计划项目"基于压差法波向测量的原创新方法研究"的支持，解决海浪波向测量这一技术难题，为我国海浪观测基础研究高质量发展提供重要支撑。

（2）水面波浪观测技术研究：获得国家重点研发计划"高精度多源水面追踪技术与波浪传感器研发"课题的支持，旨在解决高海况下波浪测量误差大的关键技术难题。

（3）空间波浪观测技术研究：项目团队结合我国发射成功的北斗三号卫星导航定位系统，开发基于北斗三号卫星导航定位信息技术的波浪浮标观测系统，主要解决离岸海平面实时监测及波浪传播方向反演的技术难题，该项目可为深远海极端恶劣灾害气候监测提供技术

支撑。

相关研究成果实现了波浪观测技术的国产化，解决了困扰我国多年的海洋台站上的波浪自动观测技术难题，结束了我国人工观测波浪的历史，也替代了进口同类产品，打破了国外进口海洋仪器设备一统国内市场的格局。解决了波浪方向观测的世界技术难题，使我国的波浪观测技术达到世界先进水平。波浪浮标的成功研制使我国成为国际上少数几个具有自主开发生产波浪方向浮标能力的国家之一。

SZF型系列波浪浮标已在全国范围内推广使用，并且部分销往国外。主要用户有国家海洋局海洋环境监测站、相关的各大科研院所、中国石油天然气集团有限公司、中国交通建设集团有限公司及相关海洋工程部门等。

五、研发团队基本情况

本项目主要研发团队有4人：唐原广、赵曙东、李世山（中国科学院海洋研究所）、向仲观（国家海洋局北海分局）。

第一完成人简介：唐原广（1963—   ），研究方向为海洋监测技术及海洋仪器研发与推广。

（撰稿人：唐原广；审稿人：梁丙臣；校稿人：张雯雯）

环境友好型海洋防污涂料的关键基础材料与技术

一、研究背景

海洋生物的附着污损严重影响涉海装备和设施的安全、高效和长期服役，涂装防污涂料是最经济、有效和普遍采用的防污技术。防污涂料技术作为涉及国家安全的军民两用技术，在海洋资源开发中的社会经济意义巨大。实现防污涂料的防污性和环境友好性的统一也是世界难题。20世纪70年代初国外开发的含有机锡（TBT）自抛光防污涂料当时备受赞誉，但因其释放的TBT对海洋生态环境造成严重危害而于2003年被全面禁用。2006年以前，作为换代产品的无锡自抛光防污涂料关键技术主要由国外几家大涂料公司垄断，其关键基础材料——树脂为丙烯酸锌树脂、丙烯酸铜树脂和丙烯酸硅酯树脂，防污剂则为Seanine-211、吡啶硫酮锌和吡啶硫酮铜等。国内尚无与国外相媲美的相关产品，而且针对防污涂料的新型防污剂和树脂的研发几乎是空白。2003年以前我国大型舰、船仍依赖于20世纪60年代开发的高有机锡含量的72-19防污涂料，面临着2003年后无换代产品的巨大危机。国家发展核心竞争力和国防建设安全迫切需要自主开发环境友好型防污涂料，包括其关键基础材料——新型树脂与防污剂。

二、研究内容及主要成果

紧紧围绕国家安全和可持续发展战略的核心需求，针对国内防污涂料存在环境污染和基础材料及关键技术落后等核心问题，结合我国海域环境特点，基于应用性能优良和对环境友好的天然产物辣椒素和异噻唑啉酮，发明了环境友好性与良好防污性兼顾的防污涂料、关键基础材料——防污剂、树脂及相应关键技术。研究成果打破了国外对相关技术的垄断，提高了国际竞争力，改变了我国中高端防污涂料产品依赖国外产品与技术、缺乏自有关键技术的局面。

防污涂料作为换代产品已应用于黄海、南海海区的三类海洋设施。相关成果申请16项中国发明专利（其中9项获授权）、1项国际发明专利，形成了我国环境友好型海洋防污涂料比较完整的知识产权保护网和防污技术体系，相关成果获得教育部技术发明一等奖和国家技术发明二等奖，为解决防污涂料污染海洋环境这一世界性难题做出了贡献。

三、重要技术创新点和成果推广及影响

（1）发明了综合性能优良且对环境友好的新型异噻唑啉酮类防污剂。针对环境友好型防污涂料对防污剂的需求，基于异噻唑啉酮类化合物固有的环境友好特性和高效广谱性，通过引入独特的烃氧基烷基结构，设计合成出系列防污性能优良且对环境友好的新型异噻唑啉酮类防污剂，而且实现了结构与活性的统一。

（2）首次通过化学一步法，发明了既具有天然产物辣椒素的生物活性又可聚合的新型含辣椒素功能结构单体。基于辣椒素类化合物的特点——环境友好特性和防污活性，提取天然辣椒素有效骨架结构，通过分子设计化学合成了含天然辣椒素功能结构的系列丙烯酰胺衍生物（单体）；通过天然产物辣椒素的功能结构与丙烯酰胺结构的融合，实现了天然辣椒素的生物活性（抗菌性、防污性等）和丙烯酰胺衍生物的多功能性（可聚合、水凝胶化特性等）。

（3）发明了侧链悬挂天然辣椒素功能结构的聚合物（亦可称树脂），实现了辣椒素的高分子化，该类树脂继承了天然辣椒素的环境友好性和生物活性，能够有效地抑制海洋生物的附着却不释放有害物质，还可实现抑菌性能或凝胶性能等。

（4）发明了新型防污涂料。通过具有不同结构特征的树脂和防污剂的优化组合，得到满足网箱养殖、海洋仪器、船舶等不同使用要求的防污涂料。

（5）发明了树脂和防污涂料防污性能的快速和定量室内评价方法。以典型海洋污损生物东方小藤壶的半致死浓度和自然界典型菌类的最小抑菌浓度来作为防污剂性能评价指标，实现了对防污树脂、防污涂料等的防污性能的快速定量评价，克服了传统海上挂板实验因海区、季节不同而无可比性的缺点，并将评价周期由几个月缩短为几天。

四、研究团队基本情况

研究团队有教师7人：于良民、徐焕志、李昌诚、姜晓辉、张志明、夏树伟、赵海洲。

主要完成人简介：于良民（1964—   ），研究方向为环境友好型海洋防护材料与应用技术、先进高分子复合材料、类天然产物及其生态特性。

（撰稿人：张志明；审稿人：于良民；校稿人：张雯雯）

新型海洋防污涂料的开发与工程化应用

一、研究背景

　　防污涂料技术作为涉及国家安全的军民两用技术，在海洋开发中具有巨大的经济、社会与环境价值。而实现海洋防污涂料的防污性与环境友好性的统一仍是世界难题。20世纪70年代初由国外开发的含有机锡（TBT）自抛光防污涂料因其优异的防污性能得到迅速普及。但Alzieu等1980年报道了防污涂料中的TBT造成养殖的牡蛎性别变异、产卵减少等，随后相继发现同类现象。

　　长期研究证明：TBT严重危害海洋生态环境并通过食物链危害人类。因此，国际海事组织决定从2003年1月1日起全面禁用含TBT的防污涂料。21世纪初期以前，防污涂料及其关键技术主要由国外几家大涂料公司垄断，它们已开发出不含TBT的防污涂料，由IP公司与Nippon公司率先推出以Intersmooth为代表的系列产品。Chugoku公司、Jutun公司、Kansai公司等也相继成功开发了SeaGrandprix、SeaQuantum、Exion等系列产品。这些涂料的关键基础材料——树脂为聚丙烯酸锌、聚丙烯酸铜和聚丙烯酸硅酯，防污剂体系则为氧化亚铜与Seanine-211、吡啶硫酮锌或吡啶硫酮铜等为主要成分的复合体系。国内尚无与国外相媲美的相关产品，而且新型防污剂及树脂的研发几乎是空白。尤其，我国在2010年以前是世界上唯一在防污涂料中使用已被禁用30余年的滴滴涕（双对氯苯基三氯乙烷，DDT）的国家，含DDT防污涂料和含TBT防污涂料的年消耗量各超过5000吨，且已对《关于持久性有机污染物的斯德哥尔摩公约》承诺2010年起禁用含DDT防污涂料。因此，开发防污涂料换代产品，解决DDT、TBT污染源头问题成为我国的当务之急。

二、研究内容及成果

　　围绕国家安全和可持续发展战略的核心需求和履行《关于持久性有机污染物的斯德哥尔摩公约》的迫切需要，结合我国近海环境特点，针对国内防污涂料存在环境污染、基础材料与关键技术落后等核心问题，开发出具有自主知识产权的换代防污涂料产品及其关键技术，突破了国外专利技术壁垒，形成了满足我国近海环境特殊要求、零持久性有机污染物（POPs）排放的海洋防污涂料技术体系。

　　相关成果获授权中国发明专利5项、美国发明专利1项。研发的防污涂料产品入选我国为履行《关于持久性有机污染物的斯德哥尔摩公约》而实施的"DDT防污漆替代产品筛选"计划推广产品，作为换代、推广产品已广泛应用于黄海、南海海区的船舶、渔网等海洋设施，产生了巨大的社会与环境效益。相关成果还可为新材料、杀菌剂等领域提供基础材料与关键技术支撑。

三、重要技术创新点和成果推广及影响

　　（1）开发了一种含辣椒素衍生结构丙烯酸锌/铜树脂、烷氧基丙基异噻唑啉酮和壳聚糖

复合氧化亚铜为防污剂体系的SEA-EF99船舶防污涂料，其防污有效期为12～24个月。

（2）开发了一种基于含辣椒素衍生结构丙烯酸树脂、烷氧基丙基异噻唑啉酮、二硫代二甲基秋兰姆和二硫代二丙酰胺为防污剂体系的NAF渔网防污涂料，其防污有效期为6～12个月。该涂料以不含氧化亚铜为特色。

（3）自主开发的含辣椒素衍生结构丙烯酸锌/铜树脂具有优良的防污性能，通过不同功能单体的组合构建了防污性能可控的树脂系列（库），可满足不同防污涂料的开发需求。

（4）以壳聚糖为模板，在高浓度（浓度≥0.5摩尔/升）铜盐溶液中实现纳米级氧化亚铜的量产，应用性能比传统氧化亚铜提高了约30％。

（5）发明了系列防污性能优良的二硫代二丙酰胺类防污剂，该类防污剂具有可降解、生产成本低等优点。

四、研究团队基本情况

研究团队有教师10人：于良民、李昌诚、闫菊、姜晓辉、董磊、李霞、闫雪峰、赵海洲、张志明、夏树伟。

主要完成人：于良民。

（撰稿人：张志明；审稿人：于良民；校稿人：张雯雯）

铁铝金属间化合物／氧化锆［ZrO_2（3Y）］陶瓷复合材料设计与制备工艺

一、研究背景

氧化锆增韧陶瓷是室温力学性能最高的一种材料，但遗憾的是该材料除了具有陶瓷材料所固有的脆性之外，由于应力诱导相变对温度的敏感性，高温下t-ZrO_2的稳定性增大，导致相变增韧失效，致使材料的强度和韧性随温度上升而急剧下降。加之在低温环境下时效导致强度和韧性下降和较差的抗热震性能等缺点大大削弱了其与传统金属材料竞争的优势，限制了这种材料的规模开发和应用。

二、研究内容及成果

深入研究了金属间化合物和陶瓷材料的微观结构，以界面反应热力学计算、界面电子结构预测其结合状态为理论依据，提出了金属间化合物与陶瓷"包覆阻氢、互补增韧"的新型复合体系设计理论，利用金属间化合物半陶瓷、半金属的性能特点，在对陶瓷进行显著增韧的同时，又借助陶瓷相的包覆阻氢作用有效抑制了其低温脆性，达到了弱点互克、优势互补的效果。研发了具有优良综合性能的Fe_3Al/ZrO_2（3Y）新型复合材料，与金属陶瓷相比，这种复合材料既保持了金属间化合物良好的增韧效果,又使其高温性能大大提高。进一步研究了该类复合材料的烧结致密化机制,实现了对Fe$_3$Al/ZrO$_2$(3Y)复合材料微观结构的剪裁并获得最佳的力学性能。采用合理的数学模型定量分析了复合材料的增韧机制,得到了Fe$_3$Al含量、晶粒尺寸、稳定剂含量与增韧效应之间的定量关系,解释了Fe$_3$Al桥联增韧与ZrO$_2$相变增韧的交互作用机理,建立了材料宏观力学性能与其微观电子结构之间联系的计算模型,理论计算分析与实验结果十分吻合。本研究的理论和实践丰富和发展了复合材料设计制备理论和工艺,由此获得2005年度教育部技术发明一等奖。

三、重要技术创新点和成果应用情况

（一）重要技术创新点

（1）创造性地提出了铁铝金属间化合物粉体制备工艺,采用机械合金化+焙烧复合工艺合成了铁铝金属间化合物粉体材料。

（2）形成具有韧窝状、棒状晶和细晶组织微观结构特征的复合材料烧结制备工艺:通过控制烧结工艺,实现了对Fe-Al/ZrO$_2$(3Y)复合材料微观结构的剪裁。

（3）利用跟踪小裂纹法及压痕法,采用合理的数学模型定量分析了复合材料的增韧机制,得到了Fe$_3$Al含量、晶粒尺寸、稳定剂含量与增韧效应之间的定量关系,对Fe$_3$Al桥联增韧与ZrO$_2$相变增韧的交互作用机理进行了理论探索。

（二）成果应用情况

铁铝金属间化合物/氧化锆陶瓷（TZP）复合材料已经初步用于拉拔模具、沿海设备及化工领域设备的耐蚀防腐表面喷涂。山东九羊公司为山东等地的建筑行业制备钢丝拉拔模具、小型轧钢设备用滚环、加工用模具、研磨用磨具等高附加值产品1000余件套;山东烟台通过制备价格低廉的铁铝金属间化合物及其氧化锆陶瓷复合粉末,以其取代贵重的高合金不锈钢粉末,并将其用于近海钻井平台支柱、养殖用网箱、化工厂管道的200余套件耐腐蚀喷涂产品。

四、研究团队基本情况

研究团队有教师5人:尹衍升、王昕、李嘉（济南大学）、陈守刚、刘英才。

主要完成人简介:尹衍升（1955—　　）,研究方向为海洋材料。

（撰稿人:陈守刚;审稿人:王昕;校稿人:张雯雯）

基于光纤压差测量的深海底沉积物孔隙水压力原位长期监测系统

一、研究背景

深海底沉积物孔隙水压力是深海地质灾害发育过程的关键参量，是国际深海科学与工程领域共同关心的热点与难点。准确获取并监测深海底沉积物孔隙水压力的动态变化，事关国家深海资源开发、科学研究及军事安全。我国在深海探测、监测技术领域起步较晚，在深海底沉积物孔隙水压力原位监测技术方面几乎为空白，严重制约我国认识深海、探测深海、开发深海的进程。

二、研究内容及成果

主要围绕海底表层沉积物孔隙水压力原位观测技术进行了系统研究。经过20年的发展，已形成了国际领先的深海海床表层沉积物孔隙水压力观测技术体系，突破了光纤光栅压差式孔压测量技术、深海鱼鳃式海水电池供应技术、深海超孔压量程保护技术，形成了海底原位电能供应、实时数据传输、远程模式控制、仪器释放回收的整体配套技术体系，填补了国内外相关技术空白。基于海底浅层沉积物孔隙水压力动态变化过程原位观测数据，揭示了波浪作用下海床动力响应及海洋地质灾害形成触发机理，研究成果实际应用于海岸带地质环境保护与灾害防治，取得了显著的社会效益、生态环境效益及经济效益，极大提升了海水与沉积物相互作用动态变化监测水平与致灾预测能力。从海床孔压动态变化过程角度，回答了有关海岸侵蚀、海底滑坡、液化再悬浮等科学问题，为海底管线、石油平台等海上工程安全提供技术保障。研究成果已获国际发明专利授权3项、国家发明专利授权7项、软件著作权授权1项；发表论文100余篇，其中SCI/EI收录50篇。主要成果获得海洋工程科学技术一等奖。

三、重要技术创新点和成果推广及影响

（一）重要技术创新点

（1）研发了高分辨率的可拼接式压差结构的深海孔隙水压力探杆，通过探杆内部与海床上覆静水压力抵消效应，突破了深海孔压监测受制于超高静水压力导致测量精度不足的技术瓶颈。研发了适应不同海水深度的系列化模块化深海孔压探杆，实现了深海不同深度沉积物孔隙水压力高测量精度的目标。深海浅层沉积物孔压动态原位观测系统为深海环境中的沉积物孔压监测的数据采集提供有效支撑。

（2）研发了孔压监测系统供电装置——"鱼鳃"式海水电池，利用原料聚丙烯腈基碳纤维（PAN-CF）自身含有的氮掺杂，采用特有的电化学改性技术，基于电化学氧化还原得到含氧活性官能团，赋予了优异的氧还原反应（oxygen reduction keaction, ORR）电催化和超级电容特性。海水电池系统使用镁阳极，其有效率为60%，海水电池系统可满足24瓦功率连续输出2年以上。

（3）研发了深海孔隙水压力探杆的传感器量程保护技术，通过弹簧机械连接的卸压结构

装置解决了探杆贯入产生的超孔压对传感器造成物理性破坏的问题，设计了多种创新型结构，解决了光纤传感器超量程光纤拉断不可恢复的问题，使传感器处于一个量程允许的压差范围内，保证了100千帕的量程和0.1千帕的精度，使孔压探杆更好地长期服务于现场原位监测。

（二）成果推广及影响

研究成果被国家海洋环境监测中心等20余家单位应用。使用者一致认为设备使用方便，易于推广，取得了良好的社会经济效益。培养硕士、博士研究生百余名，为我国海洋地质工程的发展输送了大量人才。该技术的应用确保了海底石油管线安全可靠运营，保障了石油钻井平台等各类海洋工程设施的安全运作，为维护稳定的海洋生态环境提供了技术保障。取得了显著的社会经济效益，减少地质灾害损失与创造经济效益累计超过3亿元。自主研发的多项关键技术发明填补了深海底沉积物孔隙水压力监测技术领域的国内空白，发展了新型技术装备，为我国海洋灾害性地质环境的监测与评估提供了技术支撑，整体成果达到了国际领先水平。

四、研究团队基本情况

研究团队有教师5人：贾永刚、刘涛、芦永红、刘晓磊、徐海波；硕士、博士研究生7人：魏冠立、文明征、李三鹏、朱超祁、周蕾、张红、李博闻。

主要完成人简介：贾永刚（1965—　　），长期从事海洋工程地质领域教学与科研工作。

（撰稿人：刘晓磊；审稿人：贾永刚；校稿人：张雯雯）

黄河水下三角洲典型地质灾害机理与防控技术

一、研究背景

黄河水下三角洲位于渤海南岸，是国家"黄蓝两大战略"的高效经济区和生态环境保护区，也是胜利油田的主力产油区。黄河水下三角洲广泛发育沉积物液化、海床面侵蚀、海床体滑动、沉积物内源污染物释放等典型地质灾害和环境问题，严重威胁海底管道、海洋平台、海岸防护堤安全，造成岸滩生态环境灾难性破坏。黄河水下三角洲地质灾害开拓性研究始于1985年学校牵头实施的中、美、加国际合作项目，相继研究工作集中在从基础地质角度调查三角洲形成、演化及地质灾害发育情况，对地质灾害机理的研究比较薄弱。

二、研究内容及成果

阐明了黄河水下三角洲典型地质灾害发生机理，开发了海底地质灾害空间特征探测与测试技术，研发了海底地质灾害与环境要素原位长期监测技术与装备，构建了重大海洋工程地质灾害防控技术体系。形成的专有技术与方法体系，在中国石化集团、中国电力建设集团，国家海洋局、生态环境部、中国地质调查局下属多家中央和地方企事业单位广泛应用，促进了行业科技进步。研究成果获国家发明专利授权15项、国际发明专利授权2项、实用新型专利授权和软件著作权6项，形成标准2部，出版中英文著作3部，发表SCI论文53篇，总被引508次。相关成果获评2021年度海洋工程科学技术特等奖。

三、重要技术创新点和成果推广及影响

（1）系统揭示了黄河水下三角洲海底沉积物工程地质性质在海洋水动力条件下的动态演变过程，阐明了黄河水下三角洲典型地质灾害发生机理，建立了基于沉积物动力学特性的海洋水动力诱发地质灾害发生和演化预测方法，为黄河水下三角洲地质灾害的防控提供了理论指导。

（2）开发了探测与测试黄河水下三角洲典型地质灾害的技术与装备，实现了高效精准探测与识别海底地质灾害现象、精确测量灾害体工程地质性质，揭示地质灾害空间分布规律，为黄河水下三角洲地质灾害的有效防控提供了技术支撑。

（3）研发了原位长期监测黄河水下三角洲典型地质灾害与环境要素的技术与装备，能够实时监测海床面位置、海底不同深度沉积物变形滑动量、海底沉积物内源污染物释放量，实现了黄河水下三角洲典型地质灾害过程及其伴生的内源污染物释放的实时监测预警。

（4）基于对黄河水下三角洲典型地质灾害发生机理的认识及地质灾害探测与监测结果分析，构建了地质灾害综合工程防控技术体系，保障了海岸防护堤、海上石油平台的安全，保护了岸滩生态环境，实现了黄河水下三角洲典型地质灾害的工程防控。

四、研究团队基本情况

研究团队成员有20人：贾永刚、孙永福（自然资源部第一海洋研究所）、刘晓磊、荆少东（中石化石油工程设计有限公司）、印萍（青岛海洋地质研究所）、刘红军、郭秀军、高茂生、宋玉鹏（自然资源部第一海洋研究所）、刘锦昆（中石化石油工程设计有限公司）、冯秀丽、李安龙、刘小丽、张少同、张晓波（山东科技大学）、冯春健（中石化石油工程设计有限公司）、侯方（中石化石油工程设计有限公司）、李博闻、王振豪（自然资源部第一海洋研究所）、文明征（中国地质调查局天津地质调查中心）。

主要完成人：贾永刚。

（撰稿人：刘晓磊；审稿人：贾永刚；校稿人：张雯雯）

复杂深海工程地质环境原位长期监测装备研制

一、研究背景

深海底工程动力地质作用复杂，发育滑坡、浊流、液化等多种海底地质灾害，严重威胁海洋工程安全，是国家深海开发亟待解决的科技难题。深海底地质灾害的孕育、发生过程，伴随沉积物工程地质性质动态变化。目前，缺少有效的现场原位长期观测手段，制约了对南海动力地质过程机制的深入认识，成为进一步开展地质灾害有效预测防治的技术瓶颈。通过对深海底工程地质性质动态变化进行监测，可以实现海底地质灾害的预警与有效防控。

二、研究内容及成果

该研究针对南海北部陆坡复杂工程地质环境，研制一套长期、自动、实时、同步的复杂深海工程地质原位长期观测设备。该装备突破了四项关键技术：海底三维电阻率高精度量测技术、海底声波断面量测技术、基于光纤压差的深海沉积物超孔压量测技术、深海底原位长期观测电能供应技术。首次定量揭示了南海内孤立波对1500米海底沉积物的侵蚀再悬浮量，初步确定了神狐海域发育巨型海底滑坡。

研究成果被国家基金委《科学·基金·通讯》、美国物理联合会《科学之光》（AIP，Scilight）、美国地球物理学会（AGU）、英国爱丁堡地质学会（EGS）专题报道。相关成果获评2017年度海洋工程科学技术一等奖、2022年度教育部高等学校科学研究优秀成果奖（科学技术）技术发明一等奖，入选2021年度中国地质学会十大地质科技进展。

三、成果推广及影响

（1）项目成果被国家第二次天然气水合物试采工程选用为环境监测专用设备，于2019年在南海北部国家天然气水合物试采区1250米水深位置成功布放运行，实现了天然气水合物开发过程中深海沉积物力学参数和海底地质环境变化的实时监测，建立了准确的安全评估体系及灾害防控措施，有效应对了试采过程中地质环境的变化，并保障了试采工程的安全运行。

（2）项目成果在天然气水合物试采工程中的应用打破了相关装备和技术的国外垄断，填补了多项国家技术空白，被中央电视台和人民日报进行了专题报道，产生了显著的社会与经济效益。

四、研究团队基本情况

本项目研究团队成员13人：贾永刚、刘晓磊、郭秀军、吴自银（自然资源部第二海洋研究所）、刘兰军、徐海波、孟庆生、刘涛、张民生、朱超祁、孙中强、李凯、权永峥。

成果主要完成人：贾永刚。

（撰稿人：刘晓磊；审稿人：贾永刚；校稿人：张雯雯）

海床侧向变形与滑动观测装置及方法

一、研究背景

海床蠕变、海底滑坡等海床侧向变形与滑动过程作为一种极具破坏力的海洋地质灾害，可以直接破坏油气平台、海底管线等设施。海底滑坡可以诱发海啸，引发次生灾害，给沿海地区发展、人民生命财产安全带来不可估量的损失。实现海床侧向变形与滑动的原位观测，对海洋工程地质灾害的防控至关重要。现有的土体变形与滑动监测技术均不适用于海床变形滑动原位监测，不能实现灾害的全过程监测，制约了海底滑坡机理的揭示。

二、研究内容及成果

首次提出一种用于海床不同深度变形滑动量的原位观测装置与方法，解决了多传感器组合、海底布放回收、三维变形量精确反演等关键性、共性的技术难题，突破了海床侧向变形滑动观测技术瓶颈，实现了海床不同深度范围内毫米级的微小位移测量，同时具有监测周期长、重复利用性强、观测成本低等优点，为海底滑坡等海床变形灾害发生、演化全过程的监测和海洋工程灾害预警提供了一种经济可行的方法。

围绕以上技术创新，相继开发了一系列关于海床侧向变形与滑动观测装置的配套力学特性测试系统及实验方法、海底滑坡灾害监测及临期预警、海底沉积物力学特性信息监测技术等。研究成果申请国内发明专利14件，国外发明专利2件，国内实用新型专利7件，国外实用新型专利2件，软件著作权5件，均获授权。相关成果获评2020年度山东省高等学校科学技术奖一等奖和2021年度山东省专利奖一等奖。

三、重要技术创新点和成果推广及影响

（1）项目成果推进了海底滑坡发生过程机理研究。海底滑坡机理研究主要依赖于数值模拟和物理模型试验，缺乏海底滑坡启动、滑动过程的直接监测数据。本项目在黄河水下三角洲埕岛海域监测记录到有效波高达3米的强风浪海况引起的海床破坏滑移事件，海床面以下1.23米处变形滑动量达13毫米，滑动破坏面呈"浅—深—浅"发展模式，为国内外首次捕捉强风浪诱发海底滑坡过程提供了直接证据，对于深入认识海底滑坡过程机理具有重大科学意义。

（2）项目成果服务于防护堤安全保护，有效防止海水入侵。项目技术的应用，实现了对防护堤基础变形情况实时监测预警，有效预防了风暴潮等极端天气对防护堤的毁坏，有效防止海水入侵，保护了黄河口国家自然保护区的生态环境。

（3）项目成果服务于输油管道安全防护，避免海上溢油事故的发生。项目技术应用于埕岛油田35条已建成的海底输油管道的滑移稳定安全定量评价，对可能发生管道断裂破坏的危险点进行海床变形滑动监测，实现了风暴潮期间海底输油管道在位稳定性监测、预警，保障安全生产的同时，避免了海上溢油事故造成的环境污染，产生了显著的经济和社会效益。

（4）项目成果服务南海岛礁建设和水合物试采工程,助力国家重大工程建设。应用项目技术,对海南海花岛附近海域、三沙市北礁海域、西沙海域的海床变形滑动量和海床沉降量进行精细调查监测,查明了影响场地的海底滑坡、海床变形沉降等不良地质作用的类型、成因、分布范围、发展趋势和危害程度,为岛礁建设选址提供了可靠的参考依据。

四、研究团队基本情况

研究团队成员8人:贾永刚、王振豪（自然资源部第一海洋研究所）、刘晓磊、郭磊（山东大学）、张少同、文明征（中国地质调查局天津地质调查中心）、朱超祁、单红仙。

主要完成人:贾永刚。

（撰稿人:刘晓磊;审稿人:贾永刚;校稿人:张雯雯）

深海可控源电磁探测技术与装备

一、研究背景

深海油气钻探的风险远远大于陆上油气钻探的风险,对地震勘探的待钻目标进行电磁评价,对避免深海钻探干井有重要意义。避免深海钻探任意一口干井,就意味着节省数千万至数亿美元,而进行海洋可控源电磁勘探的主要成本在于勘探船的费用,较之要规避的巨额钻探风险,其经济效益非常明显。近年来海洋可控源电磁勘探技术在西方深海油气勘探中得到成功应用。利用海洋可控源电磁技术可以确定由地震方法圈闭的构造是否为有效储层,从而提高钻井成功率。目前仅美国、英国等欧美发达国家掌握了海洋电磁探测装备的核心技术并实现了商业化,然而,他们仅提供技术服务,而不出售勘探装备。此外,海洋电磁勘探系统中的关键器件（如海洋电场、磁场传感器）属于禁止向中国出口的技术产品。因此,我国必须研发具有自主产权的海洋电磁勘探装备,从而打破国外技术垄断,掌握海洋电磁探测的自主权。

二、研究内容及成果

该研究围绕提高探测信号信噪比开展了一系列技术攻关,研发海洋环境电磁场和海底地质体电磁场数值模拟方法,揭示海洋电磁的探测机理,建立海洋油气资源立体探测技术体系,研发大功率水下电磁发射系统和深海微弱电磁信号记录系统,研制深海可控源电磁勘探装备,为我国深水油气资源、海底天然气水合物和海底多金属结核勘探以及海底地质结构研究提供了一种新技术。

主要成果发表在*Geophysics*、*Geophysical Journal International*等国际顶级学术期刊,相关成果入选2015年度中国海洋与湖沼十大科技进展及青岛海洋科学与技术国家实验室2015年主要科技进展，获2018年山东省地球物理科学技术一等奖以及2019年度教育部科学技术进步二等奖。

三、重要技术创新点和成果推广及影响

（1）研发的电导率任意各向异性介质大地电磁场和海洋可控源电磁场正演模拟算法和反演算法，被业内认为是"地球电磁学研究中应用数学和数值数学前沿的标志性成果"，为解释复杂海洋电磁资料提供了新的解决方案。

（2）建立海洋油气资源立体探测技术体系，在大功率水下电流发射散热技术、低损耗大功率逆变和整流技术、高性能中性浮力电缆和高效发射天线技术、微弱电磁信号检测技术等方面实现了重大突破，打破了欧美发达国家在深海可控源电磁勘探装备研发和大功率水下电磁发射技术等方面的技术垄断。

（3）研制4000米/6000米深海海底电磁采集站，并于西太平洋、南海等海域完成超4000米水深电磁探测实验，使中国成为继美国、德国、日本之后第四个有能力在水深超过3000米海域进行海洋电磁场测量和研究的国家。深海海底电磁采集站在黄海、南海、西太平洋等海域累计投放100余台次，回收成功率100%。该装备已应用于中国船舶重工集团公司第七研究院承担的国家重大基础设施建设项目"极低频探地（WEM）工程"中的"WEM大陆架电磁探测测试试验"，完成国内首次超远距离接收极低频大功率发射台所发极低频信号，为解决远距离水下大深度通信这一难题中的接收关键技术提供了重要支持。

（4）自主研发大功率水下电磁发射系统、甲板信号监控系统和海洋可控源电磁数据处理解释系统，整套探测系统已具备工程化测量能力。该系统于中国南海北部海域成功完成我国首条深海可控源电磁探测剖面，试验的成功填补了国内深海可控源探测的空白，使我国的海洋电磁探测技术与装备研制水平达到国际先进水平，也标志着我国已掌握深海探测和可控源油气勘探新技术，为深海资源勘探和海洋深部探测增添了一项新的技术方法。

四、研究团队基本情况

研究团队有教师14人：李予国、亓夫军、刘兰军、于新生、黎明、裴建新、陈家林、张晶、司先才、戴金辉、王树杰、罗鸣、吴平伟、綦声波。

主要完成人简介：李予国（1965—　），研究方向为海洋电磁探测技术及其应用研究。

〔撰稿人：裴建新；审稿人：罗鸣、李予国；校稿人：张雯雯〕

海工装备腐蚀与生物污损及其特种防护技术

一、研究背景

当前海工装备腐蚀与生物污损问题日益严重，明确海工装备腐蚀与生物污损机理，发展特种防护技术受到越来越多的关注。材料失效大多是由材料表/界面与外界环境发生相互作用而引起的，例如，在海洋大气区和飞溅区，湿气或液滴在海工装备材料表面的润湿黏附滞留是金属腐蚀破坏的首要步骤；输油管道内壁的结蜡起因于管道表面亲油黏附；海洋工程平台设施海洋生物的附着是由防污涂层中防污剂的释放速度与树脂的水解速度不协调引起的，这些现实问题都与海工装备材料表/界面问题息息相关，对很多问题至今仍然难以找到理想的解决方案。因此，加强海工装备材料表/界面行为调控和相关新材料失效分析的研究受到越来越高的重视，国家基金委工材学部和化学学部都将材料表/界面研究列为重点支持的领域。大力发展具备抗腐蚀和防污损等特殊功能表/界面的材料为解决海工装备腐蚀与生物污损问题指明了方向，引起了海洋工程材料腐蚀与生物污损防护专家的广泛关注。

二、研究内容及成果

通过学习自然和仿生设计，综合利用物理、化学、制造等方法构筑了微纳米有序结构材料表面，研究了其表/界面润湿黏附规律，发展了多种表面结构、化学组分和表面能调控的方法，并在此基础上开发了系列功能性材料。在基础研究方面取得了一些重要科学发现，为进一步发展适合工程应用的功能材料提供了理论支持和技术指导。

相关成果发表于 *Applied Catalysis B* 和 *Chemical Engineering Journal* 等国际顶尖学术期刊，论文共被SCI论文引用1000余次，其中5篇为高被引论文。成果完成期间，培养博士、硕士研究生30余名；1人获得2017年中国工程院重大咨询项目突出贡献奖，1人获得教育部新世纪优秀人才资助，2人获得山东省优秀硕士研究生，1人获山东省优秀研究生指导教师。研究成果在科学出版社出版专著1部，在全国性海洋材料大会作大会邀请报告2次，作分会邀请报告4次。相关成果获得2011年度海洋创新成果一等奖，2016年度教育部自然科学二等奖。

三、重要技术创新点和成果推广及影响

（1）依据自然仿生原理，构筑适合工程化的微纳结构功能化表面并发展了工程材料表面化学改性新方法，建立了"超疏水工程材料的防腐应用概念"，奠定了工程材料表面特殊润湿性表面调控理论基础，为工程化应用打下坚实基础。

（2）针对防污涂料轻质化和高效性的发展需求，巧妙利用"一石两鸟"的构筑策略，从铜离子释放速率、化学稳定性及光催化杀菌性能出发，设计制备了石墨烯改性氧化亚铜复合材料。研究发现复合材料不仅提升了防污剂的分散性和稳定性，而且明显减缓了铜离子的快速释放，减少的电子-空穴复合对和高效的ROS产生能力导致对光的利用效率和杀菌效率明显提升，可减少30%的氧化亚铜添加量，为发展轻质化防污涂料提供了很好的理论基础。

（3）针对潮差区的腐蚀特点，创新提出构筑兼具缓释和超疏水协同的复合功能涂层，实现了海洋生物的抗附着和接触杀双重防护能力，引领了环境友好防腐防污材料的研发。

（4）针对深海苛刻环境，研发了具备自修复功能的智能防腐材料，大大延长了涂层使用寿命，减少维修不便带来的成本。已开发的智能修复涂层样品考察船赴中国南海冷泉区海底进行智能涂层的自修复性能测试，搭载无人潜水器潜入深海，获得了多项宝贵的深海实测数据，研发成果处于国内领先水平。

四、研究团队基本情况

研究团队有教师5人：陈守刚、尹衍升（上海海事大学）、刘涛（上海海事大学）、王巍、李文。

主要完成人简介：陈守刚（1974—　　），研究方向为海洋新材料及其防护应用研究。

（撰稿人：陈守刚；校稿人：张雯雯）

海上风电基础结构跨尺度耦合分析方法与应用

一、研究背景

海上风电是绿色新能源的重要组成，恶劣复杂海洋环境破坏力惊人，工程安全是产业发展的基础，风机功率不断增大，结构性能不断提升，构件特征愈加精细，材料特性更加复杂。传统分析方法同步计算多类介质或实体时在不同尺度之间单向传递载荷等外部信息，与实际跨尺度（$10^{-6}\sim10^2$米）力学机制的相互作用存在突出矛盾，是阻碍结构性能与安全性共同提升的核心问题之一。

二、研究内容及成果

该研究针对大型海上风电工程安全设计与运维保障的关键技术难题，利用理论分析、数值模拟、模型试验和现场测试等手段进行了科技攻关和应用推广，将海上风机基础结构分析方法提升至流体、结构、构件、材料跨越多个尺度双向嵌套力学模型的同步计算，建立设计新方法与运维服务系统，同时提升结构承载性能与安全。

相关研究成果获自然资源（部）青年科技奖和海洋工程科学技术一等奖；获得国家发明专利授权和实用新型专利授权20余项；发表论文100余篇，纳入国家标准与行业规程2项，主编设计手册1部。

三、重要技术创新点和成果及效益

（一）重要技术创新点

（1）提出了海上风机基础结构设计的跨尺度一体化新路径，阐明了材料微结构–复杂构件–大型结构的耦合机制，建立了海洋环境载荷下跨尺度耦合分析新方法，为基础结构的高性能设计与安全性提升提供了理论基础和科学指导。

（2）建立海上风电基础结构安全服役与承载性能综合提升的跨尺度耦合方法，包括材料–构件–结构非线性损伤模拟与设计、事故后基础结构承载性能评估、高刚度基础结构防护设计新方法，既保证基础结构的高承载性能，又同时显著提高安全性。

（3）建立了结构监测的水下图像增强与特征识别技术，实现多源数据融合，形成了海上风电运维数据库；建立了状态数据库与跨尺度计算交互的卷积神经网络，实现了服役结构特征辨识与性能演化的一体化分析，构建了海上风电结构运维保障的大数据服务系统。

（二）成果及效益

本项目产学研联合攻关，阐明了材料–构件–结构的跨尺度耦合机制并给出分析方法，由此创新结构承载及安全设计、建立事故后结构评估体系及构建服役结构大数据系统，建立了更安全高性能海上风电基础结构跨尺度耦合分析新模式并成功推广应用。该模式应用于10余项国内外大型海上风电工程，显著提升了工程技术水平和运维效率，具有重要的推广应用价值，为我国能源转型持续贡献力量。

四、研究团队基本情况

研发团队有教师3人：方辉、刘勇、李爱军；工程博士2人：王洪庆、元国凯（工程博士、广东省电力设计研究院）。

主要完成人简介：方辉（1980—　　），主要从事海洋结构物跨尺度相互作用理论与耦合设计方法研究。

（撰稿人：方辉；校稿人：张雯雯）

宽视角水下激光电视

一、研究背景

水下目标观探测理论与技术研究是海洋物理和海洋工程技术中的长期研究课题。自20世纪60年代激光发明后，国内外就专注于研究能量密度高和指向性好的激光在水下传输过程中产生散射的物理效应；主要解决激光在水下传输过程中产生的后向散射所形成的背景光噪声对观察质量和探测距离的影响问题。虽然国内外提出了一些理论和技术，已经在探测距离上取得了一定成效,但存在观测范围太小的问题,在海洋资源开发和海洋军事应用上受到了很大的限制。

二、研究内容及成果

本项目的研究内容是开展激光在水下传输过程中产生的后向散射和前向多次散射的物理特性的研究。团队在国际上首先提出了既能克服激光在水下传输过程中形成的背景噪声,又能充分利用目标反射光形成的前向多次散射光来提高信噪比的水下目标探测理论与技术。从而解决了其他水下激光探测方法观察范围小的问题,在此基础上研制了宽视角水下激光电视,在国内外得到了好评,并于1990年荣获国家科技发明三等奖,达到国际领先水平。

1990年,在上述利用激光传输过程中目标反射的多次散射光宽视场接收理论和技术基础上,在国际上首先提出了"激光空间差频扫描3D视觉理论"。实现了不需要通过双接收器的大数据量运算,就能确定水下3D视觉中的深度值的问题,开辟了水下激光视觉的新途径。

三、重要技术创新点和成果推广及影响

(1)通过研究激光在水下传输的物理过程中的光散射特性,研究团队发现了强激光在水下传输过程中目标的前向散射光的物理特性,提出了利用水下目标前向散射光增强探测信号信噪比的理论。利用该理论研制的宽视角水下激光电视,解决了在浑水中的水下观察问题,已在我国沿海和长江油气开发中以及水下武器试验中得到了初步的应用。

(2)1990年后,在克服后射光和利用目标前向多次散射光理论基础上,开展了水下智能机器人的激光3D视觉研究。在国际上首先提出了激光空间差频扫描视觉理论,发现了3D视觉理论中的深度信息可以用激光水平扫苗时间替代的物理机制。构建了用激光扫描显示时间差进行深度信息实时表达的数字模型,解决了传统的深度信息需要通过大量数据运算来确定的问题。项目成果在1991年美国佛罗里达州和1992年美国圣地亚哥水下机器人(ROV)学会国际海洋科技会议(OCEANS)上得到好评。成果主要完成人郑国星并被邀请担任电气和电子工程师协会(IEEE)和海洋技术协会(MTS)理事。

(3)1995年在前期激光水下传输物理特性研究的基础上,明确了水下观察距离主要决定于激光输出的平均效率的结论。本项目在国际上首先提出一种"非均匀的光场理论",利用柱束光源光场分布替代水下激光扫描光场,发现非均匀光场不仅能增加平均功率,还能同时克服光在水下传输过程中后向散射光产生的背景噪声问题。本项目列入了国家"九五""十五""十一五"时期的"863计划",在水下武器试验中已得到初步验证。

四、项目团队基本情况

研究团队主要有教师5人:郑国星、谭锐、周如诚、王国宇、郑冰。

主要完成人简介:郑国星(1935—),研究方向为海洋物理和激光电子信息技术。

(撰稿人:郑国星、郑冰;校稿人:张雯雯)

深海电视抓斗

一、研究背景

深海资源、环境以及国家权益的激烈竞争，极大地促进了深海科学研究与探测技术的发展。为满足我国"十五"以及未来大洋资源环境调查对深海采样技术的迫切需求，打破少数发达国家的技术封锁和垄断，并着眼于未来的技术发展需求，研制开发具有独立自主知识产权的深海电视抓斗技术无疑具有重要战略意义。

二、主要内容及成果

成果属于国际深海技术前沿，主要依靠独立自主研发。采用电机－液压驱动、彩色数字图像监视、甲板实时监控、水下电池供电，并设有三级应急安全保护装置，最大工作水深达6000米。与国际同类技术相比，在视像传输、甲板监控以及应急安全保护设计上有重要创新。

深海电视抓斗于2003年6月在西太平洋海试成功后，即被作为主力采样设备应用于我国大洋资源环境调查及2005"大洋一号"环球科学考察中。成果应用前景广阔，在促进深海探测技术进步、提升深海科学研究水平及推动海洋战略实施上均发挥重要作用。深海电视抓斗不仅可在国内外诸多大洋调查船上推广使用，经改进还可广泛应用于深海捕捞、水下生物观测、海洋工程设施检修、港口作业、海上救助打捞、水下证据搜寻、水产养殖等。成果已获得国家专利2项。

三、重要技术创新点和成果推广及影响

（一）重要技术创新点

（1）作为具自主知识产权的国际大洋调查核心竞争技术，首次实现我国深海资源环境调查的可视化、智能化采样，提升了我国深海调查技术水平。

（2）深水液压动力系统。攻克了大功率深水电机、耐高压液压器件、高密封耐压执行油缸、大容积深海液压油箱、高压环境下的动静态密封和耐高压处理技术等关键科学技术难点。

（3）具有通信功能的深水万米缆彩色数字视像传输技术。实现了彩色数字图像与双向控制信号的远距离（10千米）、并行、实时传输，奠定了可控可视化深海设备的技术基础。

（4）三级应急安全保护设计具有新颖性。确保深海设备在复杂地质条件下，安全、高质、高效作业，并逐级保护作业设施。

（5）水下抓斗监控技术。实现水下抓斗状态全方位监控，提升了对深海设备的智能化控制水平。

（二）成果推广及影响

（1）提升了我国深海资源环境调查的质量和效率，在促进我国深海探测技术进步中发挥了重要作用。与传统拖网法取样技术相比，深海电视抓斗取样质量（知晓样品产状和经

纬度）和效率（提高到原来的2倍）明显提高，例如，仅在西太平洋CX海山区的富钴结壳调查中就成功进行了11个站位的海底观测和取样，获取186千克各类样品和400分钟海底视像资料，缩短了50%的调查周期，大大节约了船舶与调查费用；在太平洋CL海山区抓获了迄今我国最大、最重（500千克）的结壳样品（拟赠送国际海底管理局），为国际之罕见。

（2）打破了困扰我国深海研究的技术瓶颈，为提升我国深海科学研究水平提供了技术保障。在深海矿产资源（如富钴结壳）调查中，深海电视抓斗可被作为"深海光学拖体"进行连续走航观测，以追索深海不同类型富钴结壳的分布，寻找和圈定板状结壳边界，所记录的视像资料对于后期研究具有重要科学价值；深海电视抓斗还可纠正因薄层沉积物覆盖而错误判断海底结壳分布范围及低估结壳资源量的问题，这也是深海电视抓斗在富钴结壳资源量评价中的独到功能。特别是在2005年我国环球科学考察中，电视抓斗采集了大量珍贵的深海样品，为我国深海科学研究提供了难得的素材。

（3）深海电视抓斗在维护国家权益、实施国家海洋战略中发挥重要作用，产生了较广泛的社会影响；在我国海域划界调查中也得到成功应用，提供了高质量的样品和视像证据。而作为一项具有独立知识产权和核心竞争力的高新技术，深海电视抓斗的成功应用已经引起了较广泛的社会反响，也带来了可观的社会经济效益。

四、研究团队基本情况

研究团队共15人，其中学校教师5人：赵广涛、李欣、周东辉、付民、韩宗珠。

主要完成人简介：赵广涛（1964—　），研究方向为海底资源与环境探测技术。

（资料收集及撰稿人：尹文月；审稿人：赵广涛；校稿人：张雯雯）

第二篇
人文社科类成果

　　人文社会科学是人文科学与社会科学的统称，有时也被称为哲学社会科学、文科等。人文科学，是以人类的精神世界及其沉淀的精神文化为对象的科学。社会科学则是一种以人类社会为研究对象的科学。在科学的发展史上，人文社会科学与自然科学一道，共同支撑起完整的科学"大厦"，为人类科学事业的繁荣昌明发挥着无可替代的作用。

　　20世纪50年代，中国海洋大学曾经一度出现过人文兴盛，那是海大人难以忘怀的一段美好记忆。进入21世纪，海大人肩负重振海大人文的重任踏上新征程，学校注重内涵发展，强化基础研究，促进文理交叉，海洋人文社会科学研究独树一帜，在全球海洋治理研究、极地深远海问题研究、海洋经济发展研究、海洋文化研究等方面形成明显优势，构筑起海洋人文社科基础理论创新学术高地，形成了一系列有影响力的学术成果。同时，中国语言文学、外国语言文学、工商管理、应用经济学、法学等学科的综合实力显著提升，在营运资金和企业管理、儿童文学、古代文学、二语习得、法律经济学等非涉海研究领域取得突破性进展，人文社会学科整体水平迈上新台阶。

　　本篇收录的人文社会科学类成果主要包括学校主持的教育部高等学校科学研究优秀成果奖（人文社会科学）、部分山东省社会科学优秀成果奖、部分被国家相关部门采纳或获省部级以上领导人批示的服务海洋强国战略的对策建议等代表性成果。同时编写组深入挖掘、认真梳理大量档案史料，收录了文科各学科历史上未报奖、但影响力大且社会公认度高的代表性成果。尽可能展示文科人矢志不渝、久久为功，繁荣发展文科的初心及作为。

海洋文化研究

一、研究背景

我国是世界海洋大国之一，海洋文明历史悠久、海洋文化丰富灿烂、海洋文化遗产遍布海内外。当前我国正在加快建设海洋强国，推进"21世纪海上丝绸之路"建设，构建"人类命运共同体"和"海洋命运共同体"，海洋文化研究日益重要。

二、主要成果及获奖情况

（1）《海洋文化概论》，1999年由青岛海洋大学出版社出版。全书界定了海洋文化的概念内涵与外延，分析了海洋文化的本质与特征，架构了海洋文化的基本内容体系，提供了海洋文化尤其是海洋社会民俗事项的田野调查方法。出版后一直被国内外相关高校、学界海洋文化相关学科领域列为基础教材或参考文献。2001年获山东省第十五次社会科学优秀成果二等奖、中国海洋大学优秀教材一等奖。2008年在韩国翻译出版。

（2）《中国海洋文化史长编》（五卷本），2008—2013年由中国海洋大学出版社出版，分《先秦秦汉卷》《魏晋南北朝隋唐卷》《宋元卷》《明清卷》《近代卷》，曲金良主编，陈智勇、朱建君和修斌、赵成国、马树华、闵锐武分别担任各卷主编。全书广泛梳理汇总、集纳相关历史文献和学界研究成果，架构了中国海洋文化史的基本脉络和内容体系，成为学界中国海洋文化历史研究的基本参考文献。是"十一五"国家重点规划图书，2014年获山东高等学校优秀科研成果奖一等奖，2015年获教育部第七届山东高等学校优秀科研成果一等奖。《中国海洋文化史长编》（典藏版）于2017年由中国海洋大学出版社出版。

（3）《中国海洋文化基础理论研究》，2014年由海洋出版社出版，曲金良等著。全书针对当今世界海洋发展形势和我国海洋强国建设对海洋文化发展繁荣的时代需求，构建了中国海洋文化基础理论体系，系统回答了中国海洋文化是什么、怎么样、为什么、应如何等基本问题，为提高我国国民的海洋文化主体意识，弘扬中华民族海洋文化，促进我国海洋文化繁荣发展提供了基础理论观念和方法。是2009年国家海洋局委托项目成果，被国家海洋局系统和国内外学界参考使用。

（4）《中华大典·地学典·海洋分典》，2016年由重庆出版社出版，曲金良主编。顾问：管华诗、孙光圻；副主编：修斌、赵成国、黄亚平、纪丽真、冷卫国、杨秀英等。全书对浩瀚典籍文献中的海洋自然与人文社会相关重要内容进行了全面系统的分门别类、整理总汇、选择辑录、校勘标点，分为"海洋疆域""海洋水文""海洋气象""海洋生物""海洋盐产""航海海运""海洋灾变""海洋信仰""海塘工程""海洋防卫"十个"总部"，"总部"下分"部""目"，是一次对海洋历史文献的专门编纂集成。

（5）《中国海洋文化发展报告》（2013年卷、2014年卷、2015年卷），2014—2016年由社会科学文献出版社出版，曲金良主编。是"教育部哲学社会科学发展报告"系列之一，是关于中国海洋文化理论与实证研究、思想与观念普及、遗产与资源保护、传承与创新繁荣等的综合性发展报告,旨在推进中国海洋文化相关领域研究,服务国家海洋强国建设和文化强国建设,为相关政府部门、企事业单位提供决策支持和实践参考。其中2013年卷作为第一卷,由1个主报告、12个专题报告构成,受到各界广泛重视,2020年获教育部第八届高等学校科学研究优秀成果(人文社会科学)二等奖。修斌主编的《中国海洋文化发展报告》(2016—2020)是"十三五"时期中国海洋文化研究与发展的蓝皮书,受到媒体和学界广泛关注,于2022年由中国社会科学出版社出版。

(6)《中国海洋文化遗产保护研究》,2019年由福建教育出版社出版,曲金良著,获2019年度国家出版基金资助项目立项,是教育部人文社科重点研究基地重大项目最终成果。全书着眼于海洋强国建设、共建"21世纪海上丝绸之路"、构建"人类命运共同体"和"海洋命运共同体"的现实需要,提出了中国海洋文化遗产及其保护的基本概念、基本观念和基本理论,阐述了中国海洋文化遗产的历史生成、地理格局和空间结构,分类分专题梳理、论证了中国海洋文化遗产及其保护研究与实践的成就、问题和使命,揭示了中国海洋文化遗产的丰富存在和多方面价值,提出了国际合作共同发掘、共同享有、共司传承保护"海洋文化线路遗产"与"公海世界遗产"的新概念、新理念、新思路。

三、完成人简介

主要完成人有曲金良、修斌、赵成国、马树华、黄亚平、冷卫国、闵锐武、纪丽真、朱建君等。

第一完成人简介:曲金良(1956—　　),主要研究方向为海洋文化理论、历史、文学和文化遗产。

(撰稿人:修斌;审稿人:曲金良、席静;校稿人:宋素素)

儿童文学研究

一、研究背景

改革开放以来,中国的儿童文学学科取得了前所未有的长足发展,朱自强作为亲历这一过程的学者,自1982年开始从事儿童文学学术研究,至2016年以34年的学术成果汇编出版《朱自强学术文集》(10卷),显示其对儿童文学学科进行了较为系统的建构,以及为中国的儿童文学学科建设和发展作出了特有的贡献。

二、主要内容

《朱自强学术文集》(10卷)是在儿童文学界具规模、跨学科的一套文集,内容涉及儿童文学理论、中国儿童文学史、日本儿童文学史、儿童文学比较研究、儿童文学批评、绘本研究、语文教育研究、儿童阅读研究等学术领域,主要由学术专著、学术论文、学术讲演和对谈文章构成。

三、学术观点和主要创新

成果在很多主要学术问题上提出了新观点,显示出鲜明的原创性。

（1）在儿童文学理论研究方面,以《儿童文学的本质》《儿童文学概论》及《儿童本位的文学》等一系列著作论文,系统地建构起了当代形态的"儿童本位"的儿童文学理论体系。

（2）在中国儿童文学史研究方面,《中国儿童文学与现代化进程》一书,首次系统运用现代性理论阐释中国儿童文学的历史,不仅以五个价值坐标勾勒出百年中国儿童文学起落消长的历史曲线,而且创新性地提出中国儿童文学"不是'古已有之',而是'现代文学'"这一学术观点。

（3）针对21世纪中国儿童文学发生的演化,提出自世纪之交始,中国儿童文学进入了史无前例的"分化期"这一历史分期的新观点,并具体阐释了四个方面的"分化"。

（4）在一系列论文中,首次提出并阐释了中国儿童文学与现代文学具有"一体性",既扩大了中国儿童文学史的版图,又丰富了中国现代文学史的内涵。

（5）在语文教育研究方面,提出并系统论述了"文学教育"这一理念,以此批判应试教育中的语文教育存在的非文学化倾向。提出小学语文教育应该"儿童文学化",并撰写《小学语文儿童文学教学法》一书,建构出儿童文学阅读理论,创设出儿童文学阅读教学"十八法"。

（6）在儿童教育方面,针对应试教育重知识,轻视实践生活这一倾向,提出"童年的身体生活是生态的成长（学习）方式""身体的教育先于知识的教育,更先于书本知识的教育"等具有现实意义的独到观点。

（7）创设了新的儿童文学研究方法。理论方面,在提出"儿童观是儿童文学的原点"这一观点的基础上,发展出"儿童研究先于儿童文学研究"这一研究方法;儿童文学史研究方面,在儿童文学史"起点"研究这一问题上,创设出以考察"儿童文学"这一观念的发生,来替代考察"实体"（具体作品）的发生这一崭新的研究方法,较大提升了儿童文学史研究的学术品质。

四、学术影响及社会效益

作为具有国际视野和国际影响力的学者,朱自强教授于2021年获得第十八届国际格林奖（该奖项每届只颁给一位学者）。评委会在颁奖词中说,"朱自强教授是中国儿童文学研究领域的领军学者""践行以儿童为本位的思想理念和研究方法,是他的学术研究的特质"。

朱自强的学术研究产生了广泛的学术影响,引起了学界的密切关注。

知名学者吴福辉教授在评价朱自强的《1908—2012中国儿童文学与现代化进程》（2015年由二十一世纪出版社集团出版）时说:其"学术开拓性是毋庸置疑的。关于中国儿童文学的'现代化'进程,以及它在获得'现代性'时所存在的矛盾性、复杂性和总体的前行性,迄今为止,只有此篇论文给人一种全新的感觉。该论文是一篇足够填补学术空白的、有深度、有历史宽阔度的优秀论文。"

知名作家梅子涵撰文说:"《中国儿童文学与现代化进程》是他承袭着这些年的扎实研

究和认识积累的又一个很硕厚的成果。资料丰富，思想丰富。资料是客观的，可是需要思想去整理、推敲和识辨；思想是主体的，但是资料可以触动、拂掠和推进。学术人的智慧是不是充沛，这两者结合之后的亮度是完全不一样的。我在阅读《进程》的时候和在阅读《儿童文学的本质》（2015年由二十一世纪出版社集团出版）的时候一样，都有一种佩服的心情：朱自强这两个方面是双健的。二十年的时间二十年的努力已水到渠成地给了他一个大气和潇洒的理论形象。"

学者眉睫在《近六十年儿童文学观的演变》一文中指出："朱先生'新解'儿童本位论，其实已经提升了'儿童本位论'的意义和内涵，这无疑是新世纪中国儿童文学理论的最大收获。"

《朱自强学术文集》（10卷）中的学术观点被众多儿童文学学术著作和论文大量引用，其中的《中国儿童文学与现代化进程》《儿童文学的本质》等卷本是众多儿童文学博士论文的必备参考文献。

五、成果情况及完成人简介

《朱自强学术文集》，2016年由二十一世纪出版社集团出版。

朱自强（1957—　　），主要研究方向为儿童文学、语文教育及儿童阅读研究。

（撰稿人：何卫青；审稿人：程诺、席静；校稿人：宋素素）

魏晋南北朝歌诗研究

一、研究背景

歌诗是融文学、音乐、舞蹈等为一体的综合表演艺术，与礼制及娱乐密切相关。魏晋南北朝时期是歌诗发展的繁荣期，但20世纪以来较长的历史时期里，由于种种原因，歌诗作为表演艺术的特点未能得到普遍重视，近20年来才有了明显改观。本研究在已有成果的基础上，自觉改变以往只重视文本内容和作者意图的研究模式，将歌诗、诗歌、音乐、舞蹈以及与歌诗表演艺术有关的其他要素，置于立体相关的背景下，在全面考察有关魏晋南北朝歌诗发展史料的基础上，对歌诗的表演性特点及其对歌诗艺术审美特征的影响，做了较为深入的研究，在研究思路、方法和结论等方面均有新意。

二、主要内容

本研究立足歌诗艺术的音乐性、表演性和消费性特征，在全面考察典籍中有关魏晋南北朝歌诗及其表演、消费情况的基础上，主要探讨如下问题：一是对魏晋南北朝部分表演特点可考的歌诗进行重点研究，探讨其创作、表演方式及其对歌诗语言艺术所产生的影响等；二是探讨文人、艺人及女性与歌诗艺术创作和表演的关系；三是从琴、筝等乐器入手，讨论乐器与歌诗的关系；四是对梁三朝乐"俳伎"等历来学者关注不够的歌诗之性质与表演特点进行细致深入研究；五是探讨魏晋南北朝歌诗不同于一般诗歌的创作动力、娱乐本质与文体特征。

三、学术观点和主要创新

本研究在萧涤非、王运熙等前辈学者及近20多年来学界的研究基础上，从表演、消费及其与歌诗艺术的关系入手，尝试对魏晋南北朝歌诗进行新的探索。其主要观点可概述如下：其一，以往只重视文本和内容的研究，有意无意地忽视了对歌诗的配乐演唱情况，及歌诗表演方式对歌诗结构、语言、美学特质所产生的影响等问题的研究。本研究把这些问题作为歌诗的重要特质，对魏晋南北朝时期表演特点尚可大致考知的部分歌诗进行重点研究，改变了以往的研究思路，在一些具体问题上有新的发现。其二，歌诗与诗歌不同，不仅需要文人具备一定的音乐素养，还离不开艺人的参与。魏晋南北朝时期最为流行的清商曲、西曲多由女性艺人来演唱。因此，这一时期女性在歌诗发展中具有不可忽视的作用。本研究对文人、艺人及女性这三类人物与歌诗的关系做了初步的研究，从新的视角对歌诗研究有所拓展。其三，以往的学者们更多的是从音乐自身的特点或乐调出发，探讨音乐对歌诗的影响。本研究认为，音乐对歌诗的影响，在很大程度上是通过乐器来实现的。不同乐器所演奏的音乐是有差别的，对歌诗的要求也不一样，因此乐器对歌诗的影响更为直接，比音乐对歌诗的影响更为具体。要使某些问题的研究获得深入，必须进而探讨乐器与歌诗的关系。本研究在这方面有较明显的创新性。其四，对著录于萧子显《南齐书·乐志》和郭茂倩《乐府诗集·舞曲歌辞》的《俳歌辞》，冯沅君、任半塘、傅起凤等前辈学者大都是一带而过，语焉不详。而本研究在反复研读相关文献的基础上，对《俳歌辞》的内容、性质、特点作了深入的思考，思路独特，观点较新。其五，歌诗是创作者和表演者为满足特定社会需求而进行的娱神、娱人的综合艺术，本研究立足于这一特点，认为不仅应正视帝王、贵族和朝廷礼乐需求推动歌诗发展的历史事实，对歌诗与一般诗歌明显有别的娱乐本质与文体特征也有必要进行重新思考。

本成果或在前人研究基础上有所推进；或对以往被忽略的相关问题提出了一家之言，具有一定的独创性；或结合个案研究，对中国文学史观作出了自己的思考。对魏晋南北朝歌诗、中国古代歌诗与诗歌关系、不同艺术门类和文体间相互影响等研究，具有一定的学术参考和借鉴价值，对立足本土的文学史和民族诗学相关理论问题的重新思考，也有一定的学术意义。

四、学术影响及社会效益

本研究相关的前期成果和阶段性成果中，《中国古代歌诗研究——从〈诗经〉到元曲的艺术生产史》于2006年获北京市哲学社会科学优秀成果一等奖、于2009年获教育部高等学校科学研究优秀成果（人文社会科学）三等奖；《魏晋南北朝乐府制度与歌诗研究》于2012年获山东省第二十六次社会科学优秀成果一等奖；发表于《文学遗产》《文艺研究》《文史哲》等刊物的21篇论文，有16篇次被《新华文摘》、《中国社会科学文摘》、《中国古代、近代文学研究》（人大复印报刊资料）、《高等学校文科学术文摘》、《文艺报》等刊物及相关网站全文或摘要转载；发表于《文学遗产》2005年第2期的《论邺下后期宴集活动对建安诗歌的影响》于2007年获山东省第二十一次社会科学优秀成果二等奖；2019年由高等教育出版社出版的《魏晋南北朝大文学史》与本成果相呼应,在大文学研究方面做了有益的探索。

五、获奖情况及完成人简介

本成果在国家社会科学基金成果结项评审中被评为优秀,入选2019年度国家哲学社会科学成果文库,2021年由人民出版社出版,2021年获山东省第三十五届社会科学优秀成果一等奖。

完成人简介:刘怀荣(1965—),主要研究方向为魏晋南北朝唐代文学、中国诗歌与诗学、中国传统文化。

(撰稿人:刘怀荣;审稿人:席静;校稿人:宋素素)

汉魏六朝赋学批评研究

一、研究背景

中国文学批评史有源有流,通体一贯;不同的文体之间亦相互渗透、彼此影响。诗、词、曲、赋是中国古代韵文的四大体裁。关于诗、词、曲三种文体的批评史,已研究得较为深入,但赋学批评史的研究一直是薄弱环节。国内外既没有一部赋学批评通史,也没有一部赋学批评断代史,因此开展赋学批评史的研究,就显得尤为必要。

赋在中国古代文学史上有着极其重要的地位,在汉代是"一代之文学",在魏晋南北朝则与诗相埒。对汉魏六朝赋学批评进行研究,可以进一步了解该时期文人对辞赋的文体特征、价值功能、创作方法等诸方面的认识,辞赋与诗歌及其他文体之间的相互影响,唐宋元明清各个历史时期赋学观念的形成,赋话的来源,赋学批评与诗学批评之间的关系,以及古代文学批评有关范畴的源流,等等。

二、主要内容

所谓赋学批评,应当主要包括有关赋的理论表述,同时也包括赋的创作实践所呈现出的审美流向。对此二者进行系统的描述与阐释,是赋学批评研究的任务。

(1)参酌历代对赋类的划分与界定,划定了赋的文体范围:除了冠以赋名的作品之外,还包括七体、对问体等,而对楚辞则一般不予提及(除非涉及赋的来源问题)。因此,汉魏六朝赋学批评的研究对象,指的是涉及上述范围内作品、作家的评论以及与此相关的重要文学现象。

(2)分析汉魏六朝赋学批评资料的文献分布状况,主要涉及15个方面:史传、文学批评的专论或专书、子书、类书、笔记、书信、赋序、赋作正文、诏书、奏议、诗歌、批注、碑文、字书、佛典。

（3）确立汉魏六朝赋学批评的历史分期，将之划分为西汉、东汉、建安、正始、西晋、东晋、元嘉、永明、梁陈、北朝十个阶段，且兼顾到每个阶段的文化特征及文学批评的发展状况，进而揭示汉魏六朝赋学批评不同历史分期之间的内在联系。

（4）总结汉魏六朝赋学批评发展的总体趋势，文学创作与文学理论从汉代—魏晋南北朝—隋唐，恰好经历了一个正—反—合的过程，即汉代重政教—南朝重艺术、北朝重政教—隋唐重政教与艺术的统一。南朝与北朝在同一时间、不同空间的条件下，为向隋唐文学思想的过渡提供了有益的借鉴。汉魏六朝赋学批评作为这一历史发展进程的有机环节，每个阶段之间表现为因中有革、复中有变的关系。

三、学术观点和主要创新

（1）全面钩稽了汉魏六朝赋学批评资料，确立了汉魏六朝赋学批评的框架，揭示了赋学批评与古代文论范畴之间的联系，运用了新的材料，丰富了中国文学批评史的内容。

（2）在研究方法上注重文学理论与文学创作双重互证，注意把握不同历史阶段赋学批评的动向及其与文化背景的内在关联，同时将一些关键的创作现象纳入赋学批评的范围，深入考察汉魏六朝赋学批评在不同历史阶段与经学、玄学之间的内在关联等。

（3）揭示了关于赋与声律的关系这一线索。"四声"的发现是中国文学史上的重大问题，陈寅恪先生在其著名的《四声三问》一文中对四声之说进行了专门探讨。通过对汉魏六朝赋学批评的研究，勾勒出赋学批评关于声律探讨的清晰线索。

（4）阐明了汉魏六朝赋学批评的相关范畴。建立在文学创作基础上的赋学批评，反过来也深刻地影响着当时的文学创作。在汉魏六朝赋学批评中出现的"丽""形似""体物""神化""味"等范畴，随着文学史的展开也渗入了其他文体的批评，逐渐上升为一定的理论范畴。

四、学术影响及社会效益

本研究将汉魏六朝赋学批评加以系统地钩沉、分析，对进一步描述汉魏六朝文学的状况，深化对汉魏六朝文学的认识，促进当今文学史、批评史、美学史的研究，具有一定的理论意义和现实意义。研究成果出版后，国内同行发表了相关书评，《人民日报》（海外版）、凤凰网等多家媒体单位或网络平台进行了报道或转载。

五、获奖情况及完成人简介

（1）《刘向刘歆赋学批评发微》（《文学遗产》，2010年第2期），被中国人民大学复印报刊资料《中国古代近代文学研究》2010年第8期全文转载，于2012年获山东省第二十六次社会科学优秀成果二等奖。

（2）《汉魏六朝赋学批评研究》（商务印书馆，2012），于2014年获山东省第二十八次社会科学优秀成果三等奖。

完成人简介：冷卫国（1969—　　），主要研究方向为汉魏六朝文学研究、诗赋研究。

（撰稿人：冷卫国；审稿人：席静；校稿人：宋素素）

广义文字学研究

一、研究背景

传统的文字学理论奠基于普通语言学理论之上，秉持文字的记语性与工具属性，将文字定义为记录语言的视觉符号系统，这是"狭义"的文字学。狭义文字学的文字定义及对文字性质的判定存在一定程度的认识偏差，其中最主要的问题是割裂了汉字和中国文明之间的天然联系，阻碍了汉字史研究的深入发展。

二、主要内容

2004年，黄亚平提出"广义文字学"概念，"广义文字学是与狭义的文字研究相对的文字学研究，也是发生学意义上的以文字为核心的综合性研究。广义文字学的研究从发生的角度讨论文字是如何被构成的，但它并不致力于找到文字符号的创造原点所在，它把注意力放在揭示文明形成时期的文字与文明的互动关系以及文字构形方式与文明类型的对应关系上"。广义文字学遵循比较的原则，主张关系型的研究方法。从文明史的高度把握和研究文字问题，将文字置于文明史的核心位置，从文字与文明关系的角度，充分利用考古学、人类学、原始艺术、语言学、古文字学的研究成果研究文字起源，判定文字性质、区分文字类型，展开文字功能和应用研究，尝试丰富和深化文字学理论研究。

三、学术观点和主要创新

2007年，黄亚平提出"二次约定"的汉字发生观，尝试在汉字前文字与汉字成熟文字之间建立起符号联系，把人为割裂的汉字演化链条重新联结起来。这一观点从字符角度重新串联起被割裂的汉字历史。2022年，黄亚平提出"汉字传承与中国文明延续存在高度一致性"的汉字传承观，进一步明确了汉字字符来源与中国境内史前文明的发展存在密切关联，汉字体系形成是中国文明发展到一定社会阶段的产物的观点。提出在"龙山时代"前后形成中国文明"多元一体"格局的同时，出现在中原和周边地区的"文字萌芽"应从整体上被看作是汉字的原始文字；"商代陶文"是一种体系性的存在，与甲骨文、金文存在一脉相承的符号关联。

广义文字学对重新认识汉字性质、明确汉字史不同发展阶段、重新定义汉字，甚至重新构建普通文字学理论体系都具有积极的推动作用。

四、学术影响及社会效益

黄亚平提出的"广义文字学"概念，与德国学者白瑞斯、王宵冰主编的《广义文字研究》是该领域的发轫之作。20余年来，黄亚平先后发表广义文字学研究系列论文30余篇，撰写、主编、翻译出版广义文字学研究系列论著六部，获国家社科基金后期资助项目1项。

（1）代表性论文：《广义文字学研究刍议》（《青岛大学师范学院学报》，2004年第3期）、《论"二次约定"》（《语言研究》，2007年第1期）、《语言的认同性与文化心理》（《新华文摘》，2009年第3期"论点摘编"转载）、《从整体上看"龙山时代"前后中原和周边地区的"文字萌芽"》（人大报刊复印资料《语言文字学》，2022年第11期全文转载）。

（2）代表性著作：

1）广义文字学系列。《汉字符号学上编》（上海古籍出版社，2001）、《广义文字研究》（齐鲁书社，2009）、《广义文字学研究自选集》（中国社会科学出版社，2016）、《宗教与文化记忆》（商务印书馆，2018）、《文字与文明研究》（中国社会科学出版社，2022）等。

2）主持立项并主编《文字与文明译丛》（第一辑，全7种8册），取得了良好的社会效果。2023年由商务印书馆出版。

（3）代表性课题：主持完成的国家社科基金后期资助项目"艺术、考古与文字起源：前文字研究"（18FYY016）已顺利结项。项目成果《艺术、考古与文字起源：前文字研究》2023年由商务印书馆出版。

黄亚平的广义文字研究在学术界已经引起较多关注。西南大学邓章印教授在《普通文字学概要》（西南师范大学出版社，2014）第二章第二节专门介绍了"广义文字学"的理论观点。刘丹青教授在《新中国语言文字研究70年》（中国社会科学出版社，2019）第九章"文字学研究70年"评价说："黄亚平提出了'二次约定'的汉字发生观，在史前的图画与成熟的汉字系统之间建立了一个过渡性符号链条，把断裂的文字演化链条重新联结起来，对于认识文字的性质、史前文字的研究都有理论意义。在此基础上，黄亚平的《广义文字学刍议》《广义文字学研究再议——国外古文字研究带给我们的启示》，黄亚平、白瑞斯、王霄冰的《广义文字研究》等论著突破了'文字是记录语言的符号系统'这一传统观念，提出了'广义文字学'研究的思想。"

五、完成人简介

黄亚平（1958—　），主要研究方向为广义文字学研究与训诂学注释研究。

（撰稿人：黄亚平；审稿人：席静；校稿人：宋素素）

《太平广记》与汉唐小说研究

一、研究背景

《太平广记》第一次将汉唐时期真正意义上的小说，包括两汉、魏晋南北朝时期的志怪小说、志人小说，唐五代时期的志怪小说、轶事小说、传奇小说等，以及先秦时期的一些尚处于幼稚状态的前小说作品和尚处于雏形状态的准小说汇集一处。它突破了以史志书目为代表的传统小说观念的局限，在事实上确认了汉唐小说的范围。《太平广记》所确认的汉唐小说，与今天我们认定的汉唐小说基本一致。鉴于中国古代小说观念的复杂性,小说生产与传播无法与诗文相比,因此,《太平广记》的成书便具有了十分特殊的意义。然而,国内外学术界对这一命题鲜有关注,对于《太平广记》对汉唐小说确认和总结的动机,《太平广记》编纂者对汉唐小说的认识,《太平广记》编纂体例、选录原则、标准与范围的确立等相关讨论严重不足。本成果在小说史视阈下梳理、考察上述问题,阐述《太平广记》如何突破传统小说观念、促进汉唐小说的传播与经典化,及其对中国古代小说发展史的形塑意义。

二、主要内容

(1)《太平广记》与汉唐小说的确认。通过对《太平广记》编纂背景、过程及其文本的细致考辨,明确其官学态度与小说观念,阐释其对小说本质的认识与把握,厘清它的选录原则、体例设计、类目设立与篇目选择等具体情况;在全面考察《太平广记》的基础上,分析、归纳、阐释其对汉唐小说的认知,辨析其科学性与局限性,探究其确认、搜集汉唐小说的历史过程;在小说史的视阈下,客观评判《太平广记》对汉唐小说的确认与搜集,阐明其总结汉唐小说的实质,揭示其小说史价值与意义。

(2)《太平广记》与汉唐小说的传播。本部分通过对《太平广记》在宋元明清以来刊刻情况的考察,梳理《太平广记》的版本与流传,揭示其在汉唐小说保存方面的历史贡献;通过广泛、深入与细致的文献爬梳,探寻宋元明清以来《太平广记》在传播汉唐小说方面的具体体现与历史留痕,分析其传播汉唐小说的具体途径、方式与效果;通过对宋元明清以来历史实例的考辨,阐述《太平广记》在整理、研究汉唐小说等方面的作用和影响,揭示其学术价值与地位。

三、学术观点和主要创新

本成果是一部集宏观理论体系建构与微观文本流动研究于一体的专著。在中国古代小说发展史的模型建构方面,认为中国古代小说的历史发展中有许多关键性的历史节点,《太平广记》的编纂就是其中一个关键性节点。《太平广记》以兼收并录子部小说与史部小说的做法,在实践中将子部小说与史部小说并合,从而扩大了文学类小说即广义的中国古代小说的范围。同时,《太平广记》又以其卓越识见,按照人物中心和故事中心的原则选录篇章,收录通常意义上的中国古代小说即狭义的中国古代小说,完成了一次对先秦汉唐时期通常意义上的中国古代小说的全面清理和整辑。将几乎所有先秦汉唐时期通常意义上的小说,至少是将先秦汉唐小说、准小说中的代表性作品汇集一处,在事实上完成了一次对先秦汉唐小说的客观总结。

在中国古代小说文本传播及其经典化方面,《太平广记》作为汉唐小说总集,在汉唐小说的传播和接受中扮演了重要角色,为扩大汉唐小说的影响和促进汉唐小说的经典化发挥了重要作用。《太平广记》是宋元明清时期人们阅读、接受汉唐小说的重要读本,在其学习、借鉴汉唐小说艺术的过程中,扮演了至关重要的中介角色,更成为小说、戏曲创作取之不竭、用之不尽的题材资料库,深刻地影响了宋元明清时期的小说与戏曲。

四、学术影响及社会效益

熊明教授长期致力于中国古代小说研究,尤其关注中国古代小说的缘起、中国古代小说与杂传的文体互渗、互构等前沿问题。本成果通过对《太平广记》以及汉唐小说及其相关大量文献细致深入、客观谨慎的考察研究，提出了《太平广记》成书、引书、体制、编定以及《太平广记》与汉唐小说的确认、总结、保存、传播等一系列密切联系的相关问题，以客观求实的态度、严谨科学的方法、细致周密的调查分析与推理论证，全面详细地陈述并阐释了对相关问题的研究结果，打破学术界对相关问题的固有认识，对推进《太平广记》研究、汉唐小说研究、中国古代小说史研究等方面，都具有一定的学术意义。

五、获奖情况及完成人简介

《〈太平广记〉与汉唐小说研究》（中华书局，2021年）2022年获青岛市第三十六次社会科学优秀成果一等奖。

完成人简介：熊明（1970—　），主要研究方向为中国古代传记与文献、中国古代小说与文献、汉唐文学与文献研究整理。

（撰稿人：熊明；审稿人：刘秀玉、席静；校稿人：宋素素）

中国民间故事形态研究

一、研究背景

俄国著名学者普罗普的《故事形态学》，不仅是国际故事学的力作，也被学界推崇为结构主义方法的奠基石。《中国民间故事形态研究》出版以前，普罗普的故事形态理论虽然得到民间文学界刘魁立、刘守华、叶舒宪和文论界、外国文学界袁可嘉、张隆溪等学者的推介，但尚不成系统，人们对这一理论及其学术价值亦未形成充分的认识。

二、主要内容

借鉴运用结构主义大师普罗普的理论体系，以随机选取的50个民间故事为考察对象，逐一划分，标示了其功能项及形态图示，以此为基础系统地探讨中国传统民间故事的内在叙事形态及其区域变异，探析中国民间故事文本功能的数量及分布、解析序列间的联结关系、阐释故事文本的角色变化过程，论证了中国民间故事叙事已具备较为成熟的结构形式。

三、学术观点和主要创新

集中研究了中国民间故事叙事形态的三个主要方面：

（1）论述了叙事的基本单位——功能，对功能的数目、分类情况、功能之间的关系和功能在中国故事中的位置变异规律进行了详细的梳理和汇总。基于普罗普发现的功能顺序一致定律，该研究考察了中国民间故事功能顺序与普氏定律不符的原因，指出普罗普叙事法则在中国故事中的完全实现尚需其他限定条件，肯定了中国民间故事较强的叙事能力。

（2）探讨了各序列之间的关联组合情形，提出以修正的"序列"概念代替普罗普的"回合"概念，认为序列的内部结构是"不平衡—行动—平衡（或未能平衡）"过程的实现，"直接接续式"是多序列中国民间故事序列间最常见的关联形式，绝大多数故事在复合类型中均是由"直接接续式"和"共同结局式"两种关联式构成。

（3）阐释了角色对叙事形态的影响，在统计故事中出现的所有角色的基础上，确认了故事最常出现的基本角色为主角、反角和捐助者。阐明故事角色对叙事形态的影响突出表现在主角、反角与核心功能对应关系的变换上。

综上所述，该研究开创性地验证、修订了普罗普的形态学理论，揭示了中国民间故事独特的形态特征，拓展了中国故事学的理论领域，为研究者从崭新的角度观照民间故事、进行跨文化研究提供了可贵的学术范例。

四、学术影响及社会效益

《中国民间故事形态研究》对国际经典故事学理论进行了深入探讨，出版以来在学界产生了一定的影响，被境内外著作、论文引用数以百计。著名故事学专家刘守华教授指出："李扬借用普罗普《民间故事形态学》以功能为核心的研究方法，选取50个具有代表性的中国民间幻想故事，对它的叙事形态作常识性的剖析……他的尝试却表明，故事学中的结构主义方法，在进行比较时是可以借用而获得有益结论的。"刘锡诚先生将《中国民间故事形态研究》列入《百年民间文学理论著作要目索引》，文论界赵炎秋教授在《共和国叙事理论发展60年》中将其列为"借鉴西方叙事理论研究中国叙事文学实践取得的可喜成果"，中国社会科学院研究员吕微在《民族文学研究》2018年第3期发表万字书评《〈中国民间故事形态研究〉的学术价值和学术史意义》，对其予以高度评价，认为它"是迄今为止中国学者对普罗普的故事形态学所做出的最具国际水平的批评研究，且至今国内还没有人超越他。"此外，多位学术史著述作者对其予以高度评价和推介。北京师范大学、中山大学、中国社会科学院大学等多所大学将其列为研究生必读书目。

五、获奖情况及完成人简介

《中国民间故事形态研究》1996年由汕头大学出版社首次出版，2015年由中国社会科学出版社再次出版。1997年获山东民俗学会优秀科研成果一等奖、2001年获国家首届"山花奖"学术著作三等奖、2022年获山东省首届民间文艺奖学术著作一等奖。2016年入选国家"十二五"出版计划上海世纪出版集团"中华民族文化经典学术著作数据库"、2021年入选国家社科基金中华学术外译项目推荐选题目录。

完成人简介：李扬（1962—　　），主要研究方向为民间文学与民俗学。

（撰稿人：郭倩倩、孙瑾；审稿人：李扬、席静；校稿人：宋素素）

地方文化及传统文化研究

一、研究背景

中华文化是世界上唯一从未中断，并发展延续至今的古老文化。齐鲁文化在历史发展过程中，由诸多地域文化之一上升为主流文化，对中国文化影响深远。"五四"以来，反传统思潮盛行，使得近百年间我们对传统文化更多地采取批判、否定的态度。2010年，我国首次成为世界第二大经济体的历史性变化，对文化繁荣发展提出新的要求。2011年10月，中国共产党十七届六中全会明确提出了"推动社会主义文化大发展大繁荣"的国家战略。"建设社会主义文化强国""实现中华民族伟大复兴""树立高度的文化自觉和文化自信"，成为全社会的共识。对传统文化的重新认识和研究，得到全社会的普遍关注。青岛因地处山东边缘，晚至清光绪十七年（1891）才有建置，其文化发展一度相对滞后。如果说对传统文化和齐鲁文化，是在新形势下进行重新认识，有关青岛文化的研究，则因长期少有人问津或研究成果质量不高，在若干方面需要开展拓荒性的工作。

二、主要内容

本研究出版著作（含合著和主编）11部，丛书2辑13部，集刊2种9辑，共约1000万字，主要包括两大领域的内容：

（1）地方文化研究。一是青岛文化研究：出版《崂山道教与〈崂山志〉研究》《劳山集校注》《崂山志校注》《沈鸿烈研究》《历代诗咏青岛总汇》等5部著作；《崂山文化研究丛书》第一辑、第二辑，共13部，360余万字；《青岛文化研究》集刊第一辑至第五辑，共160余万字；二是齐鲁文化研究：出版《以文化人——齐鲁文化与中国人文智慧》（齐鲁文化与当代中国丛书之一）、《齐鲁传统文化》2部著作。

（2）传统文化研究。出版《中华优秀传统文化通俗读本》《中国早期文化与诗歌研究》《儒家思想与传统文化研究》《中国传统文化导论》等4部著作；《中国传统文化研究》集刊第一辑至第四辑，共128万字。

三、学术观点和主要创新

地方文化研究系列成果重在地方文献的整理和文化名人、文化专题研究，崂山文化研究是研究重点之一。其中，《崂山文化研究丛书》第一、第二辑，分13个专题，对崂山文化做了系统深入的研究，在很多方面具有较明显的开拓意义；《劳山集校注》对黄公渚的《劳山集》做了详细整理校注，《崂山志校注》则对已有注本进行全面清理，纠正了很多错谬，两部书对崂山文化的普及传播具有重要价值；《沈鸿烈研究》重点探讨沈鸿烈1927—1937年在青岛的政绩和对崂山的开发，并对沈鸿烈生平事迹做了较为细致的梳理，是国内外第一部沈鸿烈研究专著；"历代诗咏青岛总汇"是"齐鲁优秀传统文化传承创新工程"第一批重点项目"历代诗咏齐鲁总汇"的子课题，辑录先秦至民国时期歌咏崂山的诗歌2351首，是迄今为止

第一部崂山历代诗歌全编。这些成果对青岛文化做了系统发掘和研究,在青岛历史、文化和文学等研究方面具有一定的学术价值,对当代青岛文化建设不乏现实资鉴意义。

《以文化人——齐鲁文化与中国人文智慧》重视考古学材料的使用,注意从文化发生的源头探讨齐鲁文化的形成及其与中华早期文明的关系,揭示齐鲁文化各自的特点及对当代中国发展的启示;《齐鲁传统文化》是山东省中等职业教育课程改革教材,也是一部齐鲁传统文化教材,在文化传播普及方面产生了一定影响;传统文化研究的四部著作,立足中华早期文明,以儒家思想为主线,重在梳理中华传统美德的发生、发展及特点,对当代道德重建有积极的现实价值。

四、学术影响及获奖情况

上述系列研究成果中的《崂山道教与〈崂山志〉研究》2011年由中国社会科学出版社出版,2013年获山东省第二十七次社会科学优秀成果二等奖;《崂山文化研究丛书》第一辑(6部)2015年由人民出版社出版,2016年获全国优秀社会科学普及作品奖、山东省社会科学普及优秀作品一等奖;《以文化人——齐鲁文化与中国人文智慧》2017年由山东人民出版社出版,2019年获山东省图书馆第三届奎虚图书奖推荐奖,该书所属的《齐鲁文化与当代中国丛书》2018年获第三十二届华东地区优秀哲学社会科学图书二等奖,该成果也在地方文化旅游的规划和发展方面产生了一定的社会效益。集刊《中国传统文化研究》《青岛文化研究》被中国知网收录,《中国传统文化研究》自第五辑更名为《古典文学研究》(含传统文化与文学研究栏目),2022年获选"中国人文社会科学集刊AMI综合评价"入库集刊。

五、完成人简介

主要完成人有刘怀荣、苑秀丽(青岛大学)、魏学宝〔中国石油大学(华东)〕、柳卓霞、薛海燕、纪丽真。

第一完成人:刘怀荣。

〔撰稿人:刘怀荣;审稿人:席静;校稿人:宋素素〕

《礼记·乐记》研究

一、研究背景

先秦古籍《乐记》是中国美学思想史上最重要的文献之一，也是具有重要文化内涵的经典著作，对后世的音乐理论和文艺美学理论都产生了深远的影响。后世历代史书的"礼乐志"几乎都从《乐记》中引经据典，以获得立论和说理的权威话语。在《〈礼记·乐记〉研究》之前，虽然已有研究《乐记》的著作和论文，但尚无从哲学、社会学、文化学和美学等多学科视角全面系统研究的成果。

《〈礼记·乐记〉研究》是国内外第一次运用阐释学的原理和方法，对《乐记》进行系统研究的一部学术专著。《乐记》是美学发展史上的历史流传物，作者运用阐释学的基本原理和方法，统摄其他研究方法，紧紧围绕其理论形态和文化逻辑，把《乐记》纳入历史性与开放性的视域融合中加以审视。通过对文本中的一系列命题进行多角度、多层次的创造性阐释，在历史文本与阐释主体的对话中，既还原了《乐记》作为古代经典文艺美学论著，其基本内涵的丰富性和深刻性，又凸显其对后世乃至当代的启示与影响，体现了文艺美学建设性的创新价值。

二、主要内容

本成果根据阐释学的原理，从历史和文化的双重角度出发，充分揭示和肯定了《乐记》"先见"的合理性。从宇宙精神和人类精神的高度出发，以阐释《乐记》学理体系为主题，运用视域融合的角度，对《乐记》进行了新的理论建构。通过层层推进，将《乐记》作为一个文艺学论著建构的"文化图式"予以阐释，深入研究了"礼乐相融""大乐与天地同和""乐由中出""唯乐不可以为伪""唯君子为能知乐""君子乐得其道"六大命题，探讨了《乐记》这部古典文艺美学论著在现代学术背景下的理论内涵，深刻揭示了《乐记》哲学意义上的和合内涵及其当代美学价值。

三、学术观点和主要创新

本成果通过视域融合，统摄哲学、社会学和文艺美学等多学科视角，对《乐记》进行系统深入研究。首先，作者对《乐记》的学科性质进行了现代阐释，认为《乐记》不是一般美学和音乐美学著作，也不是先秦的社会学，而是中国古代素朴的文艺美学；其次，从"乐由中出"的角度出发，探讨了"唯乐不可以为伪"的美学命题，将其上升至文艺创作论的高度进行新的阐释；再次，通过对创造主体的确认，阐释了《乐记》旨在移风易俗，以达天下皆宁的宏大视野，揭示了以类相动的审美动力定型；最后，运用考古史料和逻辑演绎的方法，探寻学界千年公案——《乐记》的作者问题，认为《乐记》肇始于公孙尼子，中经诸子的润色，最后定型于刘德、毛生等人。作者把《乐记》看作是历时性的集大成之作，也是中华民族集体智慧的结晶，客观上符合中国战国到秦汉之际文艺美学的发展走向，在很大程度上代表了这一时期文艺美学的最高成就，体现了深邃的历史感。

四、学术影响及社会效益

本成果是薛永武教授长期研究文艺美学的一部力作，作者通过跨学科的视域融合，在多学科的交叉融合中对《乐记》进行全面系统的研究，为国内的《乐记》研究提供了宽广的学术视野、理论框架和学术参照。《〈礼记·乐记〉研究》纳入教育部高等学校社会科学发展研究中心的高校社科文库，在学术界产生了比较广泛的影响，得到著名专家陈传才、金元浦、陆贵山、李春青、肖鹰、冷成金等教授的肯定。作者与本成果相关的研究成果还有《中国文论经典流变——〈礼记·乐记〉的接受史研究》（社会科学文献出版社，2012）、《〈乐记〉与中国文论精神》（社会科学文献出版社，2012）、《〈乐记〉精神研究》（中国书籍出版社，2020）。这些系列著作丰富和深化了对《乐记》的研究，对学界研究《乐记》提供了重要参考。

五、获奖情况及完成人简介

《〈礼记·乐记〉研究》（光明日报出版社，2010年）入选教育部高校社科文库，2011年获山东高等学校优秀科研成果一等奖。

完成人简介：薛永武（1957—　），主要研究方向为文艺学和人才学研究等。

（撰稿人：薛永武；审稿人：牛月明、席静；校稿人：宋素素）

王蒙研究

一、研究背景

著名作家、"人民艺术家"王蒙是新中国成立以来最具创造力和代表性的作家之一，是共和国文学的集大成者，具有广泛的世界影响力。2002年4月，学校聘请王蒙先生担任教授、顾问、文学院院长（后任文学与新闻传播学院名誉院长），同时，建立了学校人文学科第一个专门研究机构——王蒙文学研究所。2004年10月，王蒙文学研究所创办全国第一份以当代作家为研究对象的刊物——《王蒙研究》，由时任校长管华诗院士担任顾问，王蒙文学研究所所长温奉桥教授与著名学者、北京大学严家炎教授担任主编。2019年10月，王蒙文学馆在学校落成；2020年10月，发起成立了王蒙研究全国性学术组织——王蒙研究全国联席会议；2021年8月，"王蒙研究全国联席会议"微信公众号开通运行。

二、主要内容

经过20余年的建设和发展，王蒙研究已成为学校人文学科一个特色显著的学术"名片"和品牌。《王蒙研究》已成为当代作家研究领域具有广泛影响的学术辑刊。迄今，已出版《王蒙文艺思想论稿》（齐鲁书社，2012）、《王蒙十五讲》（中国社会科学出版社，2019）等王蒙研究各类学术著作20余部,在《文学评论》《中国现代文学研究丛刊》《当代作家评论》《中国比较文学》等权威学术刊物发表王蒙研究论文几十篇,多篇论文被《新华文摘》、"人大复印报刊资料"等全文转载。举办"王蒙研究国际学术研讨会"等各类王蒙研究学术会议16次,培养王蒙研究方向博士生、硕士生60余人。学校已基本建成全国王蒙研究的资料中心、信息中心和研究中心。

三、学术观点和主要创新

(1)提出王蒙是"后革命"时代的文学、文化、思想符号,主体性、实践性、开放性是王蒙文艺思想最显著特征。他对多元、理性以及"世俗"文化的重视,集中体现了"后革命"时代的价值取向和思维特征。

(2)提出开放的人道主义是王蒙文艺思想的灵魂,是贯穿王蒙文艺思想的核心理念。提出王蒙文化心理结构中"执政心态"的概念,并深入探讨了革命、政治与王蒙之间的复杂关系,从本质上决定了王蒙文艺思想的价值立场,但同时也是一种限制和拘囿。

(3)提出王蒙是中国当代文学史不同历史时期具有重要转折意义的作家。《青春万岁》是共和国文学的真正"开端",形塑了"共和国美学"的最初形态;《夜的眼》开启了新时期中国文学现代性之旅,《笑的风》则标志着"共同体"文学时代的来临。

四、学术影响及社会效益

王蒙研究已成为学校人文学科的显著特色。聚焦王蒙研究前沿问题的同时,注重整体性、系统性研究,推出了一批具有较高学术影响力的研究成果。其中,温奉桥教授的《王蒙文艺思想论稿》是第一部王蒙文艺思想系统研究的著作,标志着王蒙研究"达到了一个新的高度和更为理性的学术自觉"(《文艺报》书评)。其与《王蒙十五讲》已成为王蒙研究的基础性文献。著名学者、中国现代文学研究会前会长、北京大学教授严家炎认为"《王蒙文艺思想论稿》从思想史、文化史、文学史等方面对王蒙文艺思想进行了新的定位,视野开阔;对王蒙文艺思想的实践性、嬗变性、开放性的论述,富有新意,是对王蒙研究的拓展和深化。"著名学者、中国当代文学研究会副会长、北京大学教授谢冕认为"《王蒙文艺思想论稿》是第一部王蒙文艺思想研究方面的学术专著,填补了这一研究领域的空白。"教育部"长江学者"特聘教授、复旦大学中文系教授郜元宝认为《王蒙十五讲》"分别论述了王蒙与20世纪中国思想文化和文学的关系,并具体讨论了王蒙与老庄、苏俄文学、红学、《人民文学》杂志的关系,在此基础上选取王蒙自律以及各个时期的代表作为个案进行深度解读。作者不仅讲王蒙,也从王蒙论到整个'后革命'时代中国思想文化和文学,不仅令人信服的论述了王蒙的重要性和他的创作特色,也由此深入描画了80年代至今中国社会思想文化的内在发展脉络,是一部不可多得的王蒙研究著作。"《王蒙与20世纪中国文学》被著名汉学家、俄罗斯科学院教授谢尔盖·托罗普采夫全文翻译成俄语,产生了较好的国际反响。

五、获奖情况及完成人简介

(1)《王蒙文艺思想论稿》(齐鲁书社,2012)2013年获第七届山东省刘勰文艺评论奖。

(2)《精神生态视野中的20世纪中国文学》(《文史哲》,2006年第4期)2008年获山东省第二十二次社会科学优秀成果二等奖。

（3）《论王蒙"自传"》（《文学评论》，2008年第2期）2009年获山东高等学校优秀科研成果二等奖。

完成人简介：温奉桥（1968—　），主要研究方向为王蒙研究、中国现当代作家作品研究。

（撰稿人：温奉桥；审稿人：段晓琳、席静；校稿人：宋素素）

当代英美马克思主义文论研究

一、研究背景

马克思主义文论研究在当代中国的文论研究中占据十分重要的地位。在我国改革开放40多年的历史大潮中，对西方马克思主义尤其是英美马克思主义文艺理论的研究，逐渐成为我国马克思主义文论界最热门的研究领域之一。英美马克思主义文论从20世纪80年代开始引起中国学术界的高度关注，于90年代末迅速进入研究的急剧膨胀期，研究触角伸入到英国新左派代表人物威廉斯、伊格尔顿和美国马克思主义文论家詹姆逊的思想。本成果深入解读当代英美马克思主义文论对新的历史和社会现实问题的深刻反思，既是对改革开放以来中国引进西方文论历史经验和教训的总结，又能够在深化中国马克思主义文论的建设和发展进程中提供有益借鉴和启示。

二、主要内容

（1）研究当代英国马克思主义文论的最新发展。重点对英国新左派代表人物伊格尔顿21世纪以来的理论成果进行阐释，从思想史、现实、研究范式的三重维度对这些著述进行深度耕犁，力求在马克思主义发展史、新世纪西方文论发展进程以及与其他思想家的理论交流和交锋中把握和阐释伊格尔顿思想的时代精髓和价值诉求，揭示出其理论逻辑、理论旨趣、思维导向、现实关怀以及理论生产的"问题式"等。

（2）考察当代英美马克思主义文论在中国传播的历程，以两个章节的篇幅分别阐述了以威廉斯、伊格尔顿为代表的英国当代马克思主义文论和以詹姆逊为代表的美国当代马克思主义文论在中国传播的社会历史背景、传播路径、传播轨迹、传播议题等。本部分在研究方法上采用传播学的数据统计和内容分析法，将实证研究引入文艺学的研究领域，全面统计和梳理了国内学界对当代英美马克思主义文论的著述译介、研究著作及研究论文情况，并在文本细读的基础上进行系统理论阐述和比较研究。以此为基础，对其在中国传播的议题进行分类详解、实证研究与理论阐发，以全面精确的数据统计和分析为支撑展现出当代英美马克思主义文论在中国传播的成果以及国内学人对其研究的热点和兴趣点。

（3）当代英美马克思主义文论在中国传播的总体性审视和思考。对当代英美马克思主义文论研究的成果、领域、学术队伍以及结构框架等内容进行总体性审视。为深化当代英美马克思主义文论研究，从中国目前的研究现实出发提出具有针对性和实际操作性的四点设想：一是加强文本的深度耕犁与重要人物的深度研究；二是全面开启具有世界视野的比较研究；三是实现跟踪研究与经典马克思主义文论研究的有机互动；四是凸显研究的目标取向与问题意识。

（4）探讨当代英美马克思主义文论对中国的影响与中国马克思主义文论的新形态构建。论述了当代英美马克思主义文论对改革开放以来中国文艺理论发展过程中出现的有一定影响力的思潮、争鸣以及研究热点的影响，并从影响的角度审思改革开放以来中国文艺理论研究的得与失，阐述了当代英美马克思主义文论对中国马克思主义文论在本真形态、时代形态和中国形态三个方面实现学术创新和话语转型的启示。

三、学术观点和主要创新

（1）对21世纪以来伊格尔顿的文艺思想进行了目前国内较为详尽系统的跟踪研究（其中采用的一些英文文献资料在国内为首次使用），展示了伊格尔顿文艺思想中对后现代主义反抗和批判的一贯性和为捍卫马克思主义文论当代有效性所做的努力，力图为中国马克思主义文论建设提供最新的理论资源和思想借鉴。

（2）创新性地对英国新左派文论家威廉斯和伊格尔顿的悲剧思想进行比较研究，阐释了两人从现实出发，从文化和政治介入悲剧研究的马克思主义立场反抗"悲剧之死"和后现代的革命诉求。

（3）对美国马克思主义文论家詹姆逊文艺思想在中国的传播及影响进行了较为全面的探讨，系统考察了詹姆逊文论思想进入中国二十余载的传播轨迹，重点阐述了詹姆逊文论思想在中国的传播议题。

四、学术影响及社会效益

本成果是柴焰教授长期从事西方马克思主义美学研究的力作。对拓宽国内马克思主义文论研究者的理论眼界和历史视阈，明晰当代英美马克思主义文论为中国马克思主义文论所提供的宝贵思想素材和理论资源有一定的学术价值。同时也为中国学界全面总结西方文论的历史经验和教训提供学术参考，为中国文艺理论研究以当代英美马克思主义文论为参照系，审思自身建设和发展的得与失提供有益的借鉴和启示，对推动中国的马克思主义文论发展具有一定的现实意义和理论价值。

五、获奖情况及完成人简介

《当代英美马克思主义文论研究》（中国书籍出版社，2011年）2013年获山东省第二十七次社会科学优秀成果二等奖。

完成人简介：柴焰（1975—　），主要研究方向为文艺理论和传播学研究。

（撰稿人：柴焰；审稿人：王小强、席静；校稿人：宋素素）

日本海洋战略研究

一、研究背景

日本是典型的海洋国家，也是中国重要的海上邻国，日本的海洋战略不仅是日本国家战略的重要组成部分，而且与中日关系的走向以及中国的国家利益、海洋权益息息相关。为此，需要系统研究日本海洋战略的相关问题，阐明日本海洋战略形成和发展的全过程，把握冷战结束后日本海洋战略调整的特点和趋势，以及"海洋国家论"成为日本国家战略主流话语的背景和内涵，认识21世纪以来日本"新的海洋立国"战略形成的思想资源及其战略举措，做到知己知彼，为推进中国的海洋强国建设提供参考。

二、主要内容

本成果内容：历史地考察战略的概念、内涵以及中外战略思想；介绍和评析海权论的主要人物及其观点；论述日本海洋战略的历史演变及其与日本国家战略的关系；梳理近代以来日本海洋军事战略；分析战后日本海洋战略的基本构想、理论基础以及日本"海洋国家论"；分析日本海洋战略调整的动向；论述日本进入21世纪以来"新的海洋立国"战略的主要目标、规划、重点、实现途径等，包括海洋资源能源开发利用、海洋环境保护、海洋安全、海上运输、专属经济区、离岛保护等领域的计划、政策、措施和效果等方面；解读日本海洋立法特别是《海洋基本法》；比较日本在主要岛屿争端问题上的战略和策略。在分析亚太地区海洋安全形势和日本海洋战略特点的基础上，提出了我国应对挑战、加快建立中国海洋战略优势的方针、原则和措施。

三、学术观点和主要创新

海洋给日本这个岛屿国家带来了安全、财富和文化等方面的恩惠。但是，自丰臣秀吉统一日本后，日本的国家战略和海洋战略呈现出冒险、贪婪、侵略的特征。明治维新以后日本实行帝国主义、军国主义扩张政策，无论是南进还是北进、大陆政策还是海上推进，实际上都是把海洋当作跳板，妄图建立所谓"大东亚共荣圈"，但注定走向失败。战后日本依靠美国的安全庇佑，以海洋贸易立国，一度成为世界第二经济大国。冷战结束以后，日本把"普通国家"和"政治大国"作为21世纪日本国家的战略目标，在海洋国家论的基础上提出了"新的海洋立国战略"，并积极推进海洋法制建设，制订详细的海洋发展规划和政策措施。同时配合日本国家战略不断进行调整，呈现出海洋意识更加强烈、海洋观念更加外向、海洋法律逐步健全、海洋管理体制更趋完备、海洋涉外活动更加积极、海洋战略规划更加具体、海洋权益争夺更趋强势的趋向。

面对中国的强盛，日本的海洋安全战略将防范和遏制中国作为主要目的。日本一方面将中国视为与"海洋国家"相对的"大陆国家"的代表，认为作为"海洋国家"的日本必然要与中国发生战略对抗；另一方面极力渲染中国的海洋力量，特别是海军发展、海洋能源开发、海洋调查活动等。积极勾连美国和其他一些国家联手应对所谓的中国"海洋威胁"，在海洋问题上对我国趋于强硬，尤其表现在钓鱼岛争端和所谓"台湾有事"问题上。

研究日本给我国海洋发展带来的挑战和启示具有重要意义，在处理中日之间的海洋关系时，应牢牢把握中日海洋关系发展大方向，清醒认知中日两国在海洋领域的差距，积极推进中日两国在海洋领域的合作，妥善处理中日海洋问题和海洋关系，加快制定和完善我国的海洋战略，推进海洋强国建设，坚决捍卫国家领土主权和海洋权益，力争形成对日战略优势。

四、学术影响及社会效益

本成果阐述和探讨的日本海洋战略的基本概念、历史发展、"海洋国家论"的理论渊源以及日本海洋战略与日本国家战略的关系等问题，具有一定的学术价值和理论意义。本成果对日本海洋战略中具体的政策层面所进行的论述和分析，不仅对从事海洋战略规划、政策法规和实务工作的人士具有参考价值，也对读者思考如何建设海洋强国、构筑健康稳定的中日海洋关系具有一定的意义。此外，本成果附录提供的中外参考文献目录、日本的若干涉海法律法规和规划等也对研究者有参考价值。

五、获奖情况及完成人简介

《日本海洋战略研究》（中国社会科学出版社，2016）2017年获山东省高校优秀科研成果三等奖。作为该成果的前期积累，作者曾发表系列论文，其中《日本海洋战略研究的动向》（《日本学刊》，2005年第2期）是我国学界较早探讨日本海洋战略的论文，2007年获山东省第二十一次社会科学优秀成果三等奖。

完成人简介：修斌（1963—　），主要研究方向为中日关系史、中日文化交流史、海洋历史文化。

（撰稿人：修斌；审稿人：赵成国、席静；校稿人：宋素素）

翻译学理论新探及翻译学科建设研究

一、研究背景

20世纪80年代已现全国性学习外语热潮，然而翻译研究尚未引起重视，尤其是学界缺乏学科自觉意识。随着国外翻译论著被译介到国内，为数不多的几位学者担当起中国翻译学科建设的探路者和领路人，杨自俭先生则是其中影响力较大的一位。他在《中国翻译》《现代外语》《外国语》等全国外语类期刊发表的数十篇探索性、指导性论文，1998—2006年担任国家一级学会"中国英汉语比较研究会"两届会长所做的学术报告，以及主编的《翻译新论》

《英汉对比与翻译研究》(共八册)等论文集序言、点评等,对翻译学科的认识、翻译学系统理论、翻译学科发展设想以及队伍建设和人才培养的构想,发表了真知灼见,为我国的翻译学科建设和后续发展指明了方向。

二、学术观点和主要创新

杨自俭先生是我国最早发出"建立翻译学"号召的学者之一,发表学术论文130余篇,对翻译学学科建设的贡献主要包括三个维度:一是翻译研究的跨学科性,二是翻译学概念及学科建构,三是翻译学方法论系统。

(1)注重翻译研究的跨学科性,主张分别以哲学、语言符号和社会文化三个系统为翻译学科建设提供理论依据、论证手段和参照范畴,始终坚持将理论对比语言学的成果应用到翻译学科建设中。

(2)从学科基础层面、学科本质论层面、学科系统论层面、学科支撑层面加以阐释,推动翻译学科科学化、系统化、综合性发展。在学科基础层面,界定了翻译方法、策略、技巧、方法论,指出厘清翻译、翻译学、翻译研究和翻译科学的概念对于学科建设的必要性;在学科本质论层面,注重翻译学科的科学定位,界定了"翻译""翻译学"和"翻译科学"三个核心概念;在学科系统论层面,从层次理论出发,结合哲学观,构建了翻译学科理论系统,并将元理论纳入学科研究的范围,将译学研究的范围扩大至"八大要素",并将翻译史、译论史和方法论纳入研究范围;在学科支撑层面,主张一方面汲取、继承和发扬传统译论中的精华,另一方面加强国外译论的系统性、综合性评价和比较性、借鉴性研究,注重中西方译论的结合。

(3)翻译学方法论系统是整个翻译学学科基础理论的重要组成部分,主张将"翻译学方法论系统"(包括翻译实践方法论、翻译理论研究方法论、翻译教学方法论、翻译批评的方法论四个不同层面。)纳入"翻译学学科系统",方法论包括元方法论、哲学方法论、系统科学方法论、具体科学方法论四个层面。落实在翻译学领域,元方法论应研究上述翻译学方法论系统及其同哲学与系统科学方法论的关系,哲学方法论应研究翻译学的本体论、认识论、价值论与方法论,系统科学方法论应用其原理与定律研究翻译学方法论系统。

三、学术影响及社会效益

杨自俭先生在语言学、英汉语对比、翻译理论三个领域均有重要建树,因学术造诣深厚、处事公道、为人谦逊而被推选为中国英汉语比较研究会第二、第三届会长,对学会的创建、成长、发展作出了杰出贡献。作为全国外语界的领军人物,他对我国翻译学科的成长壮大、翻译理论体系建设、教师队伍建设以及人才培养等方面提出建设性的观点,团结带动了一大批学者献身外语教育和教学研究。《中国译学大辞典》主编方梦之指出,杨自俭先生作为当今中国外语学界尤其是对比语言学和翻译学界的学术领袖,是为数不多的"三栖学者",中国英汉语比较研究会第四、五届会长潘文国赞誉他是具有"士大夫精神的学者",始终以其"高屋建瓴的治学眼光、广博的学识和深厚的学养,站到了一个常人难到的制高点。"

四、代表性成果

(1)《关于建立翻译学的思考》(《中国翻译》,1989年第4期)。

（2）《论我国近期的翻译理论研究》（《中国翻译》，1993年第6期）。

（3）《谈谈翻译科学的学科建设问题》（《现代外语》，1996年第3期）。

（4）《翻译新论》（湖北教育出版社，1999）。

（5）《对译学建设中几个问题的新认识》（《中国翻译》，2000年第5期）。

（6）《译学新探》（青岛出版社，2002）。

（7）《英汉语比较与翻译》（上海外语教育出版社，2004）。

（8）《再谈方法论——〈翻译方法论〉序》（《上海翻译》，2007年第3期）。

（9）《印度之行》（译林出版社，2008）。

（10）《我国英汉对比与翻译研究三十年：回顾与展望》（《上海翻译》，2009年第1期）。

五、完成人简介

杨自俭（1937—2009），主要研究领域为对比语言学、对比文化学、翻译学及中国文化与哲学比较研究。

（撰稿人：任东升；审稿人：席静；校稿人：徐晓琨）

系统功能语言学创新研究

一、研究背景

在20世纪80—90年代，我国科学研究事业蓬勃发展，为适应改革开放新形势的需要，学术界在独立进行科学研究的同时，也把国外最新研究成果引入国内。在这种情况下，系统功能语言学被引入国内，成为研究热点，一直延续至今。本系列研究成果致力于对系统功能语言学的研究，在理论创新和应用实践上都为系统功能语言学的发展与创新做出了贡献。

二、主要内容

包括对系统功能语言学理论发展和创新的研究，以及将该理论应用于外语教学实践的研究。系统功能语言学理论的研究包括三个领域：① 语篇衔接与连贯理论的研究，② 功能文体学理论的研究，③ 社会符号学和多模态话语的研究。系统功能语言学理论应用的研究主要是把系统功能语言学应用于我国外语教学领域的研究。

三、学术观点和主要创新

（1）韩礼德（Halliday）和Hasan（1976）提出了"衔接加语域"的语篇连贯的理论框架，但本框架难以解释语篇没有衔接机制但仍然连贯的现象。据此，在系统功能语言学语篇衔接与连贯理论的基础上，扩大了衔接与连贯理论的研究范围和视野，建构了一个语篇连贯理论研究框架，并提出了跨类衔接、跨层次衔接、人际意义之间的关系形成的衔接、语篇与语境的衔接、多模态衔接等理论概念，并对衔接关系、衔接力和衔接原则进行了研究。从总体上，完善了衔接和连贯理论。

（2）韩礼德早在20世纪70年代初就在系统功能语言学的基础上创立了功能文体学理论，但没有从体系上、模式上给予明晰的理论框架和分析模式。研究以"四个层次、四个阶段、三个角度和一线脉络"为构架发展了一个明晰的功能文体学分析框架。后来，在此基础上发展了多模态功能文体学分析框架。

（3）在多模态话语研究领域，本系列研究成果包括多模态话语分析理论创新和应用实践两个方面。从理论上讲，该研究建立了一个适用性社会符号学的分析框架，然后根据模态形式的系统性特点和模态之间相互协同的特点，建立一个模态形式选择框架和一个多模态话语分析综合框架。最后，把与多元读写能力相关的因素相结合，创建了一个多元读写能力的基本理论框架。从实践上讲，该研究根据多模态话语分析的整体理论框架，建立了一个集控制和支配设计选择的各种因素于一体的外语课堂教学多模态话语的模态选择模式。

（4）该研究还致力于探讨如何为中国学者运用系统功能语言学理论指导中国的外语教学提供参考，通过汇总整理国内外系统功能语言学在语言教学方面的研究成果，使中国学者了解系统功能语言学在语言教学方面的具体应用。

四、学术影响及社会效益

本系列研究成果在国内外产生了较大影响。《语篇连贯与衔接理论的发展及应用》《多模态话语分析综合理论框架探索》《功能文体学》等代表作被引均超千余次。北京大学胡壮麟先生对《语言的功能与文体》一书给予高度评价，认为"本书作者功力非凡，是一个扬名于国际学术论坛的人物。"世界系统功能语言学的创始人韩礼德教授对《功能语言学与外语教学》一书作出高度评价，他说："从我和麦肯托什、斯特霍文斯合著《语言科学和语言教学》（*Linguistic Sciences and Language Teaching*）一书至今已经有40年的时间，而由张德禄、苗兴伟和李学宁编著的《功能语言学与外语教学》在我看来是我们上世纪60年代写得那本书的继承者。"

五、获奖情况及完成人简介

（1）《功能文体学》（山东教育出版社，1998），2000年获山东省第十四次社会科学优秀成果二等奖。

（2）《语篇连贯研究纵横谈》（《外国语》，1999年第6期），2001年获山东省第十五次社会科学优秀成果三等奖。

（3）《论衔接》（《外国语》，2001年第2期），2003年获山东省第十七次社会科学优秀成果二等奖。

（4）《语篇连贯与衔接理论的发展及应用》（上海外语教育出版社，2003），2005年获山东省第十九次社会科学优秀成果三等奖。

（5）《功能语言学与外语教学》（外语教学与研究出版社，2005），2006年获山东省第二十次社会科学优秀成果二等奖。

完成人简介：张德禄（1955—　　　），主要研究方向为系统功能语言学、文体学、语篇分析、符号学、多模态话语分析、外语教学。

（撰稿人：任东升；审稿人：张德禄、席静；校稿人：徐晓琨）

中介语语言学的多维研究

一、研究背景

随着世界经济全球化时代的到来，二语习得研究已经成为国内外学术研究范围和队伍规模最大的领域之一。人类语言的物质属性及其承载文化和交际的功能决定了二语习得过程的复杂性与多维度。我们中国人从小学就开始学习外语，到研究生阶段还在学。十几年的辛苦努力，往往费时低效，结果差强人意。相关研究表明，中国英语学习者虽掌握大量二语词汇和语法等语言知识，但是在具体语境中进行交际时往往出现"交际无能"的情况。大力开展该领域的研究有助于揭示第二语言习得原理和智力活动的特性，并将有助于解决我国外语教育教学中普遍存在的一些问题。

二、研究内容

本成果以中国学生学习英语的语言、认知、心理、教育过程的多维研究为理论背景，以学习者中介语的语音、句法、语用等为研究本体，以中介语言语数据为基础，以新兴学科理论构建和学术创新为目标，系统地研究中介语如何从母语向目的语以离散方式逐渐演变、渗透和发生，从混杂到交融，从无序到有序的发展基本规律，在国内外学术界首次提出中介语语言学的概念并构建了汉英中介语语言学这一新颖交叉学科。

三、学术观点和主要创新

（1）围绕中介语的语音系统，对"石化"现象的内外因素进行深入分析，并着重从学习者的生理、心理、认知、文化和教育等诸多方面进行研究。从语音"石化"的个案出发，主要研究语言学习关键期、语言输入、社会与心理距离、交际策略、外界的反馈等对"石化"的影响。

（2）在中介语的词汇层面，本项目首先阐述了中介语词汇概念迁移的认知范畴化过程，并对导致第二语言词汇损耗的社会心理因素进行研究。基于范畴化理论归纳出汉英词汇概念差异的类型，分别从家族的相似性、认知模式、文化模式三方面分析论述汉英词汇概念对应的相对性、对语境的依赖性以及文化取向性，并运用所得到的结论阐释外语环境下的词汇概念迁移。

（3）通过研究中介语的句法特征，描述了中国英语学习者句法能力的发展路径。分析了中介语定语从句产出的变异因素，采用多因素研究模式研究多种因素对中国英语专业学生习得和使用定语从句的影响，具体包括从句类型、关系代词在从句中的句法功能以及时间压力等。

（4）在中介语的语用研究方面，分析了中介语语用学研究中的语料收集及其原则，在此基础上对中介语的语用迁移和语篇层面的话题结构进行了研究，并从认知语用学的视角研究中国学生在交际活动中的话语特征。

四、学术影响及社会效益

本成果结合中国外语教学的实际情况，根据中国英语学习者的特点，科学地探索其中介语动态发展的语言过程、心理过程、认知过程和教育过程，所得出的研究结论弥补了传统理论的不足和国际学术界有关中国学生中介语研究的空缺。本成果对中介语语言学所做的基础性研究丰富了我国二语习得研究的理论体系，拓展了中介语的研究范围和领域。课题组对中介语的研究突破了原有的语言层面，把传统研究中所忽略的中介语界面研究纳入了视野，在习得－损耗、形态－句法、句法－语用等界面研究上所取得的成果具有较高的学术价值。

本成果有助于我们认识中国学生外语学习的客观规律，树立正确的外语教学指导思想，解决我国外语教育教学中普遍存在的一些问题。其所揭示的中国英语学习者中介语的发展路径和模式可以成为教学大纲设计和教材编写的依据之一。中介语的发展路径具有一定的可预示性，大纲和教材的设计和编排应与学习者中介语语言能力的发展相一致，从而最大限度地促进课堂教学，提高外语教育教学的效率和效益，对我国外语教学的改革起到积极的促进作用。

另外，本成果被学界广泛引用，*Working Papers in TESOL & Applied Linguistics*（ISSN 1936-7384，美国哥伦比亚大学主办）等国内外五种学术期刊对本成果进行了专门评价。

五、获奖情况及完成人简介

《中介语语言学多维研究》（外语教学与研究出版社，2015年）系国家社会科学基金一般项目——"中介语语言学的多维研究与学科建构"（07BYY026）的优秀等级结项成果，该项目在2017年获山东省第三十一次社会科学优秀成果三等奖。

完成人简介：杨连瑞（1962—　　），主要研究方向为二语习得、应用语言学。

〔撰稿人：杨连瑞；审稿人：陈士法、席静；校稿人：徐晓琨〕

中国学习者英语二语心理词汇加工与表征研究

一、研究背景

　　心理词汇表征指词汇的语音、正字法、形态、句法、语义等语言信息在心理词典中的长时存储方式。人们普遍认为两种语言信息的词汇表征是独立的,而概念表征则是共享的。但是,第二语言的词汇表征层是如何通达两种语言共有的概念表征的呢?本成果依托中国海洋大学第一个文科科研实验室——语言与脑科学实验室,以精确的实验数据为基础,研究中国学习者英语二语词汇的加工过程,探索其表征模型,揭示语言与大脑的关系。

二、主要内容

　　本系列成果在界定心理词汇加工和表征的内涵和外延的基础上,利用国际先进的ERP技术、网络科学、计算模型等手段,研究了英汉心理词汇表征和加工模型,涉及理论探索和实验研究两个方面。就理论来说,构建了以熟悉度为基础的英汉心理词汇加工与表征模型。利用心理语言学实验,以英语二语动词过去时、复合词、情绪词、歧义词等为实验材料,研究了英语二语心理词汇理解、产出等加工机制,验证、补充、完善了中国学习者英语二语心理词汇表征模型。

三、学术观点和主要创新

　　(1)在理论上,构建了以熟悉度为基础的英汉心理词汇加工与表征模型。

　　一般认为,心理词汇在大脑中有两个表征层:表征语义等的概念层和表征词形等的词名层。Kroll和Stewart提出的RHM模型认为双语心理词汇共享概念表征,一语和二语在概念层和词名层有不同联结强度,各种联结随着二语水平的提高发生变化。但是,本成果根据第二语言词汇习得的研究成果,提出了英汉双语心理词汇加工与表征的新模式,认为双语心理词汇的表征模式不能从双语者的二语整体水平出发来分类,而应以双语者对一个二语单词的熟练程度来确定。据此,提出了英汉双语心理词汇表征结构的新观点:双语心理词汇是由一个个熟练程度不一的单词组成的,低熟练度单词的表征方式为一语词项连接模型,中熟练度单词的为一语语义中介模型,高熟练度单词的为二语语义直达模型。

　　(2)利用心理语言学实验,验证、补充、完善了以熟悉度为基础的英汉心理词汇加工与表征模型。

　　1)构建了英语二语心理词汇的再认模式。以英语二语单词熟悉度为依据,收集中国英语学习者加工不同熟悉度英语二语单词的脑电数据,构建英语二语单词的再认模式。研究认为高熟悉度英语二语单词为独立模式:直接进行基于熟悉性的顶区再认;低熟悉度英语二语单词为连续体模式:先进行基于熟悉性的顶区再认,再进行基于回想的额区再认。

　　2)构建了中国学习者英语动词过去式的加工模式。利用词汇判断任务,通过揭示中国学习者英语二语动词过去式的加工过程,研究中国学习者英语动词过去式的加工模式,认为高熟悉度英语动词过去式的加工呈现"规则动词过去式→高重叠率不规则动词过去式→低重叠率不规则动词过去式"的连续体模式,高熟悉度英语二语规则与不规则动词过去式之间的差异并不是绝对的,与其原形之间存在语义和形式上(正字法/语音)的两种关联。

3)找到了英汉心理词汇表征的认知神经证据。基于脑电技术,采用翻译识别任务,研究中国英语学习者心理词汇表征的认知神经机制,认为在英汉心理词汇表征中存在着汉英、英汉翻译启动效应及其非对称性,从汉语到英语存在较弱的词形联结(P200)和较强的语义联结(P400),而从英语到汉语则存在较弱的词形联结(P200)和词汇–语义界面联结(N300),英汉两种词汇的心理表征存在质的差异。这一发现为英汉心理词汇的词形表征、词汇–语义界面表征和语义表征提供了相应的认知神经证据。

四、学术影响及社会效益

国内外语界能够利用ERP等技术进行二语习得研究的学者极少,产生较大影响力的就更少,学校语言与脑科学实验室负责人陈士法教授即是其中之一,多篇学术论文发表后被大量引用,引用总量近千次,相关学术成果受到国内外同行高度评价。

五、主要成果及完成人简介

(1)《英语复合词在英汉心理词典中存储单位的实验研究》(《外语教学与研究》2009年第3期),2010年获山东省社会科学优秀成果二等奖。

(2)《英汉双语心理词典中英语单词的存储单位——一项实验研究》(《外语教学与研究》,2007年第1期)。

(3)《中国学习者英语动词过去式的加工机制研究》(《外语教学与研究》,2016年第3期)。

(4)《基于翻译启动实验的英汉双语心理词汇表征ERP研究》(《外语教学与研究》,2020年第3期)。

(5)*Understanding EFL reading anxiety in relation to learning motivation, attitudes and strategies for Chinese and Spanish undergraduates.*(*System*, 2022)。

(6)*Language Dominance Influences Bilingual Lexical Selection Quantitatively but not Qualitatively in Language Production: Evidence from Chinese-English bilinguals.*(*Lingua*, 2022)。

完成人简介:陈士法(1967—),主要研究方向为心理语言学、二语习得。

(撰稿人:陈士法;审稿人:任东升、席静;校稿人:徐晓琨)

新时代翻译学理论创新：国家翻译研究

一、研究背景

近年来，外语学者积极响应习近平总书记"加快构建中国特色哲学社会科学"的号召，并取得系列阶段性成果，国家翻译学的理论建构即是其一。国家翻译学沿循"概念化→理论化→学科化"的发展路径，现已步入学科建构轨道，聚焦"国家翻译"理论建构与实践探索，为翻译学中国学派的理论构建提供了新的研究视域及方法论参照。

二、主要内容

本系列研究主要围绕三个主题：一是国家翻译实践史书写研究，统摄具有"史"意义的翻译事件，建构翻译史研究的整体观，为国家翻译实践史书写研究提供学理依据、术语集、议题设置；二是"国家翻译实践"理论构建，国家翻译实践是主权国家实施的一种复杂的翻译实践活动，"自发""自主"和"自利"是国家翻译行为的三种属性，国家翻译实践具有民族性、系统性和权威性三个特征，体现为"资源配置效益化""翻译过程程序化"和"翻译群落角色化"，国家翻译实践强调"忠实"的翻译伦理，"自评"高于"他评"，由此构建出一个自成体系的"国家翻译实践"理论框架；三是国家翻译（实践）学科体系建构研究，构建融合理论体系、工程技术体系、工程监理体系于一体的国家翻译实践学科体系及国家翻译学新兴学科。

三、学术观点和主要创新

本系列研究围绕"国家翻译实践"开发出自成一体的概念集、话语群、范畴库、命题域，拓展"国家翻译"的研究论题，建构"国家翻译学"超学科研究。

第一，创生"国家翻译实践"概念。突破有关翻译主体、翻译类型、翻译现象的传统认知，引发学界对"国家"的翻译主体地位、表现形式及作用机制的关注。将国家翻译实践界定为一种国家行为，本质上属于制度化翻译，在功效层面主要服务于国家，这就涉及国家行为、国家战略、国家规划、国家意识形态、国家利益、国家形象、国家能力、国家话语权等。

第二，确立"国家翻译实践论"的译学新论题。国家翻译实践不仅是一个框架性的研究对象，也是一个自成体系的理论框架，其内涵：① 国家翻译实践本质是制度化翻译，自发、自主、自利是其三种属性，"国家"同时担当策动者、赞助人和翻译主体，"国家"作为自主自为、逻辑自洽和利益攸关的翻译主体，其翻译实践具有对内对外之双向性；② 国家翻译实践是"国家行为"之一，通常配合对外交流、对内文化建设等国家行为；③ 国家翻译实践不单是翻译意义上的"跨语际书写"，也是一种超越传统翻译实践的"文化政治实践"，遵循"政治优先"原则；④ 国家翻译实践具有独特的质量评价体系，其译文质量的"自评"高于接受系统的"他评"。

第三，建构学科化的国家翻译学。以国家翻译及其相关要素为主要研究对象建构国家翻译学具有客观必然性、现实必要性和逻辑合理性。国家翻译学融合翻译学和以"国家"为研究对象的相关学科，在超学科向量的推动下形成综合集戍性研究领域，从而建立起国家翻译学新兴学科，揭示国家翻译实践的本质规律，探索国家翻译实践的有效路径，服务国家治理的重大需求，对"翻译学"一级学科建设和翻译专业博士人才培养具有指导价值。

四、学术影响及社会效益

"国家翻译实践"概念自提出以来，日益受到学界重视，国际传播也初见成效。方梦之视之为近10年中国本土首创的10个译学新术语之一，纳入新版《中国译学大辞典》。

本研究创生了一系列国家翻译相关概念，丰富了中国本土译学话语；突破了传统的译学认知框架，划分了新的翻译类型，将翻译主体和翻译行为范畴拓展至国家，引发有关翻译国家性和国家翻译性的思考；以"国家"统摄翻译议题，开辟了新的译学空间；为译学研究提供了新的理论视野，为翻译史、翻译思想、翻译政策、翻译批评等诸多议题的研究提供描写工具、解释视角和建构话语；国家翻译实践理论生发过程、话语萌生机制和知识生产逻辑，为新时代译学话语创新提供了案例观照和方法论参考。

五、主要成果及完成人简介

（1）《圣经汉译文化研究》（湖北教育出版社，2007年）入选国家"十五"重点图书。

（2）《国家翻译实践初探》（《中国外语》，2015年第3期）。

（3）《国家翻译实践伦理探究》（《中国海洋大学学报（社会科学版）》，2016年第1期）。

（4）《国家翻译实践概念体系构建》（《外语研究》，2019年第4期）。

（5）《国家翻译的对外话语实践：内涵和框架》（《上海交通大学学报》，2022年第1期）。

（6）《国家翻译实践工程初探》（《上海翻译》，2022年第2期）。

（7）《国家翻译实践学科体系建构研究》（《中国外语》，2022年第2期）。

（8）《沙博理翻译艺术研究》（外文出版社，2022年）。

（9）《国家翻译学的建构理据》（《外国语》，2023年第1期）。

（10）《国家翻译实践研究十年：检视与展望》（《上海翻译》，2023年第1期）。

完成人简介：任东升（1966—　），主要研究方向为国家翻译实践、涉海翻译。

〔撰稿人：任东升；审稿人：贺爱军、席静；校稿人：高雅楠〕

汉语日常会话和机构性会话研究

一、研究背景

日常会话和机构性会话是人们组织社会生活的基本途径。在国外，尤其是英美国家，早在20世纪60年代就开始了对英语自然会话结构、组织规律及社会规约的研究。而国内语言学研究则主要把会话作为研究语言本体属性的语料来源，很少把会话本身作为研究对象来探讨其内部结构及运作机制，因此，对汉语自然会话的结构模式、组织规律、运作机制、展现的交际秩序等的研究还很少。

二、主要内容

本研究主要沿三个主线展开：

（1）会话分析学科和研究方法的介绍：主要介绍会话分析的学科背景、研究理念、研究工具、研究步骤及研究思路。

（2）日常会话研究：主要围绕汉语自然会话中不同社会行为的话轮设计和序列结构，以及具体语言结构或词汇在特定序列位置完成的互动任务等课题展开研究。

（3）机构谈话研究：主要集中在医患互动研究，探讨了医生诊疗方案的出具、患者对诊疗方案的阻抗、患者顾虑表达等机构任务完成所采用的互动手段，以及急救电话的互动规范和应对意外事件的互动规范性与偶然性。

三、学术观点和主要创新

（1）会话不是杂乱无序的，而是有内部的组织规范，这些规范由交际者共同建构，并指导交际者的互动行为。会话分析通过研究自然会话来解决社会秩序问题，采取自下而上的归纳法，通过对大量自然会话的细致观察与分析来揭示人们执行社会行为的方法和步骤，进而发现会话的内部组织规律。这一研究视角把过往研究对语言结构的关注转向对言语互动系统运作机制的关注。

（2）在日常会话研究方面，会话分析研究团队主要致力于运用会话分析研究方法对汉语词汇和语法结构开展研究，尤其是对语气助词和叹词的研究。语气助词一般不影响句子的命题内容，多数情况下也不是必需的语法成分，而且语气助词多出现在两人以上的互动交流中，所以语气助词的功能更多在互动层面，为交际者完成互动任务服务；对语气助词的认识需从交际者视角运用自下而上的归纳法从真实的言谈互动中归纳总结，而不是从研究者角度运用自上而下的演绎法通过抽象的概念和理论假设来解释；对语气助词分布的研究不应以句子类型为参照，而应把语气助词置于由话轮和行为序列构成的立体网络中进行系统分析。把研究重心从"语气助词是什么"转向"语气助词做什么"。同时，从话轮设计和序列结构特征入手，对言语行为做出了不同于传统语用学研究的发现，研究视角从言语行为满足的适切条件转向言语行为的社会规范性。

（3）在机构谈话研究方面，团队长时间关注医患沟通，从会话分析研究视角系统探究了我国门诊医患互动的基本内容，展示了会话分析研究在医患沟通方面的独特价值。主要从会话分析研究视角挖掘了患者利用会话修正发起隐性阻抗医生诊疗建议的互动现象，首次提出了附着行为的概念，并深入挖掘了执行阻抗的他人修正发起，研究发现可用于医生培训和介入应用，为提高医患交流质量提供指导。团队还研究了医生诊疗方案给出方式与诊疗内容及序列位置之间的内在关系。研究发现医生主要通过宣告、建议、给予三种行为给出诊疗方案。宣告类诊疗方案为直接解决疾患的生物医学手段，建议类诊疗方案是解决疾患的辅助手段或生活方式干预，而给予类诊疗方案只舒缓症状。从序列位置看，宣告类诊疗方案往往出现在明确的诊断和诊断解释之后，建议类诊疗方案出现在宣告类诊疗方案之后，而给予类诊疗方案或者出现在患者无器质性疾病诊断之后，或者出现在宣告类和或建议类诊疗方案之后。从行为决定权来看，宣告类诊疗方案最大程度体现医生决定患者后续行为的权力，建议类和给予类次之。诊疗方案的给出方式与诊疗内容及序列环境之间的上述关系是医患双方共同建构和观照的一种社会规范。

四、学术影响及社会效益

自2020年4月以来，团队成员郭恩华博士创立了名为"Happy Data Session"的公共语料分析平台，这是一个以腾讯会议为媒介的公益性网络教学平台，每周举办一次。吴亚欣教授和于国栋教授对来自国内30余所高校的老师和学生以及国外高校在读博士进行线上语料分析指导，得到了国内外青年会话分析爱好者的高度评价。于国栋教授的《会话分析》和《什么是会话分析》两本著作以及吴亚欣教授的多篇介绍会话分析学理的文章已经成为国内会话分析研究者的主要参考文献。基于汉语自然会话的原创研究引起了国内外学界对汉语自然会话语言结构和互动功能研究的关注。团队和多家医疗机构合作，把研究发现应用于指导医患沟通，服务社会。2020年团队与北京搜狗科技发展有限公司联合成立了"会话科学联合实验室"，该合作项目体现了会话分析研究在AI领域的应用价值，是校企合作的有益尝试。2023年初团队利用学校网络平台建立了汉语普通话自然会话语料库共享平台DMC语料库，这是全球首个以真实汉语互动为语料的会话分析研究语料库，该语料库免费向全球开放。

五、完成人简介

主要完成人有于国栋、吴亚欣、郭恩华等。

第一完成人简介：于国栋（1971—　），主要研究方向为会话分析。

（撰稿人：于国栋；审稿人：吴亚欣、席静；校稿人：徐晓琨）

条件义和条件式问题研究

一、研究背景

条件思维在自然语言中表现为"条件义"和"条件式"。前者指语言形式中没有通常意义上的条件标记,例如"如果……,(那么)……""只要……,(就)……""只有……,(才)……"等;后者指语言形式中既有语言标记,又表达了条件关系。自然语言的复杂性在于,条件式未必表达为条件义而条件义未必表达为条件式。关于这种现象,在哲学、逻辑学、心理学、人工智能、语言学等学科层面开展了广泛而深入的研究,虽然取得了丰硕的研究成果,但同时也提出了一些更为棘手的问题。随着脑科学、认知科学、人工智能科学、自然语言处理、大数据处理等学科领域高速发展,本研究因关涉人类智慧的本质而具有一定的理论意义。

二、主要内容

本系列研究共围绕三个主题展开:第一主题讨论诸如"蜂酿蜜、鸡司晨"之类的概称句问题,本主题发现,人们的日常语言涉及心理逻辑而非数理逻辑,从而提出具有"容错"特征的"容错推理"理论,借此可解释民众知识中"以偏概全"的语言现象;第二主题探究条件完美问题(即充分条件解释为充要条件的现象),本主题的结论是,交际双方(说话人和受话人)的话语策略受制于当下利益格局,条件完美是否发生受制于"结论"成真所蕴含的道德义务和现实后果;第三主题推进到条件极化现象(即充分条件有时解释为必要条件,有时可解释为让步条件),提出"充分条件量级"理论,通过分析条件极化的基础条件和限制条件,使条件极化获得一致性解释。

三、学术观点和主要创新

(1)提出"容错推理"理论。"容错推理"是日常会话的基本逻辑,日常语言表述的规律和习惯等在逻辑上是有瑕疵的,这些真值条件上的瑕疵可以通过容错推理得以修正,由此使得交际能达到会话目的。本理论不仅能解释日常语言表述规律和习惯的概称句现象,也能解释会话中称为"小夸张"的修辞现象。

(2)提出"充分条件量级"理论。本研究将语言分析、认知机制和交际意向结合起来,将现象分析纳入交际意向统辖下的语言互动,将话语理解看做是说话人的意向主导下,在充分条件量级上进行的概念操作,在深度和广度上推进了自然语言条件句的研究。

(3)丰富前人研究。其一,本研究将语言使用和社会结构或者社会关系相关联,将个人的"效用"偏好纳入分析格局,补充了以S. Levinson和L. Horn为代表的新格赖斯语用学方案用量级含义或经济原则来解释条件完美的局限性;其二,本系列研究提出的"充分条件量级"理论,既解释了日常语言中的"推理韧性"问题,又克服了学界将条件强化和条件弱化进行区别性对待的不足,对二者进行一致性解释,从而简化了理论路径。

四、学术影响及社会效益

在逻辑学领域，为条件推理研究提供了语言学视角。解读条件推理的语言表达形式时，人们往往会自动投射到两个不同的知识域，即社会生活域和知识推理域。前者不容易发生条件完美，后者是在利益格局中做出的决策，而利益取舍影响对前提的解读，相应地会发生条件完美。这对人工智能逻辑的理论建构具有启发意义。

在语言学领域，为条件式和条件义的研究提供了新视角。本研究提示，解读条件义的语言表达形式时，必须关注个人意向、百科知识、社会关系对语言形式的调适作用。条件义表达的语言形式选择既关涉言说行为的适切性，又关注条件的充分性和必要性。根据交际意向利用语言资源，说话人可以"含蓄"地强调前提的必要性，也可以"心照不宣"地强调结论的必然性。这些发现可以深化对条件义、条件式和元语言、言语行为、会话修辞、论辩推理等关系的认识。

五、获奖情况及完成人简介

《指类句的指类功能实现机制探讨》（《外语教学与研究》，2010年第2期）获山东省第三十届社会科学优秀成果二等奖。

《条件完美的允准条件》（《外语教学与研究》，2015第3期）获山东省第三十四届社会科学优秀成果二等奖。

完成人简介：吴炳章（1967—　　），主要研究方向为语义学、语用学和认知语言学。

（撰稿人：吴炳章；审稿人：席静；校稿人：高雅楠）

"海大韩国研究"系列丛书

一、研究背景

1992年中韩建交之后，国内朝鲜语系爆炸式新增，韩国学研究发展迅猛，然而自2010年前后渐显颓势。造成此种局面的原因主要有三：一是对发展之"质"不够重视，以致韩国学作为一门独立学术领域的地位迟迟未能巩固；二是学科教育过于偏重技能教育，无法培育出可参与解决国家东亚问题的人才；三是未能确立中国特色的韩国学研究方法和学术议题，在世界韩国学领域话语权较弱。鉴于此，中国海洋大学韩国研究中心提出构建以东亚为路径的中国特色韩国学发展模式。十余年间，以李海英为首的中心团队从中韩两国教育部等相关部门获批科研经费逾1000万元，产生了一批学术成果，"海大韩国研究"系列丛书即为其中之一。成果是中国特色韩国学发展模式构建的成果和示范，在中国乃至世界韩国学研究领域具有一定的学术影响力。

二、主要内容

成果将"东亚"作为一个新的韩国学研究方法，把韩国学放在整个东亚学术场域中进行研究，探讨构建东亚文化共同体的历史、文化基础和可行路径。具体来说，成果主要聚焦"同文联动与东亚汉文学""同文解体与东亚翻译谱系""殖民、冷战与东亚的近现代""和解、共存与东亚文化共同体的构建"等议题。

三、学术观点和主要创新

（1）以东亚学为理论框架，构建中国韩国学的学术脉络和谱系。成果以前近代、近代转换期、近现代、当代的时间跨度为经，以"同文联动""翻译""殖民与冷战""文化共同体构建"四大议题为纬，通过多学科协同合作的方式，探索中国韩国学研究的东亚学实现路径。

（2）坚持以中国立场为现实指引，探索中国韩国学的特色道路及本体论意义。中国和韩国的时空关联性，决定了中国韩国学既不同于韩国学者的内在一元性视角，也不同于欧美韩国学的旁观者视角。成果立足于中国现实，以中国视野和中国立场研究韩国的历史和现实问题，努力构建具有中国特色的韩国学研究话语。

四、学术影响及社会效益

成果自创刊以来备受学界关注，在世界范围内形成学术影响力，证明了中国韩国学特色道路的可行性，提升了中国在世界韩国学领域的话语权，为学校乃至中国韩国学学术品牌的构建做出了贡献。同时，由于韩国研究中心获批教育部高校国别和区域研究中心，成果作为韩国研究中心的学术成果每年汇报至教育部国际司，为我国的国别问题研究和决策添砖加瓦。此外，成果被应用于朝鲜语专业教学实践中，有助于培养可参与解决东亚问题的韩国学核心人才。

五、主要成果及完成人简介

自2010年创刊以来，"海大韩国研究"系列丛书共计出版13部，中、韩文共22本。

（1）《近代东亚人的离散与定居》（韩文版，韩国京辰出版社，2010）。

（2）《归还、战争与近代东亚人的生活》（韩文版，韩国京辰出版社，2011）。

（3）《文明的冲击与近代东亚的转换》（韩文版，韩国京辰出版社，2012；中文版，中国海洋大学出版社，2013）。

（4）《海洋与东亚文化交流》（韩文版，韩国京辰出版社，2014；中文版，中国海洋大学出版社，2014）。

（5）《朝鲜族文学在中国》（韩文版，韩国京辰出版社，2014；中文版，中国海洋大学出版社，2014）。

（6）《韩国文学中的中国书写》（韩文版，韩国京辰出版社，2014；中文版，上海交通大学出版社，2015）。

（7）《韩国文学的跨语际符码——"满洲"》（韩文版，韩国昭明出版社，2014；中文版，上海交通大学出版社，2014）。

（8）《记忆与再现》（韩文版，韩国亦乐出版社，2015；中文版，上海交通大学出版社，

2016）。

（9）《韩国近代文学与中国》（韩文版，韩国昭明出版社，2016；中文版，上海交通大学出版社，2017）。

（10）《东亚移民的社会适应》（韩文版，韩国京辰出版社，2017）。

（11）《韩国普罗文学与中国东北》（韩文版，韩国亦乐出版社，2017；中文版，上海交通大学出版社，2018）。

（12）《韩国近现代文学与中国、东亚》（韩文版，韩国亦乐出版社，2018；中文版，上海交通大学出版社，2020）。

（13）《归还与离散》（韩文版，韩国昭明出版社，2021）。

完成人简介：李海英（1975— ），主要研究方向为韩国近现代文学、中韩比较文学、中国朝鲜族文学。

（撰稿人：田娟；审稿人：李光在、席静；校稿人：高雅楠）

村上春树系列作品译著

一、村上春树简介

村上春树（1949— ），日本当代具有世界性影响的文学家，多次获国际文学奖，并分别被美国普林斯顿大学和塔夫茨大学授予名誉博士称号。其作品已被译为近50种外国语，长篇小说《挪威的森林》的发行量创日本小说单行本发行记录。

村上春树对日本军国主义体制及其发动的对外侵略战争具有坚定而正确的历史观。在长篇小说《刺杀骑士团长》中以数页篇幅描述南京大屠杀，通过出场人物之口，对以具体数字有争议为由否定南京大屠杀的日本右翼分子和"历史修正主义动向"加以反击，表现出人文知识分子的良知和勇气。作为众所公认的文体家，其作品具有独特的语言风格和文学审美功能。可以认为，村上文学的翻译具有难以替代的意义和价值。

二、林少华及其翻译观

林少华，日本文学翻译家、学者。自20世纪80年代开始在教学之余致力于日本文学的翻译，独立翻译村上春树作品43种。其中长篇小说12种，主要有《挪威的森林》《海边的卡夫卡》《奇鸟行状录》《刺杀骑士团长》等；另有短篇小说集10种，随笔集10种，纪实文学、游记、传记、童话、访谈录（单行本）11种。此外，独自撰写村上文学研究著作三种：《村上春树和他的作品》《为了灵魂的自由——村上春树的文学世界》《林少华看村上——从〈挪威的森林〉到〈刺杀骑士团长〉》。

无论文学翻译还是散文创作,语言之美、意境之美都始终是林少华明确的指向和追求,笃信"言之无文行而不远"。关于严复提出的"信、达、雅"文学翻译标准,他认为"信"侧重于语义或内容忠实,属于形式层;"达"侧重于行文或文体忠实,属于风格层;"雅"侧重于意境或美感忠实,属于审美层。林少华认为审美层是不可"叛逆"的文学翻译之重,进而以"审美忠实"四个字来概括其翻译观。强调文学翻译可以个别不对,但不可以整体不美,盖因离开了审美功能,文学翻译便无由达成"翻译文学"这一最终艺术目标。

林少华的观点尤其得到了担任责任编辑不止20年的上海译文出版社编审沈维藩的认可与赞赏,他在一篇书序中写道:"林少华教授的译著严谨准确,文字洗练,意境深远,句式灵动,妙语迭出,既传达了原著的神韵,又显现了中文特有的美感。他妙笔生花,赢得了无数读者,生动地诠释了何为'信、达、雅',出色地解答了'翻译是一种再创作'这道以前只有少数翻译巨匠才能解答的文学命题。林少华教授关于翻译原则、理念和技巧的多篇论述,也丰富了我国文学翻译理论的宝库。"

三、学术影响及社会效益

截至2023年2月,上海译文出版社出版的40余种林少华翻译的村上文学作品总发行量逾1485万册。据责任编辑沈维藩介绍,"2018年发行码洋即已超过3亿元,重印次数超过700次,刷新了外国文学图书在我国的出版纪录,创造了中国翻译史上的奇迹。"

《中国翻译文学史》(孟昭毅、李载道主编)在第三十五章专设一节论述"林少华对村上春树作品的译介",认为林少华是"学者型的翻译家"。文中引用北京师范大学教授王向远《二十世纪中国的日本翻译文学史》之语:"林少华的译文,体现了现代汉语的良好修养及译者的文学悟性,准确到位地再现了原文的独特风格。可以说,村上春树在我国的影响,很大程度依赖于林少华译文的精彩。"

与此同时,"林译"研究已进入博士论文选题。2014年华东师范大学博士研究生柯子刊以题为《中国传统翻译理论观照下的林少华文学翻译研究》的论文获得博士学位,论文谓"林少华对原文的深刻把握,让他的译文既'按图索骥'又'化形于无',简洁明了,节奏感强,始终呈现出文学语言所应有的韵味和意境,堪称'形神兼备的顺译'。"林少华近年来应邀赴北京大学等百余所大学做专场学术演讲或讲座,深受欢迎和好评。

林少华2018年受聘为中国海洋大学"名师工程"通识教育讲座教授,并在崂山校区图书馆设立"林少华书房"展示其文学翻译成果,供学生参观学习和进行学术交流。

(撰稿人:林少华;审稿人:席静;校稿人:高雅楠)

中国海洋经济史研究

一、研究背景

新中国成立以来,中国海洋经济取得了长足的发展。国内涉海研究特别是涉海经济史研究推出了几部著作,但多偏向于中国古代海洋经济社会专史及地方海洋经济社会专史。比较系统的史志类研究的代表性成果是曾呈奎院士主编的《中国海洋志》,但"史"与"志"存在着较大区别。无论从国家发展蓝色经济、经略蓝色国土的实践需要,还是发展经济学科、研究蓝色经济的理论需要,时代都在呼唤一部系统研究中国海洋经济历史的著作问世。基于此,急需针对新中国成立以来海洋经济历史展开较为全面的研究。

二、主要内容

本成果未完全沿用中国传统历史学编年史的体例,而是就制度变迁、政策演变、海洋产业结构及海洋技术变迁等主要内容展开梳理和叙述。主要包括以下内容:

(1)中国海洋经济管理体制变迁。新中国成立以后,海洋经济基本处于零散的、小生产规模的管理状态,随着我国经济迅速发展,国家经济体制也相应在各个时期做出必要的调整和改革。本成果系统梳理了我国在各时期的经济管理体制和调控方式,有助于真正地理解中国海洋经济活动的变迁和发展趋势。

(2)中国海洋经济政策变迁。中国在实行改革开放政策之前,经历了大约五个"五年计划"。本成果系统梳理了我国"五年计划"的发展历程,有助于更好地了解中国海洋经济变迁的重要内容。

(3)中国海洋产业结构变迁。系统梳理了新中国成立以来中国海洋产业的变化,主要基于海洋产业的产值变化展开叙述。

(4)中国海洋经济中的技术变迁。海洋经济具有技术资金密集的特点,中国海洋经济发展迅速,实际上是海洋经济技术变化引起的。解析了中国海洋经济技术的作用和变化及其对中国海洋经济的影响,重点介绍了中国海洋经济"四次蓝色浪潮"的兴起与新型海洋生物技术的发明和运用。

(5)中国海洋经济理论研究的总体演化。通过史论结合,深入研究中国海洋经济和海洋经济史的变迁,验证了部分经济学理论假说。通过开展海洋经济变迁研究,更好地理解和梳理中国海洋经济发展的总体趋势。

三、学术观点和主要创新

(一)学术观点

(1)新中国成立后,中国的海洋经济管理体制经历了从分散管理走向统一管理的演变轨迹。这一轨迹曲折漫长,分散中蕴含着统一的轨迹,走向统一的过程时刻渗透着行业分散管理的要素。其间历经近60年,现阶段中国海洋经济已形成了一套较为成熟的综合管理与行业分散管理相结合的"条块"经济管理体制，"条"即行业管理，"块"即区域管理。

（2）中国海洋经济政策先后经历了四个时期，各时期的政策变化既是中国海洋经济变化当期的外生因素，长期看又是中国海洋经济变化最重要的内生变量。因此，政策的变化具有双重的作用，不能超越。

（3）中国海洋产业发展史经历了海洋产业恢复发展期、海洋产业曲折中前行期和海洋产业大发展时期，国民经济核算体系经历了MPS框架时期、MPS向SNA转向时期和SNA框架时期，自2006年《海洋及相关产业分类》标准和《海洋生产总值核算制度》出台后，中国海洋经济核算体系逐渐走向统一。

（4）新中国的海洋经济发展很大程度上是科技进步不断推动的结果，特别是中国海洋经济"四次蓝色浪潮"的兴起，"科学技术是第一生产力"在海洋渔业经济发展史中得到了验证。

（5）中国海洋经济学理论的发展历程，经历了"点—线—面—空间系统化"的理论发展演化脉络，由早期零散的海洋经济问题研究，到最后组合成涵盖整个海洋经济活动理论和应用研究系统的发展脉络。

（二）主要创新

（1）初步建立起新中国海洋经济史的研究框架，是我国第一部整体研究新中国海洋经济史的著作。

（2）提出中国海洋经济史时期划分的基本原则，采取实事求是的原则，按照海洋经济事件发展的重大变化来进行分期。

（3）建立了基本的海洋产业产值算法，将新中国建立以来不同时期、不同经济核算体系下形成的海洋经济数据进行甄别，回溯形成可计算和比较的统一口径的数据。

（4）在撰述体例上，秉承传统史学著作编著的历史编撰法的同时，更强调中国海洋经济史研究的"经济学关怀"。

四、学术影响与社会效益

在学术层面，本成果填补了国内经济领域对中国现代海洋经济发展历史研究的空白，为中国海洋经济历史研究提供了一种方法或范式借鉴，在学术界引起较大反响。在实践层面，本成果部分内容被山东省人民政府山东半岛蓝色经济区建设办公室采纳，作为研究编制山东半岛蓝色经济区发展规划的借鉴和参考资料；威海市人民政府在威海蓝色经济区建设总体规划中，部分采纳和借鉴了本研究的一些成果。

五、获奖情况及完成人简介

《中华人民共和国海洋经济史》（经济科学出版社，2008年）2010年获山东省第二十四次社会科学优秀成果二等奖，2012年获第六届高等学校科学研究优秀成果（人文社会科学）三等奖。

完成人简介：姜旭朝（1960—　），主要从事海洋经济研究。

（撰稿人：姜旭朝；审稿人：席静；校稿人：高雅楠）

我国海洋事业发展中的"蓝色粮仓"战略研究

一、研究背景

长期以来,我国粮食生产面临着"地少水缺的资源环境约束"与"吃得好吃得安全"的矛盾。我国粮食安全的总体状况是口粮安全能够保障,但总体粮食安全水平有待进一步提高,且居民营养安全水平相对落后,其根源在于我国陆域生态系统有限的资源环境承载力难以满足国民日益增长的食物需求。因此,解决我国的粮食安全问题,必须跳出以粮食增产保粮食安全的传统思维定式,以更广阔的视野将食物供给的空间载体扩展到海陆空间,在陆海统筹中寻求保障国家粮食安全的新答案。海洋在动物性产品生产方面具有陆地不可比拟的优势,尽管海洋已在我国食物供给中发挥了重要作用,但潜力尚未充分挖掘。本研究在国家海洋强国建设背景下,基于国家粮食安全视角,分析海洋水产品的生产、加工、储运和流通贸易在国民食物供给方面的发展潜力、发展路径及开发模式,研究利用蓝色空间建设"蓝色粮仓"的目标、方法和政策措施,为国家粮食安全和居民营养安全提供多重保障。

二、主要内容

成果对"蓝色粮仓"建设的战略动因进行了辨析,指出以陆地粮食生产为核心的粮食安全保障体系亟须转型,海洋在国家食物安全保障方面应发挥更大作用,并对"蓝色粮仓"的概念和特性进行了科学界定。分析了我国海洋水产业面临的问题,并对我国海洋捕捞和海水养殖的发展潜力进行预测,指出开发南极磷虾资源、建设近海海洋牧场、开展离岸海水养殖是拓展"蓝色粮仓"新空间的基本方向。提出了我国"蓝色粮仓"建设的总体思路、建设原则以及各方面的建设任务,提出了分别以渤海、黄海、东海、南海为主体建设"蓝色粮仓"北、中、南区的总体布局,以及逐步向离岸远海拓展、调整各区域产能结构、突出各区域优势产业、提高水产品存储物流能力的空间优化策略。最后,提出了加强资源环境保护、建立蓝色基本农田制度、加大政策支持、推动科技创新、提高海洋水产品质量安全水平等政策建议。

三、学术观点和主要创新

(一)学术观点

一是"蓝色粮仓"建设是保障国家粮食安全的重要战略选择。海洋水产品具有陆地粮食和动植物蛋白不可替代的独特营养价值,在国民食物供给体系中的重要性和粮食替代价值持续提升。二是"蓝色粮仓"建设是海洋渔业可持续发展模式的突破。"蓝色粮仓"建设统筹考虑陆海食品的生产与供给,把海洋渔业生产纳入国家粮食安全保障体系,为海洋渔业持续健康发展提供了新的思路。三是"蓝色粮仓"建设是陆海统筹理念在国家粮食安全战略中的具体体现。"蓝色粮仓"统筹配置陆海食物生产与流通体系,最大限度地优化陆地和海洋两大食物生产系统的资源配置,能够有效提升国家整体粮食安全保障。

（二）主要创新

一是系统回答了"蓝色粮仓"的概念内涵、属性特征、产业架构、发展模式、运行规律及评估框架等基本理论问题，初步构建了"蓝色粮仓"理论体系。二是建立了逻辑严密、系统完整的分析框架，为"蓝色粮仓"建设模式设计、潜力评估、空间布局优化等研究提供了基本范式。三是在区域"蓝色粮仓"产业发展、建设潜力、海洋水产品营养、海洋水产品生产潜力等方面，根据产业特性和国内数据条件建立了科学实用的评估方法体系。四是从宏观政策制定、区域发展、微观企业层面提出了一系列政策建议。

四、学术影响及社会效益

书中关于"蓝色粮仓"产业架构与产业关联、演化规律与发展趋势、发展路径与发展模式的研究，不但借鉴了传统经济学的理论与方法，同时也运用了渔业经济学、海洋生态学、营养学及社会学的相关理论和方法，丰富了海洋经济研究的外延。初步构建的我国"蓝色粮仓"理论体系，对于海洋渔业经济研究、粮食安全战略研究乃至海洋强国建设研究，均具有理论指导意义，也为后续研究提供了分析工具。

研究形成的20多篇学术论文被学界大量引用，《中国科学报》等多家媒体对相关科研成果进行了专题报道。基于课题研究所提出的其中七份政策建议得到中央或部委领导批示并进入国家决策。在本研究的倡导下，2018年7月科技部发布了国家重点研发计划"蓝色粮仓科技创新"重点专项。

五、获奖情况及完成人简介

《我国海洋事业发展中的"蓝色粮仓"战略研究》（经济科学出版社出版，2018年）系国家社会科学基金重大项目"我国海洋事业发展中的'蓝色粮仓'战略研究"（14ZDA040）结项成果，2020年获山东省第三十四届社会科学优秀成果二等奖。

完成人简介：韩立民（1960—　），主要研究方向为海洋经济、区域经济和农业经济。

（撰稿人：梁铄；审稿人：韩立民、席静；校稿人：高雅楠）

海洋产业发展问题研究

一、研究背景

进入21世纪,世界主要海洋国家纷纷制定适合本国国情的海洋战略,力争在海洋竞争中占据优势地位。在世界各主要沿海国家和地区持续加大海洋开发力度,抢占海洋科技和经济战略制高点的国际环境下,中国如何把握产业变革的机遇,密切跟踪当代海洋产业发展趋势,积极构建现代海洋产业体系,进而推动海洋强国建设,是我们面对的一个重大战略课题。

海洋产业发展的现实实践迫切需要理论指导和研究支撑。但是,长期以来我国海洋产业理论研究呈现碎片化特征,在学科归属、基础理论甚至一些关键概念上存在诸多分歧,对具体海洋产业门类的关注亦显不足。在此背景下,中国海洋大学区域海洋经济发展规划与管理研究团队瞄准海洋产业发展的重大理论和实践问题开展系统化研究,取得了丰硕研究成果。

二、主要内容

(1)海洋产业布局的理论与应用研究。从区域海洋产业空间规划与海洋产业布局优化的现实需求出发,拓展产业布局经典理论,构建了区域海洋产业布局的基本理论体系,并对泛黄海地区海洋经济区划和重点海洋产业布局进行了重点研究和设计。

(2)海洋产业发展规律与发展战略研究。对海洋产业特别是海洋战略性新兴产业的经济技术特征、一般发展规律等基本理论问题进行了系统研究,提出了我国海洋战略性新兴产业发展的现实路径和具体方案。

(3)海洋经济学学科建设与发展相关研究。围绕海洋经济学学科性质如何界定、学科研究对象和研究内容是什么、如何搭建理论框架和学科体系等学科建设的基本问题,进行了系统研究。

三、学术观点和主要创新

(1)构建了区域海洋产业布局的基本理论框架,系统阐释了海洋产业布局实践的指导原则。

(2)形成了对海洋产业特别是海洋战略性新兴产业发展的规律性认识,全面论述了海洋战略性新兴产业的培育机制、区域协作和空间布局优化思路、国际合作对象和合作模式。

(3)深入阐释了海洋资源价值、海洋经济增长、海洋经济演化、海洋公共选择和海洋宏观调控等基本理论问题,构建了海洋生产要素、海洋经济组织、海洋产业经济、海洋区域经济、海洋生态经济、海洋经济管理和海洋经济合作等多个维度的学科体系,为建立和完善我国海洋经济理论进行了诸多创新性探索,有利于揭示海洋经济深层次的发展规律。

四、学术影响及社会效益

本研究充分把握理论与实践之间的张力性关系,立足海洋产业发展的现实问题,坚守学术研究的严谨性和规范性，通过概念抽象、类型分析、机理研究、方法探讨等阐述海洋产业发展的理论问题，研究成果兼顾了理论与应用的"双重价值"。研究成果和学术观点得到国内学界的高度认可，被同行研究大量引用，推动了我国海洋经济基本理论体系和学科体系建设，同时也为各级政府制定海洋产业发展规划、完善海洋产业政策体系提供了科学指导。

五、获奖情况及完成人简介

（1）《泛黄海地区海洋产业布局研究》（经济科学出版社，2009年）获2011年山东省第二十五次社会科学优秀成果二等奖。

（2）《中国海洋战略性新兴产业发展问题研究》（经济科学出版社，2016年）获2018年山东省第三十二届社会科学优秀成果二等奖。

（3）《海洋经济学概论》（经济科学出版社，2017年）获评2019年度海洋优秀科技图书。

（4）研究报告《中国海洋产业发展战略研究》（2009年）获2012年第六届高等学校科学研究优秀成果（人文社会科学）三等奖。

主要完成人：韩立民。

（撰稿人：于会娟；审稿人：韩立民、席静；校稿人：高雅楠）

海洋灾害基金设计及运行机制研究

一、研究背景

习近平总书记指出，21世纪，人类进入了大规模开发利用海洋的时期。作为典型的海洋大国，丰富的海洋资源为我国沿海地区带来了良好的社会经济发展条件，但是频发的海洋灾害影响了沿海地区可持续发展的稳定性。海洋灾害基金作为一种市场化救灾工具，能实现对海洋灾害损失的补偿，提升资源配置效率，从而有效减轻海洋灾害带来的不利影响。因此，如何设计海洋灾害基金，并制定相应的运行机制，从而提高灾后救助效率，降低海洋灾害造成的损失，已成为海洋强国建设路上亟须解决的重要课题。

二、主要内容

成果首先介绍了我国海洋灾害基金设计的现实背景，对国内外海洋灾害防灾救灾管理体系以及救助实践进行了分析；其次，从我国海洋灾害损失、脆弱性和承灾体承灾力三个方面阐述了我国海洋灾害基金设计的技术背景；再次，从基金设计条件及框架、资金筹集模式和基金运营方式三个角度对我国海洋灾害补偿基金进行综合设计；最后，基于我国实际国情，提出海洋灾害补偿基金补偿方案。

三、学术观点和主要创新

（一）学术观点

（1）在梳理国内外海洋灾害基金管理体系和救助实践相关情况的基础上，总结了"建立健全海洋灾害救助法律体系""强化政府对海洋灾害损失救助的支持力度""拓展海洋灾害损失补偿救助融资渠道""完善海洋灾害损失救助产品的合作与交流机制""深化海洋灾害损失体制的区划研究"的先进经验，提出除了政府的支持外，灾害救助市场化运行也十分必要。

（2）发现近年来我国海洋灾害经济损失呈现不断增长的趋势，海洋灾害脆弱性较高且呈现时空分布不均的状态，个人、政府和财险公司承灾能力不足，故应对海洋灾害经济损失必须综合个体、政府和市场的力量，建立海洋灾害基金并采用联合应对机制。

（3）构建了"哑铃"型海洋灾害补偿基金，将保险市场、居民、企业、政府有机结合，运用市场化手段综合各方力量，利用保险公司再保险保费以及各级政府专项财政补贴筹集资金，通过商业化运作达到保值增值的目的，以应对突发性海洋灾害。

（二）主要创新

（1）阐明了海洋灾害补偿基金设计的假设前提。应用灾害损失自我补偿模型、多维灰色模型及脉冲响应函数分别对个体、政府和市场的承灾能力进行实证分析，总结出了灾害承灾主体承灾能力不足的问题；依据海洋灾害经济损失时间序列的变化特征，构建了灰色—周期外延组合模型，通过对历史数据的拟合检验，预测了未来海洋灾害损失的发展趋势。

（2）搭建了海洋灾害补偿基金框架。根据海洋灾害经济损失的预测，结合海洋灾害承灾主体承灾能力不足的现状，构建了政府、居民和企业个体以及保险市场三方为主体的"哑铃"型海洋灾害补偿基金框架；在此基础上剖析了海洋灾害整体性补偿机制通过"哑铃"型补偿基金得以实现的实质；指出海洋灾害补偿基金通过引入市场化运作，充分协调政府、居民和企业个体以及保险市场之间的博弈过程，实现了补偿基金的保值增值、灾害补损的目的。

（3）设计了海洋灾害补偿基金实施方案。基于海洋灾害保险运营现状，提出了多元化海洋灾害补偿基金筹资模式；分析了海洋灾害保险定价机理，拟合了海洋灾害经济损失的分布；提出了基于CAPM定价模型的海洋灾害保险定价方法；运用因子分析法检验了地区差异化筹资策略，设计出了基于因子分析的基金筹集方案。

四、学术影响及社会效益

在学术影响方面，成果通过设计海洋灾害基金及其运作方式，完善了海洋灾害损失补偿机制，丰富了海洋灾害管理体系，充实了国内外现有的海洋灾害研究理论框架。成果形成的论文，被国内外相关研究大量引用，引起了学术界的关注，其创新性和成果价值受到学界好评。

在社会效益方面，成果在关于海洋灾害基金设计及运行机制研究中提出的海洋灾害基金构建范式、补偿方式以及运行机制，于2017年被国家海洋局战略规划与经济司采纳并应用，有效推动了我国海洋灾害金融市场化长效机制的建立，为解决我国海洋灾害损失严重的现实问题提供了科学依据。

五、获奖情况及完成人简介

《海洋灾害基金设计及运行机制研究》（经济科学出版社，2014年）2016年获山东省第三十届社会科学优秀成果一等奖。

完成人简介：赵昕（1964—　），主要研究方向为海洋经济、蓝色金融、资源经济、生态经济等。

（撰稿人：郑慧；审稿人：赵昕、席静；校稿人：高雅楠）

海洋经济蓝皮书：中国海洋经济分析报告

一、研究背景

海洋经济是建设海洋强国的重要支撑，新时代下中国海洋经济也迈入了向高质量发展的战略转型期。党的二十大报告提出，坚持把发展经济的着力点放在实体经济上。《"十四五"海洋经济发展规划》也明确把海洋经济发展的着力点放在实体经济上，打造竞争有力的现代海洋产业体系，特别是要推动海洋新兴产业蓬勃发展。因此，加快推动海洋经济高质量发展，建设现代海洋产业体系，已成为海洋强国建设的时代驱动力。

二、主要内容

成果以习近平总书记关于建设海洋强国的系列重要论述精神为根本指引，主要包括总报告、产业篇、区域篇、专题篇等板块。

（1）产业篇阐述海洋渔业、海洋油气业、海洋药物和生物制品业、海洋电力业、海水淡化与综合利用业、船舶和海洋工程装备制造业、海洋交通运输业、海洋旅游业等产业的发展情况。

（2）区域篇立足北部海洋经济圈、东部海洋经济圈、南部海洋经济圈、粤港澳大湾区的实践与发展特色，研判区域海洋经济发展趋势，为加快迈进区域一体化高质量发展献计献策。

（3）专题篇根据年度海洋经发展的热点事件，设置不同的专题：2021年设置了COVID-19疫情对中国海洋经济发展的影响分析、"十四五"时期我国海洋经济发展政策取向等议题；2022年设置了俄乌冲突对我国海洋经济的影响分析、蓝色债券发展现状与政策建议等议题。通过对这些问题的深入分析，更加准确地把握了海洋经济的发展态势。

三、学术观点和主要创新

（1）研究内容更加全面。涵盖了政策、产业、区域、热点事件等各方面的分析与展望，覆盖中国海洋经济发展的新趋势、新动态和新特征。在努力体现海洋经济发展时代性先进性的同时，也展现了我国在陆海统筹发展新格局、现代海洋产业体系建设、全球海洋治理等方面的新探索。

（2）对现实问题更加关注。紧密围绕国家战略需求，聚焦海洋经济发展过程中的重点热点难点，基于实际、结合理论，有的放矢提出发展建议。既反映了海洋传统产业的发展态势，也关注了新兴产业的向好势头。既包括了COVID-19疫情、俄乌冲突等国内外局势变化对我国海洋经济发展影响的深度思考，也涵盖了蓝色金融实践等资本市场驱动海洋经济发展新动力的特征分析。基于对海洋经济高质量发展中有影响力的事件的系统性、深入性分析，充分发挥专家智库对于海洋经济提质增效、国内外沟通合作等方面的建言献策作用。

（3）战略引领性更强。全面呈现了"十三五"期间我国海洋经济发展态势以及"十四五"海洋经济规划开局之年所取得的关键性成绩，以全新的视角和思辨规律，为我们展现了中国海洋经济的魅力与希望，有助于更加理性、清晰地认知我们正在经历的百年变革。准确把握我国海洋经济发展脉搏，为揭示我国海洋经济发展特征与趋势、推动我国海洋经济高质量发展提供了技术工具。

四、学术影响及社会效益

成果全面分析了海洋经济发展现状、特征、困境及未来趋势，为科研工作者开展海洋经济研究提供可靠文献参考。澳门科技大学、南开大学、中国海洋发展研究中心、自然资源部海洋研究所等涉海高校、科研院所将该成果作为重要研究材料收录，为相关科学研究、人才培养工作提供理论支撑。同时可满足政府职能部门管理人员、研究人员以及广大读者理论学习和提升技能的需要，为国家海洋战略制定提供理论依据，为沿海地方政府海洋经济政策实施提供具有指导性、操作性的建议。

蓝皮书系列成果的发布，得到了新华社、中国新闻网、大众日报、中国日报等30多家媒体的报道，得到了江苏、广东、福建、山东等沿海省市政府、企事业单位的高度关注和认可。成果被列为国家涉海管理部门的学习素材，为蓝色金融产品开发、交易机制设计提供技术指导。

五、成果情况及完成人

《海洋经济蓝皮书：中国海洋经济分析报告》由中国海洋大学出版社出版，中国海洋大学与国家海洋信息中心共同组建编写组。截至2023年年底，已出版《海洋经济蓝皮书：中国海洋经济分析报告（2021）》《海洋经济蓝皮书：中国海洋经济分析报告（2022）》《海洋经济蓝皮书：中国海洋经济分析报告（2023）》。

编委会主任：赵昕。

（撰稿人：郑慧；审稿人：赵昕、席静；校稿人：高雅楠）

中国海洋经济周期波动监测预警研究

一、研究背景

21世纪是海洋的世纪。党的十八大、十九大、二十大报告，明确提出要坚持陆海统筹，发展海洋经济，加快建设海洋强国；国家"十二五""十三五""十四五"规划，也明确提出要发展海洋经济，积极拓展海洋经济发展空间。2000年以来，我国海洋经济发展不断取得新的突破，2021年海洋产业生产总值比2000年增长了20.87倍。然而，我国海洋产业结构过早失衡，海洋经济发展仍存在产业关联不协调、区域发展不平衡、潜力挖掘不显著、动力机制效果不理想等问题；仍存在海洋经济内生动力不足、抵抗外部冲击能力较弱、海洋科技贡献率与成果转化率较低、海洋资源利用率与投入产出率不高等诸多难题。海洋经济周期波动监测预警，是海洋经济运行的晴雨表和警报器，在实时反映验证和评价海洋经济政策实施效果、准确预测判断海洋经济运行的转折点、科学把握海洋经济周期运行规律和趋势上具有一定意义。

二、主要内容

（1）设计我国主要海洋产业链，明晰我国海洋经济复合系统的因果关系回路及其内在传导关系机理；揭示海洋经济系统反馈机制，探明海洋经济随机变量结构关系；设计中国海洋经济计量模型群结构，组建118个单方程计量模型群和联立方程计量模型群。

（2）厘清海洋经济投入产出结构，设计海洋主导产业选择标准；进行中国海洋经济投入产出模型条件设计和结构设计，设计数据剥离算法，编制2002年与2007年中国海洋经济投入产出表；系统测算中国主要海洋产业间的分配系数、消耗系数、影响力系数、感应度系数、诱发系数、依赖度系数和技术进步系数等18类系数关系；计算中国海洋产业12个部门的技术进步系数及其贡献率；厘清中国海洋产业的前后关联效应、波及效应、产业群类型划分标准。

（3）运用时序与时差相关分析、K−L信息量法、灰色关联分析、神经网络技术、多元逐步回归等方法，进行景气指标筛选、分类与检验；利用基准波动系数确定中国海洋经济周期波动基准日期（2000年）和基准指标，系统构建了中国海洋经济景气指标分类体系。

（4）编制海洋经济扩散指数、合成指数、景气指数等指数体系，基于多变量时间序列方差分解模型、状态空间、卡尔曼滤波模型、灰色系统预测模型和多变量Probit离散选择模型，编制动态Markov转移因子的中国海洋经济景气指数、周期波动预警指数及其临界值区间，进行海洋经济周期波动转折点确定和周期波动区间划分。

（5）进行中国海洋经济周期波动监测预警指数模拟，通过HP、BP滤波分解技术以及VAR模型方差分解与脉冲响应等方法，编制海洋经济景气年表和预警信号系统；进行景气关联效应分解，测算中国、美国宏观经济对我国海洋经济景气波动的关联效应和冲击效应。

三、学术观点和主要创新

（1）发现2000—2011年中国海洋经济具有三个明显的周期波动区间，证明了中国海洋经济总量的库兹涅茨周期特征,解决了中国海洋经济景气监测预警的有无问题。

（2）发现海洋产业的后向关联效应十分明显,而前向关联效应不显著,海洋技术进步系数和技术进步贡献率还较小。

（3）中国海洋经济自身的可持续发展能力较弱,还缺乏内在动力的长期影响机制,海洋经济政策的短期影响效果明显,但长期效果较差。

（4）中国海洋经济仍依赖于资本驱动的发展模式,海洋产业对资本和净出口依赖程度呈上升趋势,而对最终消费依赖度有下降趋势,国内对海洋产品的需求还处于低端或粗加工消费市场的链条上。

四、学术影响及社会效益

本成果完整揭示了中国海洋经济周期波动的规律和趋势,对于科学把握、准确预判、实时监测、早期预警中国海洋经济周期波动规律,动态辨析内外关联机制和冲击效应,实时反映、验证和评价海洋经济政策实施效果,提高宏观调控决策的科学性、前瞻性和时效性,推进海洋经济周期波动监测预警的定量化研究,完善中国海洋经济发展的理论方法和实证体系,为个人、企业、政府以及相关研究机构等提供系统科学、安全稳定、持续及时、准确可靠的中国海洋经济监测预警实情,具有一定的理论意义、现实意义和科学实用价值。

五、获奖情况及完成人简介

《中国海洋经济周期波动监测预警研究》（人民出版社,2016年）是国内海洋经济管理领域首次入选"国家哲学社会科学成果文库"的成果,2016年10月获山东省第三十次社会科学优秀成果特等奖。

完成人简介:殷克东（1965— ）,主要研究方向为数量经济分析与建模、复杂系统与优化仿真、海洋经济管理与监测预警等。

（撰稿人：殷克东；审稿人：李雪梅、席静；校稿人：高雅楠）

国家海洋创新体系建设战略研究

一、研究背景

国家创新体系是20世纪80年代以来提出的旨在提升国家创新能力的一个重要概念,随着全球海洋大国国家创新体系建设实践的不断深入,学者们纷纷提出基于创新能力建设的国家海洋战略,为提出国家海洋创新体系学说提供可能。新中国逐步建立起涉海科技创新体系,也出台了海洋科技中长期规划、科技兴海战略等一系列国家海洋创新能力建设政策,为我国国家海洋创新体系发展奠定基础。党的十八大以来，我国陆续出台海洋强国建设与创新型国家发展战略，国家海洋创新体系建设也因此更显必要和迫切。

二、主要内容

本成果主要阐述了国家海洋创新体系的概念及理论基础，分析了北美、欧洲、大洋洲等国家的海洋创新体系建设经验，梳理了我国国家海洋创新体系建设历程，展示了国家海洋创新体系建设个案，提出了我国面向深海大洋开发的海洋创新体系建设战略构想。

三、学术观点和主要创新

（1）系统梳理和重新定义了国家海洋创新体系相关概念，重新阐释了概念的基本内涵，突出国家海洋创新体系是国家创新体系的内在组成部分，将国家海洋创新体系外延划分为部门海洋创新体系和区域海洋创新体系，指出国家海洋体系具有创新活动的层次性和多维度特征，强调国家海洋创新体系需要参与全球海洋创新体系建设。

（2）系统总结了世界主要海洋大国海洋创新体系的多元化特色，包括美国海洋创新体系建设的高度统合和全球治理，欧洲海洋创新体系建设的国际协调和均衡发展，澳洲海洋创新体系建设的面向资源环境可持续发展等。

（3）认真归纳了我国海洋创新体系建设进程的产学研创新结合模式和区域空间分异特征，并指出这一建设逻辑存在的局限性。

（4）提出了我国面向深海大洋开发的目标导向型和全球开放型国家海洋创新体系建设思路，强调国家海洋创新平台建设的重要性。

四、学术影响及社会效益

本成果为国家海洋局科技司"十三五"期间制定国家海洋科技创新发展战略与相关规划提供基础参考文献，相关专题研究为国家海洋权益维护、国家海洋安全战略、国家海洋经济发展规划布局提供理论模式和国际经验参考。相关专题成果陆续在《人民日报》《光明日报》《中国社会科学报》等发表，相关理论研究论文在国际国内高级别期刊发表并转载，相关应用研究成果被中央电视台、新华网等媒体报道。

五、成果情况及完成人简介

《国家海洋创新体系建设战略研究》（经济科学出版社，2017年）是教育部人文社会科学重点研究基地重大项目"国家海洋创新体系建设的战略组织研究"（07JJD630012）研究成果。

主要完成人简介：刘曙光（1966—　），主要研究方向为区域经济地理与区域创新研究、海洋经济国际合作研究、海洋强国建设战略研究等。

（撰稿人：刘曙光；审稿人：席静；校稿人：高雅楠）

围填海造地资源和生态环境价值损失评估与补偿

一、研究背景

21世纪以来，我国沿海地区工业化、城镇化和人口集聚趋势进一步加快，围填海造地呈现出速度快、面积大、范围广的发展态势。围填海活动永久性改变海岸带资源的自然属性，是一种海洋资源不可持续利用方式并伴随着生态环境损害的代价。我国围填海造地的过热发展从表面看是由工业化、城镇化步伐加快所致，其实质是现有资源价格政策不合理、海洋资源价值被低估、海洋生态环境损害无法进行市场表达导致资源低效配置的结果。评估围填海造地生态环境价值损失，设计全成本价值补偿制度，建立围填海用海的利益约束机制，对于引导围填海造地有序和可持续发展具有一定意义。

二、主要内容

本研究首先论证了海岸带资源价值决定与价值构成理论，基于围填海造地的资源环境影响，创新提出围填海造地价值损失包括被填海域资源折耗成本与生态环境损害成本两部分，并将其作为围填海用海价值补偿内容和补偿标准的基础尺度。其次，针对围填海造地永久改变海域资源属性特征，依据不可再生资源价值折耗的评估方法，构建围填海造地资源折耗成本评估模型；针对围填海对被填海域和周边海域生物资源与环境容量功能造成的损害，构建生态环境损害成本评估模型；实证测算山东胶州湾和福建罗源湾围填海造地的资源折耗成本与生态环境损害成本，验证模型参数的合理性和方法的可靠性，为全国围填海造地资源开发中的价值损失评估和补偿提供量化依据和理论参考。最后，提出"构建统一的海岸带资源开发生态价值补偿"的政策建议。

三、学术观点和主要创新

资源有价，损害补偿。评估围填海造地的资源折耗成本和生态环境损害成本，建立围填海造地的全成本补偿制度，既能提高用海方海域使用成本，降低投资方甚至地方政府对围填海造地巨额收益的期望值，也有助于政府获得实施海岸带生态修复的资金，最终引导围填海造地向有利于经济、社会、环境协调及可持续发展的方向健康发展。建议国家大幅度提高围填海造地海域使用金，同时新征被填海域的生态环境损害补偿金。

针对海岸带资源的概念和特征，以边际机会成本理论和福利经济学的价值理论为基础，系统构建海岸带资源的价值决定理论，即海岸带资源与生态服务价值是补偿的基础，资源开发的负外部性是价值补偿的充分条件，政府作为海洋资源环境的所有权方，产权的垄断性是价值补偿的制度根源。针对被填滩涂湿地不可再生性以及候鸟迁徙地、生物栖息地破坏的不可逆性特征，以被填海域资源的影子价格为基础，创新性构建围填海造地资源折耗成本的测算方法与模型；使用基于生态等效原则的资源等价分析法，论证围填海造地生态环境损害成本，为围填海造地及其他类型海岸带资源开发的生态价值补偿提供经济学理论依据和损害评估方法。

四、学术影响及社会效益

本成果全面论证了围填海造地的价值损失，明确提出应建立围填海造地生态价值补偿制度，约束和调整开发者的经济行为，减少和防止经济增长过程中的资源浪费与环境破坏。2018年国务院印发了《关于加强滨海湿地保护严格管控围填海的通知》（国发〔2018〕24号），要求除国家重大战略项目外，全面停止新增围填海项目审批。为了实现海洋资源的可持续利用，更好地推进社会主义生态文明建设，建立海洋生态价值补偿制度，以"基于市场、基于法律"而不是"基于计划"的方式来解决围填海造的问题，是我国《生态文明体制改革总体方案》要求的"建立健全环境治理体系"中非常重要的一环，也是海岸带资源管理领域需要努力探索和创新管理的目标之一。本成果的主要观点与研究方法，对政府管理部门提高海洋资源的管理效率、健全资源有偿使用和生态补偿制度具有借鉴意义。

五、成果情况及完成人简介

《围填海造地资源和生态环境价值损失评估与补偿》于2020年由科学出版社出版。

完成人简介：李京梅（1966—　　），主要研究方向为资源环境经济、海洋资源价值核算与海洋生态损害评估等。

（撰稿人：李京梅；审稿人：席静；校稿人：高雅楠）

营运资金管理发展报告

一、研究背景

营运资金管理是企业财务管理的重要内容。随着世界经济一体化的进一步加强，企业的营运资金管理面临着前所未有的机遇和挑战。不论是管理实践方面还是理论研究方面，营运资金管理都受到了空前的关注，对营运资金管理文献、数据和实践案例的需求也与日俱增。因此，系统考察营运资金管理理论和实践的进展，客观描绘其发展进程和阶段成果，深入探究其发展趋势和发展规律，不仅对进一步推进营运资金管理的理论研究具有一定意义，而且对不断提升营运资金管理的实践水平具有深远影响。

二、主要内容

中国企业营运资金管理研究中心自2011年起开始编著《营运资金管理发展报告》，历经11年，目前已形成17部《营运资金管理发展报告》（已出版纸质版13部、电子版4部）。每部报告均包括理论发展与总体分析篇、行业调查篇、地区调查与专题调查篇、附录，全面展现上一年度资金管理效率理论研究和实践应用的发展状况。在此基础上形成了具有自主知识产权的"中国上市公司营运资金管理数据库""中国上市公司营运资金管理绩效排行榜""中国上市公司营运资金管理案例库""国内外营运资金管理研究文献索引数据库"等,填补了国内外该领域空白。

三、学术观点和主要创新

(1)从理论上分析了传统财务分析体系存在的三大缺陷:资产与资金、资本概念混淆,营业性负债与金融性负债混淆以及经济活动分类的观念落后。厘清了资金概念及其分类体系。

(2)重构了五个维度(资金存量及其分布状况、总资金管理绩效、经营活动营运资金管理绩效、总资金融资结构与总体财务风险、营运资金融资结构与短期财务风险)且衔接内部、外部资本市场投资者和政府宏观经济决策信息需求的资金效率与财务风险分析体系。

(3)开创了我国资本效率与财务风险系统调查之先河,调查体系系统全面,成果内容丰富多彩。

(4)从调查分析的成果来看,不仅包括行业调查报告、地区调查报告和专题调查报告,而且形成了具有自主知识产权的"中国上市公司营运资金管理数据库""中国上市公司营运资金管理案例库"等专题数据库和案例库,堪称资本效率与财务风险领域的思想库和信息库。

四、学术影响及社会效益

成果得到了中国会计学会副会长、上海财经大学副校长孙铮教授,教育部人文社科重点研究基地厦门大学会计发展研究中心主任曲晓辉教授,中国会计学会副会长、中国人民大学戴德明教授,中南财经政法大学会计学院前院长罗飞教授,《会计研究》主编周守华教授以及财政部企业司原司长刘玉廷等著名专家学者的高度评价:"营运资金管理领域的思想库、文献库和信息库""引领了我国营运资金管理理论和实践的方向,是该领域研究集大成之作,也是实现学术研究'顶天''立地'的成功范例。"不仅如此,成果还成为财政部企业司、中国会计学会、中国海洋大学等九家单位共建中国企业营运资金管理研究中心并开展政、产、学、研协同创新的纽带,对进一步提升营运资金管理理论研究和实践水平发挥了推动作用。

五、获奖情况及完成人简介

2011年起,中国企业营运资金管理研究中心先后编撰出版《营运资金管理发展报告》《资本效率发展报告》《财务风险发展报告》等17部发展报告。2011—2019年的发展报告均由中国财政经济出版社出版,2020年起以电子版形式发布,一系列成果和数据全部免费向社会开放,实现资源共享。

其中,《营运资金管理发展报告2011》于2013年获山东省第二十七次社会科学优秀成果二等奖;《营运资金管理发展报告2014》于2016年获山东省第三十次社会科学优秀成果三等奖;"营运资金管理发展报告系列丛书"《资本效率发展报告2017》《财务风险发展报告2017》于2019年获山东省第三十三届社会科学优秀成果三等奖。

主要完成人简介:王竹泉(1965—),主要研究方向为会计理论、资本效率与财务风险、营运资金管理等。

(撰稿人:孙莹;审稿人:王竹泉、席静;校稿人:高雅楠)

资本管理新论

一、研究背景

资本配置是企业资本运动的中心环节,也是企业财务管理的核心内容。然而,由于传统财务分析体系存在的资金、资本与资产概念相混淆,营业性负债与金融性负债不加区分以及经济活动分类不当等理论缺陷,导致传统财务分析体系提供的资金效率与财务风险信息被严重扭曲,资金效率被严重低估,财务风险则被严重高估,从而误导趋利避险的金融资本远离"低回报""高风险"的实体经济。成果从传统财务分析体系的固有缺陷以及经济"脱实向虚""实体企业融资难、融资贵""实体企业金融化"等问题出发,就资本管理创新开展探索与实践,具有一定的理论意义与现实价值。

二、主要内容

成果共包含九个章节的内容,从创新理念、实践案例和前沿专题三个层面系统阐释了资本管理的新框架,从宏观、中观、微观三个层面提出了促进资本管理创新发展的政策建议。其中,前六章聚焦资本管理理论创新理念,澄清资本、资金与资产概念混淆并指出传统经济活动分类所蕴含的资本配置理念的错误,在此基础上提出了战略性资本配置(将资本配置到经营活动还是投资活动)的概念,并重构了衔接外部资本市场投资者和企业内部资本市场战略性资本配置决策信息需求的资本效率与财务风险分析体系,揭示了战略性资本配置的内在逻辑以及传统财务分析体系信息扭曲导致的资本错配,为促进资本管理创新发展提供了新的见解与思路。第七章聚焦资本管理典型案例,从海尔金控产业投行、中国石油内部资本市场、中国石油大票据池建设等企业资金管理的典型案例出发,深入探析代表性企业资本配置与资本管理的成功实践,为促进企业资本管理创新实践提供经验借鉴与可行性支持。第八章聚焦资本管理前沿专题,围绕"财务基础信息扭曲与资本错配""资本杠杆与金融风险""短期财务风险预警""资本与物流的分离"等几个极具学术价值与现实意义的典型专题,深入探讨了资本管理创新研究的相关问题。

三、学术观点和主要创新

成果是一部集理论创新、实践应用和智库启迪于一体的著作。从理论层面来看,澄清了传统财务与会计理论中的基础概念混淆,建立了经济活动分类、资本运动逻辑和财务报表列报三者之间清晰的对照关系,重构了衔接资本市场和政府信息需求的资本效率与财务风险分析体系,为政府和市场的资本配置以及企业的资本管理提供了科学的框架和分析工具,有助于推动财务与会计基础理论的创新和发展;从实践应用和智库启迪层面来看,将国务院发展研究中心采纳的调研报告以及基于微观实体财务风险的金融风险预警研究成果纳入前沿专题,对中国石油、海尔集团等设计应用的资本管理创新模式加以分析总结,为提高资本配置效率、防范系统性金融风险提供了启迪。

四、学术影响及社会效益

成果是王竹泉教授在长期从事营运资金管理研究基础上的力作。在成果创作过程中,3篇阶段性成果在《管理世界》《会计研究》等顶尖或权威刊物发表,2篇被《中国社会科学文摘》《人大报刊复印资料》全文转载,2篇调研报告被国务院发展研究中心《调查研究报告》采纳。

成果的理论创新为科教融合和智库建设提供了科学指导。与该成果相关的教育教学成果"科教融合,产学协同,理实一体,构筑财会专业研究生教育特色资源共享平台"获得国家级教学成果二等奖,实现了特色人才培养与创新研究、社会服务的良性互动,对于推动经济管理类专业人才培养模式改革具有借鉴价值。此外,王竹泉教授领衔的中国企业营运资金管理研究中心于2018年入选中国智库索引(CTTI)高校智库百强(A级)并于2022年再度入选。

五、获奖情况及完成人简介

《资本管理新论》(中国财政经济出版社,2020)2016年入选"十三五"国家重点图书出版规划。

主要完成人简介:王竹泉(1965—),主要研究方向为会计理论、资本效率与财务风险、营运资金管理等。

（撰稿人:王苑琢;审稿人:王竹泉、席静;校稿人:高雅楠）

山东省实施名牌战略提高主导产业竞争力问题研究

一、研究背景

现代激烈的市场竞争在一定意义上是品牌的竞争。创造名牌是企业的立足之本,实施名牌战略是振兴民族工业的一大决策。然而发展实践中,山东省在全国乃至世界市场上叫得响、影响大的名牌凤毛麟角,大部分名牌在数量、质量和声誉方面均缺乏竞争力。本研究从名牌战略发展的历史脉络入手,对国内外名牌战略进行国际比较与借鉴,研究梳理政府和企业在推动名牌战略发展和实施中取得的成果,分析存在的难点和制约因素,提出山东省实施名牌战略的框架构想和实践路径,以此推动山东省名牌战略发展,提高山东省主导产业竞争力。

二、主要内容

本研究探讨了山东省实施名牌战略的成败得失,并在经济全球化大背景下,系统研究名牌战略与提高产业竞争力相关联的问题。首先,对名牌战略进行归纳梳理,对名牌战略与提高主导产业竞争力相互作用的机理进行创新性探索,对国内外推进名牌战略的经验得失进行深入比较研究。其次,系统研究了以名牌战略提高主导产业竞争力的经济规律,山东省实施名牌战略的绩效、制约因素和政策效应。最后,提出了山东省实施名牌战略提高山东省主导产业竞争力的战略构想和政策建议。

三、学术观点和主要创新

（一）学术观点

（1）名牌战略就是通常讲的品牌战略。名牌产品的影响力和竞争力看似是从具体产品开始的,但并不仅仅包含单一产品的竞争力,而是包含了产品的质量、标准、技术含量、团队精神、经营文化、营销策略、企业的社会责任、企业信用、营销渠道等多种因素。从名牌战略的实质、内涵、外延及形成规律来看,实施名牌战略,首先应当以市场为主体,为品牌发展创造竞争有序的营商环境。

（2）名牌战略代表着一个国家、一个地区或一个行业的综合实力和核心竞争力,应当提升为国家战略。名牌战略应当与主导产业的核心竞争力有机结合,只有着力提高主导产业的核心竞争力,为名牌战略实施提供坚实的基础,才能最终体现名牌战略的实质,实施可持续发展的名牌战略。

（3）文化决定理念,理念决定技术,技术决定产品。实施名牌战略,必须坚持文化创新、理念创新、技术标准创新和竞争战略创新。

（二）主要创新

长期以来,推进名牌战略实施一直是国家重点工程。本研究是山东省第一个关于以名牌战略促进产业竞争力提升的战略规划,首次勾画了20世纪末山东省品牌发展的总轮廓与总方向,提出了山东省实施名牌战略提升主导产业竞争力的理论体系和实施路径,对国家推动品牌强国战略具有一定的咨询参考价值。

四、学术影响及社会效益

本研究成果以不同形式进入领导决策,为政府部门提供决策参考。阶段性成果《我省实施名牌战略情况及建议》被山东省政府《呈阅件》2001年第7期采纳,获时任山东省省长李春亭肯定性批示;山东省政府《山东政务督察》2001年第8期将该成果内容转发全省各市、省政府各部门、省五大班子及副省级以上的领导;研究报告第九部分被山东省政府《呈阅件》2002第1期采纳;研究报告第五部分被山东省政府《决策参阅》2002第1期采纳。各市、有关部门在实际工作中普遍采纳了该研究成果,并给予了很高的评价,许多省市也通过不同形式应用借鉴了该成果;《宏观经济研究》《数量经济技术经济研究》《山东大学学报（哲学社会科学版）》等期刊发表了研究报告的主要内容;报告的相关内容在首届"21世纪社会科学家论坛"进行交流;《山东名牌战略研究》一书收录了该报告全文。

五、获奖情况及完成人简介

成果2002年获山东省第十七届社会科学优秀成果一等奖、山东省软科学优秀成果一等奖。

完成人简介:曹洪军（1957—　）,主要研究方向为管理创新、品牌战略、环境与区域经济、国际投资理论与政策等。

（撰稿人：王小洁；审稿人：曹洪军、席静；校稿人：高雅楠）

裂变创业驱动企业高质量发展研究

一、研究背景

近年来，实践界众多大企业通过裂变创业，成功培育了大量具有较强创新能力的中小企业，有力推动了企业间创新合作，为企业高质量发展开辟了新路径。裂变创业是母体企业催生孵化、赋能带动中小企业的有效方式，通过有机连接母体组织与新创组织，高效实现了人才互通、资源互补、价值共创与创新共享，引起了创业、创新以及战略管理学者的持续重视。裂变创业活动由来已久、影响深远，随着数字经济赋能和企业平台化转型，裂变创业在实践界日益活跃、蓬勃发展，成为复杂有趣且极具学术价值的研究领域。

二、主要内容

本研究多年来不断拓展和深化，研究视角从个体到组织、从节点到过程、从模式到链条、从静态到生态，对我国裂变创业领域建设做出了贡献。主要内容从三个层面展开：

（1）从裂变新创企业视角，识别了裂变新创企业的绩效特征、影响因素和测量指标，归纳了裂变新创企业生成过程、生成机理和模式分类。

（2）从在位母体企业视角，基于公司创业和商业模式等理论，系统考察了母体企业如何孵化、培育和裂变新创企业的机制问题。

（3）从裂变新创企业与在位母体企业交互视角，探讨了裂变创业在微观、中观和宏观等不同层面的溢出效应。

三、学术观点和主要创新

本系列研究秉持并发扬管理学科的实践属性，坚持实践导向、问题驱动、过程创新，坚持"知中国、爱中国、服务中国"的科研理念，深入企业一线，扎根实地调研，深度洞察并系统挖掘底层逻辑和独特规律，在实践智慧与理论智慧交锋中，不断推进管理知识的旋转门，持续实现管理理论的创新。

（1）深入探究裂变创业"源头—过程—结果"三个主要部分，构建了我国裂变创业企业发展的本土理论，解释了中国情境下的裂变创业新模式。

（2）从创业主体多元化和关联性视角，发展了母体企业与裂变企业关联创业的相关理论，解构了新时代两类企业间特殊的交互关系，形成诠释高质量发展的新视角。

（3）立足裂变创业独特情境，在组织演化和组织关系治理层面，提出裂变创业驱动母体企业商业生态系统的逻辑和机理，丰富了生态系统演化以及生态系统治理的相关理论。

四、学术影响及社会效益

在裂变创业领域，形成了基于我国裂变创业企业发展实践的本土发展理论。随着中国企业平台化、生态化发展，创业情境和创业主体相应发生变化，新时代背景下裂变创业发展的内容和形式不断丰富。裂变创业本土理论为我国企业从规模化发展转型为高质量发展、从外延式发展转变为内涵式发展、从个体化发展升级为生态化发展提供了一定的理论指导。

在创业研究领域，突破了以母体企业或裂变企业为单一主体的创业研究范式。创业研究主要关注新企业从何而来以及早期发展过程，多以个体及团队独立创业为研究对象，以机会、资源、商业模式等为研究重点。本系列研究从创业主体多元化和关联性视角研究裂变创业，形成了与现有创业理论的互补对话，大幅推进了创业研究领域的知识更新和理论发展。

在组织管理领域，构建了聚焦协同发展、强调生态演化的组织管理创新理论。激活并释放母体企业尤其是大型企业的创新活力，是战略管理和创新管理理论界特别关注的重要命题之一。现有理论大多从单一视角或针对单一问题进行探讨，而本系列研究立足实践发展，从打破边界、竞合互动、多元平衡、协同演化等生态系统视角加以整合解读和系统阐释，带来组织创新、制度创新、技术创新、商业模式创新等大量理论创新成果。

五、主要成果及完成人简介

（1）《裂变型创业》（经济管理出版社，2007年）。

（2）《国外裂变型创业及其影响效应研究综述》（《外国经济与管理》，2011年第7期）。

（3）《国外裂变型新创企业绩效特点剖析与影响因素研究综述》（《外国经济与管理》，2012年第9期）。

（4）《基于扎根理论方法的孵化型裂变创业探索性研究——以海尔集团孵化雷神公司为例》（《管理学报》，2016年第7期）。

（5）《商业模式传承型裂变创业内在机理研究》（《南开管理评论》，2017年第5期）。

（6）《轻资产型裂变新创企业生成模式研究——基于扎根理论方法的探索》（《南开管理评论》，2019年第5期）。

（7）《裂变创业视角下核心企业商业生态系统重塑机理——基于"蒙牛系"创业活动的嵌入式单案例研究》（《管理世界》，2020年第11期）。

（8）《新创企业与在位企业视角下裂变创业国际研究评述与展望》（《管理学报》，2023年第3期）。

完成人简介：李志刚（1976—　），主要研究方向为裂变创业和裂变式发展。

（撰稿人：李志刚；审稿人：席静；校稿人：高雅楠）

极地新疆域问题研究

一、研究背景

南极和北极（以下简称"极地"）是全球气候变化最显著、响应最敏感的区域，更是与深海、外空、网络并称为新疆域的全球治理新兴领域。进入21世纪以来，极地经历快速变化，不仅在全球气候、环境和生态系统的变化中起着重要的作用，更对国际社会政治格局与安全、经济发展、资源分配产生了深远的影响。极地治理已成为全球治理中具有新疆域战略意义的热点研究领域。南极治理学术研究主要围绕南极条约体系、南极地缘政治博弈以及南极治理的新制度更新困境等问题；随着北极快速变暖，北极渔业、航道资源与能源开发利用成为北极研究的高频关注点，及时准确把握北极治理新态势已成为北极治理研究的重点。

二、主要成果及获奖情况

（1）《海洋法视角下的北极法律问题研究》，2012年11月由中国政法大学出版社出版。2015年获教育部第七届高等学校科学研究优秀成果（人文社会科学）三等奖、2014年获山东省第二十八次社会科学优秀成果三等奖。以海洋法为视角，剖析北极划界权属、航道、生态三大领域法律问题，提出了基于中国的北极权益空间的法律保障对策。

（2）《国际法视角下的中国北极航线战略研究》，2019年8月由中国政法大学出版社出版。运用国际法原理剖析北极国家航道管辖法律规制的合法性，提出中国参与北极航线开发利用的对策。

（3）连续出版《北极蓝皮书：北极地区发展报告》（2014—2021），自2015年起由社会科学文献出版社出版，至今已出版8卷。其中，2017年，《北极蓝皮书：北极地区发展报告（2014卷）》获山东省第三十一次社会科学优秀成果三等奖。以及时、准确的调研数据为支撑，总结年度北极治理的新动态及发展走向，以国别区域专题报告形式概括分析北极国家、地区对北极治理产生重要影响的重要决策与立法。

（4）《南极生物遗传资源利用与保护的国际法研究》，2013年5月由中国政法大学出版社出版。以南极生物勘探议题为切入点，通过分析南极条约体系及协商会议相关议题，提出应构建南极生物遗传资源的法律保护体系，以及维护中国的南极权益空间的法治保障建议。

三、学术观点和主要创新

（1）提出北极法律秩序"不成体系"理论。概括出适用于北极的法律制度，主要为北极海洋法制度、环境保护制度、斯瓦尔巴群岛法律制度、北极国家及欧盟的北极法律与政策。基于北极自然、人文历史条件、地缘政治格局，提出"南极模式"及"斯瓦尔巴模式"不适用于解决北极地区核心问题；提出在《联合国海洋法公约》框架下发展相关制度解决北极法律问题是最佳的也是必然的选择；提出"气候变化治理"这一新视角有助于拓展中国对于北极事务的参与路径。

（2）提出中国的"一带一路"倡议不应忽视北极航线。俄罗斯和加拿大两国单边航行管制的制度实践扩张适用了冰封区域条款，国际社会通过国际海事组织共同协商制定的航运管控措施及相关规则应当被尊重和维护，冰封区域条款的特殊授权不能成为北极沿海国不遵守相关国际海事规则的挡箭牌。中国应当从国际国内两个层面对开拓北极航线进行战略考量。

（3）蓝皮书以系列年度报告形式概括当下北极发展动态，其中以《斯匹茨卑尔根群岛条约》签署百年为契机，深入研究挪威对北极的科考政策，剖析其对他国科考权的限制，提出中国维护北极科考权益的应对建议。

（4）提出南极生物遗传资源"二分法"理论。南极生物遗传资源"利用"和"保护"是一体两用的关系，提出南极生物遗传资源"在保护的基础上得以利用、利用的基础上加以保护"的二分法理论。构建完善的法律规制体系应以明确南极生物遗传资源及其利用行为的内涵与性质、划分利用行为的阶段及其与生物勘探的区别与联系，尤其是南极的法律地位及其生物遗传资源的法律属性的界定为前提。

四、学术影响及社会效益

作为国内较早地开展南北极研究的学术力量，创新性地提出了极地社会科学研究的若干基本范式，如运用国际法不成体系理论提出了分析极地法律秩序的基本框架、研究视域以及国际法依据，为后续研究奠定了良好的研究基础，提供了丰富的法律法规研究数据。作为国内最早涉猎南极生物勘探与遗传资源保护的研究者，为后续南极条约体系相关法律问题研究提供了基础理论框架，也为我国学者开展"国家管辖范围以外海洋生物多样性的养护和可持续利用协定"（BBNJ谈判）有关海洋遗传资源议题研究提供了相关的支撑研究。较早提出将北极航线开发利用纳入"一带一路"倡议总体架构的研究成果，受到中国工程院院士管华诗以及原国家海洋局局长王曙光的认可，并被教育部社科司采纳。

以极地系列研究成果为支撑，积极发挥国家极地海洋事务决策咨询型智库的作用。北极法律秩序系列报告被极地考察办公室等国家海洋与极地主管部门作为决策参考收录；如何协调南极生物遗传资源的勘探开发与保护之间的关系问题的研究成果，"十二五""十三五"期间如何指导我国相关产业规划与发展的对策建议，以及关于《斯匹茨卑尔根群岛条约》发展走向的研究报告等被极地事务相关主管部门所采纳。系列北极蓝皮书通过发布会形式，向主管部门报送研究成果，人民日报海外版、中国海洋报等纸质媒体，人民网、新华网、中国社会科学网等网络媒体多次刊发成果发布会报道，发布会也受到国外北极研究学界关注。

五、完成人简介

刘惠荣（1963—　　），主要研究方向为国际法、海洋法与极地法。
董跃（1978—　　），主要研究方向为国际法、极地法律与政策。

（撰稿人：刘惠荣；审稿人：董跃、席静；校稿人：徐晓琨）

北极理事会的"努克标准"和中国的北极参与之路

一、研究背景

2011年5月12日,第七届北极理事会部长级会议(即"努克会议")发布《北极高官报告》,附件一对北极理事会"永久观察员"的准入标准和职责权限做出特别规定。从2011年起,北极理事会观察员申请者必须承认北极国家在北极的主权、主权权利和管辖权(简称"努克标准")。在北极治理问题上,"努克标准"具有重要的国际政治和国际法意义。其一,从国际法角度看,主权具有排他性特点,不能分割,不可让与,不存在集体主权。因此,"努克标准"所指的"主权、主权权利和管辖权"针对的是每个北极国家,而非八个北极国家集体。其二,"努克标准"是"一揽子"而非"选择性"承认,这就意味着非北极国家必须同时承认每个北极国家的要求,不可以有选择地承认。《北极高官报告》和《北极理事会观察员手册》中没有清晰标示北极八国的主权、主权权利和管辖权是指"已获公认的"还是"尚存纠纷的",不少北极国家的直线基线是本国宣布而"生"的,彼此之间存在领土主权分歧。对于非北极国家而言,由于北极理事会采取"全体一致"的表决方式,冒犯任何一个北极国家都将使申请沦于失败或失去观察员资格。

"努克标准"对域外国家参与北极事务构成严重制约。如何看待"努克标准",如何界定北极理事会观察员国席位的价值,以及新形势下中国是否应该申请北极理事会观察员席位就成为值得考虑的问题。

二、主要内容

本成果基于第七届北极理事会部长级会议上通过的《北极高官报告》文件,详细阐述了北极理事会提出的接纳观察员的"努克标准",即必须承认北极国家在北极的"主权、主权权利和管辖权";剖析了其存在的内在逻辑问题和法律适应性挑战。在此基础上,分析了北极理事会观察员席位的价值以及中国入席的意义,认为接纳中国为观察员是北极国家基于现实考量的双赢选择。中国作为非北极国家可以获得参与北极事务的重要平台和丰富信息资源。此外,前瞻性地指出中国参与北极治理的道路,即中国应在承认北极国家符合国际法准则的主权、主权权利和管辖权,并充分利用包括北极理事会在内的所有与北极相关国际制度的基础上,不断开辟新领域并探索新的身份认同,加强与其他观察员国家之间的协调,与北极国家开展双边合作,按照自身能力承担相应的国际责任。

三、学术观点和主要创新

本成果对于北极理事会制度及中国参与北极治理的研究具有一定的学术价值和现实意义。实践证明,北极理事会在北极治理的诸多方面功能十分有限,例如无力介入北极航运和北极渔业等;其在北极治理结构中的角色亦在弱化,尤其是美国2015—2017年担任北极理事会主席期间更是受到重创。本成果对北极理事会"努克会议"上制定的针对观察员国家的"努克标准"进行批判性研究,建议不必过分夸大北极理事会的作用,且无须过度解读其观察员席位的价值。从现实意义角度，本成果建议中国应在充分利用既有国际制度的基础上，不断开辟新领域并探索新的身份认同，将重点放在与北极国家的双边合作上，这为中国参与北极治理，维护自身权益提供了启迪。

四、学术影响及社会效益

本成果是郭培清教授长期从事极地政治与法律研究的代表性成果。文章发表后被国内外学界广泛下载和引用，例如2022年美国兰德公司发布的报告 *China's Strategy and Activities in the Arctic, Implications for North American and Transatlantic Security* 引用该文章观点达5次之多。基于本研究，郭培清教授致力于推动提高中国在北极治理体系中的地位。自2015年起，郭培清教授先后参加了在我国上海、韩国仁川、日本北海道等地举办的关于北极核心区渔业管理制度的国际会议。会上提出的成立"北极海洋生物资源调查委员会"的倡议被美国等北极国家与会者采纳，这是北极法律制度建设的第一个中国方案，特别是其提出的中国同北冰洋沿岸五国在新机构中应该"享有相同权利、拥有相同地位"的原则被悉数接受（在北极理事会中，中国只能作为观察员坐在后排）。2015年8月31日，郭培清教授参加了由时任美国国务卿克里主持、时任美国总统奥巴马参加的阿拉斯加安克雷奇会议，会上再次系统阐述了这一构想，得到包括时任美国副助理国务卿巴尔顿在内的美方官员和学者的共同认可，建立该委员会的讨论已经纳入国际北极渔业管理的议程。

五、获奖情况及完成人简介

《北极理事会的"努克标准"和中国的北极参与之路》（《世界经济与政治》，2013年第12期）2016年获山东省第三十次社会科学优秀成果三等奖。

完成人简介：郭培清（1968—　　），长期从事极地政治与法律相关研究。

（撰稿人：郭培清；审稿人：董跃、席静；校稿人：徐晓琨）

法律简史：人类制度文明的深层逻辑

一、研究背景

在法律领域，理论创新的黄金时代已经过去。未来很长一段时间，或许不太可能出现原创性理论。但发生于半个世纪前、由"法律和经济学运动"引发的那场深刻的知识革命，至今尚未真正改变中国法学教育和法律实务的整体面貌。这是令人遗憾的，而导致遗憾的诸多原因之一，就是高昂的学习成本。那些原创性学术文献的写作风格都太高冷了，其间或之后虽有数本"读者友好型"的教科书相继问世，但和中国的法科生和法律人的口味儿对不上。现有法律经济学的教科书都是按照法律的不同门类编写的，如财产法、合同法、侵权法、刑法、程序法等和传统法学的课程设置大致对应。如此编写有利有弊，好处自不必说，隐含的代价是没能缓解法学内部原有的割据状态，没能让法学和其他学科对接起来，也因此削弱了理论本身的威力。本研究试图打破学科壁垒，从内部联结不同法律部门，从外部联结法律和其他学科，从而尽可能让每个道理的穿透力发挥到极致。

二、主要内容

我们依稀觉得是我们"创造"了法律，所以应该已经很了解它了，但知其然未必知其所以然。法律的深层逻辑以及人类的道德直觉（公平或正义）可用简单的数学公式来描述吗？绝大多数法律人不以为然，因为他们意识不到自己接受的法学教育从一开始就毁灭了这种希望。法律最古老的源头应该是个最简单的算法，即"返还法则"，它是人类制度文明的逻辑起点，也是民法和刑法的共同源头。本成果讲述了从返还法则到复杂法律制度的演化史，以此呈现法律的深层逻辑，打破部门法的界限，以联结思维取代割据思维，把不同门类的法律知识重新组合，进而实现法学内部及法学和其他学科的融会贯通。

三、学术观点和主要创新

本成果的核心观念可以归结为三个观念：还原、联结和演化。这三个观念可以相互支撑且融为一体。把所有法律制度乃至整个人类制度文明分解还原为合约的单元，借助博弈论的分析工具就可以解释法律制度的演化史。其中，返还法则是法律的演化起点、民法的起源、惩罚的尺度和算法、法律上的冗余以及执法冗余与多样性红利等多种观点都是原创性的。本成果在整体上提供了一种解释法律的新理论。

四、学术影响及社会效益

《法律简史：人类制度文明的深层逻辑》一经出版，就引起了法学界乃至整个社会科学界的强烈关注，在出版后的三个月时间里，已被四次印刷，产生了广泛的影响力。据不完全统计，先后被《中国新闻网》《中国青年报》《南方都市报》《工人日报》《北京日报》《解放日报》《澎湃新闻》《北京晚报》《法治日报》等众多媒体报道或介绍，相关内容被国内各大门户网站转载。《21世纪经济报道》《解放日报》《中华读书报》等多家媒体迅速刊出了书评。自出版以来，先后入选"中国出版集团好书"月榜第六期、第二届行读图书奖9—10月书榜（《三联生活周刊》）、2022年10月百道好书榜、《中华读书报》2022年10月月度好书榜、"21世纪"季度书单（2022年·秋）（《21世纪经济报道》）、《书城杂志》2022年第11期书单、"解放书单"第25期（上海市新闻出版局、解放日报社）、生活·读书·新知三联书店年度十大好书、2023年度十大法治图书等。

五、成果情况及完成人简介

《法律简史：人类制度文明的深层逻辑》2022年由生活·读书·新知三联书店出版。

完成人简介：桑本谦（1970—　　），主要研究方向为法理学、法律经济学和刑事法律制度。

（撰稿人：桑本谦；审稿人：席静；校稿人：徐晓琨）

利他主义救助的法律干预

一、研究背景

自2006年南京市鼓楼区法院做出"彭宇案"一审判决之后，"扶不扶"的问题就成了被媒体长期跟踪的热点。很多城市的类似案件频繁发生，每次都会引发媒体关于社会道德滑坡的讨论，2011年广东佛山"小悦悦事件"的发生更是引起了一场舆论风暴。法律如何激励利他主义救助的问题被摆在了桌面上，有人大代表提出议案要求刑法设立"见危不救罪"。情绪化的舆论很容易绑架法律决策，本研究致力于对该类问题本身做深层分析和冷静思考。

二、主要内容

本研究利用跨学科分析方法（包括进化论、经济学和社会心理学等），讨论了利他主义救助的各种复杂动机，进而分析比较了关于对利他主义救助进行法律干预的各种可能方案。最后得出结论：对利他主义救助进行法律干预的空间并不宽阔，在刑法中增加"见危不救罪"的条款适得其反，但可以从证明标准上做出亲救助人的适度调整。

三、学术观点和主要创新

本成果对利他主义救助的法律干预以及各种潜在方案做了比较，论证了为何不宜刑事惩罚见危不救行为，并在证据法层面探索了激励救助行为的可行性。另外，使用跨学科的分析方法也是研究亮点。

四、学术影响及社会效益

对看似简单的利他主义救助问题做出超越常识的分析，提高了公共言论空间的对话质量，客观上阻止了舆论和社会情绪绑架法律和公共政策。

五、获奖情况及完成人简介

《利他主义救助的法律干预》（《中国社会科学》，2012年第10期）于2014年获山东省第二十八次社会科学优秀成果一等奖。

完成人简介：桑本谦（1970—　），主要研究方向为法理学、法律经济学和刑事法律制度。

（撰稿人：桑本谦；审稿人：席静；校稿人：徐晓琨）

环境权理论批判研究

一、研究背景

环境法学是一门因应现代环境危机而诞生的新兴学科。完善的环境法学理论体系不仅是环境法学成熟的标志之一，还可为环境法治的发展提供理论指导。对于如何构建环境法学的理论体系而言，发达国家和发展中国家处于同一起跑线上，都没有现存的"模板"可供参考。国内环境法学者最初都从权利入手，试图通过创立环境权来构建环境法学的理论大厦。但是，环境权能否成为环境法学理论大厦的基石、能否有效应对现代环境危机等，都存在较大疑问。在此背景之下，中国海洋大学的环境法学研究团队瞄准具有理论意义的环境权理论进行批判性研究，并取得了一定的学术成果。

二、主要内容

环境权理论批判研究成果丰硕，产出了一系列高水平论文，其中最具典型代表的研究成果为《对"公民环境权论"的几点疑问》《后代人权利理论批判》和《环境权论——人权发展历史分期的视角》3篇期刊论文，主要内容体现在以下三个方面：

第一，公民环境权理论自身存在难以克服的矛盾，人类环境权中的人类是集合概念，这种意义上的人类所享有的权利不必然落实在作为人类分子的自然人身上。地球环境是自然提供给人类的客观利益。在这种不可分割的共同利益面前，每个人都只是客观的享受者，而不是政治意义和法律意义上的请求者。所谓的环境权不是关于具体的环境利益享有者与其他人之间关系的概念，而是人类整体与人类个体之间关系的概念。在环境的整体利益之下发生的人类个体的分配性利益关系是人身关系、财产关系等。与之相对应的是人身权、财产权，而不是环境权。

第二，当今世界环境保护领域存在着具有广泛影响的后代人权利理论，但后代人权利论者用以支持后代人权利的各种证据都无法在逻辑上必然得出后代人享有权利的结论。后代人权利理论赖以成立的预设性前提也是虚构的客观事实。虽然，近代以来传统权利的主体范围确实有所扩展，但这种扩展并非随意的，权利不可能扩展到后代人权利论者所说的"后代人"身上。环境义务是后代人权利理论的本质，也是后代人权利理论的正确出路和归宿。

第三，人权发展的历史经过了初创期、发展期和升华期，三个时期的核心性人权分别是自由权、生存权和环境权。自由权的实现要求国家履行消极不妨碍的义务，生存权的实现要求国家或社会积极地提供保障，而环境权是自得权，是保育和维护适宜人类生存繁衍的自然环境的人类权利。这项人权的权利主体是人类，义务主体也是人类，是人类的分体及这些分体的各种形式的组合，它的实现以人类履行自负的义务为条件。

三、学术观点和主要创新

（1）公民环境权理论无法自圆其说，无法成为构建环境法学理论体系大厦的基石。

（2）后代人权利理论只是一种理论虚构，其本质在于强调人们应当普遍承担环境义务。

（3）所谓的环境权在理论上应当是一种集体权利，即人类权，这种集体权利对于人类个体而言，不是人类个体的权利，而是其普遍承担的义务。

四、学术影响及社会效益

环境权理论批判研究的成果在国内环境法学界产生了较为广泛的影响，成为中国海洋大学环境法学领域的标志性学术成果。该观点逐渐得到了我国环境法学界的普遍认可，并在一定程度上为我国宪法修正案是否规定环境权以及环境法典是否承认环境权等立法工作提供了理论指导。

五、获奖情况及完成人简介

（1）《环境权论——人权发展历史分期的视角》（《中国社会科学》，2004年第4期）获山东省第二十次社会科学优秀成果一等奖、首届中国法学优秀成果三等奖。

（2）《对"公民环境权论"的几点疑问》（《中国法学》，2004年第2期）获青岛市第十九次社会科学优秀成果二等奖。

（3）《后代人权利理论批判》（《法学研究》，2010年第6期）获山东省第二十六次社会科学优秀成果二等奖；

完成人简介：

徐祥民（1958—　　），主要研究方向为环境法基础理论、宪法学、法律史学、海洋政策。

刘卫先（1978—　　），主要研究方向为环境法基础理论、自然资源保护法学。

（撰稿人：刘卫先；审稿人：席静；校稿人：徐晓琨）

对中国古代法制研究中的几个思维定式的反思
——兼论战国前法制研究的方法

一、研究背景

长期以来，国内外学术界关于中国古代法律制度的研究范式是以法典为中心的，主流观点认为中国古代法制的历史就是法典的历史。这种研究范式对于中国古代法制的研究产生了心理引导，形成了宏观上的古代法制研究的三个思维定式，即有法制必有法典、实体规范是法制的核心、立法权是法制的前提。在这种思维定式引导下，大量的研究者们长期以来孜孜以求先秦时期法典的存在，按照秦汉的法制模式去"构造"先秦时期的法律制度。这种研究范式和思维定式曾经在一定程度上促进了对中国古代法制某些领域的研究，但是也不可避免地具有局限性，从而对中国古代法律制度的研究造成了误导，限制了对中国古代法制尤其是先秦法制的深入研究，对完整认识中华法系也造成了消极影响。如何突破这一困境，是长期困扰学术界的一大难题。

二、主要内容

（1）以往的研究者之所以对寻找法典和法律规范那样执着，是因为他们心目中的法制是以立法机关或有立法权的人赋予行为规范以强行性效力为必备条件的，而他们所追寻的法律规范和包含法律规范的法典内含了这种强行性效力。按照这个定式，研究者把注意力放在寻找和解释立法权，包括寻找中央集权意义上的立法权和君王的专制权上。这对战国前法制的研究产生了消极的影响。主要表现为：① 按先入之见解释历史资料；② 所谓书缺有间的借口妨碍了对战国前法制的深入研究，研究者们把理不清的头绪都归结为文献不足，将寻找揭开战国前法制秘密的金钥匙的希望寄予考古发现。③ 用秦汉模式"构造"战国前法制。这种构造或者借助于经研究者解释加工过的历史资料，或者发挥研究者的想象力。然而这"构造"的历史并不是真实的历史；实际上，夏商周时期并无统一的立法权和统一的立法，研究者们津津乐道的"皋陶之刑""文王之法""周公之礼"等既否定了统一的立法的存在，也否定了立法权的统一性。

（2）按上述思路来研究战国前法制这个对今人来说在整体上不得不归于未知的领域是难以取得成功的，而将法人类学的研究方法应用于探求战国前法制是比前述定式思维更有效的研究方法。成果为学术界研究中国古代法制尤其是战国前法制指出了新的研究方向，并具体给出了对战国前法制研究的三个步骤：

1）深入战国前人的"法律生活"，考察那时的法律现象。

2）对战国前的法律现象做类处理。这样就可发现具体的法律制度、法律规范、法制原则等。通过这个途径，可以发现战国前法制不同于按照古代法制研究定式所构造出来的法制。它们不是以法律规范要素的形式存在，而是独立于行为规范之外而被处理案件的主体所使用的惩罚手段。

3）对战国前的各种法律制度做系统处理。这个步骤的工作是要把握战国前法制的整体形态和基本特征，析取其基本精神。

（3）战国前的法制与战国以后的中华法系有很大区别。在对有关制度做充分类处理的基础上进行战国前法制的整体性研究，将会进一步丰富人们对"中华法系"的认识，因为这一研究成果很可能既对后来的中华法系的形成有直接影响，又可以使我们看到与秦汉法制大异其趣的另一法制类型。

三、学术观点和主要创新

（1）认为在以往的中国古代法制研究中存在的三个思维定式妨碍了对战国前法制的深入研究，导致对有关史料的不当理解和对战国前法律制度等的比附性描述。

（2）应当借鉴法人类学的方法研究战国前法制。这为学术界研究中国古代法制尤其是战国前时期的法制指出了新的研究方向，还对战国前法制的研究给出了具体研究步骤。

四、学术影响及社会效益

成果发表以来,引起了学术界的广泛关注,所提出的观点获得学术界很多学者的认同,逐渐成为学术界的通说。成果中指出的研究方向和研究步骤,为学界今后研究中国古代法律制度开辟了突破以往研究困境的出路,是具有开创性意义的研究。

五、获奖情况及完成人简介

《对中国古代法制研究中的几个思维定式的反思——兼论战国前法制研究的方法》(《中国社会科学》,2002年第1期)于2004年获山东省第十八届社会科学优秀成果一等奖。

完成人简介:徐祥民(1958—　　),主要研究领域有法律史学、宪法学、环境法学、海洋政策。

（撰稿人:刘远征;审稿人:徐祥民、席静;校稿人:徐晓琨）

新时代中国海洋软实力研究

一、研究背景

新时代,正是中国海洋事业大发展、大变革、国家海洋实力快速提升时期。海洋强国建设加快推进、"一带一路"倡议取得积极成效、构建海洋命运共同体理念得到国际社会的认同,这意味着中国不仅已深入参与全球海洋治理,而且正在成为全球海洋治理的有力影响者、推动者,中国的海洋软实力对世界的影响越来越大。与此同时,中国自身的海洋管理体制也发生了深刻变革:海洋管理职能重新定位,海洋管理机构重新组合,海洋管理人员重新调整,这些制度设计层面体制机制的变革,极大地丰富了海洋软实力资源,为海洋强国建设提供了更强有力的组织保障。中国特色社会主义建设进入新时代,迫切需要我们探寻一条具有中国特色的海洋强国之路,而对海洋软实力的研究,正契合这一时代发展的需要。

二、主要内容

(1)立足于新时代中国建设海洋强国、实现和平发展的现实需要,分析了中国提出海洋强国建设以及提升海洋软实力的必然性。

(2)对海洋软实力概念的内涵与外延进行了系统阐释并构建其资源要素体系。

(3)系统梳理中国海洋软实力的历史变迁与发展脉络,充分挖掘中华民族丰富的海洋软实力资源,探寻海洋软实力发展中的中国智慧,在此基础上总结中国海洋软实力发展的历史规律及其制约当今中国海洋软实力提升的影响因素。

(4)总结典型沿海国家提升海洋软实力的经验及其对中国海洋软实力建设的启示。

（5）多维度系统论述提升中国海洋软实力的实施路径。

三、学术观点和主要创新

（1）通过梳理海权观的历史演变，总结海洋软实力提出的必然性，从而揭示中国海洋强国建设的规律和道路。

（2）指出海洋软实力是国家在国际海洋事务中依靠非强制的方式维护海洋权益、实现海洋共同治理的一种能力和影响力，其形成是海洋软实力资源有效运用转化的结果。依照从无形到有形、从精神到物质的序列，海洋软实力资源要素体现为由内到外的三个层次体系。

（3）中国崇尚和平的传统为海洋软实力奠定了厚重基础和丰富的经验。反思历史发展可知，当前提升中国海洋软实力，"海洋命运共同体"是核心理念，海洋管理制度的创新与变革是基本保障，海洋社会组织的培育是重要支撑，负责任大国形象的塑造与灵活的外交政策是重要实现途径。

（4）提升中国海洋软实力的是一项系统工程，应基于主动性、协调性、系统性、渐进性、包含性的原则，整体设计有效的实施路径。

四、学术影响及社会效益

通过对基于海权理论发展的西方海洋强国之路的剖析，指出中国海洋强国之路不同于西方的必然性，从海洋软实力的视角为中国海洋强国建设寻找理论依据，更清晰地把握了中国海洋强国建设的目标、性质和方向，从而丰富和充实了海洋强国理论的内涵。同时，通过对海洋软实力概念的界定和资源要素体系的构建，拓展了国家软实力的研究领域，对于深化国家软实力研究具有一定的学术价值。

同时，通过总结归纳其他沿海国家建设海洋软实力的经验，针对我国海洋强国建设及海洋软实力发展中面临的主要问题，明确我国海洋软实力提升的目标，设计适合我国国情的提升路径和实施策略，从而为我国建设海洋强国提供理论支撑和创新思路，为我国海洋发展战略制定和实施提供决策参考和政策依据，为中国深度参与全球海洋治理、深入实施"一带一路"倡议、构建"海洋命运共同体"提供一种新的理论视角和实践路径。

五、成果情况及完成人简介

《新时代中国海洋软实力研究》2020年由中国社会科学出版社出版。

完成人简介：王琪（1964—　），主要研究方向为海洋管理、全球海洋治理、政府管理。

（撰稿人：王琪；审稿人：席静；校稿人：徐晓琨）

意识形态问题研究

一、研究背景

以苏联的解体和世界两极格局的终结为背景，美国社会学家丹尼尔·贝尔提出意识形态终结的命题，引起广泛争议。日裔美籍政治学者弗朗西斯·福山在丹尼尔的基础上进一步提出了"历史终结"的命题。他们的基本思想是意识形态的争论随着西方自由民主的资本主义的"胜利"而宣告结束，政治理论的焦点将由意识形态的对抗转向政府如何运作的技术性问题，如国家提供的福利保险中是否应该包括牙病的治疗等。意识形态的斗争真的应该取消或者已经终结了吗？马克思主义的回答是否定的。

二、主要内容

意识形态问题最早由马克思和恩格斯进行认真研究并作了集中论述。马克思和恩格斯认为，在资本主义国家占统治地位的观念意识是资本主义社会现实的反映，是资产阶级的意识形态，他们对这种意识形态进行了严厉的批判。科学社会主义运动兴起以后，无产阶级的革命者把马克思主义当作本阶级的意识形态。意识形态的斗争是阶级斗争的一个重要战场。究竟应该怎样认识意识形态的本质和它的意义，知识界一直存在不同的看法。从20世纪后期开始，否定意识形态、取消意识形态的声音越来越多，意识形态几乎成了一个带贬义的词。本研究意在坚持马克思、恩格斯的立场观点和方法，分析意识形态的本质、无产阶级和资产阶级意识形态的关系、意识形态的发展等基本问题。

三、学术观点和主要创新

马克思主义认为意识形态是社会存在的反映，是代表统治阶级根本利益的观念和价值体系。无产阶级与资产阶级的意识形态虽然有一定的继承关系，但从根本上讲是对立的。意识形态理论的出现是从属于阶级斗争的。在社会发展的现阶段，意识形态没有终结，也不可能被取消。首先，精神生活的多样性、思想独立和学术自由等与意识形态的关系是矛盾的对立统一。意识形态建设，不是让全体社会成员只用一个声音说话，而是统治阶级要让表现国家和社会性质及价值取向的意识形态尽可能反映社会成员的各种愿望，至少能够表现社会主流意识。其次，意识形态是现实的存在物，在现实条件下也是取消不了的。意识作为产物不在社会存在之外，它本身就是社会存在的一个组成部分。此外，意识形态需要更新发展，以适应客观现实的变化和时代进步的需要，作为时代先进力量代表的无产阶级也需要不断发展自己的意识形态。

四、学术影响及社会效益

成果对意识形态问题进行了深入研究，在国内学术界产生了较为广泛的影响，为认识和把握意识形态问题及其发展提供了深刻的思考，是中国海洋大学在政治学领域的重要学术成果。

五、成果情况及完成人简介

《意识形态问题研究》发表于《政治学研究》（2003年第3期）。

完成人简介：郑敬高（1956—　），主要研究方向为政治学理论。

〔撰稿人：董利民；审稿人：王通、席静；校稿人：徐晓琨〕

西方国际关系理论视野中的非传统安全研究

一、研究背景

由于非传统安全威胁的不断强化，国内学术界对非传统安全威胁的关注显著加强，并围绕非传统安全研究的意义、历史演变、产生根源、非传统安全区别于传统安全的内涵和特点等问题提出了自己的观点，取得了一定的成果。但是同国外的研究相比较，我国学术界对非传统安全的研究同西方国际关系理论研究具有相同的特点，即理论架构和范式的缺失。因此，本研究对西方国际关系理论关于非传统安全研究的理论渊源进行分析，希求能对国内的国际关系理论研究有所启示。

二、主要内容

客观而言，在日趋成熟的西方国际关系理论中，也没有关于非传统安全研究的独立理论框架。但是，20世纪70年代以来西方国际关系理论对非传统安全予以了充分关注。成果对国际政治经济学理论、环境政治理论、批评理论和建构主义等西方国际关系理论流派在非传统安全研究方面的理论贡献及其启示意义进行了研究，对推动国内的非传统安全研究提供借鉴和参考。

三、学术观点和主要创新

（1）国际政治经济学理论对于非传统安全研究的理论贡献在于，通过政治与经济研究的结合，使经济安全进入了安全研究的视野；通过国内问题与国际问题研究的结合，使国际安全、全球安全与国家安全成为安全研究的主要层次；通过对非国家行为体和非军事问题的研究，使安全指涉的对象多元化，使安全的范围得以拓延等，这也构成了非传统安全研究的一大理论取向。该理论对中国的启示在于，它打破了传统的经济与政治二分法的学术传统，提出需要对国际问题进行全面综合研究，从全球化背景下相互依赖不断加深的视角出发，多层次、多视角、多学科地关注和解决中国所面临的非传统安全威胁。

（2）环境政治理论对于非传统安全研究的理论贡献有以下三个方面：首先，它将环境安全引入了安全研究，并对环境安全的内涵进行了探讨；其次，它不断呼吁和诠释环境安全研究的必要性和紧迫性，使环境安全研究成为非传统安全研究的一个重要领域；再次，它对环境安全所涉及的一系列理论问题，尤其是环境安全问题对国际政治的影响、确保全球环境安全的途径等进行了深入研究，同时也影响了国际政治观念的分化。此外，环境政治理论对中国的启示是：在理论层面如何确立环境政治研究的框架，在实践层面如何理性处理人与自然的关系，在国际层面如何参与全球环境治理及国际制度建设。

（3）批判理论对于非传统安全研究的最大理论贡献莫过于其思维观念的变革，即安全的落脚点究竟是国家安全还是人的安全与全球的安全。它对于中国的启示意义在于，中国的安全应该是复合的和双向的，即人的安全得到充分保障的国家安全，国家安全得到有效维护下的人的安全；以关注和参与地区安全和全球安全为世界关怀的国家安全理念，以确保国家安全为底线的地区安全和全球安全理念。

（4）建构主义的最大理论贡献在于其理念和方法论的变革，"安全化"概念和理论的形成在理论上提出了一个发人深思的问题，即不同层次的安全主体在社会安全建构中究竟如何发挥作用。对中国而言，在关注非传统安全威胁的过程中，如何规避非传统安全问题的泛化，妥当把握非传统安全威胁在外延上的度量，是一个十分现实的问题。

四、学术影响及社会效益

成果从国际政治经济学理论、环境政治理论、批评理论和建构主义等西方国际关系理论流派的视野出发，对非传统安全问题进行了深入分析，特别是总结出了这些理论流派对促进非传统安全研究发展的意义，在国内非传统安全理论研究领域产生了较为广泛的影响，是中国海洋大学国际政治理论研究的标志性学术成果，对于深化国内非传统安全研究做出了贡献。

五、成果情况及完成人简介

《西方国际关系理论视野中的非传统安全研究》发表于《世界经济与政治》2004年第4期。

完成人简介：刘中民（1968—　　），主要研究方向为中东地区与国别政治、伊斯兰与国际关系、国际政治理论、海洋战略问题、中国外交等。

（撰稿人：董利民；审稿人：张佳佳、席静；校稿人：徐晓琨）

第三篇
教育教学类成果

　　1924年10月，中国海洋大学的前身私立青岛大学创立之际，校纲就开宗明义地提出：本大学以"教授高深学术，养成硕学宏材，应国家需要"为宗旨。进入21世纪，学校以培养具有民族精神和社会责任感、具有国际视野和合作竞争意识、具有科学精神和人文素养、具有创新意识和实践能力的高素质创新型人才为目标，以造就国家海洋事业的领军人才和骨干力量为特殊使命，遵循"通识为体，专业为用"的本科教育理念，实行有限条件的自主选课制度和学业识别与毕业专业识别确认制度，着力推进学科交叉、科教融汇、产教融合育人，打造一流的本科人才培养体系和研究生教育体系，努力培养德智体美劳全面发展的高素质一流人才。在此过程中，学校在专业建设、教学团队建设、课程教学改革、教材建设等方面取得了一系列标志性成果，为"学在海大"的美誉不断增添新的光彩。

　　本篇收录的教育教学类成果主要包括：获得国家级教学成果奖的成果，部分获得中国海洋大学本科教学优秀奖一等奖的成果，部分国家级教学团队的成果，部分国家级、省级精品课程、一流课程，部分获得各类奖项的优秀教材等。

大学英语教学管理的改革

　　在贯彻"大学英语教学大纲（1985年）"（以下简称"新大纲"）前，山东海洋学院大学外语教研室在全省和全市的四次大学英语统考竞赛中连续获得第一名。贯彻"新大纲"后，山东海洋学院1985级学生在全国大学英语四级统考中也获得了优异的成绩，得到了省教育厅及有关领导的奖励和表扬。1986级学生在全国四级统考中的通过率与优秀率继续提高。

　　20世纪80年代，从山东海洋学院毕业生所在工作单位反馈回来的信息表明，用人单位对山东海洋学院毕业生的外语水平普遍感到很满意。在许多全国性的考试或出国选拔考试中，山东海洋学院毕业生的成绩突出。上级也认为"外语好"是山东海洋学院学生的主要特色之一。优秀的大学外语教学成效为学校赢得了声誉。

　　山东海洋学院大学外语教研室的教学成果是在非常困难的条件下取得的。由于学校迅速发展，新系和新专业不断出现，而大学外语教师的数量却远远跟不上发展的需要。在这样的条件下，外语教研室的教师们团结奋进，采取了一系列开拓性措施，改变了学校的外语学习气氛，大大提高了英语教学质量。

一、成果的主要内容

　　学校大学英语教育管理的改革可分为两个阶段。

　　第一阶段是贯彻大学英语教学"新大纲"之前，这一阶段采取的措施有：教研室经过仔细慎重地调查研究，采用了最新出版的高起点教材。狠抓阅读教学，加大精读量，增加了泛读和快速阅读。在全校进行英语水平测试，对学习优秀的学生给予表扬、奖励，还为他们开设提高班，促进他们继续提高。改革考试制度，实行同一教材、统一命题、统一阅卷，对学生的成绩进行登记，建立成绩档案。改善英语听力教学条件，开展第二课堂英语活动。

　　第二阶段是贯彻"新大纲"的阶段，采取了以下措施：率先试行"新大纲"，教研室充分认识到"新大纲"的科学性、先进性、实用性，在贯彻执行"新大纲"上，决心大，行动快，贯彻执行比较彻底，"新大纲"正式执行是在1985年，但1984年教研室就和全国部分院校一起开始试行，这为教研室执行"新大纲"创造了经验。严格按全国标准实行分级，认真执行分级教学，并实行跳级、留级规定。将教研室的课型分为精读、泛读、快速阅读、听力、写作五种，并实行分课型教学。实行教师责任制，一个教师负责2～3个班，从入学到结业教师相对稳定，尽量做到不动或少动。抓预备级，争取让更多的学生通过国家四级统考；抓三、四级，培养拔尖学生。进一步改革考试制度，授课教师对自己教的班不能自己出试题，不能自己监考，不能自己阅卷，同一教材的试题由其他教学组根据教学大纲和教材内容统一命题，而阅卷则采用相互交换或流水作业的方式，以保证考试的可靠性和准确性。高标准编制试题，教研室向国内一流的兄弟院校看齐，编制试题时，试题的内容与难易程度接近于清华大学、北京大学、复旦大学等院校试题的内容与难易程度。开展班与班、系与系之间的评比，每次测验都对各班和各系的成绩、名次进行排序并张榜公布。进一步改善学生的视听条件，做好学生的考前培训。积极参加全国、全省性的外语教学会议，到省内外兄弟院校学习取经，从全国、全省的信息动态中吸取先进、实用的经验，及时改进、调整教研室教学中的不足。

二、成果的主要成效

学校大学外语教研室在大学英语教学中率先试行大学英语教学"新大纲"和分级教学，创造了一套从教学、管理到测试的完整的教学系统，积累了丰富的教学经验，培养了一批教学水平较高的教师，对提高全校学生英语水平做出了突出贡献。在全省历次英语统考中学校成绩一直名列榜首，在全国四级英语统考中名列前茅。

有报道称："我院（山东海洋学院）在1987年全国大学英语四级统考中取得了名列全国前茅、获山东第一的优异成绩，受到国家教委好评和兄弟院校的瞩目。省教育厅日前在青岛召开了总结大会。全省28所高校派人参加了大会。全国考试中心办公室负责人列席了会议，他充分肯定了我院在英语教学中作出的显著成绩。省教育厅奖给我院锦旗一面，向我院颁发了统考成绩90分以上学生所获的荣誉证书22本（占全省总数的一半），并高度赞扬了我院为整个山东省争得了荣誉。"

三、获奖情况及完成人

成果获1989年高等教育国家级教学成果优秀奖。

主要完成人：张春寿、李世珍、梁德成。

（根据相关资料整理；校稿人：黄鲁粤）

搞好课程评估，确保教学质量

青岛海洋大学教学评估专家委员会是在分管教学校长直接领导下，对全校教学质量进行监督检查和评价的专门机构。该机构自1986年成立以来，以课程评估为基础，在深化教学改革、推进专业和课程建设、加强师资特别是青年教师培养等方面开展了大量卓有成效的工作，在提高教育质量、实现教育目标等方面取得了显著的成绩。

在长期评估工作实践中，评估程序不断完善，评估方沄日趋科学。评估课程从大学英语、高等数学、普通物理、程序设计与算法语言、中国革命史等公共基础课逐步扩展到专业基础课、专业课、德育课乃至体育课，从对本科生课程评估逐步扩展到专科生乃至研究生课程。截至1993年，由教学评估专家委员会直接进行评估的课程共123门，占全校开设课程总数的17%，接受评估的教师共158人，占全校教师总数的27.3%。

一、成果的主要内容

1. 评估机构的权威性

这个委员会绝大多数成员是具有丰富教学经验的、办事公正、热心教学评估工作的教授或副教授，他们在各院、系教师中有较高的威信。学校教学评估专家委员会对教学质量的评价具有最终决定权，课程评估的质量评价由委员会投票表决，在表决前对某门课程或某个教师的教学质量评价有不同意见可以讨论，一旦付诸表决，其结果任何人不得更改，严格按评估程序和指标体系办事。几年来，先后两次将获一等奖的青年助教直接推荐给校职称评审委员会，破格晋升为讲师，而有两名教学质量达不到基本要求的教师被停止教学，一名限期达标，一名调离教学岗位。另外，七年间有三次课程评估一等奖空缺。这些做法充分体现了教学评估专家委员会工作的高度原则性，从而在全校教师中赢得了很好的声誉，树立了该机构的权威。为了提高课程评估效果，从1989年开始，将委员会的人数作了适当压缩，成立了由十人组成的常设委员会。每学期再根据评估课程的情况，聘请校内外同行教师和专家若干人，担任本学期的课程评估工作，进一步提高了课程评估工作的权威性和有效性。

2. 评估方法的科学性

教学评估专家委员会在长期教学评估工作实践中，建立了一套比较严密的评估工作程序和科学的评估方法。评估工作包括现场听课，检查教学计划、教学大纲、教学日历等教学文件，召开学生座谈会，分析考试成绩，听取班主任、教研室主任、系主任等的意见，召开教学情况讲评会，被评教师自我总结，专家委员会评定等。为了使考试成绩更客观、可靠，成为课程评估的重要信息，委员会还组织统一由专家组命题和阅卷的学期考试。

为了搞好课程评估工作，制定了学校关于理论课、实验课和体育课的课程评估指标体系。课程评估指标体系是按三原则要求制定的，即方向性原则、科学性原则和可行性原则。该体系在多年使用过程中，进行过多次修改和补充，得到了进一步完善。

3. 评估内容的全面性

学校的课程评估工作是全方位展开的。评估的课程从理论课到实验课，从基础课到专业课，从业务课程到政治理论、德育、体育类课程，从本科生、专科生课程到研究生课程，以全面系统的课程评估促进全校教学质量的整体优化。

最初，学校的课程评估工作主要集中在大学英语、高等数学、普通物理、程序设计与算法语言等全校非常重要的公共基础课上，为了加强政治理论课、德育课等课程的学生思想政治教育主阵地作用，及时将课程评估工作的重点转到对全校的政治课（中国革命史、马克思主义基础等课程）及德育课（大学生思想修养、法律基础等课程）的评估。

为了提高学校在德智体等方面的整体教学水平，根据国家教委关于加强体育课教学的有关文件精神和体育课课程的特点，制定了"青岛海洋大学体育课程评估指标体系"，评估内容覆盖了课前准备、课堂教学水平和教学效果三个方面，以便全面反映体育课教学的实际情况。实践证明，对体育课的评估有力促进了体育课教学的正规化、标准化，对改进教学方法、提高教学质量起到了积极的推动作用。

为了保证研究生课程的教学质量，从1990年开始，逐步开展了对研究生学位课程的评估。评估结果比较客观地反映了学校研究生课程教学的基本情况，改变了以往有些研究生学位课程因缺乏应有的监督检查出现的教学随意性现象，促进了教学质量的提高。

为了使教学评估工作能够密切配合学校师资队伍建设,尤其是加快对青年教师的培养工作,从1991年开始,在全校开展了专门针对青年教师教学质量的评估工作,并专门制定了青年教师开设课程的评估办法。

二、成果的主要成效

截至1993年,教学评估专家委员会的工作取得了显著的成绩,教学评估工作对稳定教学秩序起到了监督保障作用,有助于良好教风和学风的形成,提升了学生的基本素质,促进了课程建设,使师资队伍结构更加优化、实力更加雄厚,推动了教育教学研究,在全校广大教师中树立了很高的声誉。教学评估工作作为教学管理工作的重要组成部分,也促进了学校教学管理水平的提高,在社会上产生了很好的影响。

1993年1月5日,鉴定委员会在青岛海洋大学对优秀教学成果"搞好课程评估,确保教学质量"进行了鉴定。鉴定委员会一致认为:"搞好课程评估,确保教学质量"这一成果成绩显著,在高校教学评估工作中有创新性,其评估机构的权威性、内容的广泛性、方法的科学性、时间的长期连续性和效果都达到国内领先水平。

三、获奖情况及完成人

成果获1993年高等教育国家级教学成果二等奖。

主要完成人:秦启仁、陈宗镛、佘敬曾、刘继陆、吴保罗。

（根据相关资料整理;校稿人:黄鲁粤）

高校计算中心的目标管理

青岛海洋大学计算中心经过改革实践,逐步总结出一套适合本校的行之有效的管理方法,实行以效率、质量、水平为核心的目标管理体制,有力地促进了计算中心的建设发展,使计算中心成为全校师生喜爱的学习、工作基地,为教学、科研做出了显著的贡献。

一、成果的主要内容

1. 目标管理之一:实行开放管理制度,提高设备的使用效率

效率是衡量计算中心工作的基本指标,是计算中心目标管理的首要要求。1987年以后,计算中心对全校师生实行开放式管理模式,给全校师生提供了良好的上机环境。为此,计算中心采取了一系列开放措施:

实行昼夜开机,24小时对外服务。对本（专）科学生免费开放。每学期初,计算中心根

据教学计划的要求，对程序设计语言课实习、专业课实习、毕业设计实习作出计划，保证教学计划用机的要求。计划外的空闲时间，学生可以自由上机。对全校每个研究生给予2000元的上机费，不足部分由导师的课题费补足，通常情况下，2000元的资助已足够使用，研究生也实际上享受免费上机的优待。对科研用机实行优惠收费，对国家课题还实行特别优惠，并且逐年降低费用。实行分时计费，每日7：00～21：30全价收费，21：30～24：00半价收费，0：00～7：00按1/4价收费，这样，保证了黄金时段学生用机的效率，同时，鼓励科研用户夜间上机，既节省了用户的费用，也提高了设备的使用率。简化上机手续，学生出示学生证，教师出示工作证，即可进入机房用机。

2. 目标管理之二：严格各项管理制度，提高服务质量

制定了以岗位责任制为核心的管理制度，有效地监督岗位责任制的执行情况。计算中心采取了以下几项监督措施：

实行计算中心领导与检查员定时到岗检查的制度。坚持每周一小评、每月一大评的岗位竞赛评比奖罚制度。用计算机进行自动化的岗位监督管理，开发了岗位监督管理软件，要求值班人员每隔一小时在终端上打点一次，在规定时刻的前、后十分钟按要求敲入工作记录，这种监督制度使计算中心的管理更加规范，提高了计算中心的服务质量。严格实习管理，保证实习质量，按照教学计划的要求，将实习学生分组、造册，并实行登记考勤，教师随时检查学生的实习情况，确保每个实习学生独立完成教学计划的要求。

3. 目标管理之三：积极进行研究开发，提高服务水平

计算中心不仅致力于发挥设备潜力、提供足够的机时服务，还积极进行研究开发，开拓新的服务领域，不断提高服务水平。计算中心通过以下几个方面的工作来实现这个目标：

开发、扩充系统的功能，提高系统能力，先后开发了针对计算中心及用户的管理自动化系统，解决了原IBM/4381机的VM/SP下行式打印技术中的两个问题，对系统内核进行了分析并作了技术修改，开发了新的打印宏命令，用户可以根据需要选择宽纸或窄纸并分别在两台行式打印机上输出，降低了纸张消耗，减轻了学生的经济负担。积极开发应用软件，提供给用户使用，开发了IBM/4381机与MV、HP、DEC等系列机之间的各类磁带解读软件；开发了科学计算视算化软件，免费供科研人员使用；在IBM/4381机上开发了英语训练软件，免费供学生使用。开拓教学新领域，论证、设计、创建了"计算机文化教育"课程，受到学生热烈欢迎。面向社会开发服务，并把开发的全部收入进行设备投资，建立了学校第一个对学生开放的微机实验室，进一步提高了计算中心为教学服务的能力和水平。

二、成果的主要成效

计算中心的目标管理取得了实效，得到了上级领导的肯定。计算中心在1990年获学校教书育人先进集体，1991年获国家教委实验室工作先进集体称号。

1992年12月12日，由山东省教育委员会主持，鉴定委员会对青岛海洋大学申请的优秀教学成果"高校计算中心的目标管理"进行了专家鉴定。鉴定委员会认为"高校计算中心的目标管理"这一成果在高校计算中心的管理、建设方面有所创新，具有国内领先水平，其经验值得全国高校计算中心借鉴。

三、获奖情况及完成人

成果获1993年高等教育国家级教学成果二等奖。

主要完成人：秦鸿才、赵茂祥、王梅芬、刘士才、田长久。

（根据相关资料整理；校稿人：黄鲁粤）

海洋学人才基地建设和改革

青岛海洋大学海洋学专业1987年被批准为国家重点学科，1991年成为"国家理科基础科学研究和教学人才培养基地"首批15个基地点之一。

一、成果的主要内容

1. 组建高效的领导班子，开展富有海洋学专业特色的思想政治工作

学校高度重视基地建设，创新设置了校、院、系三级人才基地领导管理班子，形成了纵向渠道畅通、横向齐抓共管的新格局，这是基地建设工作举措新、运作实、见效快的组织保证。

制定实施了一系列新措施：提高生源质量，吸引优秀生的措施；引入竞争机制，实行激励、滚动的办法；因材施教，制定分流培养方案、基地班学生奖学金改革方案；实施优秀生的特殊培养探索；推进基地实验室建设与改革；加强基地教材遴选、编写与出版规划；组织报考与推荐保送研究生等。

开展富有海洋专业特色的传统教育，包括："热爱海疆、固我海防"爱国主义教育、"以海洋事业为己任"历史使命感和敬业精神教育、"为海洋科学而献身"系友传统精神教育和"看海港工程雄姿，访海洋产业繁荣"改革开放、基本路线教育，为培养人才营造思想保证。

2. 制定高规格的培养目标，探索因材施教的新方法

深化面向21世纪的教学改革。在深入研讨21世纪人才需求的基础上，制定高规格的培养目标。拟定了加强基础、拓宽口径、强化能力培养和提高素质的改革方案，制定了相应的教学计划，编写了新的教材，对强化基础、促进人才成长，起到了显著的作用。

紧盯海洋高科技发展，开新课，建新实验室并改善原有实验室。新开了卫星海洋学、微机原理与应用等课程并建成了相应的实验室，海洋调查也增加了关于新技术的内容，使学生开阔了眼界，跟踪高科技发展。

选优秀教材，聘优秀教师。公共基础课选用全国获奖的优秀教材；"两课"改革探索颇有成效。专业课教材编写立足于新、定位高、内容求精。《物理海洋学》等书是我国同类教材出版的第一部，已有五种获华东区大学版优秀图书奖。允许在全校范围选聘水平高的教师授课，为基地专业单独开小班。有5名优秀教师、山东省劳模和学校十佳教师为基地班授课。开

展"质疑训练""综合讲评""交际法教学"等,大获成功。

因材施教,探索分流培养。一年级"填平补齐",强化基础教学与训练,减小城乡新生基础水平的差距。二年级开始优胜劣汰,滚动发展促进学生竞争进取。三至四年级因材施教、分流培养,探索了分班(提高班与拓宽班)、指导选课等多种方式,且积累了相当经验。毕业升研率提高到65%。对优秀生实行特殊培养,包括颁发"赫崇本优秀学生奖学金",免试保送升研,提前毕业,提前进入实验室、科研室、科研组,指定导师加强培养等。

3. 充分发挥学校优势,深化教学改革,探索培养人才的新途径

充分发挥重点实验室的作用,提前接待基地班学生参与生产与科学实验。国家教委开放研究实验室——物理海洋实验室的先进设施提前对基地班开放,不仅开设物理海洋学实验课,还让高年级学生参与某些科研或生产项目的实验准备、测试甚至资料处理与分析,培养了学生的实际技能。

充分发挥海洋调查船的作用,优先让基地班学生到"东方红2"船实习,出国跨洋,把教学实习延伸为科研调查"实战",使基地班学生进一步练好基本功。

充分发挥青岛海洋科学研究生教育中心的作用,打破近亲繁殖,校内外结合育人才。学校设有青岛海洋科学研究生教育中心,凭借中心优势,与有关单位联合指导本科生毕业论文,使学生开阔了眼界思路。

鼓励和组织学生积极参与学术活动,使他们能及时了解国际学术动态,激发他们提前做好跻身国际合作及参与国际竞争的思想准备,培养开放型人才。

充分发挥基地的作用,加强师资培养。对进修、委培、代培人员也高标准严要求,指定导师、制定培养计划,对参与教学、科研活动、研讨班、学术交流等作出具体规定,对提交论文、总结、报告的数量和质量提出具体要求。

二、成果的主要成效

海洋学专业积极发挥基地专业的优势和作用,建立了一整套基地人才培养的新体制和行之有效的新机制,在加强教学管理、提高人才培养质量方面创造出了富有特色又有广泛推广价值的科学、系统的新经验,在人才培养规格、专业师资培训、发挥基地示范辐射作用等方面取得了显著成效。海洋学人才基地经国家教委检查评估为全国优秀基地,基地建设的相关经验被推荐为全国基地建设经验交流会典型。

三、获奖情况及完成人

成果获1997年高等教育国家级教学成果二等奖。

主要完成人:李凤岐、蒋德才、孙孚、王筱利、鲍献文。

(撰稿人:李凤岐;审稿人:鲍献文、李凤岐)

面向 21 世纪海洋科学专业的教学改革与实践

1995年，国家教委根据国家"教育要面向现代化、面向世界、面向未来"的战略部署，在"抓好重点教材，全面提高质量"方针指导下，正式启动了"面向21世纪教学内容和课程体系改革计划"。"面向21世纪海洋科学类专业教育内容和课程体系改革研究"是学校承担的"面向21世纪教学内容和课程体系改革计划"项目。项目成果获得2001年高等教育国家级教学成果二等奖。

一、成果的主要内容

1. 构筑了新型的海洋教育观

从战略的高度上认识海洋科学教育与改革。为解决21世纪人类面临的三个难题（人口、资源、环境），人们把希望寄托于海洋科学的发展，而海洋科学的发展有赖于21世纪初的海洋科学教育。

以开放的思想对待海洋科学教育和改革。21世纪的海洋科学是开放的，海洋科学教育也必然是开放的。因此，应努力使海洋科学教育和改革适应这种开放，使学生能够从精神到知识、从动手能力到语言能力、从独立工作能力到合作精神适应于海洋科学的开放性。

坚持海洋科学教育及改革的爱国主义旋律。海洋科学无国界，但是海洋科学家有国籍，海域、海洋权益、海洋资源有国界。以史为鉴，以国为魂，高奏爱国主义的主旋律，始终是学校海洋教育观的灵魂。

在海洋科学教育及改革中坚持拓宽口径、多学科交叉融合的正确方向。海洋是一个开放的系统，与地球上的其他系统相互作用。因此，海洋科学是一个多学科交叉的学科，海洋科学教育也必须与之相适应。

加强实践、提高能力是海洋科学教育与改革的重点。海洋科学是实验科学，因此，学校在海洋科学教育改革中非常重视实验教学，特别是设计性、创新性实验内容；注意加强出海调查能力、动手能力、解决实际问题能力的培养，使学生的整体素质能够满足21世纪海洋科学发展的需要。

2. 进行专业调整，制定实施新的教学计划

国家教委启动高等教育"面向21世纪教学内容和课程体系改革计划"后，学校承担了高等理科教育27个项目之一的"面向21世纪海洋科学类专业教育内容和课程体系改革研究"项目。在充分调研和论证的基础上，1997年，项目组提出了海洋科学本科专业由4个（物理海洋学、海洋生物学、海洋化学、海洋地质学）调整为2个（海洋科学、海洋技术）的方案。制定了海洋科学、海洋技术人才培养基本要求和共同专业基础课的"1+4+N"课程设置模式。依据海洋管理和海洋科学教育改革的思路，根据教育部本科目录调整的意见，学校对海洋科学专业的教学计划进行了修订。

在新教学计划修订前，学校开展了广泛的调研。通过对获得的信息和资料进行研究、分

析，确立了从物理海洋学专业到海洋科学专业教学改革的基本思路：拓宽专业基础、加强素质教育、强化实践环节、突出特色、培养创新能力。基本原则是：优化课程结构，压缩专业课课时，增加选修课和人文素质课，在"两课"中加强爱国主义教育，在实验课中增加设计性、创新性内容，设置特色课程。

3. 精心实践，推进教学改革实践

第一，建立了新体制、新形式的教学组织。进行大海洋学科建设，充分利用教学资源。海洋科学专业的师资力量雄厚，但分布在学校海洋学系、物理海洋研究所、物理海洋实验室三个二级单位。学校的做法是：推行大海洋学专业建设，海洋学系、物理海洋研究所、物理海洋实验室三位一体，充分利用教学资源和师资优势。大胆推行课程组形式，即以教研室、研究室、实验室为基础，打破行政壁垒，以课程为纽带，组建课程组。课程组的任务是融教学、科研、人才培养于一体；课程组的教学任务为该课程的教学、研究、改革和教材编写；课程组由海洋学系、物理海洋研究所、物理海洋实验室的教师组成；课程组的组长为该方面的学术带头人，课程组的教师是老、中、青年的人才梯队。学校先后组建了海洋学、物理海洋学、海洋调查与实践、卫星海洋学、流体力学及实验、海洋化学、海洋生物学、海洋地质学等课程组，搭建了有效的教学组织形式。

第二，加强教学研究，取得新成果。学校、院系制定了教学研究的优惠、倾斜政策，鼓励教学研究。在提职、晋升、上岗中，教学研究项目和教学研究论文为必须考虑的条件之一；教学研究和科学研究并重；教学研究成果与科研成果并重；在经费上对教学研究项目给予优惠和倾斜，学校给予1：1的配套经费。这些措施使教学研究步入了快车道，并出版了《面向21世纪海洋科学教学改革与研究》成果汇编一书。

第三，课程建设特色鲜明，效果显著。以三个名牌课程（海洋科学导论、海洋调查方法、物理海洋学）为先导和契机，对大部分课程的内容、教学手段、考试方法进行了改革，开展了多媒体教学实验；加强了实验课的设计性、创新性建设；在体育课中增加了游泳课和划船课，突出了课程的海洋特色。三个名牌课程成为国内同类专业的示范课。

第四，大师、名教师上讲台。海洋科学专业师资力量雄厚，对学生产生了很大的吸引力。在教学改革中，学校提出了"博导站讲台、教授当主力、最好的师资上本科生课"的口号和要求。现在已经成为惯例和自觉行动，博导、教授、院长、系主任上课率都达到100%。

第五，教材建设硕果累累。在教学改革中，出版了六部教材（其中，一部"国家级九五重点教材"、三部"面向二十一世纪课程教材"），完成了海洋科学导论、海洋调查方法两门课程的多媒体软件。

第六，注重学生科研能力的培养。本科毕业论文从立题到答辩全程严格要求，达到了"准研究生"的标准，部分毕业论文在期刊上发表；大幅度增加学生上机时间，学生的计算机水平显著提升；强调实验教学中的设计性和创新性；科研与教学紧密结合、小型调查实习日常化，大幅度增加了学生出海实践的机会。

二、成果的主要成效

构筑了新型的海洋教育观，提出的海洋科学类专业的调整方案成为"国标"，制定了"1+4+N"课程设置新模式，修订的海洋科学专业教学计划独具特色，推向全国。经过几年的实行和推广，较好地达到了预期效果，我国海洋科学人才培养数量与质量得到了较大的提高，学校海洋科学专业毕业生供不应求，受到用人单位的好评。

组建了新型教学组织——适应新形势的、跨系际的课程组。建设了三门国家名牌课程，其中海洋学课程进行了两年的多媒体教学实践，取得了良好的教学效果。

完成了海洋学、海洋调查方法两门课程的CAI软件，并制作了相应的网络版，为网络教学打下了一定的基础。

三、获奖情况及完成人

成果获2001年高等教育国家级教学成果二等奖。

主要完成人：冯士筰、武心尧、李凤岐、郭佩芳、钱成春。

（撰稿人：李凤岐；审稿人：郭佩芳、李凤岐）

以学生为本，构建新型人才培养模式的探索与实践

21世纪中国高校究竟应该培养什么样的人的问题是教育界关心和讨论的主要问题。近几十年来，青岛海洋大学抓住高等教育改革与发展的机遇，在改革人才培养模式方面做了一些有益的探索。着眼于学生素质、创新能力培养和个性发展，采取了一些有效的措施，初步形成了以学生为本的新型人才培养模式。

一、成果的主要内容

1. 树立以学生为本的教育理念，为人才培养模式的改革打下基础

以学生为本，包括两个含义：一是以学生的个性为本，二是以全面发展为本。自1997年以来，学校不断开展教育思想、观念大讨论，并达成共识：

第一个方面是在人才培养过程中，要树立拓宽专业口径、增强学生适应性的观念；要树立加强素质教育，融知识、能力、素质教育为一体的观念；要树立学生是教学活动的主体，加强学生创新能力培养的观念；要改变教学就是用一个模子"塑造"所有学生的观念，要树立因材施教、鼓励学生个性发展的观念；要重视教育质量，树立终身教育的观念，等等。

第二个方面是在教学的全局性工作中，要树立质量意识，视教育质量为生命，把提高教育质量作为教学工作永恒的主题；要更新质量观念，用新的人才观念指导教学工作，制定教育质量标准；要建立健全教育质量保证体系，使教学工作始终处于良性循环。

2. 大胆探索人才培养模式的改革

构建融传授知识、培养能力与提高素质为一体的人才培养模式。21世纪初，经济社会文化

科技的发展对高等教育培养目标（即培养的人才标准）提出了新的要求，相应地，必须对传统的人才培养模式进行改革。学校按照培养基础扎实、知识面宽、能力强、素质高的高级专门人才的总体要求，构建起注重素质教育，融知识、能力和素质为一体的宽口径人才培养模式。

注重时代特征，体现人才培养模式的多样化。青岛海洋大学作为教育部直属综合性大学，既要培养一流的海洋、水产学科的学科帅才，也要培养一大批从事具体工作的高级专门人才，也要培养应用型人才。要做到培养规格科学化、实现方法途径多样化。学校在不断改革的基础上，逐步形成了"三多"的人才培养格局，即多种培养目标模式、多种培养规格模式和多种培养过程模式。

3. 适应改革发展需要，不断修订教学计划

为进一步增强人才的适应能力，提高人才培养质量，进入20世纪90年代以来，学校先后两次修订教学计划。在1995年修订教学计划的过程中，按照"加强基础、淡化专业、提高素质、增强能力"的原则，注意将专业"对口观念"向"适应观念"转变，加强素质教育。根据学校开展文化素质教育的试点经验，将文化素质教育引入教学计划，调整了专业课程的门数和学时，进一步拓宽专业面向，并按宽专业口径和相同（相近）学科的要求设置专业必修课，同时按不同的专业方向设置任选课，使基础课、专业课、任选课学时的比例约为2：1：1，即"2+1+1"模式。

1998年教育部颁布了新的专业目录，体现了时代的要求和发展的观念。学校抓住这次专业目录调整的时机，科学合理地设计人才培养模式。按照"加强基础、拓宽专业、协调发展、整体优化、提高素质、增强能力、因材施教、突出特色"的原则，再次修订教学计划，并注意将前几年教学改革的成果固化到教学计划中。这次修订教学计划与以往不同，主要表现在：

整体优化。无论是学时总量、结构划分，还是课程设置，均吸收了国内外教学改革的成果。压缩了课时总量，增加了学生自己支配的时间，有利于学生的全面发展。

强化基础教学，拓宽专业面向。尤其加大了"两课"、大学外语、高等数学、大学物理、大学化学、非计算机专业的计算机基础课等基础课的改革力度。增加了选修课的比重，有利于扩大学生知识面，提高适应能力。

加强实践环节。提高了对实践教学环节的学时、学分要求。注重将提高实践能力的思想贯穿在所有教学环节中，以培养学生提出问题、分析问题、解决问题的能力和动手能力。

注重素质教育。在公共必修课中，增加了语言表达艺术、海洋文化概论等素质教育课程，对学生提出了文化素质类课最低选修学分的要求；包括汉语和外语等文科各专业均增设数学作为必修课，同时提出了修读自然科学类课程的要求。

突出学校特色。除海洋学科及与海洋有关的专业设置海洋学课程外，还在其他专业设置了海洋文化课程，让每一个学生都了解海洋知识，成为海洋科学和文化的传播者。

4. 开拓创新，建立充满生机和活力的教学管理机制

逐步完善学分制。学校自1984年实行学分制以后，经过十余年的不断探索和实践，取得了一些有益的经验。根据学校"211工程"建设纲要的要求，参考国内其他高校在此方面的实践经验并结合学校的实际，1995年又推出了"完善学分制"。"完善学分制"放宽了学制限制，在本科学制四年的基础上，允许学生修满学分提前毕业，也允许按规定休、停学，学制最长为六年。"完善学分制"加大了学生的选课自由度，在按院、系招生的基础上，对本科生前两年按相近学科或按系组成"大班"教学。"大班"课程结束后，允许学生根据自己的优势和社会

需求，在"大班"覆盖的专业范围内再选一次专业。对在某一方面有专长的学生，允许通过考试跨院系、跨学科改学专业。这项规定从1997年开始实行，改变了高考一次性定终身的弊端，有利于促进学生的个性发展，深受学生欢迎。

设置主辅修。学校于1994年制定了关于辅修的规定，旨在充分调动学生的学习积极性和主动性，通过辅修，扩大学生知识面，培养复合型人才。这一举措的实施，有助于开发一些学有余力的学生的学习潜力和个性潜能，给学生以宽广的基础知识，提高学生对社会的适应能力和竞争能力。

开展双专业教学改革。学校从1996年开始实行双专业教学改革，并上报教育部。教育部对学校开展双专业教学改革试点工作进行了批复，至此，学校在全国高校中是唯一一所经教育部批准进行双专业教学改革的学校。教育部在批复中明确批示：凡完成双专业学习的学生，可在其毕业证书所修专业栏内填入相应的两个专业。学校双专业教学改革，是在总结前几年主辅修、双学科试点工作的基础上加以改革拓展的，从而使主辅修、双学科、双专业在不同的教学要求层次上做到了"三位一体"，相得益彰，不同学习能力的学生亦可各得其所。这项措施不但激发了学生的求知欲望和学习积极性，而且在增强学生对经济社会建设需求的适应能力方面起到了积极作用。

实行本硕连读的管理模式。为了培养基础扎实、综合素质好、创新能力强、适应现代科学技术发展的高水平人才，结合学校高水平特色大学建设，为海洋、水产等学科提供优秀的硕士研究生生源，学校从2000级新生中选拔部分优秀学生组成海洋学科和水产学科两个本硕连读强化班。强化班学制六年。前两年强化基础，主要学习数学、英语、计算机等基础课程，要求英语通过全国大学英语六级考试、计算机通过国家计算机等级考试二级。第三年、第四年完成本科专业基础课和研究生课程学习。第五年、第六年进行硕士论文撰写与毕业答辩。

实施创新人才培养的系列举措。为贯彻落实《高校教育法》和《面向21世纪教育行动振兴计划》，围绕创新人才培养，实施了行之有效的措施。包括：开设全校公共选修课，开设了全校范围的"创造学"普及课程，设立学生研究课题，设立了年均总额15万元的"科技活动奖励基金"，增设"奖励学分"等。

二、成果的主要成效

人才培养模式的改革达到了提高人才培养质量的目的。毕业生质量得到社会认可。由于学校多年来重视教学工作，尤其是严把基础课教学质量关，学校人才培养质量稳步提高，因培养的人才"基础理论扎实、外语水平高、适应能力强"得到了社会的赞许。

学风建设得到加强。通过"学生可以任意选修跨院、系的任何一门课程"、"大班"内重新确定专业、"跨大班"转专业等一系列措施的实施，充分调动了学校学生学习的积极性，使学生的学习潜力得到了最大限度的发挥，同时，促进了学生的个性发展，有效地促进了人才培养质量的提高，赢得了"学在海大"的美誉。

复合型人才培养初见成效。通过主辅修、双学科、双专业的学习，拓宽了学生学习的知识面，增强了适应能力。

科研活动创佳绩。通过一系列的科技创新活动，学生的动手、实践、创新能力明显提高。在各类竞赛中也取得了较好成绩。例如，在全国电子大赛中，1997年获国家二等奖1项，1999

年获国家一等奖1项；1998、2000年分获山东赛区一等奖。在全国数学建模比赛中，1998年获国家二等奖1项，2000年获国家一等奖1项；1997、1999年分获山东赛区一等奖。在1999年全国"挑战杯"大学生创业计划和展望新世纪主题设计竞赛中，获山东赛区一等奖4项、三等奖3项、优秀奖1项。

考研率明显提高。从1996届至2000届毕业生的考研情况可以看出，学校本科生考取研究生的比例明显提高，尤其是海洋类专业的考研率一直保持在30%以上。

三、获奖情况及完成人

成果获2001年高等教育国家级教学成果二等奖。

主要完成人：侯家龙、山广恕、武心尧、高艳、初建松。

（根据相关资料整理；审稿人：初建松）

教育部大学法语系列教学文件及大学法语"十五"规划教材

开放改革后，外语人才的需求剧增，培养模式巨变，原有的教学思想、模式、教材以及评估方式已经无法满足新时代的教学需求。1989年12月，国家教委批准成立《大学法语教学大纲》研订组，时任国家教委高等学校大学外语教学指导委员会副主任兼大学法语组组长的李志清教授被国家教委任命为研订组组长。1990年9月，《大学法语教学大纲》完成第五稿，经教育部批准，1992年5月由高等教育出版社出版。1993年，李志清根据《大学法语教学大纲》主编了《大学法语》教材4册，1995年7月由高等教育出版社出版发行。1996年，国家教委批准开展大学法语四级考试，李志清出任命题组组长，2004年，李志清主编的《大学法语四级考试大纲》由高等教育出版社出版。至此，大学法语的系列教学文件及与之配套的教材形成了一个完整体系，使我国的大学法语得到长足进步，基本满足了改革开放初期的教学需求。

一、成果的主要内容

从1989年至2004年，在高等学校大学外语教学指导委员会大学法语组、大学法语四级考试命题组以及《大学法语》编写团队的集体努力下，我国的大学法语教学建立了一整套适合改革开放新形势的教学理念、体系和具体教学文件与教材。从此，我国的大学法语教学从大纲、教材到教学评估形成了比较科学的人才培养体系，在大学法语教学历史上史无前例，迄今依然是大学法语各类国家教学文件（如标准和量表等）制定的主要依据。

大学法语在1989年前没有任何教学指导文件和教学评估文件，因而本成果属于创新成果。为了实现《大学法语教学大纲》定性和定量指标的制定，在全国100余所高等院校进行了调查研究和测试,从而保证了各项指标制定的科学性,开创了法语教学量化研究的先河。

成果的主要内容:

明确了大学法语教学的目的是培养学生具有一定的阅读能力,初步的读、听、写、说、译的能力,使学生能以法语为工具,获取专业所需的信息,并为进一步提高法语水平打下较好的基础。用"一定"和"初步"将教学目标和层次清晰地体现出来,而且第一次将"领会能力"的要求和"表达能力"的要求有机地协调起来。

系列教学文件提出了语言共核教学的新概念,即大学法语的共核词汇(法语界首次通过词频选出最常用词汇)、共核语法结构与功能意念(大学法语界首次运用"功能意念"语言学概念)、共核微技能等,《大学法语》教材则具体体现了共核教学的新理念。

传统的大学法语教学认为只要抓住了语法与词汇教学就可以实现打好语言基础的教学目标。李志清主编的《大学法语教学大纲》首次推出"功能意念表"和"微技能表",体现了对交际能力培养的重视。《大学法语》教材则围绕这两个为实现交际能力而设计的附表进行编写,使大学法语教材发生了根本性的变革。

由于本成果将交际原则引进教学实践,系列文件和教材就必须处理好准确和流利之间的关系。为此《大学法语教学大纲》经过调查研究作出了许多定性和定量的规定,例如,为保证提高阅读熟练程度,《大学法语教学大纲》规定泛读量为精读量的2.5～3倍,同时对精读课文的长度也做了具体的规定,如Ⅰ级每篇课文250词,Ⅱ级上升到320词。这一标准不仅在《大学法语》教材的编写中得以体现,在大学法语四级考试中至今依然严格遵守。

系列教学文件对各种语言技能的教学目标都作出了具体的定性和定量的规定,努力使读、听、写、说、译等教学目标和要求规范化并便于评估。《大学法语》教材的编写则努力覆盖这些具体的定性和定量规定。大学法语四级考试则严格遵照《大学法语教学大纲》的定性和定量指标命题,由此保证了大学法语教学的科学性和可操作性。

二、成果的主要成效

大学法语教学文件及"十五"规划教材是划时代的成果,奠定了大学法语发展的基础。《大学法语教学大纲》成为之后编制《大学法语课程教学要求》的主要依据。根据《大学法语四级考试大纲》,全国的大学法语四级考试已经正常运行20余年,由最初的仅1000余名考生发展到如今每年万名考生。《大学法语》(后更名为《新大学法语》)教材是"十五""十一五"和"十二五"普通高等教育规划教材,已经成为国内市场占有率最高的法语教材。

三、获奖情况及完成人

成果获2005年高等教育国家级教学成果二等奖。

主要完成人:李志清、罗顺江、王昕彦、卢晓帆。

〔撰稿人:李志清;审稿人:房立维〕

海洋科学类专业人才培养模式的改革与实践

新世纪海洋科学的发展，急需一大批具有创新能力的复合型海洋科研和教学人才。在此背景下，中国海洋大学及时转变教育思想，研究建立了更新学科理念和教育理念、适应新世纪海洋科学发展的人才培养模式，建立了新型学科体系、课程体系及教学质量保证体系，在全面推进素质教育，培养高素质创新型人才以及课程建设和改革实践等方面，取得了丰硕成果。

一、成果的主要内容

1. 海洋科学类专业人才培养模式改革

强调以人为本，加强基础，传承特色，更新学科理念，优化课程体系，健全质量保证体系，改革并强化课堂教学和实验教学环节，构建适应新世纪海洋科学发展的人才培养模式，培养高素质创新型海洋科学人才。

更新学科理念，打破学科界限，进行专业创新和专业体系重构。打破仅局限于理科的海洋科学学科界限，更新理念，加强理科、管理及应用的多学科交叉，构建新的学科体系，增设海洋管理和军事海洋学专业。

建立培养新型人才的"四层面、三模块"课程体系。按照本科通识教育、学科基础教育、专业知识教育、工作技能教育四个层面和理论性课程、研究性课程、创业性课程三个模块设置课程，构建了厚基础（前两个层面学分占总学分的64%）、宽口径、重视学科交叉的课程体系。

实施有利于新型人才培养的教学管理体制。教学管理形成了宽进、严出、自主、对等机制，实行以有限条件下选课制和毕业专业认定制为核心的"专业学分自选制"新型教学管理模式。

建立了完善、有效的教学质量监控与评价体系。构建了由专家管理子系统、行政管理子系统组成的"教学质量管理系统"，点面结合、立体交叉的"教学质量评估体系"，以及由专家、干部、学生、毕业生四个基本信息源构成的"教学质量信息反馈系统"。

2. 适应新型人才培养模式的教学研究和教学改革

编制了符合课程定位和适应新型人才培养模式、体现素质教育的教学大纲，以及教学教案、电子教案、教学实习指导、练习册等教学文件，并经由院士、博导组成的专家组严格审核。倡导多听、多看、多说，动手、动脚、动脑的"三多三动"创新式教育。

采用组合式的教学手段和教学方法：根据课程特点，利用现代化技术手段，采用多媒体授课与课堂分组讨论、学生试讲、现场讲解、双语教学等多种教学方式方法相融合，提高课堂教学效果。

实施体现学生综合素质的具有海洋特色的考核方法：根据各课程特点，采用开卷与闭卷结合、综合考试与平时作业练习结合、现场操作与虚拟考试结合的学生综合素质考核方式。

研制大量教学课件及辅助教学系统：研制多媒体教学课件；建立海洋数据库系统；建立思考习题库和"智能题库系统"；建立网上辅助教学系统——网络教材、网络课堂课件；建立网络辅助教学平台——教学教案、电子教案、网络课堂课件、海洋科普知识等栏目，学生可通过网络自主学习，教师可以进行在线指导。

3. 教学实践建设

在教材建设方面：编著4部国家"十五"规划教材、1部"国家精品"教材、3部"校级精品"教材。

在师资队伍建设方面：建立培养、竞争、聘任、淘汰机制。以学科专业为主线，以团队形式为主体，形成院士和特聘教授领衔，20多名博导为主力，青年教师和博士为中坚的教学、科研集团军。

在实验室建设方面：加强"海上教学实验室"和"陆上教学实验室"建设，各实验室硬件条件达到新水平，开发了若干新的教学实验。在全国沿海8省2市建立了12个教学与科研实习基地，让学生直接到海洋科研和管理第一线开展实践。

在实行开放式教学模式方面：做到了实践教学开放——海上实践教学与科研相结合；向用人单位开放——与用人单位合作指导本科毕业论文设计；向国外开放——聘请国外专家进行系列学术报告，或直接为本科生开设专业基础课程，与美国互派本科生学习并完成有关论文。

二、成果的主要成效

成果是教育部"新世纪高等教育教学改革工程"中的"海洋科学类专业人才培养模式的改革与实践"项目研究和学校海洋科学教育改革实践的综合性成果。以教育部"名牌课程"和"精品课程"建设为依托，从办学理念到专业设计、从课程设计到教学计划、从教材建设到开放办学、从质量保障体系到实践环节，形成了一个比较完整的海洋科学类专业人才培养体系，具有较大的推广和应用价值。成果对我国海洋科学类专业的改革与发展产生了积极影响，在一定程度上推动了海洋科学教育教学的发展。

三、获奖情况及完成人

成果获2005年高等教育国家级教学成果二等奖。

主要完成人：冯士筰、王秀芹、郭佩芳、魏皓、李凤岐。

〔撰稿人：王秀芹；审稿人：钱成春〕

以"学业与毕业专业识别确认制"为核心的本科教学运行新体系的建立

国家制定并实施"高等教育面向21世纪教学内容和课程体系改革计划"以来,中国海洋大学积极参与和承担国家教改项目,组织开展教育理论研究和教学改革实践,形成了比较丰厚的实践经验和理论成果。进入21世纪,学校按照"系统设计、分层展开、重点突破、逐步深入"的思路,持续开展教学研究与改革实践,对取得的教学改革成果进行了系统性和创造性集成,建立了以"学业与毕业专业识别确认制"为核心的本科教学运行新体系,对学校形成充满生机与活力的本科教育发展新机制和多样化的人才培养模式、提高教学水平发挥了重要作用。

一、成果的主要内容

1. 提出了科学和符合实际的本科教学理念

针对进一步拓宽专业口径与就业市场对学生专业知识和工作技能高要求之间存在的矛盾,以及学生专业志向变化与学生专业"身份"相对固定之间存在的矛盾,提出了"通识为体、专业为用"的本科教育理念,着手建立一种尊重学生个性和促进学生全面发展的、动态和具有自适应性的本科教学运行新体系,让学生通过自主设计专业课程的学习,适时地、不断地调整专业取向,实现"厚基础、宽口径、有特色"的本科人才培养目标。

2. 初步建立了本科教学运行新体系

经过近四年的调研与试点,逐步建立起了适应学校实际的本科教学运行新体系,并于2003年全面实施。新运行体系主要包括施行"有限条件的自主选课制"和"学业与毕业专业识别确认制"。

学校提供给学生自主选修的课程,是"套餐+单点"。"套餐+单点"课程体系以"套餐"为主体,以"单点"为补充,既保障学生系统学习一定专业的系列课程,又使学生可以学习不同专业知识,在多样化学习和多领域探索中建立兴趣点,培育特长,发展个性,一专多能,全面发展。

"学业与毕业专业识别确认制"指的是,将每个专业教学计划所规定的课程要求作为一个标准模式,将每位学生所修的所有课程作为一个待识别模式,通过逐一比较识别,得出学生已修读课程与一组专业的"贴近度",学校每学期将识别结果向学生通报,帮助学生及时了解自己的学业状况,为学生调整自己的专业志向和职业取向、自主安排学习内容和学习进程提供参考咨询和选择的机会。学生的实际主修专业和毕业专业也由该识别系统确认。在这个制度下,学生的毕业专业不再是固定不变的,而是由学生通过学习活动逐渐发展而形成的,即由学生修读了什么样的课程来决定。

3. 建成了支持新体系运行的主要支撑系统

配合本科教学运行新体系的建设,学校确立了"二四三"结构的课程体系,将全校本科课程分为"通识课"和"专业课"两大类,每个专业的课程按"本科通识""学科基础""专业知识""工作技能"四个层面设置,每层面分别设置必修课、限选课和任选课三种不同修课要求的课程。在本科通识教育层面,还特别增加了人文领域的课程。

学校引进了Blackboard网络学习系统,建立起网络辅助教学和E-learning相结合的网络教学平台。在此平台上,"嫁接"了一批省级和国家级精品课程、国家理科基地名牌课程等;还依托文学院建立由著名学者主讲的本科"名家课程体系",努力丰富优质课程资源。

以学生学习活动为主线精心设计、自主开发了基于WEB的选课信息采集与处理平台和学生"学业与毕业专业识别确认"综合分析软件,实现了课程资源网络管理、学生自主设计修业进程、网上自主选课等功能,并可对学生学习过程进行实时识别和毕业专业确认,有效保障了学校本科教学运行新体系的正常运行。

二、成果的主要成效

1. 新体系具有动态、自适应性和可持续发展的特点

新体系强调"通识教育与专业教育"相结合,"一般教育与特色教育"相协调,并充分考虑了学生个性、专业特点、经济与社会发展状况等不确定因素对本科教学及人才培养的复杂影响,因人、因专业和因时制宜,能够支撑多样化的人才培养模式,真正实现了因材施教,因而具有动态、自适应性和可持续发展等显著特点。新体系的自适应性和动态性还突出表现在学生的自主学习与专业取向对社会职业乃至社会发展的主动适应上,在学校、就业市场与社会之间架起了一座直通的桥梁。

2. 新体系具有教学激励作用,可有效地优化教学资源配置

新体系具有实时反馈功能,学生选课、学业及专业识别等信息的实时反馈,不但为教学管理部门组织教学和进行决策提供了准确依据,而且激活了基层教学组织和教师的合作竞争意识,充分调动了他们的积极性。通过施行选课,学校的教学资源配置方式由完全按计划配置改变为既按计划配置也按现实需求及时调节,提高了教学资源(特别是优质教学资源)使用的有效性和针对性;实施选课还形成了一种激励课程建设和专业建设的联动机制,强化了院系在组织实施教学中的主体作用。

3. 新体系具有学生激励和内化机制,为学生个性发展和终身学习能力的提高提供了广阔空间

新体系为学生自主选课、自主学习和通过选课学习适时调整自己的专业志向和职业取向提供了广阔的空间,与此同时,学生的学习活动中始终贯穿着人文精神和竞争意识,一专多能、全面发展、多样化学习、分析判断和选择决策能力培养等逐渐成为普遍性和日常性的需求,潜移默化地融入学生学习和成长过程中,并不断内化为学生努力学习的激励机制,培养着学生终身学习的意识和能力。

4. 新体系彻底打破了专业身份对学生的人为束缚

新体系将"以学生为本"着重落实在"保障学生的学习权利和保障学生选择学习的权利"上,将"淡化专业"落实在"淡化专业界限和淡化学生的专业身份"上。学生在指导教师的帮助下,根据自身特点和社会需求,完全自主地通过选课来构成自己毕业的专业或实现不同专业之间的柔性转换,不受原来录取专业身份的限制,打破了专业界限,改变了以往转换专业的"刚性"模式。学生在多样化学习和多领域探索中建立兴趣点、兴奋点,构建自己的专业知识和专业技能体系,自发地形成了多样化的人才培养模式,自然地实现交叉型和复合型人才

的培养。

三、获奖情况及完成人

成果获2005年高等教育国家级教学成果二等奖。

主要完成人：于志刚、李巍然、曾名湧、范其伟、马勇。

（根据相关资料整理；审稿人：于志刚）

创建"评估—督导—支持"三位一体的教学质量保障新模式的探索

进入21世纪以来，伴随着中国高等教育大众化进程的推进，高校内涵发展和质量建设中的一些问题日益凸显：一方面，青年教师成为大学课堂教学的主要力量，他们多数是在教学中自然成长为教师，在教学能力方面缺乏专门的培养和指导；另一方面，教学管理主要依靠"检查和督导"为主的刚性约束机制，教师处于相对被动地位，动力机制不足，缺乏自觉性、发展性，也难以全面落实提高教学质量的各项要求。如何构建起适应21世纪大学质量保障建设目标需要的新模式，成为大学改革和发展的重要命题。

一、成果的主要内容

自20世纪80年代以来，以课程教学评估为切入点，学校开始了教学质量保障体系建设和改革探索；进入21世纪后，在深化以课程教学评估为基础的质量保障体系建设和改革的基础上，建立了以资深教授为主体的教学督导队伍，成立了以促进教学质量不断提升为宗旨的教学支持中心，逐步形成了具有自身特色的以"评估""督导""支持"为运行载体、三位一体、具有"共轭机制"的教学质量保障新模式。新模式的构建是依据21世纪研究型大学质量保障建设的目标需要，通过确立和分析质量保障中的要素、结构、目标、机制等层面的内容及其内在关系，经过实践探索而形成的制度约束、督促检查、指导服务、表彰激励等多重机制功能耦合的模式，有效保障了教学水平和人才培养质量的不断提升。

建立了以课程评估为主线的专家评估系统及其相关运行机制并持续发展和完善。坚持20余年不曾间断，不断完善从公共课到专业基础课、专业课以及体育课、实验课、双语课、艺术类课程的分类评估指标体系，注重过程，以"评建结合、重在提高"为宗旨，为学校质量文化建设奠定了基础。

推进"教学学术"建设，突出强调教师的教育教学能力，率先建立了以服务本校教学为宗旨的教学支持中心，构筑交流与对话的平台，加强教师对自身教学实践的分析和探究，不断促进学校教育教学质量的提升。

按照"严格管理+人性化服务"的思路，建构了"评估—督导—支持"三位一体、系统稳定高效运行、具有"共轭机制"的教学质量保障新模式。完善了以"评、查、导"为主导，"点、线、面"相结合的教学质量保障体系，覆盖了教学活动的关键环节、主要方面和全部时段，符合高等教育规律，具有自我管理、自我诊断和自我改进能力，保障了教学水平和人才培养质量的持续提升。

成果的实践创新主要包括四个方面：评估从重诊断结果转向重过程和改进，不断加强指导环节；督导职能从以检查和发现问题为主转向指导和促进并发挥好预警功能；教学支持工作借鉴国内外经验，为提高教学能力和水平搭建专业服务平台；完善了以"评、查、导"为主导、"点、线、面"相结合的教学质量保障体系。

二、成果的主要成效

通过多年探索与实践，学校教学质量保障新模式成效日显，为学校教学水平和质量的不断提升提供了有力保障；学校教学质量保障新模式的建设运行实践与取得的经验受到国内外高等教育界的广泛关注，产生了积极的影响；经过不断总结和提炼，形成了一批大学质量保障建设和教师专业发展的理论研究成果。

来自北京大学、华中科技大学、哈尔滨工程大学、中国药科大学等高校的教育部评估专家认为：以致力于学校教学水平提高、为学校人才培养质量的提升提供制度化的支持和保障为宗旨的教学支持中心的建立使学校的教学评估工作水平得到提升；提高教学质量的关键在教师，国外大学教学质量监控中有一条非常重要的措施就是帮助教师把学校的教学资源利用起来，中国海大在这方面走到了国内高校前面。

教育部评估专家组进校实地考察后，在给学校的反馈中，对学校质量保障建设给予高度肯定："学校积极探索建设有自身特色的教学质量管理模式，长期坚持校内课程教学评估工作，不断完善主要教学环节的质量标准和教学督导工作，探索建立了着眼于教师教学能力提高的教学支持中心，逐步构建了以'评、查、导'为主导，'点、线、面'相结合的较为完整的教学质量保障体系，并建立了与之相配套、规范严格、行之有效的一整套日常教学管理制度和方法，保障和促进了本科教学质量的稳步提高。"

三、获奖情况及完成人

成果获2009年高等教育国家级教学成果二等奖。

主要完成人：于志刚、宋文红、李巍然、马勇、秦延红、董士军。

〔撰稿人：宋文红；审稿人：于志刚〕

具有水产品特色的食品科学与工程专业创新人才培养模式的构建与实践

对近100所院校食品科学与工程专业培养方案进行的调研发现，国内高校在专业培养目标、课程设置和教学内容等方面存在较严重的同质化现象，这与当今和未来食品行业对具备宽厚的专业基础知识、鲜明的专业特色、较强的创新能力和工程实践能力的高素质人才的强烈需求不相符。目前，水产食品每年向人类提供的鱼、虾、贝、藻类等已经占人类食品总量的10%以上，开发海洋食物资源，已经成为我国沿海各省市发展经济的战略选择点。因此，加强具有水产品尤其是海洋食品特色的食品科学与工程专业创新人才培养具有重要的现实意义。

一、成果的主要内容

成果依托中国海洋大学水产品加工与贮藏工程、海水养殖、海洋化学和海洋生物学等国家级重点学科，参考国内外高水平研究型大学创新人才培养的成功经验，以承担和实施大量的国家级和省级本科质量工程建设项目为抓手，以"实施具有水产品特色的食品科学与工程专业创新人才培养模式"为核心，从人才培养模式、专业课程及教材建设、教学团队、实践教学体系、校企联合培养机制及教学管理制度等方面，进行了系统改革与创新。创建并实施了厚基础、高素质、强能力、重创新的具有显著专业特色的五层面三类别的人才培养模式（复合人才培养模式、卓越工程师人才培养模式和国际合作人才培养模式），建设了多门国家级及省校级精品课程和系列特色专业教材，组建了2个核心课程群省级教学团队，建立了三类别的实践教学体系（教师指导性实验、学生自主性实验和企业需求性实验），完善和健全了教学管理制度。在此基础上形成的教学成果得到了成果鉴定专家组的高度评价，专家一致认为整体水平达到国内领先。

成果的创新点主要包括：

（1）构建并实施了水产品特色显著的三类别人才培养模式，更好地满足学生个性化发展和社会的需求。为满足国家对社会紧缺人才的需求，有利于个性化人才的成长，遵循"通识为体、专业为用"的本科教育理念和"厚基础、强能力、高素质、重特色"的人才培养思路，突出专业特色，按复合人才培养模式、卓越工程师人才培养模式和国际合作人才培养模式对学生进行分类培养，既为学生个性化发展提供了更多选择空间，又更好地满足了社会和食品行业对人才的需求。

（2）创建并实施了三类别实践教学体系，强化了学生实践能力培养。构建和实施了教师指导性实验、学生自主性实验和企业需求性实验三类别的实践教学体系，在培养学生的基本实验技能的同时，引导学生勇于探索、敢于创新，将创造的梦想变为综合运用所学知识、独立分析和解决工程实际问题的能力。

（3）以科学研究和技术开发为纽带，构建并实施了校企联合培养人才的新模式。先后与山东泰祥集团等企业签订了联合培养人才协议，并在山东泰祥集团建立了国家级工程实践教育中心，充分发挥了高新技术企业在人才培养中的作用。

二、成果的主要成效

成果具有较强的推广意义，取得了良好成效。

（1）具有水产品特色的食品工程个性化人才培养模式越来越受社会和兄弟高校食品类专业的青睐。多次应邀对具有水产品特色的食品工程个性化人才培养模式进行介绍，为食品类专业提供了良好的借鉴和示范作用。举办首届全国大学生水产食品加工与创意大赛和全国大学生海洋食品夏令营，中央电视台对此做了专题报道。发表约50篇教改论文介绍相关教学成果。

（2）建设的国家级精品课程和教材在国内得到推广应用。先后获批建设"食品化学"等两门国家级精品课程，并于2013年顺利转型升级为国家级精品资源共享课程，其成果在国内得到推广应用，例如，"食品化学"课程网站访问量累计达到120万次；在青岛组织召开的全国"食品化学"等课程教学研讨会，分别有30多所高校的从事相关课程教学的老师前来研讨交流，促进了本专业的课程建设；编写出版了30多部有特色的专业教材及参考书，其中两部为国家级精品教材，五部为"十一五"国家级规划教材，两部为"十二五"国家级规划教材，并被同行高校广泛使用，例如，《食品化学》教材自2007年出版以来，累计印刷八次，销量达28200册。

（3）水产品特色显著、个性化发展的毕业生越来越受社会欢迎。通过用人单位对本专业毕业生的跟踪调查表明，本专业毕业生越来越受社会欢迎，特别是在海产品研发能力、创新意识、工程设计能力及团队合作精神等方面倍受赞誉。近年来毕业生就业率一直保持在95%以上。

随着成果的实施，特色创新型人才不断涌现。据不完全统计，2019—2021年三年时间，本专业学生完成国家大学生创新性试验计划九项，中国海洋大学本科生研究发展计划（OUC-SRDP）52项；在国家级、省级各类学科创新竞赛中多次获奖，如iGEM亚洲区金奖、全国水产品加工与创意大赛一等奖等；本科生参与科研工作人数占总数的95%；以第一作者或指导老师为第一作者发表学术论文约80篇。

三、获奖情况及完成人

成果获2014年高等教育国家级教学成果二等奖，主要完成人：汪东风、曾名湧、林洪、薛长湖、管华诗。汪东风作为团队负责人的食品科学与工程教师团队于2018年被评为首批全国高校黄大年式教师团队。

（撰稿人：汪东风；审稿人：林洪）

科教融合，产学协同，理实一体，构筑财会专业研究生教育特色资源共享平台

在研究生教育结构调整的大背景下，不仅作为新生事物的全日制专业学位研究生的培养需要探索构建与之相适应的培养体系，全日制学术型研究生的培养也需要重新审视其人才培养的目标定位和相对应的培养体系。作为人才培养体系基础支撑的研究生教育资源整合由此成为各培养单位关注的焦点。

一、成果的主要内容

针对财会专业研究生培养中普遍存在的"理论创新能力与实践创新能力培养的割裂""教育资源高度分散，缺乏系统整合，资源共享利用率较低"和"协同创新与协同培养的多元主体动力不足，可持续性差"等问题，成果以山东省首个会计学博士点、首个会计硕士授权点——中国海洋大学会计学科为支撑，通过山东省研究生教育创新计划"学术型硕士研究生实践能力的定位与培养模式研究""全日制会计硕士专业学位研究生培养模式创新研究""营运资金管理研究优质课程""营运资金管理案例库"等十几项研究生教育创新计划项目，系统论证了财会专业学术学位和专业学位研究生的能力框架。在此基础上，以中国会计学会与中国海洋大学合作设立的中国企业营运资金管理研究中心为核心并联合包括成果主要完成单位的40多家协同单位，通过组织产学研协同创新和大规模的企业资金管理调查，解决由资金管理研究与实践严重脱节导致的教育资源陈旧落后问题；科教融合，以资金管理"思想库""文献库""数据库""案例库"建设为核心，强化教育资源的系统整合，解决资金管理教育资源高度分散问题和理论创新能力与实践创新能力培养的脱节问题，将研究生理论创新能力和实践创新能力的培养融为一体；产学协同，以面向学术前沿的学术高地和面向现实需求的权威智库建设为牵引，以"共研""共建""共享""共赢"的理念，增强协同各方的合作动力和协同的持续性。

成果创建了独具特色的"科教融合、产学协同、理实一体的研究生教育资源整合模式"，构筑了内容丰富、开放共享的财会专业研究生教育特色资源体系，实现了"学术高地与权威智库""科学研究与教学研究""专业综合改革与科研综合改革"的有机统一，成为协同创新和协同培养的典范。

二、成果的主要成效

一是构筑了"科教融合、产学协同、理实一体的研究生教育资源整合模式"。成果充分发挥协同创新中心的创新引领功能，以资源创新开发驱动资源整合和共享应用。通过持续大规模开展专题调查，持续编撰系列发展报告、研究文丛和集刊，持续合作开发系列数据库、案例库以及持续举办系列高峰论坛等方式，彻底扭转了理论研究与实践严重脱节的局面。在此基础上，科教融合，从理论教学内容更新、实践教学体系重构和信息共享与交流平台搭建三个方

面对研究生教育资源进行系统整合，构筑了"科教融合、产学协同、理实一体的研究生教育资源整合模式"。

二是构建了由"特色课程资源""特色实践资源""特色文献资源""特色数据资源""特色案例资源"和"特色讲座资源"等组成的财会专业研究生教育特色资源共享平台。特色课程资源涵盖"营运资金管理精品课""营运资金管理慕课"和《营运资金管理》等特色教材；特色实践资源涵盖营运资金管理调查、资金管理咨询诊断与案例研发、系列高峰论坛等；特色文献资源涵盖《营运资金管理发展报告系列丛书》、《利益相关者会计与管理文丛》、系列高峰论坛论文集、《中国会计研究与教育》集刊等；特色数据资源涵盖营运管理数据库、资本效率数据库、财务风险数据库、利益相关者关系数据库等；特色案例资源涵盖营运资金管理案例库及系列教学案例等；特色讲座资源涵盖100余场专家讲座、名家讲堂、学术报告等。

三是创建了"学术高地与权威智库""科学研究与教学研究"以及"专业综合改革与科研综合改革"有机统一的科教融合机制，强化了协同互动的持续性。成果以协同创新平台为依托，以面向学术前沿的学术高地和面向现实需求的权威智库建设为牵引，构建了"学术高地与权威智库""科学研究与教学研究"及"专业综合改革与科研综合改革"有机统一的科教融合机制，实现了能力培养和资源共享的统一，从根本上保障了协同的持续性。

成果将业务、财务一体化和跨企业边界解决资金管理难题的创新理念和管理模式，权威机构的研究报告以及国内外著名企业的典型案例纳入教学内容并将营运资金管理作为一门独立课程开设的做法，对于强化学生资金管理专业特长的培养具有重要意义。成果创建的"科教融合、产学互动、理实一体的研究生教育资源整合模式"在协同高校实践后取得了丰硕成果，对于同类高校经济管理类学科、专业实施研究生教育资源整合和人才培养模式综合改革具有借鉴意义。

三、获奖情况及完成人

成果获2018年高等教育国家级教学成果二等奖。

主要完成人：王竹泉、綦好东、孙建强、曹玉珊、温素彬、张月玲、孙莹、杜媛、王贞洁、王苑琢、程六兵、杜瑞。

（撰稿人：孙莹、王苑琢；审稿人：王竹泉）

"一带一路"来华留学生教育质量提升探索与创新实践

"一带一路"倡议是中国首次以大国担当推动全球治理变革的重要举措,也是为构建人类命运共同体贡献的中国智慧和中国方案。来华留学生教育是"一带一路"建设的基础性和先导性环节、国家外交战略的重要支柱、中国教育对外开放的重要阵地。教育部出台的《推进共建"一带一路"教育行动》极大地推动了来华留学生教育事业的发展,中国已成为亚洲第一的留学目的地国。与此同时,"一带一路"沿线国家来华留学生的生源和培养质量、文化认同等问题凸显,直接影响着"留学中国"品牌信誉,急需开展理论研究与实践创新。

一、成果的主要内容

中国海洋大学始终坚持开放办学,契合"海洋命运共同体"理念,不断拓展与"一带一路"沿线国家和海洋岛国的科教合作。发挥海洋特色优势,引入"新海洋观"理念,创新海洋科技知识体系,传播中国文化精髓,引领"21世纪海上丝绸之路"来华留学生教育高质量发展。

中国海洋大学与北京理工大学联合成立研究团队,致力于来华留学生教育的生源质量把控、培养模式创新和保障体系建立。引用大数据研究方法掌握生源地分布和生源国别的教育特点和规律,把控生源质量;构建来华留学生动态和质量监测数据库,所提交的系列咨政报告获得国家领导人批示或被有关部门采纳;开展"理论研究先导、海洋特色引领、科教产融通、政校企协作"的来华留学生教育创新与实践,为培育"谋海济世""知华友华爱华"人才提供有力支撑。本成果在实践中不断得到充实和完善,形成的创新人才培养机制和实施方案为其他高校提升来华留学生教育质量提供可借鉴的经验并产生示范引领作用。

二、成果的主要成效

一是引入大数据方法,建成系列大数据库和质量监测模型,形成了把控生源质量的运行机制与保障体系。建成"一带一路"教育政策大数据库、留学生大数据库、学术人才大数据库,构建了多类质量模型,已形成"一带一路"沿线41个国家的来华留学生招生参照体系,绘制了64个国家学生流动图谱;开创性建立"一带一路"沿线国家来华留学生大数据和入校后"全轨迹"大数据体系;建立来华留学生"全痕迹"大数据库;四次对全国102所高校通过"常模+共性+特性"方式监测来华留学生质量,形成人才培养反向回溯招生质量模型。

二是契合"海洋命运共同体"理念,构建国际涉海科教平台与网络,整合优质资源,创新育人环境,形成了协同育人的新模式。创设国际涉海大学联盟,牵头中国−挪威海洋大学联盟,参与北极大学、国际南极学院、东盟水产教育网络+等,形成人才培养、科技合作、产业推动和教育智库为一体的国际合作平台,拓展"一带一路"沿线国家及海洋岛国的科教合作和涉海人才培养渠道,既契合了"一带一路"建设,又凸显了学科特色和优势,成为引领"21世纪海上丝绸之路"来华留学生教育的先锋。来华留学生来自五大洲80多个国家,覆盖"一带一路"沿线的主要国家。

三是率先引入"新海洋观"理念，创新"学科交叉融合、科教产教协同"的海洋创新人才培养模式，形成了来华留学生培养质量持续提升的有效机制。开展航海实习、科考船上授课、涉海国际课程等系列活动，增强来华留学生"和平和谐、生态保护、文化交融、合作共享"的"新海洋观"意识；依托中国海洋大学海洋和水产学科优势，创新海洋科技知识体系；从"单声道"授课转变为探究式体验，创新中国文化传播模式；发挥学校30多个省部级引智基地、科研平台以及中泰海洋和水产中心、中马海洋联合研究中心、"极地与海洋门户"网站等合作平台的作用，创新科教融合、产学协同、学科交叉、国际资源整合的实践，为来华留学生培养提供重要支撑。

三、获奖情况及完成人

成果获2022年高等教育国家级教学成果二等奖，由中国海洋大学牵头，协同北京理工大学、青岛市教育局共同申报。

主要完成人：李华军、宋文红、刘进、秦尚海、李景玉、郭培清、刘检华、刘海波、李剑、孙喜莲、赵静、汪岷、唐庆、刘欣。

（撰写人：宋文红；审稿人：李华军）

以"谋海济国"为价值引领的海洋拔尖创新人才培养体系探索与实践

建设海洋强国是中国特色社会主义事业的重要组成部分，是中国海洋大学"为党育人、为国育才"的永恒追求。

一、成果的主要内容

本成果以培养海洋强国建设的领军人才和骨干力量为核心，基于深厚积淀与领军地位的海洋科学，从筑牢谋海济国思想基石、重构创新能力培养体系、创建海洋科教产教融合平台三方面持续创新与实践，培养了大批以"崇尚学术，谋海济国"为使命，坚守学术理想、坚定报国之志的海洋拔尖创新人才。

创建了海上思政、实践思政与导学思政、课程思政、思政课程有机融合的"谋海济国"价值塑造体系。构建"东方红"系列科考船行走课堂和红色教育基地实践课堂，实现思政教育与学研过程的全面融合，促进研究生弘扬"不畏艰险，敢为人先"的"东方红"精神，习谋海强技、树济国情怀，实现从受教育者向践行者和引领者的转变。

创建了从认识海洋到经略海洋完备的学科生态体系和人才培养体系。构建了海洋科学、海洋技术、海洋工程、海洋发展相融合的完备"大海洋"学科生态体系；依托学位点，通过四次迭代升级培养方案，重塑国际先进的理工融合课程体系；在全球引入高质量海洋教育资源，提升课程的深度和精度；深化导师（组）、答辩委员会在学科综合考试、开题报告、毕业预答辩、答辩等培养环节中的关键作用，实施15%暂缓通过的预警帮扶机制；以解决海洋关键核心问题为导向，成立未来海洋学院创新试验区，逐渐推广"3+1+1+4"本硕博贯通培养。培养了一大批引领国际海洋科学发展和支撑海洋强国建设的核心力量。

创建了海洋拔尖创新人才培养的海上实践与科教产教融合平台。依托以"东方红3"深远海综合科考实习船（以下简称"东方红3"船）为旗舰的科考实习船队，在全球各大洋和"南北极"构建的海洋立体综合观测体系等国际领先的海上实践平台，以及与崂山实验室、美国伍兹霍尔海洋研究所（WHOI）等国际顶尖科研院所的深度合作，开展国际一流的海上科考与教学实践，将理论研究、海上实践与海洋情怀有机融合，培养出急需的深远海创新人才。

二、成果的主要成效

1. 在海洋科考的生动实践中塑造谋海济国价值追求

构建了谋海济国价值塑造的"新红船"——"东方红3"船，在执行150余个国家重大科考航次的过程中，创造性开展全过程思政，形成了"不畏艰险，敢为人先"的东方红精神；国内首创融入"海洋强国与伟大复兴"系列思政内容的"海洋科考认知实践"公选课。依托21个国家红色教育基地，在全国率先实现了博士生思政实践教学全覆盖。促进研究生主动将个人追求融入海洋强国建设的实践中，完成从"理想中的实践"到"实践中的理想"的转变。

2. 在"大海洋"系统中构建创新人才培养体系

设置我国首个海洋技术学科，构建了海洋科学、海洋技术、海洋工程、海洋发展相融合的完备"大海洋"学科生态体系，为我国海洋类人才培养示范了健全的学科配置。

以海洋拔尖创新人才培养为目标，将培养方案迭代升级至4.0版，重构"大海洋"知识体系。设立未来海洋学院，创造性提出"3+1+1+4"本硕博贯通培养，打造"地球科学通论"等海洋金课，出版"未来海洋科学基础丛书"，重构奖助体系，实施预警帮扶，完成了从学科框架到课程体系，从优选过程到优质培养的全维度模式改革。

设立三亚海洋研究院，聚焦深海，开展深度学科交叉，新建理工交叉、文理交叉共享课程，建立产教融合协同育人的创新示范区。

3. 创建面向未来的深远海拔尖创新人才培养模式

以"东方红3"船为旗舰的国际一流科考船队为纽带，依托"南海立体观测体系""挑战者深渊万米综合观测阵"等国家海洋重器的构建，在海上实践中塑造学生投身海洋强国建设、抢占海洋科技创新高地、构筑海洋命运共同体的自豪感和使命感，实现了思政素质、海洋科学理论、海洋技术实践综合素质全面培养；依托建设"海大—WHOI"联合实验室、"中德海洋科学中心""中英研究中心""中泰海洋和水产中心"等海洋研究中心、"深海海洋科学""深海工程"国家留学基金委创新型人才国际合作培养项目等，聘请美国科学院院士等国际知名专家联合授课、指导研究生，为海洋强国建设培养了1000余名急需的深远海拔尖创新人才。

本成果围绕海洋强国建设急需的创新人才短缺问题，基于深厚积淀与领军地位的海洋学科，坚守高水平自立自强，秉承"谋海济国"的价值追求，筑牢谋海济国思想基石、重构创新能力培养体系、创建海洋科教产教融合平台,回答了"为谁培养人、培养什么人、怎样培养人"的问题。牵头相关单位制定了国家海洋科学学位授权审核条件等系列纲领性文件,指导全国海洋人才培养;依托"东方红3"船为旗舰的国际一流综合科考实习船队、国际规模最大的区域海洋观测系统——南海立体观测网等海上实践平台,为培养海洋强国建设急需的创新人才建立了科学范式,展现了海洋强国建设中的中国海大担当。

三、获奖情况及完成人

成果获2022年高等教育国家级教学成果二等奖。

主要完成人:闫菊、刘海波、林霄沛、张猛、邵长江、史宏达、赵玮、高会旺、王付欣、王毅、吴慧、周春、刘秦玉、车晓飞。

（撰稿人：刘海波；审稿人：闫菊）

基于价值引领的外语学科"五协同"育人模式创新与实践

进入新时代,中国全面融入国际事务,急需大批高端外语人才。党的十八大以来,习近平总书记深刻论述了"培养什么人、怎样培养人、为谁培养人"这一根本性问题。就外语学科来说,培养什么人、怎样培养人以及为谁培养人,是摆在每个教师面前的问题。然而,长期以来,我国外语人才培养存在教育理念泛化、学科与专业融合度不高、外语人才培养中的关键要素协同困难等诸多问题。面对这种情况,中国海洋大学外国语学院在我国二语习得领域知名专家、中国二语习得研究会会长杨连瑞教授的带领下,率先提出外语学科人才培养由"工具性"向"人文性"和"科学性"转变的发展理念,面向国家战略需求,依托学校特色优势,构建了价值引领、动力内生的外语学科"五协同"育人模式,于2011年全面启动外语学科人才培养的综合改革。

一、成果的主要内容

外语学科人才培养是一套复杂系统工程。成果的主要研究问题为:外语学科如何立德树人并依托学校特色优势服务国家战略?外语学科研究生教育如何配置关键要素并培养其创新能力?外语学科与专业如何深度融合并提升本、硕、博人才培养水平?外语学科"五协同"育人模式主要指学科与国家战略、团队与国际师资、课题与优质课程、过程与培养质量、成果与社会需求的协同。该育人模式关注系统内部要素交互联系和普遍性,面向国家需要,立足外语学科基础研究,坚持"以德为先、家国情怀、国际视野"的价值引领,将学术研究成果服务于国家对外战略需求,并贯彻到教育教学中,形成学科建设、科学研究、硕士—博士贯通人才培养的良性互动,全面提升外语学科研究生培养质量。

1. 突出了价值引领地位，开创了外语学科"五协同"育人模式

以"以德为先、家国情怀、国际视野"为价值引领，探索出外语学科人才培养过程"五协同"育人模式，实现了学科建设突破和专业发展一流，获得外国语言文学一级学科博士授权点，五个专业全部入选国家"双万计划"一流专业。

2. 深度融合了学校海洋优势特色，服务国家战略需求成效突出

与中国外文局等政府部门密切联合，共设研究基地，开设研究生专业课程，首次提出"国家翻译实践"概念体系研究。利用多语种优势，率先开展全球海洋文化、极地研究、东北亚研究等涉海区域研究。

3. 优化了研究生培养中的关键资源，外语学科基础研究创新性强

学术创新牵引学科进步、课程改革带动人才培养，聘请众多国际一流学者，深度参与培养过程，探索出"问题化驱动、团队化指导、探究式互动、全球化表达"人才培养路径。开创性地构建了中国英语学习者中介语语言特征体系，在解决二语心理语言学等学术难题上取得突破。

4. 破解学科与专业"两张皮"难题，丰富了外语学科内涵与外延

走出外语学科与专业发展"两张皮"的误区，率先实施跨学科跨语种设置本—硕、硕—博贯通课程体系和培养方案。创建跨学科跨语种的研究生课程体系。

二、成果的主要成效

经过实践检验，本成果收到良好效果。自2011年，受益硕、博士研究生1500余名。学生综合素质高，学术能力强，具有很强的国际合作和跨文化交际能力。学生在 *Applied Linguistics Review*、*Lingua*、《外语教学与研究》、《外国文学评论》等SSCI、A&HCI、CSSCI高水平期刊发表论文360余篇。坚持十余年毕业论文全部双盲评审，每年85%左右的毕业论文获A等论文。外语学科育人模式有力促进了学科建设取得突破性进展。外国语言文学学科于2017年获批一级学科博士学位授予权，2020年入选山东省高水平优势特色学科（唯一外语学科），2022年进入软科学科排名全国前15%。学科与专业共生共荣，外语专业建设成效显著，英语、日语、朝鲜语入选国家一流专业。本育人模式抓住了高水平外语学科人才培养的"牛鼻子"，成效显著。相关成果在《外语教育研究前沿》《外语高教研究》等学术期刊发表。成果主持人应邀在北京大学、上海外国语大学等全国外语学科建设学术会议上做主旨报告27次。学习强国平台、《人民日报》、《中国教育报》、《中国社会科学报》等主流媒体对改革成果进行深度报道，为全国非外国语大学类高校（特别是理工类重点大学）打造一流外语学科研究生教育提供了可借鉴、可复制的人才培养改革之路。

三、获奖情况及完成人

成果获2022年高等教育国家级教学成果二等奖。

主要完成人：杨连瑞、陈士法、任东升、鞠红梅、陈颖、曲金良、郭培清、李海英。

（撰写人：陈颖；审稿人：杨连瑞）

创建科研实践与教学互动体系，培养海洋资源勘探工程创新人才

成果以国家发展战略需求和研究领域前沿为导向，以海洋资源勘探工程为目标，整合优势科技资源，发展和建立了我国以海洋资源勘探工程为特色的海底能源探测与信息技术的创新人才培养体系。通过多年来的理论教学实践，根据海洋资源勘探的理论性和实践性，结合学科建设的总体要求继续加强师资梯队建设，着力提高学生的综合素质和创新精神，为我国社会主义现代化建设和海洋资源勘探，特别是海洋油气勘探领域培养了一批高素质复合型创新人才。

一、成果的主要内容

学校地球探测与信息技术有关学科、专业以培养特色鲜明的高素质海洋与资源勘探工程复合型创新人才为目标，围绕国家海洋资源重大需求、服务于山东经济社会发展和增强自主创新能力，形成了"科研实践与教学互动，突出海洋特色，强化实践技能，注重创新培养"的育人方针，探索并成功实践了专业建设与发展新体系，形成并完善了海洋资源勘探工程创新人才的立体培养模式。

科研实践是教学中最具特色的内容，科学研究实践与课堂教学相结合，实验教学与野外现场教学相结合，海洋资源勘探科学知识实践与多学科综合实践相结合，为学生提供了较好的实验实训学习环境，充分调动了学生主动学习的积极性和创造性，有利于学生打好知识基础。教学内容大部分来自教师的科研项目和科研成果，不仅具有先进性、探索性、实用性、挑战性等特点，还激发了学生主动探索的兴趣，为培养海洋资源勘探工程创新人才奠定了良好的基础。其主要创新点：

1. 海洋资源勘探工程创新人才培养模式创新

培养学生具备海洋科学与资源勘探工程坚实的学科基础，适应21世纪学科发展对高素质专业人才的需求，培养以科研和实践应用为特色的创新型复合型人才。

2. 形成了以科研实践与教学螺旋式互动发展的特色学科课程体系

高水平的科研积累拓展，丰富并完善了学科专业的内涵，强化了海洋资源勘探工程特色与优势；高层次的国内外合作交流和科研资源的共享激发了教与学互动发展的内在驱动力，实现了科研实践与教学的有机结合。

3. 科研与实践训练体系改革创新

以山东省重点学科、教育部重点实验室、"东方红2"船和企事业单位联合实验室为依托，组建了多方位科研实践与教学平台，创建了科研实践的新形式，建立了适应海洋资源勘探工程科研实践与教学特色的开放管理制度，构建了科研实践与教学螺旋式互动发展的特色教学体系。

二、成果的主要成效

成果自2002年实施以来，以国家发展战略需求和研究领域前沿为导向，以海洋资源勘探工

程为目标，整合优势科技资源，探索并成功实践了专业建设与发展新体系。形成了"建设产学研系统工程，培养海洋资源勘探创新人才""理工科融合，培养海洋地球物理探测创新人才"培养体系。2013年成功申报并获批"勘查技术与工程"国家卓越工程师计划项目，2016年通过中国工程教育专业认证协会认证；2012年成功申报并获批了山东省级精品课程"海洋地震勘探"等5门课程群的建设。主持和承担了国家"863"、"973"、国家自然科学基金等项目40余项，科研经费高达3亿多元，获得省部级奖励10余项，充分发挥了科研实践特别是重大科研项目对于学生培养的实战与引领作用；真正实现了科研实践与教学互动，形成并完善了海洋资源勘探工程创新人才的立体培养模式，培养了一批具有竞争实力和创新能力的优秀人才。随着海洋科学研究形势的持续高速发展，已建成我国海洋资源勘探工程创新型人才的重要培养基地，培养的学生基础知识扎实，科研实践综合能力强、素质高，得到了用人单位的广泛好评。

三、获奖情况及完成人

成果于2009年获山东省研究生教育省级教学成果三等奖。

主要完成人：刘怀山、张金亮、李庆忠、王修田、张维冈、童思友、张进。

刘怀山于2015年获中国海洋大学本科教学优秀奖一等奖。

（撰稿人：刘怀山；审稿人：李予国）

细胞生物学国家级教学团队

教学团队是以教学工作为主线、开展教学研究和教学建设的核心力量。加强教学团队的建设是优化师资队伍、促进教学改革、提高教学水平和人才培养质量的有效途径，对于"传、帮、带"、促进青年教师的快速成长和形成团队效应具有至关重要的作用。为了适应新时代高水平创新型教学的要求，以山东省教学名师樊廷俊教授为带头人，以细胞生物学专业系列课程为发展载体，组建了中国海洋大学细胞生物学教学团队，以跨院系合作和资源共享的组织模式，陆续开设了7门细胞生物学系列课程，并开展了一系列教学研究和教学改革，取得了理想的教学效果。

一、教学团队开展的主要工作

在积极开展教学研究与教学改革的同时，始终不忘教学团队的建设工作，秉承打破院系界限、跨专业以及老中青相结合的团队建设理念，经过多年的建设和优化，逐渐形成了一支跨院系、跨专业的细胞生物学教学团队。教学团队主要开展了以下工作：

先后开设了面向本科生的细胞生物学实验课，面向研究生的细胞工程、细胞生物学专题、现代细胞生物学进展、细胞信号转导研究进展、动物克隆进展和分子细胞生物学等课程,先后将细胞生物学建设成为校级和省级精品课程。开展了一系列教学研究和教学改革,承担多项教学研究与改革项目以及国家质量工程项目。在开展高水平"教书"的基础上,还有机融入了"育人"内容,在国内首次撰写出系统的课程教书育人方案,先后将细胞生物学建设成为校级和省级课程思政示范课程。在坚守课堂教学主阵地的基础上,开辟了网络教学、实地参观和学术前沿讲座等多种辅助教学手段,教学水平、教学质量和人才培养质量大幅度提高。在《中国大学教学》和《高等理科教育》等权威教学杂志上发表教学研究论文8篇,获得校级和省级优秀教学成果奖多项,所建设的教学团队被评为省级和国家级细胞生物学教学团队。

二、成果的主要创新点及成效

成果的主要创新点包括:

一是以细胞生物学专业系列课程为发展载体,建立了一支跨院系、跨专业的老中青结合的细胞生物学教学团队。该团队通过多年的教学实践和持续优化,被评为省级和国家级教学团队。

二是充分实现了学校教育教学资源的合理共享和强强联合,围绕教师团队建设,实现了细胞生物学系列课程的建设,紧紧抓住了课程建设的主阵地,取得了丰硕的教学研究与教学改革成果,充分发挥出了教师队伍的主力军作用。

三是建立了以"教书育人"为导向的细胞生物学系列课程的教学体系,在国内首次撰写出系统的课程教书育人方案,并融入多元化的课程教书育人方法和手段,实现了立德树人的人才培养目标。

国家级细胞生物学教学团队是一支跨院系、跨专业的老中青结合的细胞生物学教学团队,既有效整合校内的教育教学资源,大幅度提高了团队成员的教学水平,也大大增强了教学研究和教学改革的实力及水平;同时,实现了教学团队成员的强强联合,提高了青年教师的业务水平,加快了青年教师的成长步伐,为培养出一大批德智体美劳全面发展、具有民族精神和社会责任感的高素质人才奠定了基础。

三、获奖情况及完成人

教学团队带头人樊廷俊于2003年获中国海洋大学本科教学优秀奖一等奖,2007年获评山东省教学名师。

"'细胞生物学'教学改革及教书育人的研究与实践"获第五届山东省高等教育教学成果一等奖,主要完成人:樊廷俊、丛日山、初建松、李赟、汤志宏。

细胞生物学教学团队于2008年先后获批省级和国家级教学团队,团队成员主要有樊廷俊、李赟、王晓飞、杨秀霞、姜明、刘振辉、郭华荣、丛日山、于苗苗、姜国建、汲广东。

"细胞生物学"课程于2021年获批山东省课程思政示范课程,课程团队成员主要有樊廷俊、赵君、徐彬、葛源、姜国建、于苗苗。

（撰稿人:徐彬、赵君;审稿人:樊廷俊）

海洋化学课程国家级教学团队

为夯实化学基础、突出海洋特色、强化实践育人，培养创新型人才，通过组织团队力量，开展涉海化学类系列课程的建设与教学研究，构建了学科背景深厚、专业基础扎实、凝聚力强、教学效果好、富有奉献精神的海洋化学课程国家级教学团队，在化学（含海洋化学）特色专业人才培养中发挥了关键作用。

一、教学团队开展的主要工作

海洋化学课程教学团队2010年获批国家级教学团队，团队带头人为杨桂朋教授。该团队承担了化学专业海洋化学国家理科基地方向涉海类课程的教学工作，持续性开展教学研究和课程建设；重构和拓展了海上专业实习，多方位开展课外实践活动和实践平台建设，包括参与海洋科学野外综合实习、创建人才实践计划等，参与和推动全国化学类及涉海科技实践交流；开展教学与人才培养研讨，在海洋化学课程教学与实践培养环节中加强思想政治教育；组织和参与了海洋化学类教材的编写。

二、成果的主要创新点及成效

该教学团队提出了化学专业海洋化学国家理科基地方向人才培养宗旨。针对如何在化学专业体系中开展并做好涉海人才培养的问题，海洋化学课程教学团队立足化学学科基础，发挥海洋科学人才培养优势，确立了"培养兼备海洋科学和化学两个学科坚实基础，有能力在两学科及其交叉学科或邻近学科从事基础研究和实践应用，具有良好的科学素养和较宽厚的业务基础，有较强的创造能力、适应能力和发展潜力的新型复合型人才"的宗旨，以实现"厚基础、宽口径、重特色"的培养目标。

该教学团队构建了以高水平课程建设为主导，优化海洋化学类专业课程建设的模式。在国家理科基地创建名牌课程和国家级、省级精品课程基础上，海洋化学课程教学团队强化优势、改进不足，开发新资源、应用新技术和新平台全面开展课程建设。海洋化学（含化学海洋学、化学海洋学实验、海洋学和海洋化学专业实习三个环节）课程于2013年获批国家级精品资源共享课，化学海洋学及实验、海水分析化学及实验、海洋学和海洋化学专业实习均为本专业核心课程，海洋物理化学等为专业特色课程，为创建一流课程打下了基础。

该教学团队突出海洋特色，建设课内与课外结合的实践培养体系。以海洋化学课程教学团队成员为主，提出了以海洋为实践对象促进化学学科基础的实践培养理念，参与建设了多校联合海洋科学综合野外实践基地并开展课外实习，创新性设立了以专业社会实践为主题的人才实践计划，倡导并推动了高校海洋与化学大学生科技实践论坛等实践交流活动，多学科交叉多方位培养学生的实践与创新能力，促进了学生的成才与发展，收到了良好的培养效果。

该教学团队在教材编写与人才培养教学研讨等方面取得成效。海洋化学课程教学团队经常开展教学研讨，率先在"海洋学和海洋化学专业实习"中开展思想政治教育，并推广到其他教学环节中。团队成员主编或参编了多部教材,已出版的有《海洋物理化学》(王江涛、谭丽菊主编,中国海洋大学出版社2015年出版)、《化学海洋学实验》(谭丽菊主编,李铁、祝陈坚副主编,中国海洋大学出版社2018年出版)、《海洋生态环境监测技术方法培训教材化学分册》(李铁参编,海洋出版社2018年出版)。其中《海洋物理化学》获国家海洋局2016年度海洋优秀科技图书奖。

海洋化学课程国家级教学团队的设立是数代海洋化学教育工作者在教学和科研第一线长期努力工作的结果,既传承历史又立足今日,更面向未来,在高等教育发展中不断变革,精练和优化涉海化学类课程结构,加强课程建设,开展实践培养,教学效果显著,持续性产出教学成果,为化学专业其他课程教学团队的设立与发展提供了可借鉴的模式,也为相关的特色型基础学科本科专业人才培养中专业课程的建设与教学团队构建起到了示范作用。

三、获奖情况及完成人

"海洋化学理科基地人才培养模式改革与实践"获第六届山东省高等教育教学成果一等奖,完成人:杨桂朋、李铁、石晓勇、祝陈坚、王江涛、姬泓巍。

"突出海洋特色的化学专业建设与人才培养实践"获第七届山东省高等教育教学成果二等奖,完成人:杨桂朋、李铁、谭丽菊、冯丽娟、张丽。

"夯实基础、突出特色,涉海化学专业综合实践体系构建与应用"获第八届山东省高等教育教学成果二等奖,完成人:杨桂朋、李铁、刘春颖、谭丽菊、韩秀荣、迟瑞娟、冯丽娟、葛田田。

(撰稿人:李铁;审稿人:杨桂朋)

"海洋化学"国家级精品课程

2003年4月,教育部下发了《关于启动高等学校教学质量与教学改革工程精品课程建设工作的通知》(教高〔2003〕1号),精品课程建设工作启动。在此背景下,学校推荐优秀的特色课程申报精品课程,由张正斌教授主讲的"海洋化学"课程于2004年获批国家级精品课程。

一、成果的主要内容

张正斌教授在海洋化学领域具有多年的研究基础,在该学科的各研究领域都涉猎广泛,已在教学一线深耕多年。在广泛调研和总结多年经验的基础上,张正斌和教学团队一起,出版了《海洋化学》本科生教材(中国海洋大学出版社,2004年),形成了具有鲜明海洋特色的专业课程教学体系。在此基础上,重新修订了课程大纲,建立了全新的教学理念和方法,确立了课程的核心专业课地位，明确了海洋化学专业的人才培养目标。

海洋化学是研究海洋各部分的化学组成、物质分布、化学性质和化学过程以及海洋化学资源在开发利用中的化学问题的科学。该精品课程首次明确了"海洋化学"课程的教学体系，对海洋中的成分（海洋中的水、常量元素、微量元素、溶解气体、营养盐、有机物、同位素及碳化学）以及这些成分在海洋中的分布及转化过程、与之相关的资源及环境等内容进行了清晰的分类和描述。课程深入浅出，体系完整，可以为本科生奠定坚实的海洋化学专业基础。

海洋化学是海洋科学和化学交叉融合产生的一门二级学科。化学是一门实践的科学，海洋学是一门强调现场资料调查的学科，由这两个一级学科交叉形成的分支（二级）学科强调海上现场实践和实验室实验。因此，该课程除了在校内进行一定数量的基础实验和专业实验外，还要在调查船上进行较长时间的海上实践。除测定主要海洋化学因子外，还要调查海洋生物学、海洋地质学和海洋物理学等相关学科的内容，体现了交叉学科的全面性和完整性。

二、成果的主要成效

"海洋化学"课程除了对理论进行全面的介绍，还结合海洋资源与环境，讲解海洋化学在国民经济中的地位和作用。目的是使学生掌握海洋的基本化学组成和相关理论，并能应用于实践，为从事海洋科学研究打下坚实的基础。该课程获批国家级精品课程，对于在全国范围内推广海洋科学教育，增强国民的海洋意识，推进建设海洋强国，具有重要的意义。该课程是国内唯一的全国理科人才培养基地的海洋化学本科生基础课程，也是唯一的海洋化学专业教育部名牌课程，在国内外同类课程中处于领先水平，起到了带头和模范作用。所采用的教材和参考书，曾分别获得山东省一等奖和国家教委科技进步二等奖，在海洋化学领域也是国内仅有的。该课程的课程内容是国际上的海洋化学专著和教材中唯一有明确理论体系并得到初步肯定的。与该课程相配套的海洋化学实验和海洋化学调查，在仪器、方法和内容等方面与国际接轨，使我们的毕业生与国外毕业生相比毫不逊色。

除了线下的课堂教学，该课程作为全国公开课，已经在网络平台"云教学"多年，为社会培养了大批的海洋化学人才，为推动我国的海洋强国建设做出了杰出贡献。

三、团队成员情况

本课程的主讲人为国家级教学名师张正斌教授。团队其他成员还有王江涛、石晓勇（目前工作单位为自然资源部海洋减灾中心）、谭丽菊和刘春颖。团队成员密切协作，为课程在全国范围内的推广做出了重要的贡献。

（撰写人：谭丽菊、王江涛；审稿人：刘春颖）

"贝类增养殖学"国家级精品课程

水产养殖学是中国海洋大学的特色专业,也是国家级特色专业,肩负着为水产业培养专业人才的重任。随着产业的发展和社会的进步,对人才的要求已经上升到了更高的层次,传统的教学模式已经难以满足社会需求。提高教学质量、培养水产精英人才是社会的呼声,也是水产学科高等教育的使命。

为全面提高教学质量,培养高水平的创新型人才,进一步打造具有示范和辐射作用的高水平名牌专业,"贝类增养殖学"精品课程建设工作持续推进,为进一步打造具有示范和辐射作用的高水平名牌专业提供了有力保障。该课程2007年获批国家级精品课程,2012年获批国家级精品资源共享课。

一、成果的主要内容

"贝类增养殖学"是一门专业技术课程。本课程针对水产养殖专业高年级学生开设,课程内容包括增养殖贝类的生物学原理、苗种繁育技术及增养殖技术等内容,以介绍我国海水贝类增养殖生产的成功经验和科技成果为主,适当介绍国外科研的新技术、新成果。要求学生通过课程学习,掌握经济贝类的生物学、苗种生产和增养殖方法,把握国内外贝类增养殖的动态,以便为今后的工作打好基础。

在"贝类增养殖学"精品课程建设过程中,围绕课程建设的核心内容,展开了以形成"一流的教材、一流的教学内容、一流的教学方法、一流的教师队伍"为主要目标的精品课程建设工作。

创建了精品课程网站,搭建了自主学习的网络平台和优质教学资源共享平台。建设了"贝类增养殖学"精品课程网站,为学生搭建了自主便利的学习平台,拓宽了知识空间。课程网站中的教学资源可供浏览和免费下载,实现了优质教学资源的共享。

出版了高水平课程教材,完成了课程体系的传承和更新,保障了教学内容的先进性和科学性。主编了《海水贝类养殖学》教材,教材内容新颖,特色显著,保障了授课内容的完整性、先进性和科学性。

创建了国家级教学团队,显著提高了教学质量。高水平的师资队伍是培养高素质创新型人才的重要保证。以贝类增养殖学课程团队为核心,联合相关课程的主讲教师,创建了海洋无脊椎动物养殖学课程国家级教学团队(团队带头人为王昭萍教授),通过团队间的"传、帮、带"、观摩与研讨、进修与培训等途径,有效提升了团队的整体素质和教学能力,提高了课堂教学效果。

二、成果的主要成效

通过课堂授课、联合培训以及网络平台等多种方式,使精品课程在不同的环境条件、不同层次的受众中展现并发挥其效用,取得良好的效果。

精品课程建设是质量工程建设的重要内容。开展精品课程建设、提高教学质量符合学科发展的需要，也与人才培养的目标相协调。通过精品课程建设，更新了课程教学内容和教学方法，丰富了教学资源，既提高了学生的学习兴趣，也调动了教师的教学积极性，使整体教学效果得到了极大提高。同时，精品课程的建设也推动了优质教学资源的共享，使学生能得到最好的教学资源，在全面提高教学质量，培养高水平创新型人才方面发挥了重要的作用。

三、获奖情况及完成人

本成果作为"水产养殖专业精品课程建设及实施效果"的主要内容获2010年校级教学成果一等奖、第七届山东省高等教育教学成果二等奖；编写的教材《海水贝类养殖学》于2009年获中国海洋大学优秀教材特等奖、2011年获山东省高等学校优秀教材一等奖；课程负责人王昭萍于2011年获评山东省教学名师。

主要完成人：王昭萍、郑小东、王如才、李琪、于瑞海。

（撰稿人：王昭萍；审稿人：郑小东）

"物理海洋学"国家级精品课程

为切实推进教育创新，深化教学改革，促进现代信息技术在教学中的应用，共享优质教学资源，进一步促进教授上讲台，全面提高教育教学质量，造就数以千万计的专门人才和一大批拔尖创新人才，提升我国高等教育的综合实力和国际竞争能力，教育部于2003年决定在全国高等学校中启动高等学校教学质量与教学改革工程精品课程建设工作。

经过持续重点建设，"物理海洋学"课程建设成为一门具有一流教师队伍、一流教学内容、一流教学方法、一流教材、一流教学管理等特点的示范性课程，带动了全国物理海洋学科整体教学水平的提高，达到了为国家海洋事业发展培养优秀人才的目的。

一、成果的主要内容

"物理海洋学"是海洋科学专业的一门十分重要的主干课程，包括了海流、海浪、潮汐、水团、海洋内波以及风暴潮等方面的内容。

通过"物理海洋学"课程的学习，学生能够具备以数学、物理、力学为基础，根据流体动力学和热力学原理，研究海洋物理场的形成、变化与演变规律的基础能力，为学生今后的海洋科学方面的研究工作奠定坚实的理论基础。

本成果构建了传统教学与多媒体教学的融合、前沿讲座对传统教学的拓展、教师教学与课堂辩论的双向互动等要素组成的新型教学方法体系；推进了物理海洋学的理论教学与实践活动和科研训练的有机结合，提出了科研导向型的教学理念；建设了"物理海洋学"试题库，施行了理论与实践相结合的考试模式；建立了以时任校长为组长的、由业务骨干组成的、以课程为纽带的"物理海洋学"课程组这一新型教学组织形式；成立了由教学经验丰富、科研成果丰硕的资深教授组成的"物理海洋学"教学督导委员会。

二、成果的主要成效

教学内容先进。随着科学技术的飞速发展，物理海洋学也得到了长足的发展。为了使"物理海洋学"课程具有强烈的时代气息，反映物理海洋学的主流成果，使学生始终站在物理海洋学的前沿看问题，"物理海洋学"课程的教学过程和科研活动紧密地结合在一起，课程组成员既是"物理海洋学"课程的教师，又是物理海洋学学科的研究人员，能够密切注视国内外物理海洋学的发展及其最新研究成果，将其及时融合进"物理海洋学"的课堂，近几年主要融合了物理海洋学在中尺度涡、中纬度海气相互作用、大洋深层环流等方面的成熟理论和成果。

教学方法有效。充分发挥学科建设和专业建设对课程的支撑作用，将理论教学与室内实验和海上实践紧密结合，传统课堂教学与多媒体技术和学术报告结合，单向授课与课内外讨论和辩论互动方式相结合，建立健全了针对理论性课程的启发式教学和探究型教学模式，实现了抽象公式的具体化、具体现象的理论化，显著提升了学生对物理海洋学基本理论的感性认识和理性理解能力，是本课程教学改革的主要创新点。

"物理海洋学"课程系统地阐述了物理海洋学的基本理论，同时又反映了当代物理海洋学科的发展水平。授课教师不仅有丰富的教学经验，还有很强的科研能力，在所涉及的领域有深厚的理论基础与丰富的实践经验，教学定位高，概念清晰，教学手段先进，教学方法灵活，课堂气氛活跃，师生关系融洽，达到了良好的教学效果。通过这门课程的学习，学生既掌握了成熟的物理海洋学理论，又了解了物理海洋学最新的科研成果，更锻炼了他们理论应用于实践、解决实际问题的能力。为学生今后从事海洋科学的研究、海洋环保、海洋工程、海洋水产、航海和从事管理、应用等方面的工作奠定了坚实的理论基础。

三、获奖情况及完成人

"物理海洋学"课程于2006年获批国家级精品课程，主要完成人有吴德星、兰健、陈伯海、苏洁、王辉、陈旭；于2013年获批国家级精品资源共享课，主要完成人有兰健、苏洁、吴德星、吴克俭。

（撰稿人：李睿青；审稿人：吴德星）

"食品保藏原理与技术"国家级精品课程、"食品保藏探秘"国家级线上一流课程

"食品保藏原理与技术"和"食品保藏探秘"是食品科学与工程、食品质量与安全等专业开设的专业基础课。本系列课程研究食品腐败变质的原因及食品保藏方法的原理和基本工艺,解释各种食品腐败变质现象的机理并提出各种合理科学的防止食品腐败变质措施,从而为食品的保藏加工提供理论基础和技术基础。通过课程教学,使学生掌握食品保藏的基本原理、基础知识和基本技能,培养学生分析和解决食品保藏中出现的问题的能力,发展学生在开发食品保藏新工艺方面的创新思维,为今后学习其他专业基础课和专业课奠定基础。

一、成果的主要内容

本系列课程主要讲述了食品保藏的基本原理、食品保藏过程中的品质变化、食品低温保藏技术、食品罐藏技术、食品干制保藏技术、食品辐射保藏技术、食品化学保藏技术、食品腌制与烟熏保藏技术、食品保藏中的高新技术等内容。

课程建设围绕"以学生为中心"理念,从教学团队建设、教材建设、教学内容建设、教学方法与手段改革、教学评价等进行了立体化建设与实践。

本系列课程构建和完善新的课程内容体系;以课程内容体系改革为依据,建设高水平教材;开展教学方法研究和改革,提高课程教学质量;推进教学团队建设,建立教学与科研融合的长效机制;构建优化的课程实验教学体系,培养学生创新能力;构建"价值引领—专业知识—专业技能"三位一体的课程思政体系,培养学生产业振兴的责任担当意识;推进考试方式和成绩评价方式改革,培养高素质人才。

二、成果的主要成效

通过课程教学团队多年来的努力探索与实践,"食品保藏原理与技术""食品保藏探秘"课程形成了鲜明特色,主要表现在以下几个方面:

1. 以教学研究和教学改革为动力,带动教学水平提高

以现代教育理论为指导,以多媒体和网络技术为手段,以承担国家级、省级及校级教研课题为抓手,转变教学观念,完善课程内容体系,改革教学方法,实现了从传授知识向培养能力的转变。

2. 以教学团队建设实现教学与科研有机结合

通过引进和培养高水平博士,并组合现有教师队伍中学科背景和研究领域相近的教师,以紧密联系的课程与课题为纽带,形成融教学任务和科研任务于一体的教学团队,建立起教学与科研互动,科研与教学相长的长效机制,形成了课程组与课题组的共轭效应。

3. 丰富的教学资源,灵活多样的教学方法与教学手段

本系列课程在长期的教学实践中,不断积累教学资源,根据当代大学生多通过网络获取信

息的特点,把网上获取资源、交互活动和小组学习活动有机结合起来,突破传统教学中的"满堂灌"和纯网络学习滋生的浅层学习模式;通过微视频、翻转课堂、问题解决教学、小组讨论、项目教学法等多种教学策略,促使学生从浅层学习转向批判、理解和创造式的深度学习。

4. 改革课程考试方式,突出能力素质培养

改变单一闭卷的考核方式,理论课灵活采用提出问题、调查报告、小论文、讨论与期末闭卷考试等多种方式进行考核;实验课依据不同类型项目确定比例和分值,突出了能力素质培养,促进了学生知识、能力、素质的协调发展,逐步完善了诊断性评价、形成性评价及终结性评价的多级评价体系。

截至2021年6月,"食品保藏原理与技术"累计点击量超10万次,"食品保藏探秘"累计选课236校次,累计选课人数7.57万人,累计互动41.21万次。

国家级精品课程"食品保藏原理与技术"、国家级一流课程"食品保藏探秘"在全国食品科学与工程专业领域起到了示范与引领作用,为学校食品科学与工程国家一流专业建设做出了贡献,为培养食品科学与工程专业一流创新人才发挥了重要作用。

三、获奖情况及完成人

"食品保藏原理与技术"课程于2007年获批国家级精品课程;"食品保藏探秘"课程于2018年获批国家级精品在线开放课程,于2020年获批国家级线上一流课程。

课程教学团队主要成员有曾名湧、刘尊英、赵元晖、董士远、吴浩浩等。

（撰稿人:刘尊英;审稿人:曾名湧）

"卫星海洋学"国家级精品课程

"卫星海洋学"课程是海洋科学和大气科学专业的本科生专业基础课,是一门随着卫星遥感技术发展不断完善的新兴课程。1985年,美国人R.H.Stewart编著的 *Methods of Satellite Oeanography* 和英国人I.S.Robinson编著的 *Satellite Oceanography* 问世,"卫星海洋学"课程逐渐在高校中兴起。自2001年以来,中国海洋大学刘玉光教授等人在学校开设了"卫星海洋学"课程,但是随着卫星遥感和卫星海洋学的迅速发展,上述教材已经不能满足我国高校对卫星海洋学教材的需求。在这种形势下,课程组从2001年开始着手编写了我国的《卫星海洋学》教科书。

一、成果的主要内容

课程立足海洋遥感的基本原理,紧密结合科研发展的前沿,讲解国内外海洋遥感的基本信

息,理解卫星遥感的海洋学解释和海洋学应用,是一门教学和科研紧密结合的课程。

1. 课程的内容、结构

理论课讲授主要依据刘玉光教授主编的教科书《卫星海洋学》,全书分为12章,包括绪论、气象卫星与水色卫星、海洋卫星与陆地卫星、卫星轨道与分辨率、电磁辐射、散射和吸收、辐射计和水色遥感、热红外辐射计、微波辐射计、散射计、高度计、合成孔径雷达。其中前3章介绍基本常识,第4—6章讲解基本理论,第7—12章按照传感器类型排序,分别讲授卫星遥感原理和观测数据的应用。

本课程的实践课主要采用大作业(project)形式,由学生课后自主完成,教师给予指导。第一类大作业是卫星遥感网站数据的下载、绘图和初步分析。第二类大作业是英文文献阅读理解和综述。

2. 课程的知识点

要求学生理解卫星遥感原理及卫星观测数据在海洋学研究中的应用,学会获取和实际使用卫星资料。对知识点的基本要求:① 了解国内外卫星遥感基本信息;掌握电磁波辐射与传播的基本理论,包括麦克斯维尔方程解的形式,辐射度、辐照度、发射率、反射率、菲涅尔反射系数、亮温和分辨率等基本概念,以及普朗克辐射定律与瑞利–金斯定律;理解大气和海水的吸收和散射机理,包括米氏散射和瑞利散射。② 掌握大气传输方程和大气校正原理以及光学厚度概念;理解可见光水色扫描仪、热红外与微波辐射计、高度计和散射计以及合成孔径雷达原理;掌握叶绿素、海面温度、盐度、海上风速风向和海面地形起伏等要素的基本遥感机理。③ 通过指导学生查询国内外卫星遥感网站和图书馆期刊,培养学生的自主学习和研究性学习能力,使学生具备获取卫星海洋学最新信息和资料的初步科研技能以及依据文献撰写综述论文的综合能力。

3. 课时等方面的组织安排

理论课大约需要44学时,实践课大约需要4学时,包括讲解卫星数据下载技术问题,安排学生做大作业、科研项目、演讲。此外,学生需要花费大约30学时的课下时间完成自选的题目。

4. 教材改革

在借鉴国外原版教科书的基础上,吸收国内外文献的最新信息,刘玉光主编了《卫星海洋学》教材。新编教材覆盖了原英文教科书的基本内容,同时紧密跟踪了该学科发展的最新信息。经过多年教学实践,教材日臻完善,2006年列入教育部"十一五"国家级规划教材,2009年由高等教育出版社出版。目前,该教材受到国内各单位的普遍欢迎,国家海洋卫星应用中心和海军所属各卫星地面站将之作为业务培训讲义,中国科学院研究生院、厦门大学、河海大学、大连海事大学、上海海洋大学、浙江海洋大学、广东海洋大学等采用了该教材及与之配套的课件、考试题库和大作业样本库等多种教学资料进行教学。目前,《卫星海洋学》教材的修编工作由徐青主持,已经列入中国海洋大学2022年度教材建设基金重点项目。

5. 教学网站

本课程教学网站自2004年开始建设,多年来积累了大量教学资源。其中学生大作业样本对于开展实践教学发挥了很好的指导作用;教学课件在内的各种教学资源对国内同类大学开展同类课程提供了有益的参考。

二、成果的主要成效

课程具有三大特征:新颖性、跨学科性、实用性。创新式的"大作业教学"寓教于研、寓教于练,提升了课程的趣味性和学生的参与度,有利于培养具备基本科研素质的创新型人才。

本课程在实践教学(大作业形式的科研训练)方面有突出成绩。在实践性教学中,布置了锻炼学生实践能力和综合能力的大作业,并且给出了各类参考样本。大作业是国外一流大学经常采用的一种行之有效的教学方式。它将课堂知识与课外自学相结合,是培养学生自主学习能力的有效途径之一。通过大作业,学生学会了上网查阅科学文献和遥感资料、编写计算机程序读取卫星遥感数据、使用计算机绘图和撰写科学报告。该教学方式调动了学生的学习积极性和主动性,激发了学生对卫星海洋学的热爱,提高了学生的动手能力和自信心。

三、获奖情况及完成人

"卫星海洋学"课程于2007年获批国家级精品课程,于2013年获批国家级精品资源共享课。2009年出版的《卫星海洋学》(刘玉光主编)被选为普通高等教育"十一五"国家级规划教材。《卫星海洋学》教材的参编人员还包括徐青、修鹏、殷晓斌、程永存。通过"卫星海洋学"国家级精品课程的教学实践和教材编写,课程组在海洋卫星遥感领域培养了一批杰出人才。

课程教学队伍主要有刘玉光、荣增瑞、徐青、邢小罡、修鹏、郭佩芳、韩树宗、唐军武等。

(根据相关资料整理;审稿人:刘玉光)

"海洋调查方法"国家级精品课程

自20世纪80年代以来,世界海洋科技获得空前的发展,海洋调查方法及手段日新月异。卫星遥感技术、移动平台与深潜技术、雷达遥测技术等高科技融于一身的立体式海洋调查与观测系统应运而生。多源资料融合技术、资料四维同化技术等资料处理方法也相继出现,使海洋科学研究进入一个新的阶段。这些海洋调查的新方法、新手段、新技术的不断涌现,推动"海洋调查方法"课程在教学内容和教学方法等方面进行深层次的改革和建设,以适应现代海洋学发展的需要。

一、成果的主要内容

"海洋调查方法"课程是海洋科学研究和教学人才培养基地的一门专业基础课程,包括理论教学和现场实践两部分。转变定位,从原课程讲义以介绍仪器使用为主向注重培养学生捕捉海洋现象并设计调查方案的能力转变;据此审定教学大纲,对传统教学内容进行遴选和补充,编写出版《海洋调查方法》教材;改革课程教学手段和方法,重点进行电子教材、教案、多媒体课件的建设,强化实践教学环节,挖掘海上教学资源,开发现场与虚拟海上实践教学课件;建立以胶州湾海洋调查实习为基础并结合科研项目调查航次,培养学生适应海上作业和处理现场问题的能力;构建海洋调查基础资料库,确保学生能有足够的数据开展调查资料数据处理和海洋学信息提取等基本技能训练;制定课程笔试和海上实操技能双重考核范式并付诸实施。课程建设实现了课堂教学、仪器操作实训、资料处理练习以及理论和现场考核的有机衔接。

二、成果的主要成效

以课程教材和课件建设为抓手,通过教学改革和实践,将"海洋调查方法"课程建设成集教材、课件、海上实习平台和数据平台等多资源的特色精品课程,为我国快速发展中的涉海院校提供教学示范和课程资源共享服务,取得了良好成效。

注重教学改革与实践。根据海洋科学学科发展和人才培养目标的变化,重新定位课程,调整课程体系和教学内容,突出教材和课件建设,充分挖掘资源,强化实践环节,使之适应海洋学科发展与人才培养目标。

采用多种形式的实践教学策略。贯彻学生为主体、教师为主导的教育理念,在实践教学活动中实施"问题解决"教学策略,让学生在问题讨论和问题解决实践中增长知识和技能,调动学生的主动性和创造性。

科研反哺教学。教学团队以科技部、国家自然科学基金委等资助的课题为依托,在解决科学问题的现场调查实践中促进了教学改革和人才培养,扩大了学生视野,培养了学生海上调查实际组织能力和良好的资料获取技能。

"海洋调查方法"课程在讲授海洋调查基础知识的同时,引导学生从思想上重视海上调查实践。通过多种形式的课件展示各类新仪器、新技术、新方法,大大开阔了学生的眼界,培养了学生学习海洋科学的兴趣,促进了教学质量的提高。多资源整合提供了现场调查实操和资料处理平台,培养了学生海上作业与应变能力以及数据处理和信息提取技能。通过笔试和海上实际技能双重考核方式,激发学生运用所学的知识,组织项目实施、完成海上观测任务、处理资料并提取有关的海洋学信息,充分调动了学生学习的积极性,培养了学生团结协作的科研精神。

三、获奖情况及完成人

本课程获国家名牌课创建项目(2000年)支持,2008年获批国家级精品课程。"海洋调查方法教学改革与实践"获2001年中国海洋大学教学成果一等奖。

主要完成人:鲍献文、高郭平、郭心顺、赵忠生、侍茂崇。

（撰稿人:鲍献文、于华明;审稿人:侍茂崇）

"环境海洋学"国家级精品课程

"环境海洋学"课程始于1998年为硕士研究生开设的"环境海洋学讲座",我国环境海洋学学科的奠基人冯士筰院士和两位全国模范教师李凤岐教授和孙文心教授均参与过本课程的设计或授课。2001年起,为硕士研究生、博士研究生开设"环境海洋学"课程;2002年,"环境海洋学"课程被列为环境科学专业本科生的必修课。

一、成果的主要内容

课程以服务学生发展为中心,以学习知识、激发兴趣、训练思维、提升能力、养成品德为目标,帮助学生建立环境海洋学的知识体系,掌握分析海洋环境问题的基本思路与方法,为后续专业课程学习和未来发展奠定基础。

课程内容涵盖海洋环境相关的交叉学科知识。环境地学使学生明白海洋是地球环境和气候系统的重要组成部分;环境动力学使学生掌握海洋环境的流体动力学和热力学特征;环境化学使学生理解海洋中物质循环过程及其复杂性;环境生态学使学生初识海洋生态系统的多样性和脆弱性;海洋管理学使学生了解我国海洋环境管理的基本任务和面临的挑战。课程注重从学科发展的新理论、新技术等方面适度地前瞻,引导学生提出应对海洋环境问题的科学设想,激发学生的学习兴趣和主动性。

"环境海洋学"课程授课学时、面向对象等随着学校四年一次本科培养方案的修订,曾有过多次变化。目前,面向中国海洋大学环境科学和环境工程本科专业学生开设本课程,总计48学时,3学分。同时,在环境科学与工程一级学科层面,面向学术学位、专业学位的硕士研究生和博士研究生开设本课程,总计48学时,3学分。"环境海洋学"课程已成为中国海洋大学环境学科特色办学的标识性课程。

课程团队重视课程内容的逐步优化和教学方法的持续改进,建成了以五大模块、四位教师、四个课堂为特色的课程教学模式。

注重基础性和综合性。本课程是学校环境专业海洋特色办学的第一门专业核心课程,内容包括海洋环境地学、动力学、化学、生态学和管理学五大知识模块,体现课程内容的基础性。课程既突出海水运动特性的定量解析,也注重地学、化学、生物环境多样性的定性描述,彰显了课程内容的综合性。

注重专业性和启迪性。针对课程的跨学科特性,逐渐形成了四位教师联合授课的教学方式,地学、动力、化学、生态和管理等方面的知识均由对应专业背景的教师讲授,既保障课程内容的专业性,又能从深入浅出的问答中启迪学生的科学思维。

注重知识性和思政性。课程特色还在于海洋强国和美丽中国等思政元素的融入,将知识传授与价值引领相融合,以海洋环境专业知识为载体,强化塑造学生的正确价值观。

课程注重创新教学方法,形成4个特色课堂:海边课堂、讨论课堂、大师课堂和思政课堂,明显改进了教学效果和学生的获得感。

二、成果的主要成效

课程已建成大型开放式网络课程（MOOC），自2018年开始在东西部高校课程共享联盟"智慧树"运行，已有来自60余所高校的数千名学生在线学习。

课程建设取得了明显成效：本课程内容具有多学科、大跨度交叉的特点，涵盖了海洋环境地学、海洋环境流体力学、海洋环境化学、海洋环境生态学、海洋环境管理学等，为我国海洋环保高端人才的培养提供了优质教学资源。教学内容科学合理，既保证知识的基础性和系统性，也注重最新研究成果的引入，体现了知识更新和学术探索性。从课程内容到教学方法都进行了富有成效的创新和改革，显著提升了学生的学习热情和学习效果。课程中融入丰富的思政元素，形成了启发性、讨论式思政教学模式，培养了学生的探索精神、家国情怀和海洋国土意识，帮助学生树立正确的人海协调观，实现了课程全方位育人。

三、获奖情况及完成人

本课程于2008年获批国家级精品课程，2013年获批国家级精品资源共享课，2021年被评为教育部课程思政示范课程。本课程选用的教材——李凤岐、高会旺主编的《环境海洋学》（高等教育出版社，2013年）于2020年获山东省优秀教材奖。

主要完成人：高会旺、李凤岐、石金辉、刘哲、李正炎、史洁、陈洪举等。

（撰稿人：高会旺；审稿人：史洁）

"水产动物营养与饲料学"国家级精品课程

"水产动物营养与饲料学"课程的教学与研究工作开始于20世纪70年代末，由我国著名的水产动物营养与饲料学家李爱杰先生开创。

1981—1986年，"水产动物营养与饲料学"为国家水产总局专业人才培训课程；1987—1995年，为淡水养殖和海水养殖本科专业主干课程，课程团队自编了课程讲义。1996—2000年，课程团队承担了我国第一部高等农业院校教材——《水产动物营养与饲料学》的编写工作。2001—2010年，课程结合信息技术开展教学改革，于2008年被评为山东省精品课程，2010年被评为国家级精品课程。2011年至今，课程团队主编国家级规划教材《水产动物营养与饲料学》（第二版），2020年，该教材获省级优秀教材奖并推荐进入国家级优秀教材评选。本课程是国家级精品视频公开课"水产学导论"的主要组成部分。

一、成果的主要内容

水产动物营养是理论基础，水产饲料是其在产业上的应用。为此，本课程的内容也主要分为两大部分，即水产动物营养学原理和研究方法、水产饲料的配制和投饲。第一部分讲授水产动物营养学原理、水产动物繁殖期的营养、鱼虾类的摄食与消化吸收、营养与水产动物的健康以及水产动物营养研究方法；第二部分讲授渔用配合饲料原料、渔用配合饲料的添加剂、饲料配方的设计与加工、渔用配合饲料的质量管理与评价以及投饲技术。

课程团队主要开展了以下工作：

构建了我国第一个水产动物营养与饲料学本科课程的教学体系。根据高等教育"两性一度"的金课标准，本课程高阶性主要体现在"知识、能力、素质"三位一体教学理念，培养学生应用水产营养学前沿理论与方法解决水产饲料生产实践中的问题，并加强课程思政。

编著了我国首部水产动物营养与饲料学全国大专院校通用教材。经过40余年的建设，教材经历了自编的讲义到主编的我国第一部高等农业院校教材——《水产动物营养与饲料学》的发展，并于2011年主编出版了第二版。为培养学生的实践及创新能力，主编出版了集理论、实践为一体的系列教辅用学术专著，包括《全国无公害食品行动计划丛书——无公害渔用饲料配制技术》等。

科研与教学有机结合，提高了知识点的挑战度。本课程的挑战度主要体现在注重跟踪世界水产动物营养与饲料学科前沿和水产饲料工业发展的尖端技术上，并将其反映在教学内容中。教学队伍中所有授课教师均具有海外留学经历，与国际接轨程度高。重视学生的研究性学习，利用饲料生产录像、饲料及原料实物等，将营养理论知识与饲料配制生产实践相结合，带学生们走进实验室参观学习，在养殖基地进行的水产饲料研究被CCTV-10报道，并作为学生课程理论学习的生动实践材料，提高学生的学习和研究热情。

二、成果的主要成效

根据学生和国内相关专家的评价反馈，本课程充分贯彻了"学为主体、导为主线、知识传授与能力培养并重"的原则，通过启发式教学，将教学重心从"教"转移为"学"，突出学生在学习过程中的主体地位。在授课内容上，课程知识充实，问题的阐述简练准确，重点突出，十分注重反映本学科发展的新思想、新概念、新知识和新成果。在课堂讲学形式上，引入现代信息技术教学手段，精心制作电子教案和网络课件，取得了很好的效果。

三、获奖情况及完成人

"水产动物营养与饲料学"课程于2008年获批山东省精品课程，于2010年获批国家级精品课程。以麦康森作为带头人的水产养殖学专业虚拟教研室于2022年获批教育部虚拟教研室建设试点。

主要完成人：麦康森、张文兵、张彦娇、周慧慧。

（撰稿人：张文兵；审稿人：麦康森）

"大学生人生发展与素养建构"国家级精品视频公开课

"大学生人生发展与素养建构"课是一门思政类通识课,是高校思想政治理论课程体系和通识教育体系的重要组成部分,是针对大学生成长过程中面临的困惑,开展马克思主义的世界观、人生观、价值观、道德观、法治观教育,引导大学生提高思想道德素质和法治素养的课程。

一、成果的主要内容

课程融思想性、政治性、知识性、综合性和实践性为一体。以提升人生素养为目标,选取大学生在成长过程中遇到的问题,围绕"寻求理想、叩问生命、道德诉求、法律思维、情商培养、压力管理、健全人格"八个专题予以阐述和诠释,并结合个案进行剖析,将哲思寓于现实人生的分析当中。课程视野开阔,内容丰富,对大学生树立正确的世界观、人生观和价值观,适应现代社会、促进人生发展具有启迪意义。

在课程设计上推行"问题导向+学理剖析"的专题教学模式。将教材体系转化为教学体系,将理论知识属性和思政教育属性有机结合,将育德和育心有机结合,注重教育内容和学生实际相结合,充满对大学生的现实关照;注重第一课堂与第二课堂有效衔接,深化学生对课堂教学的理解和认识,不断提升思政课的思想性、理论性和亲和力、针对性,以开阔学生的理性思维空间,促进学生思想进步和健康成长。

在教学方法上将抽象的理论问题情感化处理。深入浅出,抓住大学生思想、情感、心理的可塑性特点,充分展示教师的个性特点与语言风格,做到以情感人、以理服人,采用接地气的语言同学生交流,采用学生易于接受的方式来表达,使课程成为有人文关怀的、有温度的课程,提高了课堂的抬头率和点头率。

二、成果的主要成效

课程设置了八个教学专题,将国家意志与个人需求融合,把思想与实践紧密结合,育德与育心有机结合,以内容上的时代感、针对性,形式上的亲和力、吸引力,促使学生自觉参与到课程演绎中,使学生有实实在在的获得感,取得了令人满意的教育效果,将立德树人的课程教育作用挖掘了出来,巩固了思政课价值引领的阵地作用。课程在爱课程、中央网络电视台、网易三大网站以"中国大学视频公开课"形式免费向社会开放,并被众多高校和中学转发、播映,产生了很好的社会影响。

三、获奖情况及完成人

本课程于2011年获批国家级精品视频公开课。

主要完成人:王萍。

(撰稿人:王萍;审稿人:蔡勤禹)

"海洋科学导论"国家级精品视频公开课

　　海洋作为地球上最大的一个地理单元,以它的广博和富饶影响和滋养着一代又一代人。人们在对海洋不断探索、研究和认知的同时,逐步认识和重视海洋的资源及其价值,随之而来的海洋权益之争也愈演愈烈。中国作为世界海洋大国,在实现中华民族伟大复兴的征程中,将建设海洋强国作为重要的战略选择。建设海洋强国,依赖于海洋科技的进步和大批高素质海洋创新人才的培养。在此大背景下,中国海洋大学组织物理海洋学、海洋地质、海洋化学、海洋生物学、海洋技术等方向的教授、专家,录制了"海洋科学导论"视频公开课,作为相关专业的导论课程。

一、成果的主要内容

　　"海洋科学导论"视频公开课内容主要包括物理海洋学、海洋化学、海洋生物学、海洋地质及海洋技术五个方面,重点讲授海洋地貌、海水运动、海水化学、海洋生物、海洋生态系统、海洋生物地球化学循环、海洋环境、海底矿产资源、海洋对全球气候的作用、海洋声学探测技术、海洋遥感与信息技术、海洋考察等。课程共分12讲。

　　其中,海洋地貌主要讲授海洋地质学的概念、性质、研究内容、学科地位、发展趋势以及海底地形地貌、海洋地质基本理论等。海水运动主要讲授各种形式、各种尺度的海水运动。海水化学主要讲授与海洋生态系统的可持续发展和全球变化息息相关的海水中的重要组分——营养盐。海洋生物以介绍海洋生物主要分类群为主线。海洋生态系统主要讲授海洋生态系统的定义、结构和功能以及海洋主要生态系统类型。海洋生物地球化学循环主要介绍海洋中氮、碳、磷、硫等元素的形态、转化、迁移以及生物作用和地球化学过程的影响。海洋环境主要介绍海洋中的物质对人类生存环境和生态系统的影响。海底矿产资源主要介绍滨海砂矿、海底石油、磷钙石和海绿石、锰结核和富钴结壳、海底热液硫化物、天然气水合物等资源类型。海洋对全球气候的作用从地球的热机系统出发,整体性介绍赤道和两极在气候系统中的作用、赤道与北极变化对大气运动的影响方式、海洋环流产生的水体和能量输运对气候系统的影响、中尺度海洋过程对天气系统的作用以及海气耦合产生的大尺度海洋涛动。海洋声学探测技术主要讲述国内外海洋技术专业设置及发展概况以及海洋声学探测技术在海洋科学研究、海洋环境监测、水下目标探测、水声通信、水下导航等领域中的应用。海洋遥感与信息技术介绍海洋遥感的概念、海洋遥感和空间海洋学的历史发展以及国际和国内的主要海洋卫星计划等。海洋考察主要介绍现代海洋考察技术。

二、成果的主要成效

　　本课程作为海洋科学类专业的本科生导航课程,主要面向海洋科学、海洋地质、海洋化学、海洋生物、海洋技术等专业。通过课程讲授,使学生宏观了解海洋科学类专业,有助于系统了解专业知识和学科发展方向,提高学生的专业学习兴趣。

本课程作为非海洋科学类的通识教育课程,适合水产养殖、海洋渔业科学与技术、海洋生物资源与环境、食品科学与工程、海洋资源开发技术、生物科学、生物技术、生物工程、药学、环境科学与工程等相关专业本科生修读。通过课程讲授,使学生了解海洋科学类专业的历史、现状、发展,以及其与修读专业的关系,有助于知识面的拓展。

本课程作为海洋知识普及课程,适合社会各界人士学习。本课程使社会大众进一步认识海洋、了解海洋科学知识和国家海洋事业发展情况,提高全民海洋意识,引导全民重视海洋、亲近海洋,激发人们热爱、探索、开发与保护海洋、维护国家海洋权益的热情。

三、获奖情况及完成人

"海洋科学导论"课程于2013年获批国家级精品视频公开课。

教学队伍成员主要有赵进平、翟世奎、江文胜、赵栋梁、茅云翔、汝少国、彭临慧、赵朝方、刘素美、李铁等。

（根据相关资料整理;审稿人:宋宇然）

"海洋权益与中国"国家级精品视频公开课

党的十八大明确指出要"坚决维护国家海洋权益,建设海洋强国"。维护海洋权益、建设海洋强国成为国家重大战略需求。经过多年的发展,中国已经具备维护海洋权益、建设海洋强国的坚实基础,取得了显著成效,然而仍面临诸多挑战。域外国家的介入,使地区海上争端与大国博弈更加紧密地交织在一起,中国解决海上争端局面更加复杂。中国海洋大学"海洋权益与中国"视频公开课旨在通过教授相关知识,培养具有中国特色海洋意识和海权观念的高素质人才,服务维护海洋权益、建设海洋强国的重大需求。

一、成果的主要内容

以"海洋权益与中国"视频公开课为主阵地,建立并施行了综合教学体系。第一,课程把海洋对我国发展的重要意义作为出发点和归属点,回顾中华民族利用海洋的历史经验教训,阐释海洋权益相关国际法规范,分析并展望中国海洋国土面临的形势,总结世界海洋强国的海洋、海权意识演变的历史,提出维护中国海洋权益、建设海洋强国的对策建议。第二,以中国海权教育馆为实践基地,运用沙盘、实物、图文展板、多媒体声光电和交互体验等展示方式,线下辅助和增强教学效果。第三,发挥高校智库作用,把教学研究成果转化为报告和建议,服务国家战略需求。

二、成果的主要成效

本视频公开课凸显问题意识,有机融合法学、政治学、海洋科学、公共管理、战略学、军事思想及军事历史等多学科理论,阐述海洋在国家主权、安全和发展全局中的突出地位与作用,讲授中国海洋权益的历史和法理依据,综合分析维护中国海洋权益所面临的机遇和挑战,引导大学生多角度探讨应对之策,培育大学生驾驭复杂问题的能力,树立海洋海防观念,自觉维护我国海洋权益。

本视频公开课通过教育部和网易的公开课平台面向公众免费开放,授课语言平实易懂、轻松活泼,有效扩大了海洋权益相关理论知识的受众面。视频课程充分利用高校学术优势和数字化平台,针对海洋权益的热点、焦点问题,释疑解惑,促进了海洋知识和海洋意识的社会传播。

辅助教学的中国海权教育馆是2011年开放的国内第一家海权教育馆,由国家海洋局和中国海洋大学共建,是集收藏、展示、研究、教育于一体的综合性博物馆。该馆获批"青岛市海洋教育实践基地"和"山东省社会科学普及教育基地",为培养当代大学生和全社会的海洋意识和海权观念做出了贡献。

三、获奖情况及完成人

"海洋权益与中国"课程2013年获批国家级精品视频公开课。

主要完成人:干焱平。

(撰稿人:刘晓玮;审稿人:蔡勤禹)

"海洋的前世今生"国家级线上一流课程

地球系统包含物理、化学、生物、人类社会等多重维度,其中,有多个线性与非线性问题互相叠加,这令全球环境问题非常复杂。地球系统内部的各种相互作用可能跨越不同的时空尺度,并且以地球系统的各种限制条件为边界,兼具滞后性、不确定性、物理不可逆性等特点。为了更清晰、完整地了解地球系统内部的复杂问题,必须运用各种技术方法与手段,结合对其他星球的探索来研究地球系统整体。

一、成果的主要内容

"海洋的前世今生"是一门海洋综合科普课程。课程从海洋的前世出发,系统阐述了地球海洋起源、海陆变迁、生命起源等前世变化,并进一步落脚到地球系统各个圈层的物质组成、结构及相互作用,引导学生辩证地思考人类与海洋的关系及如何与海洋和谐相处。

本课程以深入浅出的语言，采用公众易于理解、接受和参与的方式，普及自然科学和社会科学知识，传播科学思想，弘扬科学精神，倡导科学方法，推广科学技术，引导学生知海、爱海、投身海洋事业。

二、成果的主要成效

从全局观、大海洋观出发，对地球系统科学进行全面阐述。从海洋科学发展的历史进程，看到辩证唯物主义在海洋科学发展中的巨大作用；从某一学科发展内容，看到各种学科彼此交叉的必要性；从每一个重大发现，看到海洋科学发展中实践的重要性。通过课程学习，学生不再拘泥于一点一面，而是跨越学科界限，在更大的时空境界里对海洋进行重新理解，既可以看到地球科学从传统研究脱胎的印迹，又可以体察到21世纪的今天地球科学研究发生的飞跃和突破。

思考探索新时代背景下海洋人才的培养。在新时代背景下，海洋科学既是重要的传统学科，也是一个交叉、综合的新学科。在传统教学中，海洋科学包括物理、气象、化学、地质、生物等近百门专业课程，专业性很强，数理基础要求非常高。非海洋专业的学生难以理解。本课程以通俗的语言、辩证的思维，打破学科界限，紧跟科学前沿，让人文类学生能够科学地认识海洋问题，又让理工类学生从人文角度思考人类与海洋的关系，为新时代背景下培养知识丰富、思维开阔、情怀远大的海洋人才奠定了坚实基础。

截至2023年4月，"海洋的前世今生"课程已运行13个学期，累计选课人数29.32万人，累计选课高校591所，累计线上互动305.02万次，课程满意度超过95%，为海洋基础知识普及及海洋人才培养做出了巨大的贡献。

三、获奖情况及完成人

"海洋的前世今生"课程于2018年获批国家级精品在线开放课程，2020年获批国家级线上一流课程。

主要完成人：侍茂崇、刘子洲、陈妍宇。

（撰稿人：刘子洲；审稿人：侍茂崇）

"学问海鲜"国家级线上一流课程

生活中，大家经常会遇到一些关于海鲜的疑惑，在专业课本中很难直接找到这些问题的答案，而网络上的一些解释又不一定科学、准确。中国海洋大学作为一所海洋和水产学科特色显著的高校，有责任也有必要在全国范围内开设"学问海鲜"课程，用通俗的语言，从科学的角度诠释大家所关注的"吃"海鲜所涉及的食品"学问"。

一、成果的主要内容

"学问海鲜"是混合式共享学分课程（2学分/32学时），课程由中国海洋大学联合中国水产科学研究院南海水产研究所、上海海洋大学等专家讲授。课程以海鲜的原料、海洋的加工与保藏、海鲜的风味、海鲜的营养、海鲜的安全性为主线，解惑了围绕在我们日常生活中的关于海鲜的问题，教会大家对海洋食品如何选、如何吃。选修本课程的学生不但能学到科学知识，感受海洋文化，同时能够掌握一门美食技能，增强对海洋食品的兴趣，使更多的人喜欢海鲜、喜欢海洋，从而喜欢海洋旅游、海洋文化，探索更加神秘的海洋世界。

课程采取线上、线下混合式教学方式，线上课程以130多个图文并茂的微视频作为教学资源，以生活中熟悉的海鲜问题作为引导，通过详细的知识讲解，道出海鲜中的科学奥妙。线下课程为每学期四次跨校直播互动课，内容紧紧围绕学生学习的重点和难点进行讲授，通过将鱼、虾、贝、藻的实物搬入课堂以及与远程学生进行连线互动的方式，引发学生的学习兴趣，加深他们对知识的理解。

课程内容覆盖面广泛，融科学性、知识性和趣味性于一体，以"十万个为什么"的形式，有问有答，引人入胜，适合所有喜欢海鲜、喜欢海洋或者渴望学习关于海洋科学知识的学生选学。选修"学问海鲜"课程的高校遍及全国各省市，除了沿海地区的高校，课程更多惠及内陆地区的学生，使他们也能接触到关于海鲜的知识，体味到海鲜所带来的情怀、人文、历史。

本课程的主要创新点：

一是课程结构设计上摒弃了传统教学中惯用的逻辑性强的章节结构形式，而是采用了"十万个为什么"的问答结构，这样更便于学生灵活运用学习时间，而不必在意顺序，可跳跃性选择学习。

二是教学方法上注重生活化、科普化，运用通俗易懂的语言，解答了海鲜背后的科学知识，从科学的角度诠释大家所关注的"吃"海鲜所涉及的食品"学问"。

二、成果的主要成效

本课程自2017年秋季学期在智慧树平台上线运行以来，得到本科院校以及高职高专院校学生的认可和喜爱。截至2023年3月，课程累计开设12个学期，选课人数达5.14万人，累计选课学校318所。教学视频也被"学习强国APP"推荐学习，累计播放量达260万次。

"学问海鲜"线上学习课程涵盖130多个问答解析，见面课程又将最前沿的海鲜知识融汇其中，使得课程内容全面丰富，与时俱进。课程内容在编排上详略得当，设计合理。

课程选取生活中的问题作为出发点，理论联系实际，将知识与趣味、文化与生活相结合，既符合学生的学习兴趣，给学生以新鲜感受，又具有很强的应用性。课程运用了大量实物、真实现场开展辅助教学，摆脱了传统枯燥、刻板的教学方式，让学生身临其境，激发了学生的好奇心和学习兴趣。

课程负责人及主讲教师专业知识深厚，学识广博，教学思路清晰，教学经验丰富。课程讲解清晰通透，语言生动、形象，善于调动学生的积极性，学习者在教师的引领下既能学到新知识，又有很大的思维发展空间，融知识传授、能力培养、素质教育于一体，充分体现了通识教育的理念。

三、获奖情况及完成人

"学问海鲜"课程于2018年获批国家级精品在线开放课程，2020年获批国家级线上一流课程。

主要完成人：林洪、李来好、王锡昌、王静凤、曹立民。

（撰稿人：米娜莎；审稿人：林洪）

"海洋学Ⅰ"国家级线下一流课程

"海洋学Ⅰ"既是海洋科学专业入门课，也是学科最重要的专业前导课。课程教学内容特点是多学科综合交叉、理论与实践并重，既高度体现物理海洋学的核心纽带作用，又涉及化学、生物、地质、大气等相关学科的交叉融合；既注重基本现象和基本原理，又强调实践应用。

"海洋学"课程始建于1946年，是全校涉海专业的重要专业基础课。该课程历经学校一类课程（1995年）、国家名牌课程（1998年）、国家级精品课程（2004年）、国家级精品资源共享课（2013年）、国家级线下一流课程（2020年）等建设，达到优良的教学效果。该课程已培养了大批优秀海洋科学相关专业人才，得到了国内外海洋科学领域的认可。

一、成果的主要内容

1. 课程内容与资源建设及应用情况

一是编写了国家优秀教材。该教材在国内涉海院校海洋学教学中被广泛采用。

二是制作了图文并茂、内容丰富精炼的海洋学教学课件。课件被多所院校在海洋学教学中直接引用或参考使用。

三是制作了网络版教学课件并通过网络分享。资源发布在2003年省级精品课程网站和2004年国家级精品课程网站，供国内同行借鉴参考。

四是制作了海洋学虚拟仿真实验室系统，学生可通过数值模拟的形式认识海洋过程，可通过虚拟仿真自主设计实验，全方位提高专业技能。该系统被国内部分高校引进。

五是建立了海洋学题库。该题库上传至学校网络教学平台，用于学生在教学过程中自我测试学习。

六是录制了多套适用于不同教学对象的完整教学视频并通过网络平台分享。包括国家级精品视频公开课（2012年）、国家级精品资源共享课（2013年）、MOOC网络平台课（"认识海洋"和"海洋概览"）等视频。

2. 课程教学内容及组织实施情况

作为海洋科学专业的入门课程，课程内容涵盖海洋中发生的最基本的现象、过程、概念、理论,观测手段、研究方法和应用以及国内外最新研究过展。教学内容以物理海洋学为核心和纽带,有机结合海洋化学、海洋生物、海洋地质等不同学科。

课堂教学2016年起实行小班化,每班30人左右。主要从课前(课程已开放的公共网络视频资源、学校本科Bb平台等资源)、课堂(学生讲课、课堂实验——虚拟仿真实验和实验室实验、课堂讨论、随堂测验等)、课后(鼓励读书、课后思考作业、Bb平台自测、虚拟实验室模拟实验、绘图练习、小组论文、视频学习等)三个环节增加学生学习实践参与度。经过不断探索,已逐步形成学生主导、教师指导的课堂教学模式,取得很好的效果。

"海洋学"课程教学团队每年均会举办多次教学研讨会,在课程团队高水平专家顾问指导下及时交流解决教学中遇到的问题和难点,通过教学观摩、专家示范等方式提高授课教师的教学水平。2019年开始举办全国海洋学课程教学研讨,全国其他高校教师参与教学研讨,有效带动国内涉海高校海洋学教学水平的提高,在国内起到良好的引领示范作用。

3. 课程教学团队

课程教学团队由15位授课教师组成核心授课组,聘请了7位二、三级教授组成专家顾问组,把控课堂教学及教学改革效果,另有4位教学辅助人员协助完成实践教学实施及改革工作。在较高教学水平和学术造诣的专家顾问指导下有效提高并保障了海洋学教学和课程建设成果的质量和水平。

二、成果的主要成效

一是形成以学生为主导的课堂教学模式和教学设计,极大地提高了学生自主学习的激情和能力,有效实现学生知识和能力并重的培养效果。

二是建立知识和能力考核并重的课程评价设计及机制,有效提高学生的学习效果和教学效果。

三是采用多学科专家参与课程建设、参加国际学术交流、引入科研成果等多种形式实现教学内容更新,更好地体现学科交叉融合和国际前沿进展,有效保障了教学内容的更新和质量。

四是聚焦拔尖人才培养目标,注重培养学生独立科研能力,有机结合课程内容设计、教学方式和实践内容,落实"三多三动"(多听、多看、多说,动手、动脑、动口)的教学模式。

"海洋学"课程是涉海专业最重要的专业基础课及入门课,是引领学生步入海洋科学研究领域的敲门砖,是从地球系统层面认识海洋的运动和发展变化过程对海洋中其他物理、化学、生物、地质等运动变化过程重要影响的基础课程。该课程内容广泛,学习人数众多,成果的有效辐射对海洋科学及涉海学科人才培养起到了良好的促进作用。

三、获奖情况及完成人

"海洋科学类专业人才培养模式的改革与实践"于2005年获高等教育国家级教学成果二等奖,主要完成人:冯士筰、王秀芹、郭佩芳、魏皓、李凤岐。

"海洋学"于2004年获批国家级精品课程,主要负责人:冯士筰、王秀芹。

"海洋学"课程教学团队于2007年获评国家级教学团队,主要负责人:冯士筰、王秀芹。

"海洋学——认识海洋的科学"于2012年获批国家级精品视频公开课,课程负责人:王秀芹;主讲教师:王秀芹、赵栋梁、钱成春、陈旭、杨波、李磊。

"海洋学"于2012年获批国家级精品资源共享课，课程负责人：王秀芹。

"海洋学Ⅰ"于2020年获批国家级线下一流课程，课程负责人：王秀芹；主要成员：杨庆轩、翟方国、李磊、王辉。

海洋学课程虚拟教研室于2022年获批教育部虚拟教研室建设试点，带头人：王秀芹。

（撰稿人：王秀芹；审稿人：钱成春）

"港口规划与布置"国家级线下一流课程

中国海洋大学作为我国海洋领域的战略性大学，在海洋空间开发利用方面承担着历史重任。"港口规划与布置"课程是港口航道与海岸工程专业的首要主干课程。本课程的演进历经30余年，内容从最初聚焦于港口总平面布置的合理性发展到现今以国家航运事业为背景、现代化装卸工艺为手段、合理化港工结构为依托、沿海空间资源可持续开发为目标的多层次、全局化规划方法。2000年后，随着学校港口航道与海岸工程专业成为山东省教学改革试点专业，本课程不断贯通知识、剔除冗余、改进方法、补充实例，于2006年被确定为省级精品课程而建设至今。目前，课程内容充实，手段先进，队伍齐备，资源丰富，培养了近20届优秀的专业化人才。

一、成果的主要内容

课程具有鲜明的综合性与启发性，讲授重点在于知识储备的激活与全局观念的培养。本课程教学资源还充分利用了卓越工程师计划建设的认识实习、生产实习基地，结合了校内教师的原理性阐述与校外工程技术人员的经验性传授，编制了可不断更新的多媒体课件，大胆尝试了以课堂与实践内容为重点，而将教材作为参考资料的倒置配合方式。

课程教学以规划的重要原则为中心，以正反双面工程实例为辅助，采用形象化、提炼式手段加深学生的理解和记忆。课程对于规划的不同阶段，突出布局—选址—工艺—平面—经济—环境等过程化内容，以时间顺序为主线；对于规划的不同区域，串联水域—码头—陆域等设施化内容，以空间关系为重点。工程实例挑选新中国成立初期、改革开放后及最新一代的典型港口，使学生结合国民经济不同发展阶段领悟规划理念的改变和优化方法的进步，以历史唯物主义观点深刻认知港口规划。

课程主要特色可以归纳为兼容并包、理实并重、高低并举、海陆并筹。兼容并包指先修/并修课程以本课程为节点而汇聚，且需描述历史、现代、未来的理念与方法差异，体现多维度知识结构。理实并重指本课程需巧妙协调基本概念的原则性与工程实践的灵活性之间的关系，既要讲理，更要务实。高低并举指本课程既需在国家的宏观层面阐述布局，从战略角度形成规划，又要在港口的微观层面讲究技巧，以战术方法完成布置。海陆并筹指本课程需传授学生海运与陆路运输的关联性，做到统筹规划，以港口建设带动经济发展。

课程教学改革创新点体现在以下两个方面：

端正"三观"的理念创新：简洁、清晰地阐述海岸动力过程的基本规律，传授人与环境和谐共生的基本道理，树立尊重自然、因地制宜的哲学观；基于古往今来港口地理位置的变迁与物流功能的转化，以时间为序编排认识的进步过程，枳立溯本清源、循环上升的历史观；结合需求与创造、技术与工程、规模与效益等范畴，树立经济与环境相互协调的价值观。

实现"四化"的方法创新：课上听讲不看书的教材辅助化，多人承担不同章节的教师多元化，无答案质疑式课堂讨论的问题导向化，校内授课与校外实践相呼应的内外兼修化。

课程自建设以来受到本专业学生的普遍好评，课程改革和建设效果显著。中交水运规划设计院有限公司、天津港湾设计院、中交第一航务工程局有限公司、中交天津航道局有限公司、中交上海航道局有限公司等用人单位给出了客观而正面的反馈。

二、成果的主要成效

课程具有较强的理论性和综合性，逻辑主线清晰，讲授内容丰富，选用实例生动，教学效果突出，授课教师能够从自然、历史、科学、政治、经济等不同视角向学生展示港口建设对国家发展的重要支撑作用，基于教材而超越教材，以潜移默化、润物无声的方式将科学精神、民族自信、绿色发展、"一带一路"、人类命运共同体等富有永恒意义和时代色彩的思政元素融入课堂，使学生在提高专业综合能力的同时提升了思想认识境界。

课程既诠释原理又讲授方法，从宏观到微观，从历史到当代，讲授跨度与难度较大。课程教学巧妙地以思政元素为衔接手段，将国家大局与技术进步相结合，使学生在掌握科学原理、技术方法的同时具备历史唯物观点与哲学思辨能力，显著丰富了课程内涵，提高了教学效果。

三、获奖情况及完成人

成果于2020年获批国家级线下一流课程，于2021年被评为教育部课程思政示范课程，主要完成人：史宏达、梁丙臣、潘新颖、曹飞飞、高人杰。

史宏达作为团队负责人的绿色与智慧海岸工程教师团队于2022年被评为第二批全国高校黄大年式教师团队。

史宏达作为带头人的"港口航道与海岸工程专业虚拟教研室"于2022年获批教育部虚拟教研室建设试点。

以"港口规划与布置"课程建设为支撑的教学改革项目获第九届山东省高等教育教学成果二等奖。

（根据相关资料整理；审稿人：史宏达）

"货币银行学"国家级线下一流课程

《新文科建设宣言》提出,推动文科教育创新发展,构建以育人、育才为中心的哲学社会科学发展新格局。这对新时代本科教学提出了新的要求。针对本科教学中存在的本科生创新能力培养的内涵认识不清晰、创新教育目标界定不明确、授课供给与听课需求错配、课程考核过多注重卷面知识等教学痛点,中国海洋大学经济学院相关教学团队以国家一流本科专业——金融学专业核心课程建设为契机,依托国家级线下一流本科课程"货币银行学"进行了教学创新实践。

一、成果的主要内容

经过持续的研究与实践,本课程教学团队依据成果导向教育(OBE)教学理念,以培养本科生双元创新能力为目标,在重构教学内容体系、融合线上和线下资源、完善目标导向考核内容等方面进行了教学创新实践。逐渐形成了"以金融课程思政元素引领,以学生参与式学习为主体,以双元创新能力培养为目标,以中国特色金融问题为载体,以线上和线下教学资源为工具"的教学特色。

一是基于双元创新能力培养目标的教学内容重构:实现"科学增负"。基于原有的专业知识传授、创新能力培养、素质提升三个课程目标,"货币银行学"课程将创新能力进一步细分为探索式创新能力与开发式创新能力,并融入课程的单元目标与章节目标设计中。课程内容与课程目标的匹配构建过程中,通过课程思政、课程国际化、前沿问题思考三种教学内容创新,实现探索式创新能力培养目标,即推动学生创造知识并进行探索式创新活动;实现开发式创新能力培养目标,推动学生能够利用已学专业知识,进行开发式创新活动,为实现固本强基的科学增负提供思路。

二是基于双元创新能力培养的线上和线下教学资源有机融合:打破沉默课堂。"货币银行学"课程利用Blackboard系统、雨课堂、智慧教室等信息化教学手段,有效协同线下与线上资源,差异化地培养学生的双元创新能力,实现专业知识学习和素质能力提升的"双维平衡"。课程从结构型双元、情景型双元和领导型双元三个角度,进一步细化了双元创新能力培养的教学策略和课堂流程,从而塑造学生的创新能力。

三是构建与双元创新能力提升目标相适应的考核体系:体现以学生为中心。基于OBE教学理念,本课程将知识传授、探索式创新能力以及开发式创新能力培养、素质提升等课程目标融入课程考核中,形成了包含授课目标、内容、手段、考核的闭环教学模式。

二、成果的主要成效

经过持续的教学改革研究,课程的教学效果和改革成效受到了学生、学校和社会等各界的广泛好评。

教学效果与成果方面:"货币银行学"课程获批首批国家级线下一流课程。教学团队成员获评第五届青岛高校教学名师、全国优秀金融硕士学位论文指导教师、中国互联网协会第十届全国大学生网络商务创新应用大赛全国总决赛优秀指导教师等荣誉称号，获山东省第六届"超星杯"高校教师教学比赛优秀奖。

学生反馈情况方面："货币银行学"课程不仅成为全校经济管理类选课竞争最激烈的课程，也受到了理工科学院学生的追捧。学生选课人数每年都远超设定额度，课程成绩有了较大提高，"货币银行学"课程的教学质量连年测评为优秀。

学生发展情况方面：货币银行学是金融学研究生入学考试的重要组成部分。由于学生对"货币银行学"课程的理论知识的扎实掌握，近几年毕业生升学率达年均42.7%，表现突出，这也从侧面反馈了较好的课程教学效果。

本课程建立并施行以双元创新能力培养为目标导向的本科教学策略，是本科教学改革的重要举措，既保障了本科教学方法的先进性，又充分调动了教师教学和学生学习的积极性，培养了大学生基础性的双元创新能力，促进了高端金融人才培养模式的形成和改善，从而进一步推广到研究型大学的教学实践，对于未来对接学术硕士和专业硕士的继续教育阶段具有重要的现实意义。

三、获奖情况及完成人

"货币银行学"课程于2020年获批国家级线下一流课程。

主要完成人：赵昕、丁黎黎、王垒。

（撰稿人：王垒；审稿人：赵昕）

"（英语）语言学"国家级线下一流课程

为贯彻落实《教育部关于一流本科课程建设的实施意见》（教高〔2019〕8号），实施一流本科课程"双万计划"，加快建成中国特色、世界水平的一流本科课程体系，中国海洋大学外国语学院英语系语言学教学团队立足本校办学特色，依据英语专业特点，坚持学生为中心、产出导向、持续改进的理念，以知识结构合理、实践能力强、具有国际视野的高水平外语人才培养为目标，着力加强"（英语）语言学"课程建设。通过创新教学方法，改革传统语言学课堂，强调师生互动，进一步激发了课堂活力。

一、成果的主要内容

本课程遵循学理逻辑顺序，全面向学生介绍语言学的基础知识。通过本课程的学习，学生不仅可了解基本的语言现象、语言规律，通晓相关理论发展脉络和趋势，还能及时掌握相关学科前沿的成果。教学过程中结合自我反思、小组讨论、理论探究等方法,显著提高学生发现问题、分析问题和解决问题的能力。学生由此形成语言研究意识、问题意识,具备自主探索能力。

本课程教学过程中,根据讲授课时和实践课时的计划,引入研究性学习的思想,充分发挥学生的自主性;改变过于强调接受学习,倡导学生主动参与,培养学生搜集和处理信息的能力、获取新知识和理解语言学理论的能力、运用所学理论分析和解决问题的能力以及交流与合作的能力,切实将素质教育、创新教育落到实处,并构建一整套能够体现研究性学习理念的教学机制。

经过对本课程的系统学习,学生能够具备运用语言学理论解释语言现象和解决具体语言问题的能力,同时构建起较为系统的基础理论知识框架,自身的语言修养和学习语言能力得到提高,形成批判性思维能力,产生了从事语言研究的兴趣,整体人文素养得到有效提高。

与英语专业的技能课程相比,本课程属于理论课程,术语较多,理论性较强,学习难度较大。本课程的主要创新点:① 知识与素质结合。将普通语言学课程教学纳入学生的素质教育之中,形成既教书又育人的教育氛围。② 理论教学与实践教学相结合。强化课程教学的实践环节,以培养学生思辨能力和创新能力。③ 教学与研究相结合。引导学生开展自主性、研究性学习,在本科阶段的学习中获得学术研究和创新能力。④ 根据外国语言文学本—硕—博贯通式人才培养思路,本课程设置了语言学课程群。以"普通语言学"为母课,在后续课程中开设子课,如英语语音学、英语词汇学、句法学、语用学、英语文体学、应用语言学、第二语言习得概论、心理语言学、功能语言学、认知语言学、语料库语言学、语言学研究方法等。

二、成果的主要成效

本课程教学目标明确,基于课程性质及学生情况,授课内容充实,重难点突出,教师循循善诱、方法适当,注重与当代语言学研究密切联系。在此基础上取得了一系列成效:

1. 构建了系统化专业知识结构,提升了教师教研能力

通过语言本身的层级性,自下而上由具体到抽象,由语音、形态到意义构建脉络清晰的知识结构体系。此外,组织课题组教师集体备课,将各个教师在学术研究方面有益的信息及时补充到课堂上。

2. 培养了学生的批判性思维,强化了学生的创新能力

教学方法上引进启发性的教学方法和理念,教师采用由理论到实践,由启发到独立思考的方式,结合具体的语言现象和语篇实例讲授复杂的语言理论,或让学生走进实验室亲身经历实验研究,加深认识,培养学生的分析思考的能力。

3. 推动了教学内容更新,促进了教材改革

结合人才培养目标及培养方案,参考现有国内外教材,编制新的教材以及配套拓展用书、教师参考用书。

三、获奖情况及完成人

"(英语)语言学"课程于2020年获批国家级线下一流课程。

主要完成人:杨连瑞、陈士法、陈颖、李景娜、魏银霞。

（撰稿人:陈士法;审稿人:杨连瑞）

"宇宙大历史"国家级线下一流课程

　　大学以立德树人为根本任务，一流的大学首先要培养一流的人才。一流的人才不仅要掌握专业的知识，还要掌握广博的知识，既能登高望远，又能探幽入微，养成健全人格。早在2003年，学校就明确提出"通识教育为体，专业教育为用"的本科教学理念，经过20余年的不懈探索与实践，逐步建立了通识教育与专业教育相渗透的课程体系。2015年，中国海洋大学成立行远书院，作为海大通识教育的"实验区"和本科教学改革的"特区"，组织开展通识教育核心课程教学和生活训练，旨在帮助学生拓宽人生视野，在人格培养和能力训练上打下基础，使其成长为能够适应未来30～50年社会需求的"博雅"人才。

　　课程是行远书院的核心。本着"课要一门一门地建设起来，人才要一个一个地培养出来"的原则，书院共创建了"宇宙大历史"等8门"宽口径""文理兼备"的通识教育核心课程，并初步探索了"二级助教"等一系列特色教学制度，形成了独特的"行远"课程体系和人才培养模式。

一、成果的主要内容

　　"宇宙大历史"课程由时任行远书院院长、著名美籍物理学家钱致榕教授亲自执教，2017年秋季学期首次开课，是行远书院学生入院后的首学期课程。课程内容横跨宇宙诞生和当今世界，探讨宇宙138亿年来的演变和人类的发展。作为一门新兴的跨学科、跨领域课程，"宇宙大历史"坚持把"博""雅"贯穿课堂始终，在课程设计、课堂教学、课下作业、课后反思等环节都不断强调"大口径""文理融通"。学生在课堂内外，既要从宏观着眼，俯瞰自宇宙诞生至今的历史；又要从微观入手，从证据出发，探讨宇宙、太阳系、地球的产生，智人、农业、文明的出现，以及产业革命带动的现代化、全球化，探讨人类未来。经过不断探索，"宇宙大历史"发展并逐步完善了"二级助教""讨论课""3+1+2+3"等一系列教学制度，形成通识核心课设计、运行的新理念、新方法；并以此为代表，构建了行远书院通识教育核心课程体系，向校内外推广。

二、成果的主要成效

　　一是首创"大口径"历史课程。课程内容纵观138亿年来宇宙演变的经过及趋势，横跨自然科学、人文社会科学多个领域。通过传授"通博"的知识，让学生敞开胸襟、打开视野，实现学生反思能力、自学能力、宏观思维能力的明显提升。

　　二是探索"3+1+2+3"课程模式。设计"学习引导"和"材料阅读"，保证课前预习3小时；设置讨论课，与课程讲授相配合，学生分小组讨论1小时；在保证预习、讨论的基础上，学生聆听2小时课程讲授；创设"反思日志+话题论述"作业形式，课后自学巩固3小时。以上学习环节环环相扣，保证学生深入参与课程学习的同时，提升聆听、沟通、反思及自学能力。

　　三是首创"二级助教"制度。由书院秘书兼任课程助教，下设学生"小助教"，由同班同学担任。课程助教紧跟课程进度，每周课前召开助教会议，近距离掌握学生的学习情况，确定讨论课题目，完成讨论课设计，课后批改"小助教"作业；"小助教"负责带领组员进行课堂讨论，批改并反馈组员作业。学生之间通过朋辈互助，实现共同成长与进步。

截至2022年8月，"宇宙大历史"课程已完成5学期的授课任务，修习人数近400人。课程导师钱致榕教授受邀赴北京大学、复旦大学、南京大学、西安交通大学等高校发表课程及书院建设的主题演讲近20讲，获得了同行专家的高度评价。

通过本课程的建设，构建了以"宇宙大历史"为代表的通识教育核心课程体系，创新了通识教育人才培养模式和教学管理模式，为解决通识教育存在的理念模糊、通专失衡、互动缺失、学生自我定位不明确等问题提供了有效解决方案，形成显著的领航示范作用，为深化高等教育改革提供了有益借鉴。

三、获奖情况及完成人

"宇宙大历史"课程于2020年获批国家级线下一流课程。

主要完成人：钱致榕。

（撰稿人：路越；审稿人：钱致榕）

"食品化学"国家级线上一流课程

我国高等教育经过20世纪末及21世纪初的快速发展，步入了教育大众化阶段。在高等教育快速发展伊始，我国教育主管部门及有识之士就意识到，随着学生人数增多和社会科技进步，实验室空间及设备条件的有限性、信息技术的迅猛发展及其在教学中应用的趋势、现代教育技术手段的广泛推广、社会对高校人才培养的多样化要求等，都预示着我国高等教育无论从教学教育理念和教学观念，还是教学方法和手段等方面都需要不断地改革与创新，以适应教育事业本身的发展及社会进步的需要，其中，应用信息技术进行线上课程建设是其发展趋势之一。"食品化学"国家级线上一流课程在上述方面进行了探索。

一、成果的主要内容

（1）教学大纲是课程体系建设及实施的指导性文件，本成果先后调研了国内100多所和国外近10所高校的食品化学课程教学情况，制定面向不同层次院校使用的《食品化学》教学大纲。

（2）编写并出版中英文系列配套教材，形成旨在培养学生创新能力和创新意识的理论与实验教学方法，践行教材为党育人、为国育才的载体作用。

（3）创新教学及评价方式，借助教学信息技术由学生线上自学、完成作业和师生互动完成部分教学内容；对部分学有余力的学生通过课程网站、上传拓展材料和开设该课程的全英文网站，进行"因材施教"和"个性化培养"；另外，充分发挥考试的杠杆作用，将学习过程和自主学习效果纳入考核的内容，以引导培养学生的创新意识和自主学习能力，加深课程学习的深度、广度和难度。

（4）建设学缘结构合理、年龄层次分明和富于教学创新的教学团队，该团队成员多是首届全国高校黄大年式教师团队的主要成员，其中有国家级及省级教学名师、首届全国教材建设先进个人、省级学术带头人和齐鲁最美教师等获得者。

（5）融入思政元素，坚定学生的理想信念。将思政元素与知识点像盐溶入水那样自然融合，充分发挥在线课程的教书育人功能。

（6）建立完善的免费向社会开发的网络教学平台，除学校Bb平台外，还在中国大学MOOC平台和智慧树等在线教育平台建立本课程网站。

成果的主要创新点：

（1）充分利用了信息技术进行课程建设，提高了教学效果。本课程早在2004年就利用中国海洋大学教务处网络教学平台进行在线开放教学。目前，依托智慧树和中国大学MOOC网络教学平台，将精心编制的知识点录制成课程视频放置于在线平台，并配套了线上课件、课后习题、配套教材、课后讨论及拓展学习材料、试题库等，不仅提高了教学效果，也培养了学生自主学习能力。

（2）丰富了教学内容，创新了教学及考核方式。食品科学及信息技术发展很快。为在课堂教学学时被日益压缩的情况下，传授更多食品学科专业基础知识并满足学生的个性化发展，作为食品类各专业的基础课，本课程在教学内容、教学方法及成绩考核等方面不断创新。基于十多年来以"食品化学"课程为例的教改实践，先后整理发表了教学论文9篇，并获多项教学成果奖励，对专业课程建设起到参考示范作用。

二、成果的主要成效

本课程的建设带动了教学团队建设，产生了较好的名师引领作用。本课程教学团队严格按省部一流课程建设要求，坚持立德树人，体现了以学生发展为中心，致力于开启学生内在潜力和学习动力，注重课程建设与团队建设并重，科研与教学联动互促。本课程教学团队是省高校优秀教学团队，团队成员先后获得省级教学名师和省级学术带头人等，其教书育人事迹产生了较好的名师引领作用。

本课程的教学创新实践得到业内肯定和学生好评。本课程所制定的适合不同类型高校需要的食品化学教学大纲已被教育部高等学校食品科学与工程类专业教学指导委员会列为食品科学与工程专业的评估标准的构成部分；本课程的教学创新实践成果先后应邀多次在相关大会及高校进行介绍推广，并在国内外相关刊物上发表论文9篇，为我国同类专业课程教学创新提供了有益参考。

本课程的数字资源建设促进了本专业教学质量的提高。多年来本课程在校Bb平台、中国大学MOOC平台、智慧树、学堂在线和学习强国等在线教育平台免费向国内外开放，累计选课人数10多万人，约50所高校利用本课程MOOC开展小规模限制性在线课程（SPOC）教学。

三、获奖情况及完成人

成果于2004年获批国家级精品课程，于2013年获批国家级精品资源共享课，于2018年获批国家级精品在线开放课程，于2020年获批国家级线上一流本科课程。"食品化学（英文）"于2021获批教育部"拓金计划"首批百门示范课程。

主要完成人：汪东风、林洪、徐莹、张朝辉、张莉、孙逊。

（撰稿人：徐莹；审稿人：汪东风）

"营运资金管理"国家级线上线下混合式一流课程

针对国内外营运资金管理课程中普遍存在的教学内容严重滞后于管理实践的发展、理论创新与应用创新能力培养严重脱节和教育资源高度分散、缺乏系统整合等问题，"营运资金管理"线上线下混合式课程将创新能力、实践能力和职业胜任能力的培养与政产学研协同创新平台的协同机制有机衔接，以实现能力导向的培养机制和资源共享的协同机制的统一。通过线下面对面教学和在线教学的混合教学方式，使学生深刻理解营运资金管理的先进理念和基本方略，掌握营运资金管理的实用技术和先进的营运资金管理绩效评价方法，熟悉各类企业营运资金管理的特点和典型案例，达到能够创新运用营运资金管理先进理念和方法管理企业营运资金的目标。

一、成果的主要内容

本课程依托中国智库索引高校智库百强机构——中国企业营运资金管理研究中心在营运资金管理领域长期的领先优势，将其他院校作为"财务管理"课程中一章的"营运资金管理"内容拓展为一门独立课程，自2009年起在中国海洋大学面向本科生开设。中国海洋大学是全国首个开设该课程的学校。

在以营运资金管理理论创新为依托，科教融合推进营运资金管理教学内容更新的同时，本课程将中国企业营运资金管理研究中心持续开展的中国上市公司营运资金管理调查、中国上市公司营运资金管理数据库、案例库开发以及《营运资金管理发展报告系列丛书》的编撰出版等系列创新性研究活动纳入课程体系，使学生在熟悉和掌握全新的营运资金管理绩效评价体系和创新理念的同时，亲身参与上述创新研究活动，全面提升学生的实践能力和创新能力，彻底扭转了营运资金管理理论创新与应用创新能力培养严重脱节的局面。借助于信息技术，本成果构建了由"特色课程资源""特色实践资源""特色文献资源""特色数据资源""特色案例资源""特色讲座资源"等组成的资金管理特色教育特色资源共享平台，为线下教学的"高阶性""创新性"提供了坚实支撑。2016年12月，"营运资金管理"慕课录制完成，并于

2017年春季学期开始在智慧树、爱课程两大平台同时上线。此外，本课程还通过中国资金管理智库平台、中国上市公司营运资金管理数据库、中国企业营运资金管理研究中心微信公众号等与"营运资金管理慕课"形成互动，为全体参与师生的研究性学习提供坚实的平台支持。

截至2019年12月，教学团队在《会计研究》发布年度调查报告11篇，编撰《营运资金管理高峰论坛论文集》《中国资金管理智库高峰论坛论文集》等9部，出版营运资金管理发展报告系列丛书13部，10多项案例入选中国专业学位教学案列中心案例库等。《营运资金管理》混合式共享学分课程共有100多所学校、1.32万人选学。中国大学MOOC平台有21031人次选修该课程，开发的"中国资金管理智库平台"已有20多万人次下载。

二、成果的主要成效

一是科教融合，创新课程内容体系。将其他院校作为"财务管理"课程中一章的"营运资金管理"内容拓展为一门独立课程，讲授国内外营运资金管理的前沿动态、先进理念、创新理论和典型模式，彻底改变了传统营运资金管理教学中内容陈旧落后的局面。将中国企业营运资金管理研究中心持续开展的系列创新性研究活动纳入课程体系，全面提升学生的实践能力和创新能力。

二是注重思政，关注国家重大需求，从微观视角研究宏观问题。贯彻"全员、全过程、全方位育人"的理念，深入挖掘企业资金管理模式与案例所蕴含的思想政治教育元素和德育功能，结合企业调查分析和实际案例，让学生学会从微观视角研究宏观问题，实现知识传授、能力培养、价值塑造相统一。"以矫正财务信息扭曲为切入点，提高金融服务实体经济质量"和"我国实体经济杠杆率测度、比较与建议"两项调研报告于2019年被国务院发展研究中心采纳。

三是资源共享，反哺社会，指导实践。"资本效率与财务风险信息的扭曲与矫正"等课程被收录"会计名家课程"，应邀为厦门国家会计学院、上海国家会计学院、北京国家会计学院、中国总会计师协会、中国石油天然气集团公司等提供专题培训。将创新的理论应用于中国石油天然气集团公司、辽河油田等特大型企业的资金管理，得到公司采纳并获优秀成果奖、管理创新成果奖等。"资本效率与财务风险分析体系创新"获青岛金融创新奖并获30万元奖励，推动了我国资金管理理论和实践的创新发展。相关教学成果于2018年获得高等教育国家级教学成果二等奖。

本成果科教融合，理实一体，将专业知识传授、理论创新能力和实践创新能力的培养融为一体，线上与线下、课内与课外有机衔接，实现了协同创新与协同培养的双协同，为一流大学和新文科建设中科研创新平台如何更好地服务于人才培养中心任务和强化专业与学科建设特色提供了经验借鉴。

三、获奖情况及完成人

成果于2018年获批国家级精品在线开放课程，于2020年获批国家级线上线下混合式一流课程，于2021年被评为教育部课程思政示范课程。

主要完成人：王竹泉、孙莹、王苑琢。

（撰稿人：孙莹、王苑琢；审稿人：王竹泉）

"高等数学"山东省精品课程

2000年以来，中国海洋大学"高等数学"课程建设逐渐成熟，以刘新国、方奇志、姚增善为骨干的教学队伍具有丰富的教学经验，他们在教学、科研以及课程建设等方面不断创新、锐意进取，取得了突出成绩。

一、成果的主要内容

（1）为适应学校全面实施大众化教育背景下的精英教育，培养创新人才的教育理念，学校自2009年开始调整了高等数学课的教学设置方案：从全校选出海洋科学、大气科学、计算机科学与技术、物理学、海洋技术等侧重理科的相关专业，为其开设了难度更高的公共基础课——高等微积分A，新的分类教学方案取得了成功。

（2）编写了与教材配套的教学参考资料，在"高等数学"课程考试中实行了考教分离、多样化考试形式及评价标准等多项改革措施。

（3）组织并培训部分非数学专业学生参加全国数学建模竞赛，进一步强化他们的应用数学能力。

（4）在高等数学课堂教学中试点将传统教学法与多媒体教学有机融合，将部分教师的教学课堂设为全校公开课，为青年教师观摩交流提供了平台。

（5）主持并完成多项与课程建设有关的教研课题。

本课程的教学团队还编写了有关教材：刘新国主编的本科教材《高等数学》（石油大学出版社，2002年），是山东省统编教材，自2004年用作学校的高等微积分课的教材；姚增善编写的本科教材《微积分》（中国海洋大学出版社，2003年），自2003年用作学校的微积分课的教材。

"高等数学"是大学通识教育中非常重要的基础课，因此这个教学团队也是学校公共课教学中一支重要的力量，每年都有新引进的青年教师加入这个团队，重视青年教师的培养一直是团队的优良传统。在课程建设的过程中，"高等数学"课程团队还建立了青年教师长效培养机制。

（1）数学科学学院内部成立教学评估专家小组，每学期都制订并落实听课计划。

（2）制订了青年教师与老教师一对一的"传、帮、带"培养计划，帮助青年教师尽快成长。

（3）每学期组织3～5次以青年教师为主的教研活动，总结交流教学经验。

通过这种机制，引进的青年教师陆续成长为教学骨干，多人次受到学校评估专家的表扬。

二、成果的主要成效

（1）在多年的高等数学教学中，多名教师受到校内督导的表扬，教学评估优秀率极高。

（2）组织参加全国大学生数学竞赛，获奖率全省第一；组织参加全国大学生建模竞赛并多次获省级及以上奖励。

（3）为学校本科人才的培养提供了极大的支持，得到了相关院系领导和学校教务部门的肯定和好评。

三、获奖情况及完成人

"高等数学"课程于2011年被评为山东省精品课程。刘新国获2003年中国海洋大学本科教学优秀奖一等奖，刘新国主编的《高等数学》教材获2008年省级优秀教材二等奖；方奇志获第五届山东省高等教育教学成果三等奖；姚增善获得首届"LG电子"中国海洋大学课程教学卓越奖。

课程教学队伍主要包括刘新国、方奇志、姚增善、施心慧、张立振、张京良、张若军、岳跃利、曲镜如等。

（根据相关资料整理；审稿人：刘新国）

《普通遗传学》教材

方宗熙教授是我国著名的海洋生物学家、遗传学家、科普作家，也是新中国生物教科书的奠基者和开拓者之一。1953年4月，方宗熙离开北京到青岛，从此奉献于海洋科学事业。1959年3月山东海洋学院建立后，他先后任海洋生物遗传教研室主任、生物学系主任及副院长、学术委员会副主任，培养了一大批海洋生物学者和建设人才，编著出版了一系列大学教材和参考资料，如《普通遗传学》《生物学引论》《达尔文主义》《生命的进化》《生物的进化》《拉马克学说》等。《普通遗传学》就是其中的一本代表性教材。

一、成果的主要内容

由方宗熙教授著的《普通遗传学》至1984年共经历过五次修订，由科学出版社出版。

本书系统、简明地介绍了现代遗传学的基本原理，如基因的分离定律、自由组合定律、连锁互换定律、遗传基础的变化（包括染色体畸变和基因突变）、数量性状的遗传、遗传和环境的关系、性别的决定和发育、细胞质遗传、遗传和个体发育的关系、遗传和进化的关系。所引用的例证包括微生物、植物、动物和人类。

本书第一版是《普通遗传学》，于1959年出版。1961年，又经过修订，改名为《细胞遗传学》，被选用为大学教材。1964年又修订过一次，增加了一些理论联系实际的材料。

1974年的第四版进行了一次较大的修改，补充了许多新材料，又再名为《普通遗传学》，使名称和内容一致。第四版保存了初版的体系，但在分子遗传学、医学遗传学等方面进行了修订，并增加了许多新材料。

　　方宗熙教授于1974年6月26日在山东海洋学院为《普通遗传学》第四版作序。他在序中写道："十几年来，遗传学在国内外有许多重大的发展。书中介绍了一些国外的研究成果。同时介绍了我国的有关成就。希望本书现在能较好地反映现代遗传学水平。在修订中注意说理简明和理论联系实际的原则。希望它仍旧可作为教学参考用书。这一版改动最多的地方是把原来第八章有关蛋白质合成的部分和第九章基因学说合并起来，结合新成就，扩展为以下五章：基因和蛋白质的合成、基因的可分性、基因的客观性、基因和健康、细胞融合和'遗传工程'。第一章、第三章和第八章的第五、第六节也作了部分修订或改写。细胞质遗传、遗传和个体发育、遗传和定向培育这三章的最后部分都进行了改写，补充了一些新材料。本书介绍遗传学基本原理的部分基本上没有改动，只是在个别地方改了错字。这样修订，一是为了尽量利用原来的纸版，不必使此书全部重排，二是考虑到这些原理到现在还是有效的。"

　　第五版又在若干地方做了修订。

二、成果的主要成效

　　中国早期的遗传学教学一般以辛诺特的《遗传学原理》和李积新的《遗传学》为主，新中国成立初期，我国盲目崇拜苏联，全盘学习苏联，使我国的遗传学教学发展陷入低谷。1956年在青岛的遗传学座谈会贯彻"双百"方针，是中国生物科学特别是遗传学发展的一次历史转折。在此背景下，方宗熙主编的《普通遗传学》于1959年由科学出版社出版，书中介绍了米丘林学派和摩尔根学派的遗传学基础知识。在1961年修订版更名为《细胞遗传学》，书中删去了米丘林学派和摩尔根学派一些争论问题的分析，以介绍摩尔根学派的细胞遗传学以及在这个基础上发展起来的其他遗传学原理为主。该书的体系和叙述比较简明，各方面反映较好，被选作大学教材，直到20世纪70年代中期其他遗传学教材和讲义相继出现。因此，该教材对新中国成立初期遗传学理论的拨乱反正、摩尔根遗传理论的推广、"文革"前中国遗传学教学的发展都具有重要意义。

三、获奖情况

　　《普通遗传学》教材获1987年首届全国普通高等学校优秀教材一等奖。

（根据相关资料整理；审稿人：张全启）

《海洋科学导论》教材

　　1995年，国家教委发文成立高等学校海洋科学教学指导委员会，批准了"面向21世纪海洋科学类专业教学内容和课程体系改革"的立项研究。通过广泛调研、反复研讨和征求各方意见，项目组和教学指导委员会形成了一个共识：尽快组织各方面的力量，为海洋科学类本科生及相近专业的学生，编写一本面向21世纪的教材——《海洋科学导论》，弥补该方面教材不足的缺憾。于是，由冯士筰、李凤岐和李少菁牵头，组织中国海洋大学和厦门大学相关的专家学者编写了《海洋科学导论》教材，于1999年6月由高等教育出版社出版发行。

一、成果的主要内容

　　本教材以海洋科学体系为主线，系统讲述海洋科学的基本概念、基础理论和主要成果。教材注意介绍其各分支学科，如地学、物理学、化学、生物学、大气与海洋、卫星海洋遥感及中国近海区域海洋学等基本范畴，并适时补充介绍环境科学和可持续发展等新理念。

　　本教材共分12章，即绪论，地球系统与海底科学，海水的物理特性和世界大洋的层化结构，海水的化学组成和特性，海洋环流，海洋中的波动现象，潮汐，海洋与大气，海洋生物，海洋中的声、光传播及其应用，卫星海洋遥感，中国近海的区域海洋学。与以往的同类教材相比，新增了三章，即海洋与大气、卫星海洋遥感和中国近海的区域海洋学；其他各传统分支学科的内容也有较多的更新。关于环境保护、污染治理与可持续发展等内容，虽未单独成章，但在有关章节中均有意强调了相关方面的内容。

　　《海洋科学导论》在坚持基础性、系统性、科学性、先进性和启迪性的前提下，保持了阐述简明扼要、系统合理、资料新颖等特色。本教材不仅涵盖了传统的物理海洋、海洋物理、海洋地质、海洋化学、海洋生物等方面的内容，还增加了海洋与大气、卫星海洋遥感以及中国近海的区域海洋学内容，各章节彼此相互呼应衔接，整本书构成一个有机综合的知识体系。本教材是一本有关海洋科学各个领域基础知识的教材，既有深度，又具有广度，不仅适合初学入门者，也是海洋科学工作者的工具书。

二、成果的主要成效

　　改革开放之后，中国经济获得前所未有的飞跃式发展，国际贸易急剧增加，海洋经济也得到长足发展，我国经济对海洋的依赖性逐渐提高，如何有效地开发海洋和经略海洋成为一个亟待解决的问题，快速培养海洋科学方面的人才显得越来越急迫。在此背景下，一些高校竞相开设海洋学院或海洋专业，急需适合初学者的海洋科学基础知识教材，而《海洋科学导论》正是教育部"高等教育面向21世纪教学内容和课程体系改革计划"的研究成果，是面向21世纪课程教材和教育部理科地理学"九五"规划教材，是普通高等教育"九五"国家级重点教材，为我国培养海洋科学人才解了燃眉之急，成为我国海洋科学教育事业发展的基石之一，见证了我国海洋科学教育事业快速发展历程。

本教材自1999年6月出版以来，截止到2021年，已经累计印刷27次，发行量达113919册。据不完全统计，《海洋科学导论》被国防科技大学、山东大学、中国海洋大学、中山大学、安庆师范大学、长沙理工大学、大连海事大学、大连海洋大学、福建师范大学、广东海洋大学、广西民族大学、海军工程大学、海南大学、河北地质大学、河海大学、江苏海洋大学、南京师范大学、南京信息工程大学、宁波大学、齐鲁工业大学、青岛科技大学、泉州师范学院、上海海事大学、天津科技大学、烟台大学、浙江海洋大学、中国石油大学（华东）等高校选作教材和参考书，受到高校师生的广泛好评。中国台湾的艺轩图书出版社购获版权，于2003年2月出版了本教材的繁体中文版本，可供中国台湾、香港、澳门以及东南亚国家高校、科研机构的读者选读。

三、获奖情况及完成人

《海洋科学导论》教材获2002年全国普通高等学校优秀教材一等奖。

教材主编：冯士筰、李凤岐、李少菁。

（撰稿人：李凤岐、赵栋梁；审稿人：李凤岐）

《海洋水团分析》教材

海洋水团是海洋学较早研究的内容之一。因其与海洋渔场、水产养殖、海洋气象和气候变化以及海军活动有密切关系，而被持续关注。我国学者对浅海水团及其变性有较深入的研究，取得了较多成果。至21世纪初，国内外还没有出版系统论述海洋水团的专著或教材。

一、成果的主要内容

本教材被列入"面向21世纪课程教材"。全书共分十二章，系统阐述了海洋水团及其相关的基本概念与理论，介绍了海洋水团分析的主要方法及其改进，综述了世界大洋各洋区的水团与环流特征及其相互作用，总结了我国近海水团环流概况及最新的研究成果。

第一章讲述海洋水团、水型和水系的有关基本概念及原理。第二章介绍与海洋水团密切相关的海洋环流、海洋锋、中尺度涡、跃层和细微结构等知识。第三章至第十章系统讲解水团划分、分析及预报的主要方法，如定性的综合分析法，浓度混合分析法，温-盐图解统计分析法、分割法，聚类分析法，判别分析法，正交分解分析法和模糊数学方法。第十一章介绍世界大洋各洋区的环流系统与特征，对世界大洋各洋区主要水团的典型特征、形成及变性的研究成果进行了系统的综述概括。第十二章分别描述了中国近海各海区的环流概况与特征，系统地总结了对各海区主要水团的形成机理、典型特征和变性过程研究的成果。

本教材由当时的青岛海洋大学出版社出版，可作为海洋科学类专业的本科生和研究生的教材,亦可作为相近或有关专业的教学参考用书。对于从事相近专业或有关的科技人员和管理人员以及有意了解世界大洋或中国近海环流与水团分布、变化和特征的有关人员,也有较大的参考价值。

二、成果的主要成效

梳理了海洋水团概念形成与发展的脉络,给出了集合论和模糊数学的海洋水团定义;引入了多元分析和模糊数学方法,创新性地改进应用于海洋水团的划分、检验与分析;对世界大洋的水团划分补充了新的研究成果;关于我国近海水团的形成、划分、变性分析,有创新性的理念和研究成果。

三、获奖情况及完成人

《海洋水团分析》教材获2002年全国普通高等学校优秀教材二等奖。教材主编:李凤岐、苏育嵩。"模糊数学方法在水团分析中的应用"成果获国家教委科技进步二等奖。

（根据相关资料整理;审稿人:李凤岐）

《虾蟹类增养殖学》教材

世界范围内虾蟹类养殖业的发展使虾蟹类研究成果及养殖实践日渐丰富。尤其是自20世纪70年代后期以来,我国的虾蟹类养殖业发展迅速,养殖产量一度居世界前列,关于虾蟹类增养殖的理论研究与技术开发也得到了长足发展。但由于国内缺乏适用于水产养殖专业教学与生产的较为全面的关于虾蟹类增养殖的教材与参考书,无法及时、有效地反映理论研究与技术进步现状,不利于水产养殖专业人才的培养,养殖生产迅速发展,急需系统、全面、理论结合实践的参考书以满足技术推广和发展需要。在先后编写了海水养殖本科专业《虾蟹类增养殖学》讲义及其他数种有关虾蟹类养殖著作的基础上,在农业部高等农业院校教材指导委员会的指导下,结合虾蟹类增养殖科研进展与生产现状及教学实践,由青岛海洋大学（现中国海洋大学）牵头主编,湛江海洋大学（现广东海洋大学）、上海水产大学（现上海海洋大学）、大连水产学院（现大连海洋大学）、集美大学水产学院的有关教师合作,完成了《虾蟹类增养殖学》教材的编写工作,填补了我国水产学科虾蟹类增养殖课程没有统编教材的空白。

一、成果的主要内容

《虾蟹类增养殖学》系统论述了虾蟹类基础生物学、育苗和养成、保鲜与加工、放流与增殖的基础理论与通用技术。在介绍基础理论与基本知识的同时,注意阐述应用技术及应用条件,使读者在了解虾蟹类增养殖概况与发展的基础上,全面掌握有关基础理论与应用技术,为进一步开展相关研究和技术开发与利用奠定基础。

本教材分18章,内容涵盖我国已广泛开展养殖的海水、淡水虾蟹类,包括中国对虾、斑节对虾、长毛对虾、墨吉对虾、日本对虾、新对虾、罗氏沼虾、日本沼虾、龙虾、螯虾、河蟹、锯缘青蟹及梭子蟹等种类。对于部分已有一定研究基础、具有开发潜力的种类也有相关介绍。

二、成果的主要成效

本教材是我国农业院校水产养殖专业虾蟹类增养殖课程的唯一出版的统编教材。教材全面、系统地总结了我国在虾蟹类研究与生产方面的成果与经验,反映了国内外相关研究的最新进展,具有较强的理论性和实践性,既可作为科学研究的参考文献,又可为生产实践提供系统指导。教材介绍了虾蟹类增养殖原理和养殖技术,在阐述理论知识的基础上,详细介绍了应用技术的原理与特点,体现了理论与实践相结合、基础与实用相统一的编写原则。教材内容涉及我国南、北方虾蟹类种类及待开发种类,兼顾海水、淡水种类,对技术原理的阐述清晰详尽,易于学习与掌握。本教材在农业高等院校水产养殖专业中已被广泛用作教材,受到普遍欢迎。本教材作为我国虾蟹类养殖的重要参考书,深受相关研究人员、生产单位技术人员以及从业者的喜爱,为促进我国虾蟹类养殖技术进步与专业人才培养做出了重要贡献。

三、获奖情况及完成人

《虾蟹类增养殖学》教材获1999年教育部科学技术进步(教材)三等奖。

本校完成人:王克行(主编)、马甡、潘鲁青。

(撰稿人:马甡;审稿人:王芳)

《海水淡化技术与工程手册》教材

水是生命的源泉,是社会经济发展的命脉,是人类宝贵的、不可替代的自然资源。随着经济的持续发展和人民生活水平的提高,对水量的需求量越来越大,对水质的要求越来越高。我国北方沿海地区供水不足,海水淡化已成缺水城市最佳选择,对沿海岛屿用水来说,更是一种必备的选择。

我国海水淡化技术是在政府支持和国家重点攻关项目驱动下发展起来的,例如,反渗透海水淡化技术和蒸馏法海水淡化技术的研究开发等都取得了相当大的进展。随着淡化技术的进步和海水综合利用的发展,海水淡化变得越来越重要。为了加快我国海水淡化事业发展,化学工业出版社特约本教材作者编写了《海水淡化技术与工程手册》。

一、成果的主要内容

这是我国第一部海水淡化技术与工程手册。本教材综合系统地介绍了淡化工程原水的组成和性质、海水淡化技术概述、海水淡化工程原水预处理技术综述、热法海水淡化技术与工程、膜法海水淡化技术与工程、电渗析海水淡化技术与工程、核能海水淡化技术与工程、其他海水淡化技术与工程应用、海水淡化产水的后处理和海水的综合利用、各种水质标准和水质检测方法。全书共763千字，由化学工业出版社出版。

本教材由我国水处理技术首席专家高从堦院士领衔，组织中国海洋大学化学化工学院、海洋环境学院及国家海洋局天津海水淡化与综合利用研究所、杭州水处理技术研究开发中心各领域海水淡化技术专家精心编写。他们充分了解各领域国内外最新进展，已在我国海洋化学领域、海水淡化与海水综合利用领域奋斗几十年，有着丰富的工程实践经验。本教材全面介绍了各种现代海水淡化技术与工程，包括热法（如蒸馏法、冷冻法）、膜法（如反渗透、纳滤、电渗析），以及利用核能、太阳能、风能等的海水淡化技术与工程。除了介绍原理以外，着重对其工艺过程设计、实际运行装置的工程设计与运行进行了详细说明，还列举了各种工程实例。对于膜法，介绍了其经济性、国内外商业运行的海水淡化厂的回收率和淡化成本。展示的各类图表、数据齐全，极具参考价值。本教材以介绍各种海水淡化技术与工程为主，注重实用，从大型海水淡化厂到船用、家用淡化设施，从海岛、陆地的海水淡化技术应用到救生用海水淡化方法，均结合一些工程实例予以详细介绍，同时还兼顾了海水淡化技术的延伸——海水资源的综合利用。本教材还整理了中国河流水的组成、咸水与卤水的组成以及海水的组成，全面介绍了海水性质、1978年盐度定义、1980年国际标准海水状态方程、中国近海水的密度与海水状态方程，以及各类用水水质标准、水质相关的理化参数测定方法等。

二、获奖情况及完成人

《海水淡化技术与工程手册》教材于2005年获中国石油与化工协会科技进步二等奖。

本校完成人：陈国华、陈淑珠。

（根据相关资料整理；审稿人：陈国华）

《电化学方法应用》教材

《电化学方法应用》教材的前身《应用电化学》是学校化学化工学院应用化学专业的专业选修课教材，1994年由青岛海洋大学出版社出版。随着科学技术的发展，电化学应用领域迅速扩展，新的科研成果不断出现，"文革"前出版的科技参考书已显陈旧。改革开放以来，国民经济飞速发展，急需出版一批新的科技参考书。化学工业出版社特约本教材作者编写

《电化学方法应用》，希望将原有的《应用电化学》内容扩展，以满足社会各界对电化学方法原理及其应用的需要。

一、成果的主要内容

电化学是物理化学的一门重要分支学科，在国民经济各个领域都有着重要的应用，本教材包括金属电沉积过程的基本原理与概念、金属的电解精炼和湿法电冶金、金属电镀、金属制品与非金属制品表面处理方法、电铸、电化学方法在治理废水中的应用、有机电合成、电化学在材料腐蚀与防护方面的应用、电化学在化学电源中的应用、电化学方法在制备纳米材料中的应用等内容。全书共574千字，由化学工业出版社出版。

本教材既包括传统的金属电解精炼、湿法电冶金和金属电镀，也增加了新内容。在金属制品与非金属制品表面处理方法一章，既有传统的方法，也增加了新的表面着色方法，特别是随着铝材的广泛应用，着重介绍了铝及其合金表面染色与着色及新的电致变色材料制备方法。塑料等新材料的出现推动了电铸工业的飞速发展，在纺织工业、印刷工业、核与航天航空工程中一些重要的零部件，小的只有几毫米大小，大的重达几吨，用电铸方法制造的零部件具有精度高、材料省、质量轻、成本低、外形多样化等优点，电铸已成为新的不可缺少的工艺。在电铸一章，对型模（芯模）的制造、非金属型模表面覆盖导电层、金属型模表面覆盖分离层、在型模表面金属电沉积（电铸或电成型）、电铸件脱模做了介绍。在有机电合成一章，不仅对原理与装置、有机电合成的操作方法有介绍，还详细介绍了各类有机化合物的电合成方法，并且特别详细介绍了各类有机电合成应用示例、功能高分子材料的电合成、生物资源的电化学变换与新兴领域应用。在电化学在材料腐蚀与防护方面的应用一章，除常规介绍金属及其构筑物的阳极保护法、阴极保护法以外，着重介绍了许多海洋中常见的码头钢桩、海水管道、海水冷凝塔、遥测浮标等的电化学保护法。在电化学在化学电源中的应用一章中除介绍常规的锌锰电池、碱性锌锰电池、铅酸蓄电池等以外，对目前在电动汽车中应用的各类锂电池作了详细介绍。在电化学方法在治理废水中的应用一章，对应用较多的高效聚合氯化铝的电化学合成、电解海水制氯气和次氯酸钠技术、电化学合成过氧化氢和电解法制备二氧化氯技术作了介绍并附有许多实例。本教材还介绍了电化学方法在制备纳米材料中的应用实例。

二、获奖情况及完成人

《电化学方法应用》教材在2004年获中国海洋大学优秀教材特等奖，在2008年获山东省高等学校优秀教材一等奖。

教材由陈国华、王光信等编著，本校完成人：陈国华、杜敏、曹晓燕、高荣杰。

（根据相关资料整理；审稿人：陈国华）

第四篇
文化传承创新类成果

　　文化是一个国家经济社会发展的重要支撑，是一个国家、一个民族软实力的集中体现。守护、传承、创新文化，是高等学校的主要职能之一。

　　中国海洋大学在百年发展进程中，涵育形成了共同的理念追求、价值观念、行为准则和文化传统，包括"教授高深学术，养成硕学宏材，应国家需要"的创校宗旨，"海纳百川，取则行远"的校训，"团结、勤奋、求是、创新"的校风，"治学严谨、执教严明、要求严格"的教风，"求是、求博、求精、求新"的学风，以及以树人立新、谋海济国为核心意涵的海大精神。一代又一代的海大人，正是在这些文化航标的指引下，同舟共济、埋头苦干、接续奋斗、图兴图强，走出了一条特色兴校、科学发展、树人立新、谋海济国的发展道路，显示出文化传承创新在学校事业发展中的磅礴力量。

　　本篇收录的文化传承创新类成果，涵盖了学校社会主义先进文化、中华优秀传统文化、大学文化、海洋文化四大领域中的代表性成果，集中展现了学校事业发展过程中独特的精神文化、行为文化和环境文化，力图让一辈辈海大人熟稔其精神内涵、价值追求，并薪火相传。

海鸥剧社

"做科研，看的不是爬得有多高，而是扎的根有多深！"伴随着海鸥剧社原创话剧《海之魂》最后一句台词，2021年秋季学期"飞翔的海鸥"话剧周落下帷幕。《海之魂》根据革命烈士、中国海洋大学水产学院教师王成海、叶立勋的事迹创作，讲述了他们笃志海洋、探索海洋、献身海洋的感人故事。作为海鸥剧社的经典原创剧目之一，《海之魂》已上演20余次，在2021年庆祝建党百年之际，海鸥剧社通过走访学校教师、查阅历史资料，将《海之魂》扩充为90分钟，更加全面、准确地表现了两位烈士的生平事迹和崇高精神。

海鸥剧社成立于1932年3月，是学校历史最悠久的学生社团。从成立之时起，海鸥剧社就以弘扬爱国主义、振兴中华为己任，心系国家民族的前途和命运，在革命战争年代相继演出了诸多宣传抗日救国的话剧；发展到今天，海鸥剧社在传承的基础上不断创新，以活跃的艺术创作与表演实践展示青春风采、践行爱国初心，对鼓励青年学子投身爱国主义事业发挥了积极作用。

一、传承红色基因，文化成果丰硕

海鸥剧社是在红色革命年代中萌芽成长起来的爱国社团，其创始人是俞启威（黄敬）、王弢（王林）、崔嵬等。成立初期，海鸥剧社便相继演出了如《放下你的鞭子》等诸多宣传抗日救国的话剧。中共领导的左翼作家联盟的机关刊物《文艺新闻》曾以"预报了暴风雨的海鸥"为题报道、赞扬了海鸥剧社的演出。复建后，海鸥剧社传承自成立伊始便融于血脉的红色基因，创作了诸多富有爱国主义情怀的经典话剧。其中最有代表性的就是以学校师生、校友为原型创作的"海鸥四部曲"系列经典话剧《海之魂》《山海情》《谁打了我的鸭子》《守望》。

《海之魂》是根据学校青年教师王成海、叶立勋在进行海洋资源调查时不幸牺牲的事迹而创作的，展现了海大人不畏艰险、探索不已的精神；《山海情》取材于中国海洋大学研究生支教团的事迹，展现了海大人服务社会、甘于奉献的精神；《谁打了我的鸭子》展现了海大资助育人、实践育人的成效；《守望》则以2012年"感动中国"人物、校友李文波为原型，展现了他恪守使命20余年、奉献国防一辈子的事迹和精神。此外，海鸥剧社演出了以校友张沈川为原型的改编话剧《永不消失的电波》、讲述国歌歌词作者田汉波澜壮阔一生的话剧《狂飙》、由经典红色电影改编的话剧《风声》等剧目。在学校庆祝建党100周年文艺晚会上，海鸥剧社自编自导自演了舞台剧《觉醒》《红烛》《归来》等，以罗荣桓、闻一多、赫崇本等学校教师或校友为人物原型，再现了一代代海大人为了国家海洋事业的发展、为了民族振兴而前赴后继、感人肺腑的事迹。

二、实施"3+1"工程，打造特色活动

为集中演出优秀话剧，海鸥剧社自2002年起开展"飞翔的海鸥"话剧周活动，已连续20余

年,于每年6月份和12月份定期进行话剧演出,多种类型和风格的话剧在话剧周展演。话剧周凭借其朝气蓬勃的青春活力和别具一格的艺术魅力,成了极具影响力的校园文化品牌活动之一,"话剧周看一场话剧"成为海大学子"毕业前不可不做的一件事",每次话剧周吸引观众4000余人次。

进入新时代,海鸥剧社以习近平新时代中国特色社会主义思想为指导,落实学校文化引领战略,实施文化融入"3+1工程",即以弘扬中华优秀传统文化、革命文化、社会主义先进文化为方向,以大学文化为基础,将文化引领融入"飞翔的海鸥"话剧周的创作和表演中。再现传统文化经典,多次演出《四世同堂》等传统经典话剧,联合大学生艺术团推出舞剧《赵氏孤儿》,展示中华优秀传统文化的精神内核。弘扬革命文化和社会主义先进文化,多次演出《日出》《雷雨》《窝头会馆》等抨击黑暗旧社会、讴歌伟大劳动人民的作品。展现海大文化,以学校研究生支教团真实故事拍摄微电影《山海》,将《海之魂》《山海情》等经典原创话剧进行二次创作,完善故事情节和剧情设置,更加全面、准确地表现了海大师生的崇高精神。

三、展现青春风貌,贡献青年力量

海鸥剧社吸收中华优秀传统文化精髓,传承革命文化底蕴,坚持社会主义先进文化引领,扎根校园文化沃土,着力凝练出以红色革命精神和爱国主义精神为核心的海鸥精神,生生不息、传承不衰。如前辈一样,他们走进基层、深入群众,定期到五四广场等文化场所或深入社区开展演出;积极参加"三下乡"社会实践,赴四川地震灾区、辽河油田、沂蒙山革命老区等地,到乡间地头、乡镇企业、部队、学校开展文艺下乡活动。海鸥剧社还登上央视"五月的鲜花"文艺汇演舞台、中国教育电视台"放飞梦想"青春歌会舞台,参加湖南卫视"天天向上"、中国青年报"五四"百年巡展等节目的录制,展现了海大学子的良好风貌。

海鸥剧社曾被评为"全国十佳社团标兵""全国百佳学生社团";荣获全国高校校园文化建设成果一等奖;曾在"金刺猬"中国大学生戏剧节获得"优秀剧目奖"(第一位);礼敬中华优秀传统文化、践行社会主义核心价值观的先进事迹被《光明日报》报道;《山海情》《海之魂》《白蛇》等多部原创话剧作品在各级各类艺术展演、话剧节中获得佳绩。

（撰稿人:王晓鹏;审稿人:张欣泉、李文庆）

华岗的政治大课

一、开设政治大课的背景

1949年12月，新中国成立后的第一次全国教育工作会议召开。在这次会议上，中央明确指示，新区学校安顿后的主要工作是进行政治与思想教育。教育部副部长钱俊瑞在教育工作会议的总结报告中明确指示："对新区学校安顿以后的主要工作，是有计划、有步骤地在教师和青年学生中进行政治与思想教育，其主要目的乃是逐步地建立革命的人生观。""这种教育是国民教育的一部分，其基本性质是新民主主义的，还不是社会主义的。这种教育首先要反对买办的、封建的、法西斯主义思想，建立为人民服务的思想。但是为了建立和巩固为人民服务的思想，应当提倡和鼓励马克思列宁主义世界观和毛泽东思想的学习。"

全国教育工作会议后，学校积极贯彻落实会议精神，1949年12月，决定用政治大课的形式对全校师生进行马克思主义理论教育。学校师生员工的政治学习始于1949年6月青岛解放。军管小组接管山东大学以后，邀请青岛市委负责人来校作有关知识分子政策以及接管山东大学方针的报告。7月到9月，学校成立夏令营学园，组织全校教职员工及部分学生集中进行政治学习，学习内容为时事、政策、历史唯物论。9月开学后，学校在文、理、工、农四个学院正式开设"新民主主义论"课程，但是"绝大多数人仍只注意名词的探讨，而没有联系到思想与工作"。

1949年12月29日，山大校委会根据需要，废除旧的反动的"党义"课程，做出《关于政治大课的决定》，从1950年1月开始，在全校施行政治大课的学习制度。为此，学校建立学习委员会，院系成立分会；制订学习计划，确定学习内容，编班分组，定期讲授；并将政治大课列为学生必修课，计算学习成绩。目的是加强师生的政治思想教育，贯彻新民主主义教育方针，使师生系统地学习政治理论，巩固已有成绩，提高政治理论水平。

二、政治大课的两个阶段及主要内容

第一阶段从1949年冬季到1952年秋季，由军代表罗竹风讲"新民主主义论"，华岗讲"中国人民政治协商会议共同纲领"（简称"共同纲领"）、"社会发展史"等；第二个阶段从1953年到1954年年底，主要由华岗讲辩证唯物论。

1. 第一阶段的政治大课

在学委会的组织下，用两年的时间集中开设政治大课。"共同纲领"和"社会发展史"由华岗讲授，"新民主主义论"由军代表罗竹风主讲。每周六下午为政治大课的学习时间；每两周讲课一次，分班组讨论一次，各分会及时汇报。

华岗三次讲授"共同纲领"。根据"共同纲领"精神，他提出要把山东大学改造成新民主主义的新山东大学。1950年1月7日，华岗在学校大众礼堂，以"怎样用理论与实际相结合的方法学习'共同纲领'"为题，给全校师生讲授第一堂政治大课，时间长达4小时。在报告中，华岗将"共同纲领"中的文教政策与山大实际相结合，有的放矢，首次提出改革山大的五项办学方针,发动大家联系个人思想和学校实际,自由展开讨论。对广大师生员工进一步拥护共产党、迈进新时代,促进山大的建设与发展起了重要作用。

华岗的报告以阐发"共同纲领"的精神为主,充分结合全校师生思想情况,"讲得充实生动,而不流于泛泛,对某些错误思想有分析与批评,甚至有很严厉的批评,以致有的人感到震动"。一位老教授听后,感慨道:"如沐春风,如饮甘霖"。校刊《山大生活》报道了这次政治大课的盛况:"各院同学与教职员工全部参加,附属医院、护士学校、家庭联谊会也都列席旁听。大众礼堂、学生会及大众音乐团办公室均拥挤不堪,窗外与走廊也都挤满了听众。到会人数之多,为本校有史以来所未有。"

第一次政治大课后,华岗又以"共同纲领"为题上了两次政治课,同样在全校引起很大震动。他关于"共同纲领"的报告,一方面是对全校此前学习情况的总结,另一方面是作为全校政治大课的开端,影响深远。学校和国内其他大学一样,面临着从旧教育体系向新教育体系的转型问题,即如何全面贯彻落实"共同纲领"提出的新民主主义教育方针,努力把山大建设成为新民主主义大学,进而建设成社会主义新型大学的问题。华岗通过讲授"共同纲领",理论联系实际,从学校的实际出发,对全校师生进行思想政治教育,引导知识分子尽快适应时代变化。

"社会发展史"是中央规定的大学必须开设的另外一门公共政治课。华岗认为学习"共同纲领"后有了政治基础,再学习"社会发展史",能更好地以人类社会发展规律引导师生树立科学的世界观与人生观。

从1950年4月至7月底,华岗七次讲授"社会发展史",内容分为原始共产社会、奴隶社会、封建社会、资本主义社会、新民主主义社会和社会主义社会等专题,介绍每一种社会形态的基本特征,阐述社会发展规律。其目的在于使全校师生树立历史唯物主义观点,掌握社会发展规律,加深对马克思列宁主义的认识。针对知识分子优越感、自由主义、纯技术观点、超阶级观点(如主张"科学独立")、中间路线思想与狭隘民族主义思想等予以批评。随后罗竹风接着讲授"新民主主义论"。其间还穿插华岗所作时事报告、中共党史学习教育等内容,对全校师生进行思想教育。

第一阶段的政治大课,偏重政治思想、世界观、认识论、阶级观等方面的教育,使广大师生对于社会发展规律、新中国前途、高校发展等根本性问题有了深刻了解,思想观念发生了深刻变化,给学校的各项工作带来了生机。

2. 第二阶段的政治大课

1953年9月,学校恢复因院系调整而暂停的政治大课学习制度,决定在全校范围内开展为期一年的"辩证唯物论"学习,由华岗校长主讲。

从1953年9月到1954年12月,华岗采取上大课的形式,共分11个专题系统讲授"辩证唯物论",每2~3周报告一次,全校师生分组讨论一次,每次报告约三个小时,共讲授35场。全面阐述辩证唯物主义、历史唯物主义和马克思主义的实践学说。听报告后,广大师生联系思想改造、教学改革、科学研究、怎样办好学校等问题进行分组讨论。据统计,参加"辩证唯物论"学习的人员共有482人,其中本校教授、副教授98人,讲师86人,助教140人,职员24人,附属单位技术人员、医护人员81人,另有中国科学院海洋生物研究室30人,中央水产试验所23人。

"辩证唯物论"学习取得初步成效,部分教师树立了辩证唯物论的观点。例如,童第周、冯沅君、郭贻诚等教授纷纷撰文，畅谈学习心得和收获。一年中《文史哲》刊载这类文章达 40余篇。1953年，童第周撰写了《生物科学与哲学的关系》，提出应"以唯物辩证法的范畴与 方法来武装我们的思想"。他还总结说："懂得了辩证法，才在生物研究中有了新的突破。"

三、政治大课影响

华岗讲授"辩证唯物论"的内容经整理后刊登在《新山大》和《文史哲》杂志上，部分 专题由《青岛日报》和上海的《文汇报》转载，1954年11月，由华东人民出版社以《辩证唯 物论大纲》为书名结集出版，向全国发行，产生了重大影响。

自大课开展以来，山大活跃起来，面目为之一新，成绩也是极其显著的。《国立山东大学 总结》具体指出了政治大课的四点成绩：第一，政治大课规模空前，大家学习政治的热情普遍 提高；第二，根据山大的实际情况，用五条方针作武器，进行了工作检查，大家初步开展了批 评与自我批评；第三，打通了不少糊涂思想，一定程度上纠正了重业务、轻政治的思想；第四， 推动和加深了课改工作。华岗上政治大课，采取开放的形式，最初在学校大礼堂，后来在学校 "六二广场"举行，是当时学校一道特有的风景线。来听课的人，不仅有本校师生，还有青岛 市的机关干部、北海舰队官兵、中学教师以及工商业者，共三四千人。每逢大课，人们纷纷来 到"六二广场"，抢个靠前的座位，以便听得更清楚一点；台阶上、树荫下、草坪中、马路边， 处处坐满拿着笔记本边听边记的人。政治大课蜚声学界，成为青岛市理论学习的大盛事。

学校提倡学术研究，重视科研工作。华岗校长通过上政治大课的形式，与学校的中心工作 相配合，使全体师生系统地受到思想理论教育，基本上接受了马克思主义。许多学者开始运用 马克思主义观点指导自己的学术研究，并且做出了新的学术贡献。华岗校长的政治大课，理论 联系实际，全面系统又通俗易懂，极大提升了山大师生的思想觉悟和理论水平，开阔了眼界， 拓宽了研究领域，奠定了马克思主义、毛泽东思想在山东大学意识形态领域的主导地位。

（撰稿人：杨洪勋、赵瑞红；审稿人：魏世江）

红旗智援博士团

红旗智援博士团（以下简称"博士团"）是学校"三全育人"综合改革试点工作中，重点 打造的思政品牌和高校产教融合创新人才培养的重要平台，通过整合高校科研力量、组织帮 扶实践活动、开展红色文化宣讲，引领广大青年学生积极投身乡村振兴伟大实践。

一、初创历程

2016年7月，刚入学的博士研究生马贝通过暑期"三下乡"社会实践发现，曾用小米供养革命胜利、素有"红色小延安"之称的德州乐陵竟然还有农户吃不饱、穿不暖……作为农业经济管理专业的博士生，希望运用所学帮助革命老区改变现状。因此，马贝、陈琦和张莹三位博士生党员再次奔赴乐陵，提出了成立"枣树集中管理专业合作社"的方案，被当地政府采纳。当年，三位博士生倡导成立红旗智援博士团，自主研发"多维贫困因子介入诊断术"，挖掘贫困地关键致贫因素，制定精准帮扶方案。

2017年，学校同意将党支部建在"创新团队"上，批准成立红旗智援博士团党支部，进而开创了以党建为引领、以产学研转化为手段、以青年志愿实践为路径、以红色文化宣讲为载体的"智援帮扶+红色传播"新模式，号召更多大学生投身乡村振兴实践，帮扶地方经济社会发展，产生了积极的社会反响。

二、经验做法

（一）学以致用，助力脱贫攻坚

在开展帮扶实践的过程中，博士团科学制定"靶向扶贫"方案，提供"精准滴灌"帮扶，将精准帮扶实践从红色老区拓展至蓝色渔村、绿色草原、滇西绿春，先后在德州乐陵、临沂蒙阴、临沂莒南、东营利津、内蒙古乌兰布统开展帮扶实践，充分发挥高校智力资源优势，为贫困老区制定脱贫方案。

红色革命老区、山东省财政困难县临沂蒙阴是中国海洋大学的定点帮扶县，当地盛产黄金桃。由于销售渠道单一、农户不善营销，桃子销量有限。博士团通过实地调研，联系了三支中国海洋大学科研团队提供技术支持，组织山东省商业实训大赛，吸引48支高校团队，一个月的时间帮助农户销售黄金桃7885斤，产生经济价值11.3万余元。黄金桃销量较农户自运营增长了三倍，极大提升了黄金桃的品牌知名度。同样，山东乐陵的金丝小枣是当地的支柱产业，但是面临着种植人群老龄化、生产力流失等现实问题。自2017年起，博士团协助乐陵朱集镇政府建立农业合作社107个，帮助503户贫困户、1131名贫困人员成功脱贫；搭建"市—镇—村"三级党组织联动电商培训体系，开展电商培训23次，培训电商专业人才120余人，发展200多家线上商家；连续四年帮扶当地龙头企业改进产品设计、拓展销售渠道，累计销售35万余斤枣产品，帮助枣农增收53万余元。

在临沂莒南，建立茶产品营销网络，推动学校设立20万元扶贫专项基金，打造莒南县特色农产品电商营销品牌；为东营利津引入耐盐碱花鲈培育技术，帮助刁口乡花鲈养殖面积由112亩增长到260亩，全县形成每年2100万尾花鲈鱼苗规模；在内蒙古乌兰布统，围绕特色民宿及旅游信息化建设，帮扶改善旅游发展现状，开发冬季旅游产品等。

博士团的帮扶一直在路上。截至2022年，博士团共吸引6000余名青年参与帮扶，举办文化宣讲120余场，开展帮扶36万余小时，推动各方投入帮扶资金100余万元，帮销农产品150余万元，获评社会实践全国重点服务团队、"互联网+"青年红色筑梦之旅赛道全国银奖，相关事迹获人民日报、新华社、教育部门户网站等100余家媒体报道。

（二）抗疫扶贫，践行使命担当

云南省绿春县是中国海洋大学定点扶贫帮扶工作对象。博士团积极落实学校各项要求，应绿春发展所需、尽学校所能，持续深入推进教育帮扶、产业帮扶、消费帮扶、智力帮扶、文化帮扶等工作，带着感情与责任把各项措施落实、落地，为绿春县实现脱贫攻坚与乡村振兴有效衔接贡献海大力量。

2020年，COVID-19疫情突如其来，博士团结合疫情防控实际，将扶贫工作从线下转到线上，在2月底便开启了对绿春的线上"问诊"。通过微商营销、抖音直播等方式为当地滞销农产品打开销路。同时举办博士直播带货活动，三个晚上成交订单398单，销售金额逾10万元。随后，博士团发起"践商研学智援绿春"倡议，举办"智营销大赛"和"旅游DIY大赛"，号召四川大学、厦门大学、重庆大学等全国20所高校的1341名师生，通过微店营销等方式为云南绿春销售105万元的滞销农产品，发布旅游公益广告播放量达29.8万次，呼吁更多的青年学子投身到扶贫工作中，助力绿春全面打赢脱贫攻坚战。绿春哈尼梯田红米线的创始人李高福表示："博士团不仅授人以鱼，更授人以渔。通过对接食品深加工的科研力量，帮助搭建'抖音'平台，为绿春特色红米线增销远销插上了科技的翅膀。"

为进一步开展有针对性的帮扶，博士团整合校内资源，推动学校设立共计40万元的科研专项基金项目《云南绿春特色产品交易平台建设与精准营销策略设计》《绿春县"十四五"旅游业发展规划》，与营销、旅游专业专家一起进行科技服务，为绿春开拓特色农产品营销渠道，规划文旅融合发展蓝图。

（三）红色宣讲，传承革命精神

帮扶路上感动常在。一路走来，博士团成员对勇于创新的"桃"宝达人感到钦佩，被一心为民的村支书所感动，被仅有初中学历却紧跟时代潮流的蒙阴电商工作者所激励。在一个个鲜活的案例中，大家感受到的是吃苦耐劳、勇往直前、开拓奋进的沂蒙精神。在受到思想洗礼的同时，大家想把这种精神传递给更多人，让扶贫筑梦的种子在更多人心中生根发芽。自2017年以来，博士团先后在全国13个省份、20余所高校与10余所中小学开展红色宣讲近百场，覆盖人数达10000人。

2020年12月，博士团联系34所高校的49支博士团队成立"博士智援"高校联盟，引领更多高校党员和有志青年巩固拓展脱贫攻坚成果、推进全面脱贫与乡村振兴有效衔接。教育部发展规划司给予高度评价，认为"红旗智援博士团有情怀、有担当，有组织、有力量，有基础、有成效，既是青年学子投身脱贫攻坚、服务乡村振兴的有效途径，又是高校推进思政教育、国情教育的创新举措"。

近年来，红旗智援博士团获评"山东省青年担当好团队"、第二批全国高校"百个研究生样板党支部"、2022年全国高校思想政治工作精品项目等，人民日报、新华网等12家国家级媒体，山东教育电视台、齐鲁网等10家省级媒体对博士团事迹进行了持续跟踪报道，其中新华社报道单日浏览量超过110万次，产生了极大的社会影响。

（撰稿人：齐峰；审稿人：乔宝刚）

中国海洋大学形象识别系统（UIS）

大学文化标识形象识别系统是大学整体形象的重要组成部分，是传播校园文化、塑造学校品牌的重要基础，是呈现学校办学理念、精神风貌和文化传统的重要载体。作为全国较早开始启动形象设计与塑造工程的高校之一，学校于2004年公布《中国海洋大学形象识别系统（UIS）手册》。时任党委书记冯瑞龙教授在2004年版形象识别系统手册的序中写道：大学形象设计与塑造是一所大学内在精神凝练与外在表现相互融合并不断提升的有效形式，是学校打造核心竞争力、应对国内外激烈竞争的必然要求，也是不断提高师生员工对学校认同感、增强凝聚力的重要举措。

随着时代的进步、学校事业的发展和人们在审美和应用上的变化，2020年3月，学校决定对2004年版形象识别系统进行升级。2021年12月9日，2021年版中国海洋大学形象识别系统（UIS）发布。

一、中国海洋大学形象识别系统（UIS）手册（2004年版）

2004年，在中国海洋大学80周年校庆之际，学校推出了第一版形象识别系统，分为理念识别系统、行为识别系统和视觉识别系统。

（一）理念识别系统

理念识别系统是大学形象识别系统的灵魂。学校理念是引领学校发展的航标，是指导海大人行动的指南，是学校核心竞争力的重要组成部分。2004年版形象识别系统的理念识别系统包括了学校校训、精神、校风、教风、学风、箴言和愿景七部分内容，全方位提炼、归纳、总结了学校的精神内核。

1. 校训：海纳百川　取则行远

（1）释义。

"海纳百川"出自三处。一是《庄子·秋水篇》："天下之水莫大于海，万川纳之。"二是东汉许慎之《说文解字》："海，天池也，此纳百川者。"三是林则徐堂联：海纳百川有容乃大，壁立千仞无欲则刚。"海纳百川"意指：海之大，能容纳一切河流之水。形容度量、气度、胸怀之宽广。喻指海大培育之人应虚怀若谷，有大海般的胸襟；海大园应是百花齐放、百家争鸣，能容纳各种学术思想；海大能容纳包括大师级人才在内的各路群英，能采纳来自各界的有益之言行、有益之成果。

"取则"出自晋陆机之《文赋·序》："操斧伐柯，取则不远。"指拿着斧子去砍斧柄，所要砍的斧柄的样子（如长短、粗细、木质等）已在心中有数，不会没有标准。朱熹之《中庸章句集注》注："柯，斧柄。则，法也……言人执柯伐木为柯者，彼柯长短之法，在此柯耳。"取，这里用其选择、探求之意；则，这里指法则、规则、规律。取则，是指干事情、做学问要有所分析、综合，探求科学规律，既要遵循法则、规则，又不因循守旧，拘泥于条规之中。"行远"典出《中庸》："君子之道，譬如行远，必自迩；譬如登高，必自卑。"说的是君子求学之道：欲达远大目标，必定从近处出发；要想攀登高峰，就得从低处起步。"取则行远"意指：海大人既能够遵循科学精神，又能够眼界高远、目标远大，且脚踏实地、身体力行地朝着既定的目标奋进，体现了海大人志存高远、探索不已、勇攀高峰的精神和追求。

（2）形成过程。

在"海纳百川　取则行远"校训确立之前，学校的校训是"团结　勤奋　求实　创新"。该校训符合当时时代的价值取向和精神追求，对学校的校风建设和各项事业的发展起到了积极作用。进入20世纪90年代中期，特别是1996年入选首批"211工程"建设高校后，学校进入快速发展时期，各项工作蒸蒸日上，国内外交流日益频繁。在此背景下，不少校外人士、校友、客座教授和学校的教师、干部，在不同场合都提到应该重新审视学校的校训，以便使其更加凸显学校的办学传统与特色，更加富有时代精神和人文内涵。

2003年春天，受聘中国海洋大学顾问、教授、文学院院长的中国当代著名作家王蒙先生在时任校长管华诗的邀请下来到青岛，出于对这位中国当代文坛大师级人物崇高人格和深厚学识的景仰，学校决定请王蒙先生拟写新校训，王蒙先生欣然接受了"任务"，并答应请当时在校讲课的海大客座教授严家炎先生也考虑校训方案的拟定事宜。

2003年6月6日上午，学校在逸夫馆八角厅主持召开新校训专题座谈会。王蒙先生作了主题发言，他认为，作为中国海洋大学，我们更应该使用"海纳百川"这四个字。在此基础上，王蒙先生提出了三个方案，并重点对"海纳百川，取则行远"这个方案作了分析。严家炎先生随后发言，对王蒙先生的方案表示赞同，他认为校训不能追求太强的实用性而应该保留崇高的理想性，更多地体现着这个学校的精神鼓励和召唤作用。与会者一致同意以此作为新的校训方案。应管华诗校长的邀请，王蒙先生当场挥毫泼墨题写了"海纳百川　取则行远"的条幅。

会后，时任党委宣传部部长魏世江为新校训"海纳百川，取则行远"作注，并发给全校各单位进行讨论，很快取得了广泛的赞同。经学校三届三次教代会代表团团长会议讨论通过，2003年9月8日，学校正式公布"海纳百川　取则行远"为新校训。

2. 海大精神

（1）内容及释义。

兼容并包、海纳百川的学术理念和博大胸襟：兼容并包是指容纳、包含多个方面或多种事物。我国著名教育家蔡元培在任北京大学校长期间，提倡学术自由，主张对新旧思想兼容并包，使北大成为新文化运动的发祥地。1929年前后，在筹建国立青岛大学时，任筹委会成员的蔡元培力荐其得意门生、著名作家杨振声出任校长。杨振声效法蔡元培的办学方针，广聘国内知名学者、专家来校执教，很快使学校蜚声学界，奠定了20世纪30年代初学校兴盛的基础。之后，学校的学科不断调整、扩展，各种学术流派、观点异彩纷呈。不管是在与山东大学的共同期内，还是走上独立发展之路后，学校不断地派生、创立新学科，不断地吸纳来自各领域各方面人才。尤其是改革开放以来，学校对专业结构进行调整，实现了历史性转变，以海洋药物、海洋环境工程、海洋法学等为代表的一批交叉学科、新兴学科从无到有，不断壮大，学校发展成为海洋、水产优势突出，特色鲜明，涵盖九大学科门类的综合性大学。形成了一支年龄结构与知识结构合理、学历水平高、适应21世纪需要的学术骨干队伍。这一切，如果没有兼容并包的学术理念和氛围，如果没有海纳百川的胸怀和气度，都是不可能实现的。

崇德守朴、求真务实的人文追求和科学态度：尊崇道德、德教为先、质朴俭约是中华民族的传统美德。提倡俭约、反对奢靡、不尚浮华是历代海大人办学、从教、从学的写照，是我们的传家宝。多少年来，在建设海大、发展海大的过程中，涌现出的数以百计的优秀教师、优秀学生、先进管理者身上就集中体现了这种人生追求和传统美德。不管是办学经费拮据的困难时期，还是相对宽松之时，海大人都遵从勤俭办事业、节约光荣、浪费可耻的原则；海大决策层都提倡：用小钱办大事；开源重要，节流更重要；有钱一定要用在关键之处，等等。20世纪30年代先后建成科学馆、化学馆，世纪之交学校"211工程""九五"项目虽投入有限，但高质量、高效益地圆满完成了建设任务，像这类关系学校发展前途的奠基之举，都是不同历史时期撙节其他费用、"好钢用在刀刃上"的典型例证。做学问、搞研究、干事业，踏踏实实、求真务实，是海大人一贯的作风和态度。这样的人，这样的事，在学校历史上，如天上繁星，不胜枚举。正基于此，才使得海大的物质财富、精神财富不断积累、日益厚实，为21世纪的腾飞丰满了羽翼。

　　上下齐心、锲而不舍的团队精神和坚韧毅力：大到一个国家、一个政党，小到一个单位、一个团体，领导层和民众之间只要上下齐心、团结一致，心往一处想，劲儿往一处使，事业就会兴旺发达；反之，就会走向衰败。这个道理，颠扑不破。改革开放以来，特别是20世纪90年代以来，海大之所以取得长足发展，不管是教学改革、管理体制改革，还是跻身"211工程"和"985工程"、教育部山东省两级校园文明建设检查评估、四家共建高水平特色大学等重大历史机遇，都充分展现了海大人上下齐心、团结一致的团队精神。不仅如此，只要认准的事情，抓住了机遇，海大人就会锲而不舍，表现出不达目的誓不罢休的无畏气质和坚韧不拔的毅力。这是我们最可宝贵的一笔精神财富，保持并不断使之光大，海大这艘巨轮就会在新世纪的航程中征服任何惊涛骇浪，驰向胜利的彼岸。

　　心系国运、探索不已的优良传统和进取精神：心系国运，首先体现在历代海大人具有强烈的爱国主义热忱和中国知识分子忧国忧民、追求真理的高风亮节。1925年5月以工科学生罗荣桓、张沈川为代表的进步师生声援青岛大康纱厂工人大罢工；1931年"9·18"事变后，学生组织请愿团赴京请愿，要求国民政府出兵抗日；解放战争时期进步师生组织的三次反对美国士兵暴行；1947年"六二"反饥饿、反内战运动，都表现出了海大人心系国家命运的爱国热忱和追求真理、坚持正义的气节。其次表现在适应国家需要而培养人才、发展科教上。1924年学校创办时就以"教授高深学术，养成硕学宏材、应国家需要"为宗旨。振兴科技、强国富民是中国知识分子的人生追求；发展海洋科技，建设海洋强国，则是海大人的不懈追求。海大始终站在国家科教事业发展的高度，充分发挥地域和学科综合优势，咬定海洋、水产学科不放松，强化发展特色学科，科学研究的实力由弱到强，占领了同类学科的制高点。为国家提供了包括世界发明奖、科技进步奖在内的一大批科技成果，培养了一批又一批海洋科教和其他领域的高层次人才，为国家和地方的经济建设、社会发展做出了不可磨灭的贡献。世纪之交，在中国高等教育大调整、大发展的形势下，中国海洋大学决策层锐意进取，独辟蹊径，率先举起了高水平特色大学的旗帜，为国家高等教育的发展创造了一个新模式，更是这种探索和创新精神的写照。

　　（2）形成过程。

　　2000年12月1日，在学校召开的校园文明建设检查评估工作表彰大会上，时任学校党委书记冯瑞龙在讲话中指出："省高校检查组在对学校的检查意见中，提出了一个'海大现象'，省高工委田建国同志更是概括了'海大精神'……回顾几十年来海大不平凡的发展历程，尤其是当我们把视角对准广大的为海大发展做出默默奉献、无私奉献的师生员工的时候，我想'海大现象'是存在的，'海大精神'正蕴含在其中。这也是我们今天急需总结和提炼的，是我们海大的一笔无形的、也是无价的精神财富。"

由此，全校上下一场关于"海大精神"的讨论广泛展开。时任党委宣传部部长魏世江在充分吸纳了各方面意见后，把"海大精神"概括为四句话，即兼容并包、海纳百川的学术理念和博大胸襟，崇德守朴、求真务实的人文追求和科学态度，上下齐心、锲而不舍的团队精神和坚韧毅力，心系国运、探索不已的优良传统和进取精神。2001年5月30日，学校召开了关于"21世纪大学精神"和"海大精神"讨论情况的专题会议，会上公布了关于"海大精神"的概括性表述。

3. 校风：团结　勤奋　求实　创新

4. 教风：治学严谨　执教严明　要求严格

治学严谨：遵循科学精神，勇于创新，不懈探求科学真谛，严谨治学；不弄虚作假，窃人之果。

执教严明：遵循教育规律和教学基本规范，严于律己，业务上不断充实、提高，高标准施教；不敷衍塞责，甘于平庸。

要求严格：对学生既关心爱护，又严格要求，教书育人，做他们的良师益友；不严而过格，宽而无边。

5. 学风：求是　求博　求精　求新

求是："是"，即事物的本质和规律；"求"，就是探索、追求。学生在学习过程中，要矢志不渝地探求科学的真谛，探求学习的真谛。

求博：在学习过程中要博采众长，博览群书，不断拓展知识面。

求精：对所学知识要吃透弄懂，精益求精，不囫囵吞枣、不求甚解。

求新：注重知识更新，不拘泥于书本，不满足于师传；勇于尝试，大胆创新，有所发现，有所创造。

这个关于学风的表述，由于志刚首提，魏世江注释。

6. 箴言

学科发展理念：强化发展特色，协调发展综合；以特色带动综合，以综合强化特色。

事业发展策略：重特色，求质量；先做强，再做大。

7. 愿景

到2010年，中国海洋大学基本完成高水平特色大学的建设任务，初步奠定研究型大学的基础；到2025年或再长一段时间，发展成为特色显著的综合性、研究型高水平大学。

（二）行为识别系统

行为识别系统包括学校领导干部行为规范、管理人员行为规范、教师行为规范、工勤人员行为规范、学生行为规范。手册中提到："在大学形象识别系统（UIS）中，既有理念层面形而上的内容，也包括全体师生员工通过具体行为来实现理念系统所设定的目标，进而展现学校的精神与形象。理念是行为的灵魂，是凝固的形象，而行为则是活动的形象。所以，必须对在校各类人员的行为予以规范，以利他们明确各自角色，在工作、学习中有所遵循、有所追求，共同致力于学校的建设与发展。各类人员的行为规范分为三个层面，每个层面用八个字表述。第一层面为基本道德规范要求，第二层面为岗位责任要求，第三层面为职务行为要求。三个层面相辅相成，形成有机整体，引导、匡正角色行为。"

领导干部行为规范：理想坚定，求真务实；决策民主，顾全大局；公正廉洁，尽职尽责。

管理人员行为规范：恪尽职守，秉公办事；热情服务，讲求效率；勤于学习，精通业务。

教师行为规范：授知启智，诲人不倦；追求真理，勇于创新；修身立德，为人师表。

（三）视觉识别系统

视觉识别系统是大学形象识别系统的静态部分。它透过一切可见的视觉符号，对内对外传达大学的理念和形象，是最直接、最有效的塑造大学形象的手段和方法。中国海大的视觉识别系统充分尊重并吸纳了自身的历史传统、本质特征和已有相关成果。

视觉识别系统包括基础部分和应用部分。基础部分规定了标志徽、基本色/辅助色、标准字、标准组合、吉祥物、辅助图形等的标准形态。应用部分涵盖了基础部分在办公用品类、校徽/证件/证书类、环境标识类、旗帜类、服饰类、赠品类、包装类、运输工具类等多方面的应用形态。

二、中国海洋大学形象识别系统（2021年版）

2020—2021年，在充分尊重学校历史传统、本质特征，并吸纳已有相关成果的基础上，学校对形象识别系统进行了全新升级。整个系统依据学校章程设计，沿用2004年版形象识别系统基本框架。其中，理念识别系统和形象识别系统在此基础上，根据学校事业发展实际需要进行了调整；视觉识别系统针对业内最新的形象规范体系，对主要部分进行了充分的调整和改造，对过时的条目进行了删除，增加了新的符合应用需求的内容。

（一）理念识别系统

2021年版理念识别系统新增创校宗旨，更新了"海大精神""愿景"内涵，将校风、教风、学风纳入行为识别系统。内容包括创校宗旨、校训、精神、学科发展理念、事业发展策略、愿景六个部分。

1. 新增"创校宗旨"

教授高深学术，养成硕学宏材，应国家需要。

2. 调整"海大精神"内容

海纳百川、兼容并包的博大胸怀：海洋惟其虚怀，方可容纳众多河流之水，乃成其大。学术和思想惟有共存，方可争鸣与共生，遂有发展。所以，海大人应虚怀若谷，既能网罗各路英才、囊括诸种学术，又能采纳来自各界的有益之言行、有益之成果。

不畏艰险、探索不已的进取精神：无论求善、求美、求真，都可能存在着艰难窘迫之境，这就需要当事者在固守自我独立人格和坚定信念之同时，奋发自励、执著追求。海大人应有这种无畏气质和坚韧毅力：虽任重而道远，必上下而求索。

勇于超越、敢为人先的雄浑气魄：有坚守，亦应有变通；有传承，更需有创新。在砥砺德行、秉持理性、独立思考的前提下，海大人既要遵循法则、规则，又不因循守旧，拘泥于条规之中。察人所未察，思人所未思，言人所未言，行人所未行。

严谨求实、取则行远的治学风范：严谨是治学的态度，求实是治学的目的；取则是治学的方法，行远是治学的效果。意指海大人在治学过程中，既要实事求是，又要一丝不苟；既能遵循科学规律，又能眼界高远。脚踏实地，跬步千里。

崇尚学术、谋海济国的价值取向："教授高深学术，养成硕学宏材，应国家需要"是海大创校之宗旨，对此海大人一以贯之。所以，发展海洋科技，培育海洋人才，引领海洋文化，建设海洋强国，自然是历代海大人的不懈追求和价值所在。

3. 调整愿景

到2030年，建成世界一流的综合性海洋大学；到21世纪中叶，建成特色显著的世界一流大学。

（二）行为识别系统

行为识别系统包括校风、教风、学风，具体内涵与2004版形象识别系统一致。

（三）视觉识别系统

视觉识别系统包括基础部分和应用部分。基础部分规定了学校徽标、标准字、标准色、组合形式、辅助图形、禁用规范的标准形态。应用部分涵盖了基础部分在办公系统、卡证奖系统、环境系统、服装系统、礼仪系统、旗帜系统、再生样本等多方面的应用形态。

中国海洋大学形象识别系统是提升学校文化竞争力的一项重要举措，对于塑造学校的文化品位、品质、品牌，增进师生文化自觉与文化自信，增强海大人的向心力和凝聚力，具有不可替代的重要作用。

（撰稿人：谢杉杉；审稿人：梁纯生）

"驻校作家"制度和"名家课程"体系

"驻校作家"制度和"名家课程"体系由时任中国海洋大学文学院院长、"人民艺术家"王蒙先生倡议，创立于2002年。

20世纪30年代和50年代，中国海洋大学历史上曾先后出现过两次兴盛时期，形成了浓郁的人文精神和鲜明的人文传统。然而，随着山东大学大部于1958年从青岛迁往济南，新成立的山东海洋学院成为一个以理工科为主的院校。21世纪初，中国海洋大学着眼学校长远发展，着力重振海大人文学科。在此思路指导下，学校决定聘请著名作家王蒙先生，以高起点快速发展人文学科，进而带动人文社会学科的整体发展。

2002年4月，著名作家王蒙先生受聘于中国海洋大学，担任教授、顾问、文学院院长。加盟海大后，王蒙先生提出了设立"驻校作家"制度、开设"名家课程"的建议。王蒙先生的建议得到了学校的高度认同，学校及时采纳了王蒙先生的建议，由此，"驻校作家"制度和"名家课程"体系得以确立和实施。

一、"驻校作家"制度

驻校作家制度是国外大学一种常见的文学界与大学合作育人的方式,很多作家在大学内以驻校作家的身份作阶段性的创作、讲学,而中国的大学由于各种原因和条件的制约,一直缺失这样一种灵活的办学形式。中国海洋大学驻校作家制度开启了中国高校驻校作家、驻校诗人的先河。

2002年10月,在王蒙先生推动引荐下,当代著名作家毕淑敏、余华、迟子建、张炜、尤凤伟受聘于中国海洋大学,成为中国海洋大学首批驻校作家。2008年后,著名作家莫言、王海、郑愁予、严力、贾平凹、邓刚、刘西鸿、霞子、陈彦、刘醒龙、何向阳等陆续受聘为中国海洋大学驻校作家。2006年8月29日,学校发文敦聘王蒙先生为中国海洋大学首席驻校作家。

两部当代著名长篇小说因"驻校作家"制度与海大"联姻":王蒙先生的长篇小说《青狐》2003年春天在学校创作完成,2004年1月由人民文学出版社出版。迟子建的长篇小说《额尔古纳河右岸》2005年5月在学校修改完成,2005年12月由北京十月文艺出版社出版。在《额尔古纳河右岸》后记中,迟子建写道:"初稿完成后,受王蒙先生的邀请,我来到青岛中国海洋大学,做这部长篇的修改。我是这所大学的驻校作家。海洋大学为我提供了生活上便利的条件。在小说中,我写的鄂温克的祖先就是从拉穆湖走出来的,他们最后来到额尔古纳河右岸的山林中。而这部长篇真正的结束又是在美丽的海滨城市青岛。我小说中的人物跟着我由山峦又回到了海洋,这好像是一种宿命的回归。如果说山峦给予我的是勇气和激情,那么大海赋予我的则是宽容的心态和收敛的诗情。在青岛,我对依芙琳的命运进行了重大修改,我觉得让清风驱散她心中所有世俗的愤怒,让花朵作食物洗尽她肠中淤积的油腻,使她有一个安然而洁净的结局,才是合情合理的。从这点来说,我得感激大海给我的启示。"

截至2023年年底,中国海洋大学共聘请19名作家、诗人为学校驻校作家。他们当中,王蒙获"人民艺术家"国家荣誉称号,莫言获诺贝尔文学奖,王蒙、贾平凹、迟子建、张炜、陈彦、刘醒龙获茅盾文学奖等。在中国海洋大学浮山校区,有一座"作家楼",楼门口有一块石刻,镌刻着王蒙、童庆炳、何西来、柳鸣九、严家炎、余华、张炜、毕淑敏、迟子建、尤凤伟、朱虹、黄维樑(中国香港)、顾彬(德国)、袁行霈、吕必松、徐通锵、纪宇、叶嘉莹(加拿大)、华克生(俄国)、舒乙、张宇、陈祖芬、方方、韩少功、熊召政、唐浩明、邱华栋、赵长天、赵玫、张平、谭谈、张锲、成中英(美国)、查建英(美国)、南帆、陶东风、范曾、冯其庸、李希凡、张庆善、龚育之、王润华(新加坡)、金圣华(中国香港)、余光中(中国台湾)、白先勇(中国台湾)、胡芝风、赵毅衡、虹影、陈晓光、王安忆、张贤亮、陈建功、鲁彦周、张抗抗、铁凝、舒婷、周大新、陈染、徐坤、顾骧、托洛普采夫(俄国)、金艮守(韩国)、梁丽芳(加拿大)、黄孟文(新加坡)、森冈缘(日本)、川西重忠(日本)、陈美华(新加坡)、刘年玲(美国)、巴迪亚(印度)、许子东、李子云、章子仲、曹玉如、陈骏涛、贺兴安、刘玉山、卜键、白烨、李敬泽、张颐武、陈晓明、徐岱、樊星、郜元宝、王干、颉宗培、张志忠、谢春彦、曹文轩、董之林、林建法、冯骥才、叶辛、黄济人、谢有顺、王海、郑愁予、谢冕、严力、贾平凹、莫言、许世旭(韩国)、文珍、甫跃辉、李肇星、魏明伦、周国平、赵一凡、朱永新、鲍鹏山、钱文忠、李少君、邓刚、周啸天、施战军、李燕、石维坚、李玉芙、刘西鸿、朱德发、谭好哲、魏建、杜保瑞、何向阳、路英勇、贺绍俊、赵德发、马瑞芳、牛运清、辛广伟、董山峰、刘醒龙、韩春燕、杨柳、张燕玲、陈彦、霞子等曾为海大发展做出贡献的著名作家、诗人、学者的名字。

二、"名家课程"体系

几乎与创设"驻校作家"制度同时，中国海洋大学开始建构"名家课程"体系。

设立之初，就对名家课程的性质、定位、内容、目的等作出了明确的规划。名家课程的性质是本科生专业基础课修习之后的专题性提高课程，其目的是培养学生的研究意识、学术兴趣和创新能力，接受科学研究的基础训练。名家课程的主要内容是本学科主要理论与研究方法、学科发展简史、本学科热点与难点问题、国内研究动态和发展趋势。

自2002年设立"名家课程"以来，当代著名学者童庆炳、何西来、黄维樑、严家炎、徐通锵、舒乙、朱虹、顾彬、陶东风、吴福辉、曹文轩、林文宝、金元浦、高旭东、吴义勤、周啸天、黄天树、赵利民、王克勤、孙之梅、张福贵、卜键、胡泳、刘耀辉、曾艳兵、赵敏俐、孟华、刘海龙、傅才武等先后来校开设"名家课程"30余门次，涉及文艺学、中国古代文学、中国现当代文学、儿童文学、比较文学、文字学、语言学、文化产业管理、新闻与传播学等，极大地带动了海大人文学科的快速发展。

依托"名家课程"体系，出版"名家课程丛书"：徐通锵先生的《汉语结构的基本原理：字本位和语言研究》，2005年1月由中国海洋大学出版社出版。童庆炳先生的《现代诗学十讲》，2005年4月由中国海洋大学出版社出版。严家炎先生的《考疑与析辨：五四文学十四讲》，2006年1月由中国海洋大学出版社出版。这些著作皆为"名家课程"成果。童庆炳先生在《现代诗学十讲》"自序"中，回忆了在海大授课的情形："2002年4月，春光的脚步刚刚来到青岛。我如约来到了海大文学院讲课。这次我讲的是'文艺学专题十讲'。讲座在一个可以容纳四百人左右的教室进行，时间安排在晚上。完全没有料到，来听讲座的学生很多。整个教室座无虚席，连过道的地板上也坐满了人。我本来以为人不多，可以随意地边讲边讨论。现在来了这么多学生，'逼'得我不能不认真对待，白天抓紧备课写讲稿，晚上一板一眼地'喊'起来。为什么是'喊'呢？因为来的学生多，我怕后排的学生听不见，不得不提高嗓门。有时是我要边写黑板边讲，不得不离开麦克风，如果声音太小，后面的学生肯定听不见。"

"驻校作家"制度和"名家课程"体系已经成为中国海洋大学两大著名学术活动品牌，在海内外产生了广泛影响，特别是"驻校作家"制度，在我国高等教育领域首开先河，是高等教育实践中的有益探索和创新，更为国内其他高校此类制度的建立提供了重要借鉴，《人民日报》《中华读书报》《中国教育报》等都曾对此进行过报道。

（撰稿人：温奉桥；审稿人：修斌）

海大园的人物雕塑

大学校园里的石刻和雕塑具有明确的文化意图和鲜明的教育功能,体现着大学的历史文化和教育理念,在情感与观念上给予广大师生潜移默化的引领,起到感染、教育和激励的作用。在中国海洋大学的百年发展中,在"教授高深学术,养成硕学宏材,应国家需要"的创校宗旨下,一位位仁人志士在海大校园中留下了奋斗的足迹,为纪念这些为海洋事业和学校发展做出贡献的科学家、学者,学校在校园中塑立了他们的雕像。

一、闻一多塑像

闻一多塑像位于中国海洋大学鱼山校区东北角的"一多楼"前,落成于1984年3月31日。雕塑由著名雕塑艺术家徐立忠制作,并请闻一多的学生、原中国诗歌协会主席、当代著名诗人臧克家题写碑文,由闻先生第三子闻立鹤先生(中央美术学院教授)亲手刻写。

雕塑完成后,在中国雕塑界引起了巨大的轰动,不仅是因为其规模与材质,更重要的是,此雕像一改过去雕像制作之传统,塑造了一个低头沉思的思想者,具有于无声处听惊雷之韵味,传递出了深厚的人文内涵。

二、王统照塑像

王统照塑像坐落于中国海洋大学鱼山校区图书馆大楼左侧草坪,落成于1987年,以纪念先生逝世30年。

王统照是20世纪前50年中与青岛联系最为紧密的作家之一。1927年王统照迁居青岛后,先后在铁路中学和市立中学任教,同时主编了青岛历史上第一个文艺月刊《青潮》。1946年8月王统照出任国立山东大学中文系教授,并将自己劫后尚存的300多种线装地方志转赠给学校。在校期间,他一面教书,一面继续文学创作。仅1946年至1950年,王统照所写的小说、诗歌和译作就达130篇。

三、赫崇本塑像

中国海洋大学鱼山校区赫崇本塑像落成于1989年3月,由海洋系师生自发筹资设立。崂山校区赫崇本塑像于2008年10月先生百年诞辰之际落成。

赫崇本是我国著名物理海洋学家、海洋教育家、中国海洋科学的奠基人之一。在我国的海洋学研究,特别是在开拓我国物理海洋学,开创、推动和发展海洋科教事业等方面做出了重要贡献。赫崇本先生于1949年初放弃学业回国,受聘于山东大学,全身心投入发展祖国海洋事业的教学中。1950年1月,与童第周、朱树屏等11位科学家发起成立中国海洋湖沼学会,并承担诸多领导工作;并在中国科学院水生生物研究所青岛海洋生物研究室兼任研究员,任物理研究分组的负责人。1952年全国高校院系调整,山东大学成立海洋系,赫崇本担任系主任。1956年,党中央号召"向科学进军",制定"12年科学规划",赫崇本任大气海洋专业组副组长，并同曾呈奎等28位地学界科学家联名上书国务院，设立国家海洋局，使我国海洋事务管理走上正轨。1958年至1960年，参加全国首次海洋综合调查的领导工作，对中国海洋观测台站的设置、标准观测断面的选择、海洋仪器的研制和开发等都提出了不少富有远见卓识的建议和意见，并为教育部第一艘海洋调查船"东方红"的成功建造呕心沥血。1958年10月，山东大学大部西迁济南，留下海洋系、水产系、地质系、海洋生物专业等，于1959年3月组建山东海洋学院，赫崇本是主要筹建者之一。之后，先后任教务长、副院长、院学术委员会主任、河口海岸带研究所所长等职务，为学校成为全面培养海洋人才的教育基地鞠躬尽瘁。赫崇本先生一生潜心教学与科研，扶掖后进，甘为人梯，锐意改革，德艺双馨，为我国海洋科学事业的繁荣发展做出了不可磨灭的贡献。

四、孔子像

孔子青铜雕像坐落于中国海洋大学崂山校区图书馆前，落成于2009年9月孔子诞辰2560年之际。雕像高约两米、重达半吨，由俄罗斯国际基金会和中国孔子基金会联合捐赠。采用的是中国孔子基金会发布的孔子标准像：宽鼻、阔嘴、浓眉、长髯，国字形脸，双手交叉胸前。雕像对于传承儒家文化、营造校园文化氛围起到了积极作用。

五、何作霖塑像

何作霖塑像坐落于中国海洋大学海洋地球科学学院一楼门厅，落成于2010年5月何作霖诞辰110周年之际。塑像由其弟子出资雕刻，以纪念他对学校地质学科的筹建之功，并以此激励后代学人秉承先贤理想，继续前行。

何作霖院士是我国稀土矿床的发现者、中国岩组学的奠基人、中国海洋大学地质学科的创建者。1946—1952年，何作霖在青岛创系兴学，延揽名师，培养人才，重视科研，为中国地质科学事业的发展和人才培养做出了重要贡献，为国家培养了一批岩矿鉴定工作者，后来这些人大多成长为我国地质、冶金、轻工、化工等部门的业务骨干。何作霖不仅是一位严谨求实的科学家，也是一位杰出的发明家。早在20世纪30年代他就发现了白云鄂博稀土矿床，为我国的国防建设做出了卓越贡献；他撰写的《光性矿物学》一书成为中国地质学教育的经典教材，为国家培养了一批优秀的高层次专业人才；他自行成功设计研制了世界上第一台X射线岩石组构照相机和第一台单晶X射线相机。

六、方宗熙塑像

方宗熙塑像立于中国海洋大学鱼山校区化学馆前绿地中央，落成于2012年5月。塑像周围环绕百年银杏、梧桐和挺拔的水杉、苍翠的青松，在让后学缅怀先辈的同时，也为底蕴深厚的鱼山校区新增一处富有特色的人文景观。

方宗熙先生是我国著名生物学家、遗传学家，海洋生物遗传与育种研究奠基人。1953年方宗熙应童第周的邀请来青岛担任山东大学教授，接续开展海洋生物遗传学研究，后筹建山东海洋学院海洋生物系并先后任海洋生物遗传教研室主任、海洋生物系主任和山东海洋学院副院长等职。方宗熙教授一生潜心学术、治学严谨，在我国海藻遗传学领域开展了富有开创性的研究工作，奠定了中国在国际海洋植物研究领域的地位。由他创立的海带单倍体育种和杂交育种技术，是我国海洋生物细胞工程育种历史上具有里程碑意义的重要成果，至今仍然在海藻遗传育种研究领域发挥着重要作用。以此为基础，方宗熙教授创立和发展的海洋生物遗传学科已经成为我国海洋生命科学领域非常活跃、极具发展潜力的学科之一。

七、赵太侔塑像

赵太侔塑像立于中国海洋大学鱼山校区图书馆前，落成于2015年1月。塑像由中国雕塑院院长吴为山教授在到校实地考察调研的基础上精心设计制作。赵太侔于1932—1936年和1946—1949年两度出任国立山东大学校长，时间长达八年。赵太侔实施民主管理、教授治校；诚聘专家学者任教，师资水平在全国不让一流；两度拓展学科，学校规模不断扩大；创立海洋研究所，创立水产系和水产研究所；建成科学馆、体育馆、工学馆、水利实验室。这些成就，奠定了20世纪50年代学校历史上第二次兴盛的基础，深刻地影响了中国海洋大学的发展历程，深刻地影响了中国海洋科教事业发展的格局。

八、童第周、曾呈奎塑像

童第周、曾呈奎塑像位于中国海洋大学海洋生命学院，落成于2020年5月，以此纪念两位先生为学校海洋生命学科的建设发展所做出的突出贡献。

童第周，我国著名生物学家、教育家、中国实验胚胎学的创始人，是实验胚胎学、细胞生物学、发育生物学及海洋生物学等领域卓有建树的生物学家，中国科学院海洋研究所的主要创建者，被誉为"克隆先驱"。

曾呈奎，我国海洋生物学家，中国海藻学研究的奠基人之一，中国科学院院士、第三世界科学院院士，中国科学院海洋研究所研究员、原所长。

1946年，童第周与曾呈奎共同筹建了国立山东大学（中国海洋大学前身）海洋研究所，开创了中国海洋科学研究事业。童第周对研究海洋生物有着特殊的感情。1949年11月，中国科学院成立不久，童第周、曾呈奎联名写信给中国科学院，建议在青岛成立全国性海洋研究所。1950年8月，童第周先生受命和曾呈奎、张玺研究员等，一起组建了新中国第一个海洋研究机构，即中国科学院海洋研究所的前身——中国科学院水生生物研究所青岛海洋生物研究室，并任研究室主任。他创建和带动鱼类生态学、资源生物学和繁殖生物学研究，以及浮游动物学、沉积生物学和物理海洋学研究，并致力培养和壮大物理化学、海洋学和海洋地质学科研和教学队伍。

九、李爱杰塑像

李爱杰塑像位于中国海洋大学水产学院，于2021年10月李先生诞辰百年之际落成。

李爱杰，1950年毕业于学校水产系，国务院政府特殊津贴获得者。长期从事水产动物营养与饲料的教学和研究工作，曾任中国水产学会水产动物营养与饲料研究会理事长、中国粮油学会理事及饲料分会常务理事，主要从事《水产动物营养与饲料学》的教学与研究工作。塑像承载着学校师生对于李爱杰先生的记忆和纪念，给予水产营养科学工作者以无声的勉励和无穷的力量。

校园文化氛围的营造是多方面的，校园雕塑就是重要的方式之一。中国海洋大学校园中的人物雕塑，是学校精神凝练的标志，是学校历史文化积淀的缩影和传承。一件件雕塑作品与校园环境相谐合，是一种无言的教育。

（撰稿人：谢杉杉；审稿人：梁纯生）

海大园里的铭记

在美丽的中国海洋大学校园里，分布着多篇铭记和铭刻，成为校园历史的忠实记载和重要文化景观，教育和激励着一辈辈海大人。

一、《崂山校区记》

中国海洋大学崂山校区于2004年10月24日——学校八十华诞之际奠基。2006年7月22日，一期建设完成并启用。2009年二期完工，崂山校区建设按规划基本完成，为建设世界一流的综合性海洋大学奠定了重要的基础。

《崂山校区记》由时任学校党委办公室、校长办公室副主任陈鷟撰文，经广泛征求专家学者、师生校友意见，最终形成。文章邀请著名书法家、中国书法家协会理事、中国书法艺术研究院院长启笛先生写成毛笔书法作品，制作成石刻置于崂山校区图书馆前，为美丽的中国海洋大学崂山校区增添了一道靓丽的人文景观。《崂山校区记》记述了崂山校区的建设历程，表达了海大人谋海济国的鸿鹄之志，也展示了海大人跨越发展的自豪之情。

崂山校区记

泱泱中华，浩浩蓝疆，求民族复兴之道，必兴海以图强。中国海大，精卫情长，负谋海济国之志，致树人与立新。适逢千禧，国运日昌。海大乘势而起，跨越发展，建崂山校区，续百年梦想。

鳌崂巍峨，黄海苍茫。山海钟灵毓秀，天成兴学佳壤。海大幸甚，东至于此，度山岭丘壑，辟荆棘洪荒，因势赋形，巧借天工，历经艰辛，兆兴土木，寒暑五易，乃成其功。

于是，五子顶下人文蔚起，楼宇参差；南北湖间金柳拂岸，曲水流觞。园中路平阔兼盘山越水，建筑群恢弘契旧风新尚。行远楼凭高起拥海之势，图书馆依山呈攀登之阶，教学楼振翅如凤鹏正举，体育馆韫秀似奇贝涵珠。院系群庭院深深，生活区山阳昭昭。满园嘉木葱茏，处处琪花闪烁。兼有雨过芳沁涵闸，日晴鸟鸣青山，夏夜鱼读朗月，冬晓雪映橙红。

居园中，学者更上层楼，游目骋怀，望峰峦叠嶂，眺海阔天空，知壁立千仞之妙，明海纳百川之机，浩海求索，立言济世，同天地玄黄之朴而归于灯火阑珊之时，恍惚间疑兰亭在兹，不免有景行行止之嗟。学子曲径探幽，山重水复，睹名家巨擘，闻洪钟大吕，沐盈科归海之泽，承取则行远之教，牧海唯真，敏学笃行，秉星空律令之说而起于东方欲晓之辰，顿悟中知杏坛再造，油然生高山仰止之叹。嗟夫，"日月之行，若出其中；星汉灿烂，若出其里"，魏武鸿篇，宛吟斯园。

美哉，海大，以崂山之石为础，铸就千秋基业。壮哉，海大，与万顷碧波相望，托起一片丹心。他年兴海强国日，名耀神州世界时。信之！

中国海洋大学　谨记

乙丑年秋月（书章）

二、《崇本之道》

2019年7月，学校成立崇本学院。旨在充分发挥海洋学科和科研优势，培养海洋事业领军人才，为海洋强国建设、"一带一路"倡议等提供人才支撑。崇本学院的成立，彰显和昭示了中国海大以"树人立新、谋海济国"为核心内涵的家国情怀和使命担当。

《崇本之道》由时任党委宣传部部长陈鷟撰文，起首用两段文字，写明学校"应国家之需，建崇本学院"。接着写明学院的命名用意和崇本先生的简单生平与贡献地位。赋文的主体内容围绕"仁智双彰"的人才培养目标展开，一段写学院将如何立德树人，一段写学院将如何高质量培养学生的知识结构和创新能力。最后一段，归结出崇本之道，即"崇本拓新，向海图强"，并阐明其任重道远，也祝愿其道大光。

崇本之道

巍巍中华，复兴在望。复兴之路，向海图强。

中国海大，因海而立，梦萦深蓝，登高远望。应国家之需，建崇本学院，延名师，择英才，聚精会神，抚育国家栋梁。

赫师崇本，海大先贤。求学清华，又赴西洋，志在报国，学成归乡。筑基固本，力拓海洋，终成一代宗师，为学界景仰。学院冠名"崇本"，树立榜样，昭明宏旨，立德树人，求仁智双彰。

仁者，德之本也。"君子务本，本立而道生。"吾崇本人，以仁爱为本，怀家国天下，遵大学之道，致修齐治平，赋价值于人类文明、民族荣光，成就明德亲民、止于至善之人品高格，修养儒雅端方、器宇轩昂之君子气象。

智者，道之器也。"为学日益，为道日损。"吾崇本院，以卓越为尚，开世界眼光，辟创新之路，倡奇思妙想，置课堂于科技前沿、中外殿堂，探寻引领世界、通达智慧之本科教育，培育浩海求索、兴海强国之领军力量。

赞曰："盖有非常之功，必待非常之人。"崇本拓新，向海图强——崇本之道，任重道远，而其道大光！

陈鷟　启

崇本学院　立

公元二零一九年八月

三、《图书馆记》

2007年，中国海洋大学崂山校区图书馆开馆。学校立足百年发展大计，秉承现代图书馆服务管理理念，外形高雅优美、内部功能齐全，是一座高层次现代化图书馆。2009年，文学与新闻传播学院冷卫国教授为图书馆撰写《图书馆记》，并刻于图书馆大厅一侧。

图书馆记

揽湖望海，襟峰带岛，崂山下别有天地；楼宇广设，俊才云蒸，图书馆翰墨飘香。

昔梁任公有言："泰西教育人才之道，计有三事曰学校，曰新闻馆，曰书籍馆。"书籍馆者，即今之图书馆。获四海之惠赠，遂能成其巨；授八方可瞻观，终以显其功。藏用并重，成就知识奥府；承古开今，彰显文明进程。

斗转星移，数典不忘。老子昔为柱下史，陆游结缘藏书楼。道德文章，千古颂扬。至若善读书者，以书为师，与书为友。伴晨风夕月，同教学相长。知识之田百亩，尚需精耕细作；文化之泉千迭，犹待融汇综贯。借学海之一苇，可为九月浮槎；拥书山之半隅，可揽学术胜境。

学海浩浩，载籍泱泱。玑珠逐类而放，百川依源可取。古籍今本互照，纸质电子共享。"数字海洋博物馆"，探询海洋万象；更有涉海文库，引领学科方向。推义穷类，剖判天地。科学人文，辉映煌煌。

翠黛巍峨，临曲水而听琴。博雅君子，睹先贤以思齐。虽无囊萤映雪之拮，不失牛角挂书之志。涤心尘，寄神远，处清静，争朝夕。"用书如用刀，不快自须磨。"先贤之言，铿然在耳；海大学人，共勉之哉！

冷卫国　启
图书馆　立
二零零九年十月二十四日

四、化学馆"实学渊泉"石刻

在中国海洋大学鱼山校区化学馆奠基石上，刻有"实学渊泉"四个大字。经考证，此四字为我国著名法学家、教育家、曾任武汉大学第一任校长、时任国民政府教育部长的王世杰先生于1937年3月在化学馆奠基时所题写。

2009年10月24日，在化学化工学院建置50周年庆典活动上，"实学渊泉"石刻在崂山校区化学化工学院门前广场揭幕。崂山校区"实学渊泉"石刻为鱼山校区石刻的拓印。

"实学渊泉"是学校化学化工学院峥嵘岁月的历史写照。实学是指真实的、踏实而有根底的学问。"实"乃求真务实、实事求是、严谨求实之意，代表一种良好的教风和学风；"学"乃教学与求学的完美结合，学生既要从课本中汲取知识的养分，又要在实践中培养独立的研究能力，理论联系实际，解决工农业生产中的实际问题。"渊泉"乃是知识的源泉、文化的源泉和精神的源泉。

鱼山校区化学馆镌刻着化学化工学院辉煌的历史，崂山校区化学楼则代表化学化工学院的美好未来。化学化工学院一以贯之的"实学渊泉"精神，已成为一笔丰厚的精神财富，在新时代继续得以传承和发扬光大。

五、鱼山校区体育场"奥运石刻"

中国海洋大学鱼山校区体育场入口处有一块纪念碑石，上刻有"一九三六年第十一届奥运会中国体育代表团运动员训练场地旧址"字样，这是为纪念中国著名体育教育家宋君复曾带领队员在此训练所立。1932年，我国第一次派遣运动员参加在美国洛杉矶举行的第十届奥运会，当时，中国代表团正式成员仅有三人：领队郝更生、教练宋君复、队员刘长春，他们被誉为"中国奥运第一人"。

1936年前后，时任国立山东大学体育部主任宋君复教授，作为第十一届奥运会中国代表团田径组主要负责人，曾率部分运动员在鱼山校区操场进行赛前集训。为弘扬奥运精神，彰显学校对国家体育事业所作的历史性贡献，并激励广大师生员工践行"每天锻炼一小时，健康工作五十年，幸福生活一辈子"的运动理念。2007年，在第61届春季运动会召开之际，学校在操场上设置该石刻，注脚这所历史名校与国家奥运事业的历史渊源，彰显学校为国家体育事业所做的历史性贡献。

（撰稿人：谢杉杉；审稿人：梁纯生）

校园原创音乐作品

中国海洋大学高度重视大学文化建设，近年来围绕歌颂中国共产党与中华民族伟大复兴、弘扬中华优秀传统文化、展现伟大抗疫精神、展现扶贫攻坚成效、弘扬海大精神等主题，创作推出近30首原创校园歌曲及MV，激发了师生校友的文化自信和爱国爱校情感，增强了学校文化传播力，成为中国海洋大学的文化名片。

一、原创歌曲《海大颂》

在学校众多原创歌曲中，《海大颂》是中国海大人最广为传唱的歌曲。它充分凝练和展示了学校办学的历史、宗旨和人才培养目标，体现了中国每大人的情怀，也寄托了海内外校友的情思。《海大颂》传唱的是学校的外在风貌和内在精神，不仅传达了学校的教育理念和办学特色，更反映了时代精神和文化底蕴。《海大颂》由陈鸢作词，康建东作曲。

2013年，为筹备学校90周年校庆，学校倡导校园歌曲创作，并决定通过校报、网络，在全校师生和广大校友中征集属于中国海洋大学的原创歌曲，《海大颂》应运而生。

海大颂

我是一滴水　投入你怀中
方知知无涯　忘情情更浓

八关山读月　五子顶揽风
登高观沧海　行远东方红

东方有学府　晨曦洒梧桐
红瓦映蓝天　绿树听呢哝
仙山道悠远　樱海花想容
石阶飘枫叶　寒窗立雪松

百川来归海　蓝梦共潮涌
先师有遗训　红烛照星空
硕学志宏才　储英备国用
浩海求索是　谋海济国功

山海鉴日月　天地与君同

　　歌词《海大颂》以五言形式写成，分三段加一句合乐结句。第一段为大写意，用"水滴"和"大海"来喻指学子与母校海大的关系，感受知识的无涯和自我的渺小，感受母校深厚无边的情怀。第二段以抒情为主，具体描摹师生在海大学习生活的细节，唤起我们对青春岁月的记忆。第三段以载道为主，自然升华出海大和海大人的社会担当，表达出海大的历史底蕴和办学宗旨。最后回到抒情，表明山与海将见证我们所经历的岁月，中国海大人永远在同一片广阔天地间建功立业，心手相牵。

　　《海大颂》融合了大学校歌典雅庄重、振奋激昂、朝气蓬勃的不同时代特征，歌词采用古为今用的古典诗词形式，将学校的标志性符号元素自然嵌入歌词，又将校园四季的景致描画出来，诗情画意，引起师生、校友对校园和往日生活的怀想。歌曲将学校的办学宗旨和宏伟目标，以对国家民族博大深沉的情感的形式，体现于高潮部分，自然而震撼，在内容、形式、意境、情感等方面均取达到了很好的效果。

二、海洋原创歌曲《碧海丝路情》

　　2019年在中华人民共和国成立70周年、中国海洋大学成立95周年之际，为了大力弘扬中国海洋大学海洋特色、奏响海洋强音，时任中国海洋大学党委宣传部部长陈鷟，创作了歌词《碧海丝路情》。自然资源部宣教中心党委书记李航到校调研时，看到这首歌词后十分欣赏，找到作曲家进行编曲，还亲自主唱，成功地演绎了歌曲的深情唯美。

碧海丝路情

天边有多远　海的那一边
我心随帆去　帆远明月圆
海国有多远　瀛崖那一边
我心逐浪去　浪飞艳阳天

征帆迎日月　天涯丝路牵

新舟觅旧途　有迹也有年

往还献珍奇　海客说薪见

儒释传经渡　普光照大千

丝路千万缕　丝丝情谊绵

丝路起虹桥　虹桥卧波远

丝路万里遥　心远地不偏

丝路如锦瑟　锦瑟思华年

丝路千万缕　丝丝情谊绵

丝路起虹桥　虹桥卧波远

碧海千帆影　普天祈海晏

丝路传千古　青史著长卷

这首歌词采取了五言诗的形式，第一段描写了人类对无限远方和浩渺海洋的神往，展现了"帆远明月圆"和"浪飞艳阳天"两个画面，自然、直观而且唯美。第二段描述了古代海上丝绸之路上海船往来不息，开展海上贸易，以及传播儒释道文化的辉煌景象。第三段表达了人们对海上丝绸之路的深厚情感。整首歌词的创作，坚持怀旧唯美、古今一脉、雅俗共赏，追求韵古而意新，描摹了古代海上丝路的景象，将人们对海上丝绸之路的深沉情感融入其中。

2019年10月，为向祖国与校庆的华诞献礼，基于前期创作，中国海洋大学党委宣传部与中国海洋大学艺术系联合创作并出品了大型交响诗篇《碧海诗话》。《碧海诗话》由陈鷟教授担任文学创作，中国海洋大学艺术系刘玉霞教授担任艺术总监和导演、中国交响乐团国家一级作曲家李文平先生与刘玉霞教授共同担任作曲。《碧海诗话》立足青岛，远眺重洋，回溯历史，面向未来，以"海上丝路"为主题与主线，串接讲述沄显东归、郑和下西洋、"东方红"科考、亚丁湾护航等古今海上丝路故事和青岛人民的海洋生活及其与海上近邻朝鲜、韩国、日本等国的海上交往故事，讴歌海上丝路这一人类探索发现、商贸往来、文明互鉴、发展共生之路，这一中华文化开放延展、和谐远播之路，弘扬了中华文化，展示了异域风情，表达了中国与世界各国睦邻友好、和谐共进的真挚情感与美好愿望。

2019年10月19日，交响诗篇《碧海丝路》在青岛大剧院成功首演，中国海洋大学艺术系与青岛交响乐团联袂演出。演出阵容强大、反响热烈。为欢庆新中国70华诞、中国海洋大学建校95周年，2019年10月25日，《碧海丝路》由青岛市政府与中国海洋大学共同主办，于青岛国际会议中心上合厅再度公演，受到青岛市社会各界的广泛好评与一致赞誉，并受青岛日报等多家媒体的报道。交响诗篇《碧海丝路》获批2019年青岛市文艺精品工程扶持项目，在青岛艺术界引起广泛关注与影响。

三、校园原创音乐产生的重大影响

近年来，学校师生积极开展校园歌曲创作，音乐作品名录见表1。学校原创歌曲及MV在新华网、人民网、光明网、学习强国等众多主流媒体网站、重要门户网站及中国教育电视台等平台发布、展播，在校内外产生广泛影响和认可。在教育部全国大学生网络文化节等各类重要比赛中，《爱如海大》《子曰》《为你守望》《离家》分别获得校园歌曲、短视频等类别一等奖、三等奖、优秀原创作品奖等。在中国教育电视台"最美校歌"推优活动中，《海大颂》获"十佳校歌奖"，《爱如海大》获"十优毕业歌"奖，《子曰》获"最佳作品奖"，《奔向你的世界》获"优秀作品奖"。《心在绿春》荣获2020年青岛市"打赢脱贫攻坚战"主题原创歌曲征集活动30首优秀歌曲作品奖，其音乐MV荣获高校影视作品交流展映活动学校形象宣传片类二类作品奖；《为你守望》音乐MV荣获中国教育电视协会高校影视作品交流展映活动学校形象宣传类一类作品奖。

校园原创音乐作品对丰富校园文化产生了积极作用。一是充分发挥了文化育人的作用。通过打造优秀校园歌曲，积极回应时代主题、讲中国故事、传海大精神，在凝心聚力、提振精神、增强文化自信、弘扬主旋律方面发挥了不可替代的作用。学校师生参与文化建设的主动性、自觉性不断提升，通过原创文艺作品发出中国海大声音、讲好中国海大故事的意识不断增强。二是大幅提升了校园文化品质。优质的校园原创歌曲创作，为群众性文艺活动注入源源不断的活力，更开启了一扇与外界交流的窗口，促进带动校园文化品质不断提升。三是积极促进了创新人才培养。原创歌曲创作吸引越来越多的音乐爱好者、富有创造力想象力的新媒体艺术爱好者，成为开展文化艺术教育的重要载体，促进学生艺术修养和创新意识的提升。

表1　学校师生创作的校园原创音乐作品名录（截至2022年6月）

序号	歌名	作词	作曲
1	海大颂	陈鷟	康建东
2	爱如海大	王琳舒　王晓鹏	王晓鹏
3	风华正茂	王晓鹏	王晓鹏
4	为你守望	王琳舒	王晓鹏
5	青春的模样	王晓鹏　刘桐　胡睿	王晓鹏
6	山海	王晓鹏　胡永春	王晓鹏
7	拥抱蔚蓝拥抱你	王琳舒	赵晓凯　王琳舒
8	樱海	李昌杰	李昌杰
9	心在绿春	李文庆　曹少鹏	刘海蓉　赵晓凯
10	出海	王琳舒	刘世杰　李昌杰
11	宛如初见	王琳舒	刘世杰
12	碧海丝路情	陈鷟	李永昌
13	奔向你的世界	王琳舒　宁如雪	刘世杰
14	行远有方	梁纯生　谢杉杉	曲童歌
15	梦想的舞台	朱瑞琛　牛鲁燕	朱瑞琛
16	子曰	陈子龙	刘世杰

（续表）

序号	歌名	作词	作曲
17	焦点	罗禹昆	罗禹昆
18	十年有你	王琳舒	刘世杰
19	离家	王晓鹏	王晓鹏
20	感应	王晓鹏	刘世杰
21	美梦	刘世杰	刘世杰
22	遇见你	王晓鹏	王晓鹏
23	大海繁星	刘世杰	刘世杰
24	待樱花烂漫时	池鑫琪	舒鹏程
25	归海	池鑫琪	舒鹏程
26	海大青春	梁健宏 马来	马来
27	萱草街	陈哲	陈哲

（撰稿人：谢杉杉；审稿人：梁纯生）

"科学·人文·未来"论坛

2004年10月，恰逢中国海洋大学80周年校庆之时，创立"科学·人文·未来"论坛。论坛由"人民艺术家"、著名作家、时任中国海洋大学顾问、教授、文学院院长的王蒙先生和我国现代海洋药物研究的开拓者与奠基人、中国工程院院士、时任中国海洋大学校长的管华诗教授共同发起创建。论坛旨在汇聚我国科学界与人文界两六领域顶级学者，从科学和人文两个角度来关注和探讨人类未来发展问题，迄今已成功举办了四届，在学界引起了强烈反响，已成为我国科学界与人文界两大领域的高峰论坛，是我国高校品牌性活动之一。

第一届"科学·人文·未来"论坛于2004年10月11—12日（中国海洋大学80周年校庆之际）在中国海洋大学鱼山校区逸夫馆举办，由王蒙先生、管华诗院士主持。首届论坛从知识的构建和利用、人才的培养和人的发展等方面讨论"科学、人文与未来"这一话题，启发人们再度深思科学与人文的辩证关系。参加首届论坛的有中国科学院院士、中国月球探测计划的首席科学家欧阳自远，中国科学院院士刘光鼎，中国科学院院士冯士筰，中国科学院院士文圣常，中国工程院院士秦伯益，中国科学院院士张国伟，中国科学院院士蒋民华，"863计划"专家顾问组顾问、常务副组长马俊如，西安电子科技大学校长梁昌洪等科学家和韩少功、张炜、张平、唐浩明、熊召政、赵长天、陈祖芬、毕淑敏、张锲、邱华栋、方方、赵玫、查建英、成中英、解思忠、南帆、陶东风等著名作家、学者。

第二届"科学·人文·未来"论坛于2011年10月22—23日（中国海洋大学87周年校庆之际）在中国海洋大学崂山校区体育馆举办，由王蒙先生、管华诗院士主持。本届论坛以我国加快推进"蓝色经济"和海洋强国建设为大背景，以"关注海洋，面向世界"为主题，共同讨论海洋、国家和人类的未来。论坛包括四个单元：生命之本——讨论海洋与人类生存，艺术之源——讨论海洋与文学艺术，强国之路——讨论海洋与国家振兴，和平之舟——讨论海洋与世界和谐发展。中国科学院院士张国伟、中国工程院院士秦伯益、中国海洋大学校长吴德星、中国工程院院士麦康森、北京中医药大学博士生导师王琦、青岛海洋地质研究所所长刘守全等科学家和蒋子龙、张炜、毕淑敏、赵长天、朱向前、周永家、纪宇、梅新林等著名人文学者面对3000余名现场师生和嘉宾，同时通过网络直播，发表演讲并与观众展开互动。

第三届"科学·人文·未来"论坛于2014年10月18—19日（中国海洋大学90周年校庆之际）在中国海洋大学崂山校区体育馆举办，由王蒙先生、管华诗院士主持。该届论坛以"教育实现梦想"为主题，分为"百年基业""杏坛往事""大学之道""梦想之舟"四个单元。中国工程院院士秦伯益、中国工程院院士沈国舫、中国科学院院士欧阳自远、中国工程院院士盖钧镒、中国科学院院士张国伟、美国约翰霍普金斯大学教授钱致榕、中国工程院院士麦康森、上海绿谷集团董事长吕松涛、中国科学院院士吴立新等科教、企业界专家和童庆炳、周国平、赵一凡、朱自强、朱永新、鲍鹏山、姑丽娜尔·吾甫力、钱文忠、李少君等著名人文学者同聚海大，与现场3000多名师生互动，共话"教育实现梦想"。

第四届"科学·人文·未来"论坛于2019年10月18—19日（中国海洋大学建校95周年之际）在中国海洋大学崂山校区体育馆举办，由王蒙先生、管华诗院士主持。该届论坛以"构建人类命运共同体"为主题，分为"文明际会共命运""蓝色梦想同发展""希望之光向未来"三个单元。中国工程院院士秦伯益、中国工程院院士金翔龙、中国科学院院士张国伟、北京大学原校长林建华、中国科学院院士吴立新等科学家和葛剑雄、何建明、朱自强、刘洪一、阎晶明、庞中英、何向阳、邱华栋、陈鹏等著名人文学者进行演讲和对谈，与现场3000多名师生互动，共话"构建人类命运共同体"。

为使专家们的睿智思想、广博学识呈现给更多的读者，引发更多人对科学与人文相互作用的思索，学校将四届"科学·人文·未来"论坛中专家的发言以论坛实录的形式分别出版了《高山流水》《勇者乐海》《梦想之舟》和《命运与共》四部书籍。王蒙先生在书籍的扉页留言道："科学也好，人文也好，都是对世界、对人生的一点发现，一点关切，一点探求。这种发现我们可以从不同的角度上来进行，可以启发我们的思维，启发我们的认识，也开辟我们的心智……在这种关切人生、关切世界，发现这个世界而且在寻找创意、寻找智慧和光明这一点上，文学家是科学家最好的朋友，科学家是文学家最好的老师。"管华诗院士谈道："科学和人文是人类文明发展中两条并行不悖的主脉。两者分别从不同的角度关注世界，共同影响着人类文明进步的历程。历史的经验告诉我们，科学与人文只有相互融通、相互协调，才能有利于彼此的健康发展，并共同推进社会的进步。"

中国海洋大学"科学·人文·未来"论坛的创办，吸引了众多专家学者齐聚海大，探讨科学精神、人文精神在当今时代人与社会发展中的地位与作用，为自然科学和人文社会科学的沟通架起一座新的桥梁，为自然科学知识和人文社会科学知识的交融搭建了一个新的平台，为科技创新、创新人才培养以及创新文化建设注入了新的活力，体现了中国海洋大学作为国家"双一流"建设高校的责任与担当，展现了中国海大人为新时代科学与人文的发展贡献的独特智慧。科学和人文共同发展的合力，也必将陪伴和引导着中国海洋大学在特色发展、内涵发展、高质量发展的道路上阔步前进，激励和鼓舞着广大师生弘毅笃行、树人立新、谋海济国！

（撰稿人：吉晓莉；审稿人：刘健、修斌）

海大人文讲坛

"海大人文讲坛"创设于2011年。讲坛由中国海洋大学文科处主办、各文科学院承办，邀请国内外哲学社会科学领域高水平专家学者来校讲学，旨在交流学术思想、锤塑人文精神、弘扬优秀文化、开拓国际视野，助力哲学社会科学繁荣发展。

从2010年开始，中国海洋大学哲学社会科学与国家哲学社会科学大发展同向同行，进入快速发展时期。为了繁荣哲学社会科学、重振海大人文，学校决定加大对文科的支持力度。在此背景下，文科处牵头深入文科学院开展调研，根据学院提出的发展诉求，参考学校理工科科研管理经验，最终确定了从著作出版、讲座报告、学术会议三个方面支持文科科研活动。2011年文科处以文科内字文的形式出台《中国海洋大学"海大人文讲坛"资助专项实施办法》，由此，"海大人文讲坛"特色学术品牌诞生。

2011—2015年，"海大人文讲坛"汇集学者名师、聚焦学科前沿，"人民艺术家"王蒙先生，外交部原部长李肇星，著名作家毕淑敏、郑愁予，著名书法家启迪，著名主持人白岩松，著名学者郑海麟、温儒敏、陈炎、秦伯益、严家炎、曾繁仁、桑新民、朱苏力、曾艳兵、蒋逸航、熊秉元等先后做客"海大人文讲坛"，为学校师生带来了一场场学术盛宴。主讲人通过讲座报告，展现其卓越的学术水平、丰富的人生阅历、强烈的社会责任感、严谨的治学态度，达到了开拓视野、陶冶情操的目的。作为传统课堂的有益补充，"海大人文讲坛"紧扣落实立德树人根本任务，以文化人，以文培元，有效助力学生优化知识结构、增强人文素养，积淀丰富多元的跨学科知识，实现科教融合，强化科研育人功能。

2015年6月，为进一步丰富校园文化、活跃学术氛围、促进学术交流、助推学科发展。学校在"985工程"专项建设经费中设立"海大人文讲坛"资助专项并印发新的《中国海洋大学"海大人文讲坛"资助专项实施办法》。新文件与原先文件的重要变化是，更加突出质量为先的评价导向。2016—2021年，"海大人文讲坛"先后邀请了张福贵、卜键、胡泳、赵秉志、金莉、黄友义、韩东育、傅才武、朱光磊、张玉利、刘海龙、许钧、金太军、徐正英、秦亚青、傅其林、周叶中等知名专家学者做客"海大人文讲坛"，学校师生与学术大咖们进行跨学科交流，开展互动式讨论，激发学术热情和灵感。作为学术交流与合作的重要平台，"海大人文讲坛"营造了师生思想交锋的良好学术氛围，促进了高水平研究成果的产出，推动了学校哲学社会科学研究高质量发展。

2022年1月，学校进一步提高对"海大人文讲坛"主讲人的学术要求，旨在将"海大人文讲坛"打造成为学校高端特色学术品牌。截至2023年年底，"海大人文讲坛"共举办800余场，惠及师生10余万人次。作为校园学术讲坛，"海大人文讲坛"在开展过程中几经迭代，承载着不可替代的文化传承使命和科研育人功能。"海大人文讲坛"已成为学校落实立德树人的重要载体、引领学术创新的前沿窗口、加强学术交流与合作的重要平台，为学校一流大学文化建设发挥了重要作用。

（撰稿人：高雅楠；审稿人：金天宇）

八关山讲堂

"八关山讲堂"是中国海洋大学"海味"文化育人的重要阵地之一，于2010年由学生工作处牵头设立。自创办以来，秉持"崇尚学术、树人立新"的理念，旨在促进硕学宏才的培养，是大学生思想政治教育的重要载体。讲堂既讲授读书治学，也分析解读形势政策，以开阔学生知识视野，激发学术热情，坚定理想信念。截至2022年年底，"八关山讲堂"已经举办33期，深受广大师生的欢迎。

"八关山讲堂"得名于中国海洋大学鱼山校区内的八关山。八关山是海大园里的标志性人文景观。八关山下的海大园更是人文荟萃、英才辈出的场所。20世纪30年代和50年代学校历史上出现的两次人文兴盛，就是在这个校园里取得的。诗人闻一多、作家梁实秋、教育家黄敬思、数学家黄际遇、语言学家闻宥、文史专家游国恩、物理学家任之恭、化学家傅鹰都曾在此任教。蔡元培、冯友兰等学术名流经常受邀来校讲学，学术风气鼎盛一时。

作为大学生思想政治教育的重要载体，"八关山讲堂"坚持请"最好的老师"给学生主讲，先后邀请时任教育部社科司副司长徐艳国、南京师范大学心理健康教育咨询中心主任周红教授、中国科学院植物研究所李承森研究员、深圳华成峰集团董事长李小勇、浙江吉利控股集团公司副总裁魏梅等各领域专家到校讲课，讲课内容涉及科学前沿、大学生思想政治教育等方面。

讲堂始终把"海味"作为独具特色的文化气质，围绕国家海洋战略、海洋权益、海洋文化等主题，先后邀请我国登上过南北两极的第一人、曾参加过我国四次北极科考活动的赵进平教授，原国家海洋局南海分局局长李立新，时任国家深海基地管理中心主任、"蛟龙"号载人深潜项目总指挥刘峰，"蛟龙"号载人深潜器潜航员付文韬，扎根南沙20余年、守卫祖国蓝色国土的"感动中国"2012年度人物李文波，时任山东海洋工程研究院院长、青岛国家海洋科学研究中心主任李乃胜，时任海军装备部总工程师、海军少将赵登平，时任国家海洋局总工程师、中国海警局副局长孙书贤，时任国家海洋局海警司副司长胡学东等专家学者，通过他们谈与"海洋"的不解之缘、经历感受，使学生充分感受海洋世界的神奇魅力，引导学生与海结缘，以海为伴。

为培养德智体美劳全面发展的人才，讲堂在重视科技前沿讲授的同时，也将人文教育放在同等重要的地位，努力形成科技与人文互补的良好局面。先后邀请南京大学新闻传播学院首任院长方延明教授主讲"大学生人文素养与新闻采写"，时任山东大学副校长兼研究生院院长、教育部重点研究基地文艺美学研究中心副主任陈炎教授分享"儒家的'建构'、道家的'解构'、佛家的'重构'"，北京大学法学院天元讲席教授、"长江学者"朱苏力为学生分析社会分层与法律利益的分歧，时任《文史哲》主编、山东大学新儒学高等研究院执行副院长王学典教授讲授"治学的功力与见识"，北京大学原党委常委、校长、中国科学院院士周其凤从浏阳花鼓谈起，与学生交流人生感悟。

"八关山讲堂"是学校充分利用海洋和水产学科特色显著的优势，结合新形势下思想政治教育的新特点创办的学生思想政治教育品牌。通过坚持"海味"文化特色、名师专家主讲、科技人文互补、道德学术并举，积极营造"知海、爱海、懂海、学海"的育人氛围，引导学生进一步关心海洋、认识海洋，让学生在"海味"文化的熏陶中学习成才。

（撰稿人：宋乐；审稿人：于淑华、钟媛）

海大文化小客厅

为进一步推进落实学校文化引领战略，弘扬科学精神与人文精神，从文化角度探讨大学之道、学术之美，展示大学校园文化之多姿多彩，自2016年起，中国海洋大学推出"海大文化小客厅"。栏目以现场访谈、对谈等形式，通过录播配以背景信息视频的方式，挖掘和宣传学人思想、学术贡献、历史传统、校园生活，成为宣传展示海大文化的新窗口。

"海大文化小客厅"于2016年春季学期推出第一期《海浪传说》，邀请时任海洋与大气学院院长管长龙教授就专业学术中有关海浪的问题研究进行了科普，之后陆续推出朱自强教授的《守望儿童》以及学校大学生艺术团的《向海而歌》。

2020年，学校对"海大文化小客厅"进行了全方位升级改版，邀请"人民艺术家"王蒙先生题写栏目名称"海大文化小客厅"，并依托新闻演播室开辟了专用录影场地，设计了具有文化底蕴的背景墙，搭建装饰布景，此场地后来也成为学校多部视频以及音频录影录音的专门场地。为了更好地打造节目的品牌效应，学校制作原创主题曲《宛如初见》，推出系列文创产品，安排专门人员对栏目进行谈话文案整理编纂，逐步推广、逐年积淀，力求使"海大文化小客厅"成为海大历史文化会客厅、展示窗和资料库。

"海大文化小客厅"设置了"故事分享会""院系探宝"等不同系列主题。"故事分享会"注重故事讲述，通过不同话题的交流，展现在海大精神引领下海大人的奋斗故事，如邀请学校校训的酝酿者、提出者和见证者王蒙先生录制《海大校训故事》，为大家揭秘校训背后那些鲜为人知的故事；"院系探宝"以学院实物或精神的"宝"为主题，展现各学部、学院（中心）或重点实验室的办学理念、思路、成绩、经验、发展规划以及服务国家重大需求和区域经济社会发展的成效等，进一步促进师生参与推进学校一流大学建设的自觉和力度。近年来，学校越来越多的科学家、学者到小客厅来做客，共同讲述"海大故事"，传播海大的正能量，进一步提高了学校的美誉度。

在不同传播媒介相互融合的趋势下，新闻信息的传播形态更加多维化，将传统媒体和新媒体有机结合，形成全媒体传播新形式。"海大文化小客厅"的开办是建立全媒体、多平台、立体传播、多方互动的融合型校园媒体的新探索，在一定程度上是海大新闻宣传融媒体发展的实验区。

一是整合传播内容。坚持"受众为中心"的服务意识。将镜头对准师生，将版面留给学术，选择师生喜闻乐见的内容和形式进行宣传报道。

二是整合传播渠道。通过策划主题、开会讨论文案、撰写文字稿、邀请嘉宾交流、摄制等环节，形成视频片，文字、图片、视频供各类媒体平台取舍、加工，以最合适的传播途径输出。

三是整合传播终端。依据不同平台的特点，将节目在学校新闻网、校报、官方微信、官方微博、官方抖音等传统媒体和新媒体矩阵平台发布。同时融合校外资源，加强和社会媒体的合作，形成联动效应，不断拓宽高校新闻传播路径，开辟更为广阔的对外宣传阵地，增强学校的社会影响力。

当前，"海大文化小客厅"已成为学校对外文化宣传的名片。通过多个平台的传播，栏目受众涵盖了学校师生员工、校友和关心支持学校发展的社会各界人士，自觉承担了举旗帜、聚民心、育新人、兴文化、展形象的使命任务，丰富了大学文化生态，增强了师生文化自信，为一流大学建设提供了强有力的思想保障。

（撰稿人：谢杉杉；审稿人：梁纯生）

中国海洋大学研究生支教团

中国青年志愿者扶贫接力计划研究生支教团是由团中央、教育部联合组织实施的青年志愿者扶贫接力计划全国示范项目。党中央、国务院高度重视研究生支教团工作,中央领导同志多次给予充分肯定。中国海洋大学把扎实开展研究生支教团项目作为推进学校"三全育人"综合改革、上好"大思政课"、助力乡村教育振兴的重要工作品牌抓实抓好、抓出成效。构建了"招募选拔、教育培训、队伍管理、人文关爱"全链条队伍建设机制、"教育教学高质量、第二课堂有特色、实践调研有深度、纾困解难有力度"全过程支教帮扶机制、"多形式、深层次、立体式"全方位思政育人机制,培育打造了研究生支教团实践育人品牌,在西部地区基础教育、乡村振兴的最前线贡献了海大力量,在学校思政教育、文化建设的阵地上树立了青年典范。

中国海洋大学自2001年起参加中国青年志愿者扶贫接力计划,成立研究生支教团。截至2022年,共向贵州、西藏、云南3省区10所学校派出了21届支教团共计295名志愿者,接续奋斗在支教帮扶一线。20余年来,研究生支教团接续在服务地奉献海大人的青春与活力,他们扎根西部坚守初心,立足岗位无私奉献,将自己所学所悟写在大地上,把自己的知识与智慧应用到实践中,受到了当地师生、家长和群众的一致好评。他们将"海纳百川、取则行远"的校训精神带到了大山,带进了当地老百姓的生活和心里,展现着海大学子的蓬勃朝气。

学校历届研究生支教团始终奋斗在服务地教学一线,秉持着"用一年不长的时间,做一件终生难忘的事"的信念,坚守教育教学初心,用心用情教学,服务西部教育事业发展。当地学校教师资源紧缺,支教团的成员便根据当地学校需要,挑起语文、数学、物理等多门学科教学重担,半数以上成员每周授课16课时以上,每届队员在三地四校共承担40余个班级、2000余名学生的教学任务,每年累计授课7000余课时。他们结合服务地实际,主动融入、虚心请教,积极探索适合当地学生的教学方法,紧跟时代发展脉搏,顺应时代潮流,开展当地学生喜闻乐见的线上教学,有效提升授课质量。多位成员所承担科目成绩在当地名列前茅,所教多名学生考入中国海洋大学和中国人民大学、浙江大学、北京理工大学等知名高校。

研究生支教团牢记立德树人根本任务,拓宽教育帮扶边界,强化育人成效,打造"山海"特色校园。他们主动探索开设"魅力海洋""沟通表达基础与进阶""山海英语角"等特色课程,在课堂中融入新思想新内容;组织开展校园歌手大赛、学生辩论赛、爱心图书行等丰富多彩的活动,丰富校园文化;设计开展海洋知识竞赛、"海洋书角"读书会、"学习海洋知识 保护西藏鱼类"全国科普日等海洋文化活动,覆盖学生1.5万余人次,以海洋文化教育为特色的"当日光城遇上海洋——海洋文化月暨大型海洋系列文化宣传公益活动"等志愿服务项目获第三届中国青年志愿服务项目大赛金奖,入选全国青年志愿服务优秀项目库。研究生支教团立足当地教育实际,发挥高校优势,结合中国海洋大学特色,努力协助提升当地学校教育教学与管理工作的规范化和科学化水平,用实际行动为当地教育事业做贡献。

研究生支教团在做好教育教学工作的基础上,用情陪伴学生,扶贫扶志共同发力。他们深入服务地乡村调研帮扶，定期前往周边乡村小学开展活动，20年来走访50余个乡镇，家访学生2000余人次。广泛汇集学校和社会资源，为服务地募集扶贫奖助学金及生活、学习必需品，有效解决当地和学生实际困难。20年来，为服务地筹资35.9万元援建了"海大路""海大桥"，铺平学生上学路；资助并援建了望海小学、百川小学、行远小学、山海小学和海情小学5所小学；捐赠了空调、桌椅、图书等价值100余万元的学习、生活物资，改善当地办学条件；持续开展"一帮一"爱心帮扶、创立"云海"奖助学金等捐资助学活动，共筹集奖助学金230余万元，累计资助2500余名学生完成学业，传承爱心公益事业。同时，研究生支教团开展"七彩心理小屋""留守儿童集体生日会""云端有信海上来"等活动，为学生提供心理帮扶与陪伴，塑造学生美好心灵。

学校党委高度重视研究生支教团工作，校领导连年前往服务地慰问志愿者，了解其学习、生活、工作情况，帮助解决实际困难，指导支教团开展工作。在学校领导大力支持下，学校成立中国海洋大学校友会研究生支教团校友联盟，将奔赴各地有支教团经历的校友再次联结起来，为增进校友情感联系、促进服务地志愿者发展、汇聚社会资源搭建了平台。联盟定期组织年会，相互交流支教工作经验，开展"爱心圆梦"公益活动，募集心愿礼物并发放至服务地学生手中，让爱心在校友之间传递。研究生支教团校友联盟为志愿者分享经验、继续发扬志愿服务精神架起沟通交流的桥梁，推动研究生支教团成为引领学校青年学子践行新时代雷锋精神的重要载体。

学校编写出版《十年支教路　千里山海情》研究生支教团日记合集，记录研究生支教团成员服务经历，讲述成长故事。录制《海大文化小客厅——回眸研究生支教团二十载》，向校内青年讲述支教服务的故事，在校内外产生深厚影响，成为学生热议话题。根据服务地真实故事改编，拍摄制作微电影《山海》，创作同名歌曲MV，在共青团中央"向雷锋学习——支教那一年""3·5"云上故事会活动中首发，并得到人民日报、新华客户端、中国青年志愿者微信公众号等多个平台广泛传播，团中央因此致函表示感谢。

2005年，学校研究生支教团被中宣部、共青团中央确定为全国纪念五四运动86周年先进集体典型，并获团中央中国青年志愿者扶贫接力计划研究生支教团贡献奖。学校报送的《十年支教路，千里山海情——中国海洋大学充分发挥研究生支教团实践育人作用》获2011年全国高校校园文化建设优秀成果一等奖。中国海洋大学研究生支教团的事迹得到了教育部、团中央的充分肯定，被推荐为典型，在中央电视台进行报道。

（撰稿人：周星宇、胡永春；审稿人：张欣泉、李文庆）

中国海洋大学新媒体矩阵

近年来,随着信息技术的飞速发展,以微信、微博、抖音、快手、B站等平台为代表的新媒体平台已成为当代大学生获取信息、沟通交流和娱乐休闲的主要渠道。为适应新形势、探索新机制、把握主动权,中国海洋大学以多个新媒体平台为载体构建新媒体矩阵,搭建社会主义核心价值观培育新平台,创新话语方式,形成培育合力,引导大学生开展自我教育,有效增强了学生思想政治工作的有效性和针对性。

一、构建"海味"传播矩阵,拓展育人覆盖面

中国海洋大学把新媒体作为新时期学生思想政治教育的重要阵地,加强顶层设计,精心谋划,合理布局,动态构建了以微信、微博、抖音、快手、B站等平台为主的思政教育工作新媒体矩阵(矩阵账号详见表2)。通过以发布的各类信息为点,以建立的各个传播渠道为线,以各新媒体平台为面,编织了一张覆盖全体学生的思政教育立体网,坚守"网底"不破,增加"点""线"密度,加强对当代大学生社会主义核心价值观的培育。

表2　中国海洋大学新媒体矩阵账号一览表

序号	账号名称	开办时间
1	中国海洋大学官方微博	2010年10月
2	中国海洋大学微信公众号	2013年9月
3	中国海洋大学官方头条号	2015年12月
4	中国海洋大学官方B站	2017年10月
5	中国海洋大学官方抖音号	2018年8月
6	中国海洋大学澎湃号	2018年8月
7	中国海洋大学官方快手号	2020年4月
8	中国海洋大学人民号	2020年4月
9	中国海洋大学新华号	2020年7月
10	"中国教育发布"中国海洋大学教育号	2020年9月
11	中国海洋大学百家号	2021年1月
12	"山东教育发布"中国海洋大学教育号	2022年5月
13	中国海洋大学小红书号	2022年5月

二、强化"海味"内容建设,提升育人引领力

坚持制作有深度、有温度的原创性网络思政作品,与青年大学生实现文化共鸣、价值认

同、情感联结的多维交互，用有趣有料的"海味"内容提升育人引领力。一是挖掘红色资源，厚植爱国情怀。以红色校史赋能思政教育，全景式、沉浸式开展"爱党爱国爱校"教育，推出《中国海大，梦开始的地方！》《海大故事分享会之海大的红色记忆》等一系列质量高、思想正、形式活的网络思政作品，将校史蕴含的红色文化故事化和可视化，充分展示校史的历史魅力、文化魅力，引导教育青年大学生感悟红色精神、传承红色基因。二是讲好海大故事，坚定蓝色信念。充分展现学校在推动海洋创新人才培养、海洋科技高水平自立自强、全方位服务海洋强国建设等方面的卓越贡献，激发青年大学生矢志蔚蓝、报效祖国、铸就蓝色梦想的使命感。三是培育文化品牌，弘扬主流价值。面向新青年、把握新潮流，聚焦思政教育和校园文化，打造校园文化品牌栏目《海大文化小客厅》，从文化角度探讨大学之道、学术之美。

三、培育"海味"文化符号，探索育人新范式

结合当代青年大学生思想特点，不断创新育人载体，通过培育特色文化符号，主动融入青年大学生朋友圈，让育人工作"活"起来、"火"起来。一是推出虚拟代言人，形成身份认同感。推出官微卡通代言人"小海"，设计"小海"专属表情包，通过"网言网语""网文网理"构建情感共同体，嵌入青年大学生话语体系，融入青年大学生话语圈，拉近与学生的距离。二是打造手绘漫画短剧，强化场景代入感。精准把握青年大学生的阅读喜好，开设特色栏目"小海日记"，选取社会主义核心价值观、乡村振兴、文明校园建设、心理健康教育等作为创作主题，将"大主题"转换为"小故事"，推出手绘漫画短剧，增加内容的趣味性和说服力。三是融入优秀传统文化，提升阅读获得感。坚持将中华优秀传统文化融入青年大学生思想政治教育，赋予传统文化现代表达方式。建立"海大园廿四节气"专栏，通过"短视频+诗画集+是日诗"多维展现形式，将节气文化注入视频之中，将节气特点融入美图之中，将传统习俗渗入美文之中，引导青年大学生在轻松的阅读体验中，感受中华优秀传统文化的独特魅力，增强文化自觉与自信。

经过多年的建设，中国海洋大学新媒体矩阵已形成"数十个平台、超百万用户、逾千万传播"的立体化宣传格局，在全国范围内形成较大影响力。中国海洋大学微信公众号入选中央宣传部、中央网信办、教育部、共青团中央联合发布的"首批高校思政类公众号重点建设名单"，是山东省唯一一个入选的高校官微，相关经验做法被中央教育工作领导小组秘书组《教育工作情况》采用；相继获评"2015年度教育系统优秀官方微信""中国高校新媒体影响力十强""全国高校优秀网络栏目""青岛市2020年度十大传播力品牌"；截至2022年，连续五年入选"中国大学官微五十强"，连续四年入选山东教育政务新媒体综合力十强（高校第一位）。中国海洋大学官方微博获"2018年度最具成长性高校官方微博"，中国海洋大学新华号获评2021年度最具影响力高校新华号，中国海洋大学百家号获评2021年度最具影响力高校新媒体。

（撰稿人：刘莅；审稿人：孟凡）

王蒙文学馆

2019年，为迎接建校95周年，推进学校文化建设，镌刻海大文脉的传承与创新，学校建成了王蒙文学馆，对学校文学学科的发展历程进行记录和凝练，让历史档案充分发挥现实价值。

王蒙先生是中国海洋大学顾问、教授、文学与新闻传播学院名誉院长，原文化部部长，2019年被授予"人民艺术家"国家荣誉称号。自2002年4月加盟中国海洋大学以来，提炼"海纳百川，取则行远"校训，开创"驻校作家制度"和"名家课程体系"，创办"科学·人文·未来"论坛，力邀世界十几个国家和地区100多位著名作家、诗人、学者来校传道授业，拉开了中国海洋大学第三次人文复兴的序幕。

为全面展示先生的杰出成就、传播先生的高尚品格、记录先生对海大的贡献，学校决定在崂山校区图书馆建设王蒙文学馆，于2019年10月投入使用。王蒙文学馆是集文化展览、学习阅览、学术交流、革命教育于一体的综合性文学馆，馆名由冯骥才先生题写。文学馆共收藏、展示王蒙先生350余种不同语种、版本著作，数百幅图片和大量珍贵手稿、书信、实物等，生动、立体地展示了这位人民艺术家丰富的人生历程、杰出的文学成就和永不停歇的探索精神。

"青春万岁"主要展出王蒙先生人生足迹、文学创作以及有关书画作品等，共五个分主题：青春万岁、这边风景、春之声、大块文章、踏遍青山人未老。利用王蒙先生写下的关于老子、孔子、庄子、李商隐、曹雪芹等的作品，把王蒙先生放到中国文脉中去展示，突出他作为一代文学大家与青春、青年、奋斗、爱国的主题，从一个独特视角表现共和国文学特别是改革开放40多年来中国文学的发展历程和成就。

"王蒙在海大"主要展示王蒙先生的学术成就和以中国海大为主导的王蒙研究，共六个分主题：加盟海大、提炼校训、驻校作家、名家课程、"科学·人文·未来"论坛、王蒙研究在海大。用闻一多、梁实秋、沈从文、老舍等文学名家在校工作时间点，串起海大文脉，将王蒙先生放到海大文脉中去展示，整体呈现王蒙先生对我国高等教育、对学校发展做出的重要贡献。

（撰稿人：谢杉杉；审稿人：梁纯生）

林少华书房

　　林少华书房毗邻王蒙文学馆，落成于2019年10月，书房浓郁的书卷气息和典雅的文化场景，成为学校又一个典型文化场景。

　　林少华先生是中国海洋大学教授、著名文学翻译家，曾任青岛市作家协会副主席。主要学术研究方向为日本文学与翻译。著有《村上春树和他的作品》《林少华看村上——村上文学35年》《落花之美》等。译有《挪威的森林》《海边的卡夫卡》等43部村上春树系列作品，以及《心》《罗生门》《雪国》等日本名家之作90余部，广为流布，影响较大。2018年以杰出的翻译业绩和对中日文化交流的贡献荣获日本"外务大臣奖"。无论翻译或创作，文字之美、意境之美、情思之美始终是其明确的指向和追求。

　　鉴于林少华先生的文学成就和社会影响力，学校在崂山校区图书馆建设林少华书房，于2019年10月投入使用。林少华书房将林少华先生的工作室与译著、文集、手稿等展示室集成建设，打造了一处书卷气分外浓郁、典雅的文化场景。风格上，书房采用简约写意的自然朴素设计；功能上，书房将办公、展示和学生修读有机融合，让学生能够近距离接触到名家作品及手稿，领略林少华先生的成就与风采，感悟他的贡献与情怀。

　　书房展橱中展示了林少华先生的作品和手稿，书房墙上悬挂着林少华先生青岛书法协会的朋友题赠的书法作品，书架上是林少华先生从家中运来的收藏书籍，隔间是林少华先生的工作室，他经常外出讲学，抽空也会来工作室创作。书房其余空间对读者开放，读者可以自修、研讨。

（撰稿人：谢杉杉；审稿人：梁纯生）

全国大中学生海洋文化创意设计大赛

　　全国大学生海洋文化创意设计大赛（以下简称"大赛"）缘起于中国海洋大学校园教学实践，自2012年创立伊始，精心谋划11个大赛主题。大赛是"世界海洋日暨全国海洋宣传日"主要活动之一，在境内外产生积极影响。

　　全国大学生海洋文化创意设计大赛由中国海洋大学于2012年6月发起，与国家海洋局宣传教育中心共同举办，自第二届更名为全国大中学生海洋文化创意设计大赛。从第五届开始，自然资源部北海局、中国海洋发展基金会和海南热带海洋学院先后加入主办方，中国海油公益基金会参与协办，并成立了中国海洋大学海洋文化创意发展中心，为大赛的可持续发展奠定了坚实的基础。

大赛旨在向青年学生普及海洋知识，培养学生的创新精神和实践能力，增强全民的海洋意识，在全社会营造关注海洋、热爱海洋、保护海洋的良好氛围。

截至2022年，大赛共举办11届，主题分别是"海洋·人类·和谐""美丽海洋""海洋强国梦""丝路海洋""创意海洋""智慧海洋""透明海洋""生态海洋""资源海洋""经略海洋""数字海洋"。各具特色和时代特征的大赛主题充分体现了人与自然和谐共处的精神诉求。大赛作品类别涵盖了平面设计、产品设计、景观设计、媒体动漫、管理策划等多个方向，是创作设计和营销广告等多学科结合的综合性设计赛事。大赛被中国高等教育学会纳入"高校竞赛评估与管理体系研究"2021年艺术类竞赛清单。

首届大赛，有123所大学的学生提交了2380余件作品。2022年的第十一届大赛，共有1685所高校、385所中学（中职）组织学生参赛，参赛学校涵盖全国各省（自治区、直辖市）、香港特别行政区、澳门特别行政区和台湾地区，征集作品数量破30万件。大赛先后在青岛、舟山、上海、三亚、钦州、威海等地举办颁奖典礼，并同时举行"海洋创意设计论坛"与"专家圆桌对话"等活动，专家和嘉宾们围绕着海洋文化创意设计、海洋文化资源产业等建言献策，以期为海洋文化事业的发展贡献力量。

大中学生积极参与大赛活动，创作各种创新性的参赛作品，提升了综合素质，促进了全面发展。大赛激发了学生的创造力，引导学生通过广告设计实践活动，锻炼创意思维，挖掘创意潜能，培育创新精神，提升设计实践能力和创业技能。大赛增强了学生的社会责任感，提升了他们对海洋的责任感和热爱，使他们逐步认识到人与海洋和谐相处的重要性。大赛拓展了学生的学习空间，培养了团队精神，约30%的参赛学生是以团队方式参加，通过组队参赛，实现优势互补、协同作战，培养了团队合作精神，为将来的学习和工作积累了丰富经验。大赛命题被诸多高校纳入教学课程实践环节，以赛促教，以赛助学，实践成果显著。

大赛创意设计作品多次获得国内外奖项，并由主创人吴春晖教授编著《海洋文化创意系列丛书》出版。大赛实践案例被《中国海洋文化蓝皮书（2021）》收录，历届获奖作品均被专业期刊转载发表。大赛项目获山东省高校校园文化建设成果评比一等奖。

2017年6月，时任中共中央政治局委员、国务院副总理刘延东来到中国海洋大学调研，参观了历届大赛获奖作品展览，并对学生用艺术创意的形式深度认识海洋给予充分的肯定，同时勉励他们要珍惜青春，勇于创新，用创意来诠释美丽的海洋。教育部、自然资源部、山东省、福建省、青岛市等相关领导也曾参观历届大赛获奖作品展览。

自然资源部宣传教育中心党委书记、副主任李航说："从一定层面上讲，一届又一届的海洋文化创意设计大赛，是提高民族海洋意识，特别是提高青年人海洋意识的一个过程。"

中国海洋大学原校长于志刚对大赛提出殷切期望："希望海洋文化创意设计大赛与人才培养、区域发展更加紧密耦合，搭建平台，创新机制，促进相关专业领域高端人才培养和海洋文化创意产业等的发展；希望大赛从宣传海洋意识、推广海洋教育，转化到设计领域，并带有鲜明的海洋特色，更好地服务于人才培养和海洋经济发展。"

大赛终审主席之一、清华大学何洁教授对于举办大赛的意义给予诠释："在大赛作品里，我们看到了同学们对海洋生态文明的关注，体现了当今青年学生艺术与科学融合、建设海洋强国的责任和担当。"

（撰稿人：吴春晖、李华昌、张慧；审稿人：宋宇然）

中国海权教育馆

中国海权教育馆由中国海洋大学与国家海洋局共建，于2011年建立。

中国是海洋大国之一。依据《联合国海洋法公约》的规定和历史性权利主张，我国拥有约300万平方千米的海洋国土和其他广泛的海洋权益。改革开放以来，我国的海洋事业取得了举世瞩目的伟大成就，但全民海洋观念特别是海洋权益观念还有待加强。根据中宣部关于海洋、海权知识进校园、进课堂、进教材有关文件精神，时任中国海洋大学全国海洋观教育基地主任、基础教学中心军事教研室主任干焱平教授牵头与国家海洋局多次联系沟通，争取资金支持并积极筹备，最终，由国家海洋局资助、中国海洋大学承建的中国海权教育馆顺利建成。中国海权教育馆于2011年6月8日第三个全国海洋宣传日开馆，馆名由原人民日报社社长邵华泽题写。开馆当天，中央电视台《新闻联播》进行了报道。

中国海权教育馆以"知我海权，建我海洋强国"为主题，共有三个展室、一个沙盘，是集收藏、展示、研究、教育于一体的综合性展馆。自开馆以来，已接待包括机关干部、解放军官兵、在校大学生、市民和中小学生等社会各界人士近400批、7万余人次前来参观。

全国人大常委会原副委员长陈至立，文化部原部长王蒙，外交部原部长李肇星，人民日报社原社长邵华泽，解放军军事科学院原政委、海军原副司令员张序三中将，北京军区原司令员李来柱上将等曾到馆参观并给予高度评价。海军原副司令员张序三中将参观后留言："这个馆建设得非常好，非常及时，非常必要，希望越办越好。"国家海洋局宣教中心原主任盖广生参观后题词："中国海洋大学海权教育馆为全国海权教育作出了样板。"

响应习近平总书记"进一步关心海洋、经略海洋、推动海洋强国建设不断取得新成就"的号召，中国海权教育馆为深入推进海洋权益教育，增强公民尤其是青少年的海洋意识和海洋权益观念做出了应有的贡献。中国海权教育馆于2012年获"青岛市崂山区科普先进集体"称号，2013年获批"青岛市海洋教育实践基地"，2016年获批"青岛市中小学生海权教育基地"，2020年获批"山东省社会科学普及教育基地"。人民日报、新华社、中央电视台、中国海洋报等多家媒体做过专门报道。

（撰稿人：郭新昌、万晋、王敏；审稿人：蔡勤禹）

后 记

在学校领导和各单位的大力支持下，校史各卷编写团队历经六个寒暑，数易其稿，反复审修，精心打磨，《中国海洋大学史》在百年校庆到来之际面世了。这是中国海洋大学第一次官方修史，是编写人员竭尽所能，敬呈于国家、社会、校友和师生的一份答卷。期望它能对中国海大继往开来有所裨益。

《中国海洋大学史·成果卷》对学校百年历史上涌现出的人才培养、科学研究、社会服务、文化传承创新、国际交流合作等方面的重要成果和历史性贡献进行提炼集成，客观反映学校非凡发展历程和重大成就，真实再现中国海洋大学在国家科教事业特别是海洋事业发展中发挥的不可替代性作用。

《中国海洋大学史·成果卷》的指导思想、体例原则、遴选标准、结构框架等重大问题，均在校史编委会指导下，经本卷编写组集体讨论研究决定，是集体智慧的结晶。编写组从4000余项成果中筛选出238项成果，分门别类形成列表，并于2020年年底面向学院及相关部门征求意见。拟入卷成果清单确定后，按照"一果一案"的原则落实编写工作。因成果数量庞大、涉及类别众多，除与每项成果负责人联系撰稿外，还与学院及相关部门进行协调沟通，以求高质量完成撰稿任务。由于部分成果年代久远，负责人年事已高、已故或离校等，一手资料征集困难，我们通过多种途径寻找撰稿人，对成果完成人进行口述采访，登门送稿审修，从学校档案馆浩瀚的科研、教学档案中查找一手资料，查阅参考《中国海洋志》《青岛海洋科苑英华录》《山东大学百年史》《童第周百年诞辰纪念集》等图书及本校专家相关著作、文章、《中国海洋大学报》、图书馆数据库期刊等相关史料进行自组稿并请专家审修，力求完整记录学校历史上的重要成果，展现历代海大人追求真理、崇尚学术、图兴图强、谋海济国的精神风貌。

从2018年至今的六年多时间里，本卷编写组四位成员精诚合作，克服困难，按计划、保质保量完成编撰任务。我们难以忘记，在校史编委会的带领下，辗转于北京、天津、成都、上海学习兄弟高校校史编撰经验后沉甸甸的收获感；我们难以忘记，采访、拜访各位老教授时，他们对校史编撰工作的责任感、对学校事业发展的自豪感、对海大园一草一木的真挚情感；我们难以忘记，为了查找某一项成果的资料，翻遍档案、图书典籍，遍询有关人员获得一点资料的喜悦和兴奋。编写过程中的付出与收获、紧张与安慰、艰难与快乐都是编写组成员难以忘怀的珍贵体验和荣誉印记。这段经历，将化作不一样的养分，滋养我们的成长甚至一生。

文稿编写过程中，我们得到了科学技术处、文科处、教务处、研究生院、党委宣传部、档案馆等多部门、相关学院及老领导、老教师的大力支持。李岩、金天宇、席静、尹文月、徐晓琨等在自然科学与工程技术、人文社科类成果文稿的形成各环节中给予极大的支持和帮助；宋宇然、辛远征、刘海波、梁纯生、王琳舒、谢杉杉、徐雅颖、马倩、张慧丽等在教育教学、文化传承创新类成果文稿形成和审稿等方面提供了大力支持和帮助；魏世江在学校早期成果选择补充方面给予了指导，并在百忙之中承担了部分入卷成果的审稿工作；杨洪勋、王淑芳等提供了部分支撑材料。谨在此一并表示诚挚的谢意！

按校史编委会部署，《中国海洋大学史·成果卷》成立由学校、各单位领导和部分专家学者参加的审稿小组，对书稿进行审阅并提出宝贵意见。另外，侍茂崇、杨作升、陈国华、李凤岐等老教授在年代久远的重大成果文稿撰稿、自组稿审修方面付出了艰辛的劳动。在此一并表示衷心的感谢。

鉴于史书的特殊性，为保持史料原貌，除明显差错外，在编辑出版当中未对斤、亩等非法定计量单位进行换算。

由于历史的原因，民国时期的史料散藏于南京、济南、北京、上海等地，收集难度较大；新中国成立尤其是改革开放后，资料卷帙浩繁，甄别取舍亦非易事。2020年初暴发COVID-19疫情致使时间愈加紧张，加之编著者水平所限，书中疏漏、失当乃至错误之处在所难免。恳请读者批评指正，方家不吝赐教，殊为欣幸。

本卷编写组

2024年6月